前　言

由王海林、蔡兴旺、刘仁鑫、吴伟斌、杜灿谊、李锦等教授主编的“汽车构造与原理”系列丛书从2004年出版到2019年，历经3次修订，不断完善和改进，受到全国广大师生的认可和好评，其中《汽车构造与原理实训》《汽车构造与原理（上册　发动机)》被教育部评为“普通高等教育‘十一五’国家级规划教材”，《汽车构造与原理实训》还被评为普通高等教育精品教材。

近年来，随着汽车专业教学改革的不断深入，大量本科院校不断转型，着力于加强技术技能型人才的培养，加上汽车新技术和新结构不断涌现，为了适应新形势下汽车相关专业教学改革需要，对原系列丛书进行第4次修订。本次修订，根据现行的教学需求重新组织了教材构架形成了本丛书。

本丛书分《汽车构造与原理（上册　发动机)》《汽车构造与原理（下册　底盘　车身)》《汽车电器与电子控制技术》《新能源汽车技术》《智能网联汽车技术》5册，以及相应的实训（网络出版物)。本丛书以乘用车为主，将汽车的构造与原理有机融合，系统地介绍了现代汽车的结构、工作原理、日常使用维护、常见故障与部分主要检查调整以及拆装等内容，突出了现代汽车电子控制技术及新一代高压共轨电控柴油机、直喷汽油机、可变气缸控制、车辆动态集成控制、车载网络、智能起动系统、新能源汽车和智能网联汽车等新结构、新技术的介绍。教材编写突出以下主要理念：

1）以国家教育事业发展“十四五”规划为指导，以社会需求为目标，从学生学习视角组织教材内容。

2）以问题为导向和体例，突出技术应用能力为主线，着力提高学生应用水平、实践技能、创新能力和综合素质。

3）理论紧密结合实践，教材配套相应的实训（网络出版物)，围绕汽车结构原理学习的需要，组织学生自己动手检索资料，进行汽车和零部件拆装、拆解和部分检测，培养学生的动手能力、劳动观念、团队协作和创新精神。

4）精简和删除陈旧内容，将学科、行业的新标准、新知识、新技术、新成果写入教材。注重传授获取知识和创新知识的方法，同时注重知识的传承，梳理技术发展的脉络，体现追求卓越的科学精神。

5）按照学生的认知规律进行教材设计，由感性至理性，实用性、实践性、科学性、先进性、思想性、趣味性、人文交融性相结合，尤其注意融入社会主义的思想导向和价值观。

6）教材风格新颖、活泼、通俗、精练，多采用图表，重要内容配备了相关视频。教材配套了课件和教师参考资料等，方便教学和学生自学。

本丛书由王海林、蔡兴旺两位教授担任主编。

本书为《汽车构造与原理（上册　发动机）》，由王海林教授担任主编，王斌、余志兵担任副主编，蔡兴旺教授担任主审。编写分工为：王海林（汽车总论、第1、2、4、11章）、王斌（第3章）、余志兵（第6章）、李晓珍（第7章）、黄大星（第10章）、冯骁（第5章）、吴双龙（第8章）、侯俊伟（第9章）。

本书在编写及视频、课件制作过程中，得到了广东省教育厅、广州汽车工业集团有限公司、机械工业出版社、清华大学、华南理工大学、华南农业大学、江西农业大学、韶关学院、广东技术师范大学、温州大学、广东科贸职业学院、顺德东升汽车修理厂、广州智维电子科技有限公司、深圳市风向标科技有限公司等单位和个人的大力支持与帮助，在此深表感谢。本书参考了国内外一些工厂、研究所、大专院校的产品图样和试验研究资料，在此谨致深切的谢意。

本书涉及面广，疏忽谬误之处在所难免，敬请同行专家和广大读者批评指正。

编　者

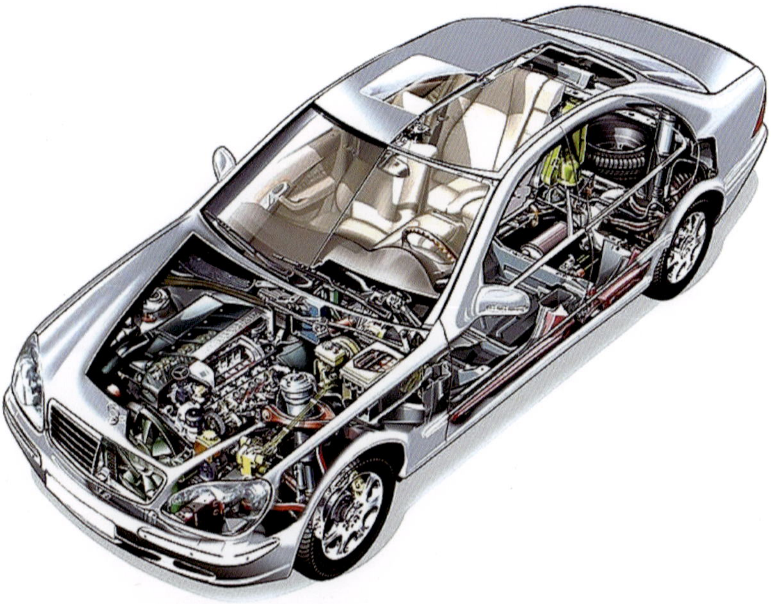

彩图 1　乘用车

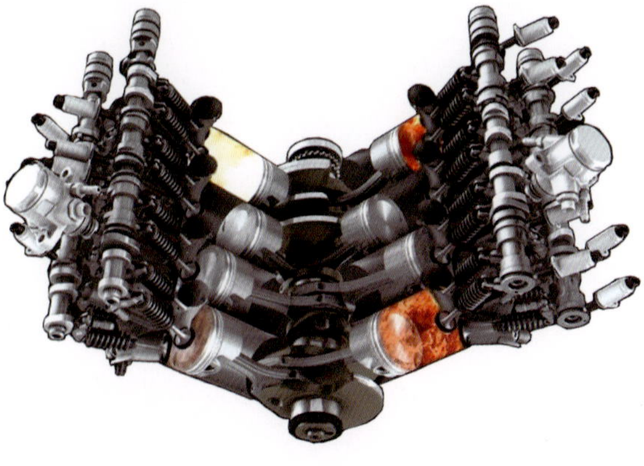

彩图 2　V 形发动机

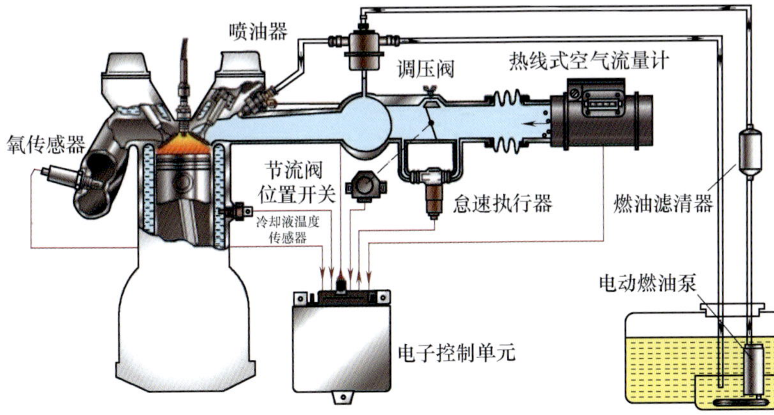

彩图 3　汽油机电控燃料供给系统

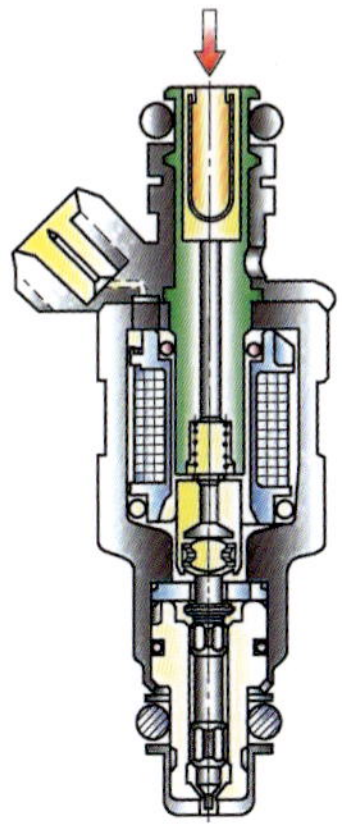

彩图 4　汽油机电控喷油器

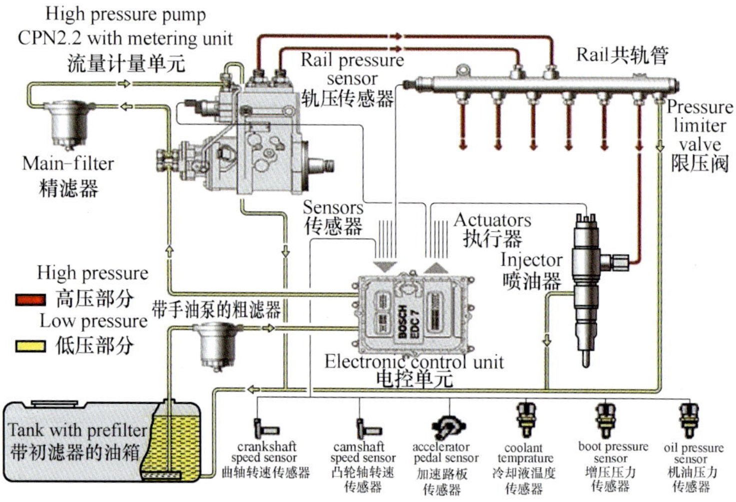

彩图 5　柴油机高压共轨燃料供给系统

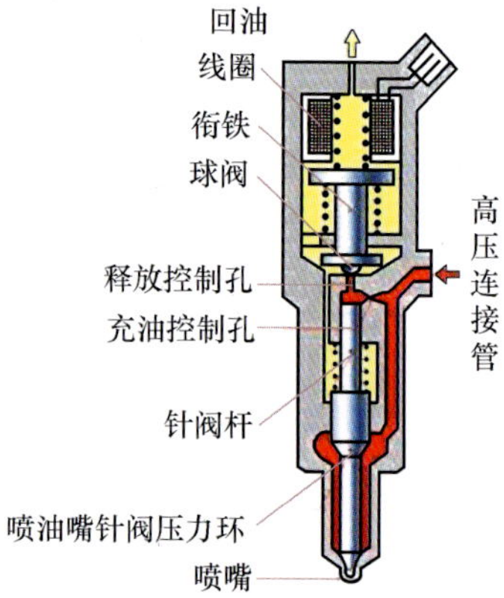

彩图 6　柴油机电控喷油器

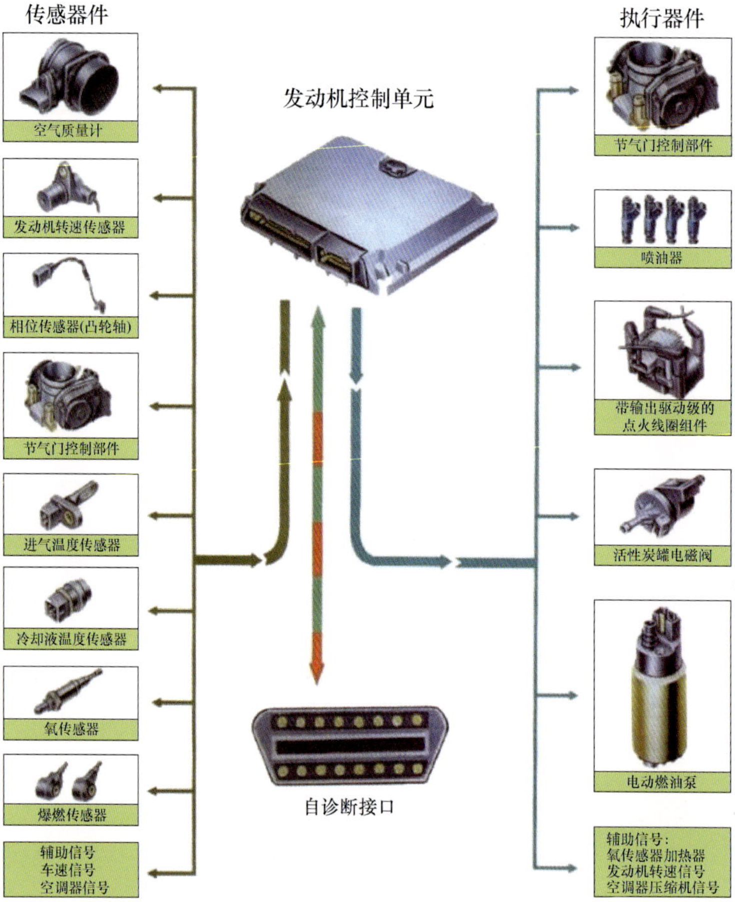

彩图 7　发动机管理系统

普通高等教育“十一五”国家级规划教材
新工科·普通高等教育汽车类系列教材

汽车构造与原理

（上册　发动机）

第 5 版

丛书主编　王海林　蔡兴旺
本书主编　王海林
副 主 编　王　斌　余志兵
参　　编　李晓珍　黄大星　冯　骁
　　　　　吴双龙　侯俊伟
主　　审　蔡兴旺

机械工业出版社

本丛书分《汽车构造与原理（上册　发动机）》《汽车构造与原理（下册　底盘　车身）》《汽车电器与电子控制技术》《新能源汽车技术》《智能网联汽车技术》5册，以及相应的实训（网络出版物）。本丛书以乘用车为主，将汽车的构造与原理有机融合，系统地介绍了现代汽车的结构、工作原理、日常使用维护、常见故障与部分主要检查调整以及拆装等内容，突出了现代汽车电子控制技术及新一代高压共轨电控柴油机、直喷汽油机、可变气缸控制、车辆动态集成控制、车载网络、智能起动系统、新能源汽车和智能网联汽车等新结构、新技术的介绍。

本书为《汽车构造与原理（上册　发动机）》，内容包括汽车总论、发动机的基本结构与工作原理、曲柄连杆机构、发动机换气系统、汽油机燃料供给系统、柴油机燃料供给系统、汽油机点火系统、发动机排气污染控制系统、发动机冷却系统、发动机润滑系统、发动机起动系统和发动机管理系统等，共11章。

本书可作为普通高等院校汽车类各专业的专业课教材，也可以作为高职高专、成教、职大、中专技校及汽车培训机构的参考教材。

本书配有PPT课件，免费赠送给采用本书作为教材的教师，可登录www.cmpedu.com注册下载。本书配有大量视频资料，生动、形象地展示了现代汽车各总成与零部件的构造、工作原理、拆装与部分检查调整，读者可通过扫文前教学资源中的二维码进行观看。

图书在版编目（CIP）数据

汽车构造与原理．上册，发动机/王海林主编．—5版．—北京：机械工业出版社，2022.8（2025.8重印）

普通高等教育“十一五”国家级规划教材　新工科·普通高等教育汽车类系列教材

ISBN 978-7-111-70746-2

Ⅰ.①汽…　Ⅱ.①王…　Ⅲ.①汽车-构造-高等学校-教材②汽车-发动机-高等学校-教材　Ⅳ.①U463

中国版本图书馆CIP数据核字（2022）第080639号

机械工业出版社（北京市百万庄大街22号　邮政编码100037）

策划编辑：宋学敏　　　　责任编辑：宋学敏　付建蓉

责任校对：梁　静　张　薇　封面设计：张　静

责任印制：张　博

固安县铭成印刷有限公司印刷

2025年8月第5版第2次印刷

184mm×260mm · 16.5印张 · 2插页 · 409千字

标准书号：ISBN 978-7-111-70746-2

定价：53.80元

电话服务　　　　　　　　　网络服务

客服电话：010-88361066　　机　工　官　网：www.cmpbook.com

010-88379833　　机　工　官　博：weibo.com/cmp1952

010-68326294　　金　书　网：www.golden-book.com

封底无防伪标均为盗版　　机工教育服务网：www.cmpedu.com

缩略语

ABS——防抱制动系统

A/F——空燃比

API——美国石油学会

ASR——驱动防滑系统

AT——自动变速器

BSG——传动带驱动起动-发电一体电机

CA——曲轴转角（°）

CAN——控制器局域网

CO——一氧化碳

DIS——无分电器点火系统

DOHC——双顶置凸轮轴

ECU——发动机电子控制单元

EFI——电控燃油喷射

EGR——废气再循环

EMS——发动机管理系统

ESCL——电控转向柱锁

ESP——电子稳定程序

FSI——燃料分层喷射

GDI——汽油机缸内直接喷射

HC——碳氢化合物

HSG——混合动力起动-发电一体电机

ISG——集成起动-发电一体电机

MAP——脉谱

MPI——多点汽油喷射系统

NO_x——氮氧化物

OBD-Ⅱ——第二代车载自诊断系统

PDM——电源分配模块

RFID——无线射频识别

SAE——国际自动机工程师学会

SCR——选择性催化还原技术

SOHC——单顶置凸轮轴

SPI——单点汽油喷射系统

VCM——可变气缸控制发动机

VIN——车辆识别代码

VTEC——可变正时和气门升程电控装置

VVT——可变配气正时

4WD——4轮驱动

教学资源

为方便教师教学和学生自学，本书根据实际教学过程的内容安排配备了教学资源，见下表。其中，对于强烈推荐在教师教学或学生自学过程中需要进行观看的内容，在序号的右上角标注了“＊”，并在正文中设置了“温馨提示”栏目。

汽车总论

序号	名　称	二维码	序号	名　称	二维码
0.1	实训准备		0.3*	汽车主要操纵机构使用	
0.2*	汽车外部结构				

第 1 章　发动机的基本结构与工作原理

序号	名　称	二维码	序号	名　称	二维码
1.1*	单缸汽油机工作原理		1.5	第 6 代高尔夫汽车发动机总成拆装	
1.2	汽车常用维修工具的使用		1.6	发动机外部零部件拆装	
1.3	汽车常用检测仪器的使用		1.7	机体组件、曲柄连杆及配气机构拆装	
1.4	汽车常用维修设备的使用				

（续）

第 2 章　曲柄连杆机构

序号	名　称	二维码	序号	名　称	二维码
2.1*	多缸发动机工作原理		2.5	连杆弯扭曲的检查	
2.2	机体上平面和缸盖下平面翘曲的检测		2.6	曲轴磨损及变形的检查	
2.3	气缸磨损和变形的检测		2.7	曲轴安装间隙的检查	
2.4	活塞环间隙的检查				

第 3 章　发动机换气系统

序号	名　称	二维码	序号	名　称	二维码
3.1*	配气机构结构与工作原理		3.7*	废气涡轮增压系统的结构与原理	
3.2*	气门间隙的检查与调整		3.8	空气滤清器的检查与维护	
3.3*	配气正时的检查与调整		3.9	气门与气门座检查	
3.4*	进气管长度可变结构原理		3.10	凸轮轴检查调整	
3.5*	本田可变配气控制系统的结构与原理 1		3.11	本田 VTEC 系统的拆装	
3.6*	本田可变配气控制系统的结构与原理 2		3.12	废气涡轮增压器拆装	

（续）

第 4 章　汽油机燃料供给系统

序号	名　称	二维码	序号	名　称	二维码
4.1*	汽油机燃油系统结构认识与总体拆装		4.3*	电控汽油喷射系统传感器结构认识与检测	
4.2*	电控汽油喷射系统执行器结构认识与检测				

第 5 章　柴油机燃料供给系统

序号	名　称	二维码	序号	名　称	二维码
5.1*	高压共轨柴油喷射系统总体结构认识		5.6*	电控柴油喷油器结构原理	
5.2*	电控柴油机高压泵工作原理		5.7	电控喷油泵拆装	
5.3*	调压阀工作原理		5.8	电控柴油喷射系统传感器结构认识与检测	
5.4*	限压阀工作原理		5.9	电控柴油机喷油器检测	
5.5*	流量限制器工作原理				

第 6 章　汽油机点火系统

序号	名　称	二维码	序号	名　称	二维码
6.1*	带分电器的计算机控制点火系统结构认识与检测		6.2*	无分电器的计算机控制点火系统结构认识与检测	

第 7 章　发动机排气污染控制系统

序号	名　称	二维码	序号	名　称	二维码
7.1*	电子控制的废气再循环装置的组成与结构原理		7.2*	SCR 系统基本组成与结构原理	

（续）

第 7 章　发动机排气污染控制系统

序号	名　称	二维码	序号	名　称	二维码
7.3	汽车发动机尾气检测				

第 8 章　发动机冷却系统

序号	名　称	二维码	序号	名　称	二维码
8.1*	发动机冷却系统拆装与检测		8.2*	节温器的检查	

第 9 章　发动机润滑系统

序号	名　称	二维码	序号	名　称	二维码
9.1*	润滑系统的结构组成与拆装		9.2*	机油泵拆装与检查	

第 10 章　发动机起动系统

序号	名　称	二维码	序号	名　称	二维码
10.1*	汽车电起动机结构认知		10.2*	汽车 BSG 起停系统结构认识	

第 11 章　发动机管理系统

序号	名　称	二维码	序号	名　称	二维码
11.1*	汽车故障诊断仪使用及数据流读取				

目 录

汽 车 总 论

【本章内容架构】

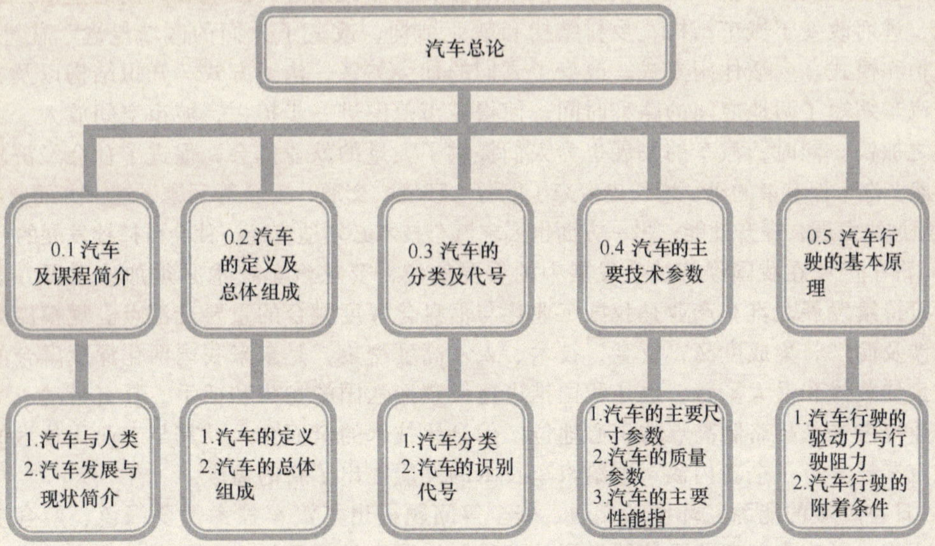

【学习目标要求、重点与难点】

序号	学习目标要求	学习重点	学习难点
1	熟悉汽车与人类的关系，了解汽车的发展现状，掌握课程学习方法	√	
2	掌握汽车的定义及总体组成	√	
3	掌握汽车的分类，能够识别不同类型的汽车，理解汽车代号	√	
4	掌握汽车的主要技术参数，学会分析汽车的性能指标	√	√
5	理解汽车行驶的基本原理		√
6	培养为祖国汽车事业献身精神和理论联系实际的学风	√	

【引入案例】

检索我国近10年汽车的销量，分析讨论发展趋势。讨论学习汽车知识的意义和学习方法。

0.1 汽车及课程简介

知识点1 汽车与人类

汽车作为一种交通工具，具有灵活性、快捷性和普遍性特征，在现代生活中没有任何其他交通工具可以与之相媲美。汽车的高速发展大大拓展了人们的生活和活动范围，同时，极大地缩短了出行的时间，提高了效率。汽车的普及也为人类社会生活创造了许多新生事物，比如汽车艺术、汽车广告、汽车模特、汽车展会、汽车旅馆等，改造着人们的生活方式和传统观念，进而改变了城市结构、乡村结构和就业结构，改变了人们的区域概念、住地选择、消费结构和模式、生活休闲方式，改变了人们的社会关系、沟通方式、知识结构以及文化习俗等。汽车缩短了两地之间的路程时间，使得城市范围进一步扩大，城市空间放大，城市化进程随之加快。同时，汽车的发展也为人们提供了大量的就业机会，促进了社会经济发展。

当然，汽车保有量的迅猛增长也带来了能源、环境、交通、安全等问题，这一方面要求汽车技术必须加快发展，提升性能；另一方面也要求汽车技术必须适应经济社会可持续发展的要求。

1）汽车产业在我国经济社会发展中的重要地位，要求汽车技术必须加速发展，以支撑产业的可持续发展。汽车产业是我国工业化与信息化深度融合的重要交汇点。规模庞大的汽车产业涉及面广，集成度高，资金、技术、人才高度密集，是未来我国两化深度融合的最强需求、最佳载体和最大平台，也是我国推进建设制造强国的龙头和抓手，具有带动、引领整个制造业抢占未来战略制高点的核心地位。信息化技术的全面介入及其与工业化技术的深度融合使汽车技术有了全新内涵，也给汽车技术的发展提出了新的需求。

2）日益严峻的能源、环境、交通、安全等问题提出了汽车技术需要绿色、融合发展的要求。当前，影响汽车产业可持续发展的多种制约因素日益凸显，对汽车技术的进步形成了倒逼作用。在能源与环境方面，随着现代化进程的不断深入，我国整体的能源需求和环境压力也持续增大，而汽车产业既是化石能源消耗的“大户”，也是城市环境污染的主要来源之一。汽车产业规模的井喷式增长，使我国“跑步”迈入汽车社会，也使交通拥堵与行车安全两大汽车社会问题尤为凸显，因此，升级交通体系，提高交通效率和安全性，成为城市规划与建设的迫切需求。

知识点2 汽车发展与现状简介

1886年，德国人本茨（Karl Friedrich Benz）发明了世界上第一辆现代意义的汽车，到2021年，全球汽车年销量达7680万辆，汽车为人类社会进步和人们生活做出了巨大贡献。

我国汽车也是从无到有，从1956年生产出第一辆解放牌汽车，到2021年，汽车销量2627.5万辆，连续13年位居世界第1。汽车保有量达3.02亿辆，居世界第一，目前仍然处于发展态势，汽车工业已成为我国的支柱产业。

回顾我国汽车工业的发展，大致可以分为3个阶段：第一个阶段（1953~1978年），我国汽车工业从诞生到改革开放前，初步奠定了汽车工业发展的基础，实现了汽车从无到有。第二个阶段（1978~20世纪末），从改革开放到20世纪末，我国汽车工业获得了长足的发展，形成了完整的汽车工业体系。从载货汽车到乘用车全面发展，生产能力逐步提高，具有了一定的自主开发能力，乘用车生产奠定了基本格局和基础。第三个阶段（20世纪末至今），进入21世纪，我国汽车工业快速发展，全面融入了世界汽车工业体，直至进入了一个市场规模、生产规模世界第一的新格局。

当前，新一轮科技和产业变革方兴未艾，引发新一代信息技术与制造技术的深度融合。在此过程中，汽车正由百余年前典型的机械产品，逐步演变为机电一体化、智能网联化的高科技产品，呈现出与能源、材料、电子、信息等相关产业紧密相连、协同发展的趋势。未来汽车产业和技术将发生深刻变革，其中低碳化、信息化、智能化技术的不断进步，将催生全新的产品形态与商业模式，进而推动整个汽车产业格局和生态的重构。

科技变革与产业重构推动汽车技术创新发展。以万物互联、大数据、云计算、增材制造和人工智能等为代表技术的新一轮科技变革正在到来，与此前历次科技变革主要以某个领域的技术突破为标志进而带动整体进步不同，本次科技变革的广度和深度都前所未有，不但是在多个重要领域同时发生突破，而且各个领域之间又紧密联系、相互影响，涉及人类社会的方方面面。对于汽车技术来说，其主要影响集中在三个方面：

1）新一轮科技变革指明汽车技术发展方向。与一般产业的情况不同，汽车产业的升级将是汽车“智能制造”与智能汽车产品的双向并行、共同发展。一方面，未来汽车产品将向网联化、智能化和新能源的方向持续发展；另一方面，汽车智能制造则是工业体系整体升级到“智能制造”的先导、基础和载体。两者相互影响、相互促进，引发汽车产业、产品与技术内涵和范畴的重新定义，并形成汽车产业的新变局。

2）产业全生态重构创造汽车技术全新可能。新一轮科技变革将引发汽车产业向充分互联协作的智能制造体系演进，促使汽车的生产方式、产品形态、合作模式和商业模式等各个方面都发生根本改变，带来产业全生态的重构。同时，新的产业生态又将促进相关技术的深度融合和加速发展。

3）核心技术成为把握重大历史机遇的关键。汽车产业的竞争归根到底还是核心技术的竞争，在产业转型时期，大量“新”技术将与“旧”技术发生交融和组合，产生各种不同变化。这就需要我们对新兴技术的不断开拓，通过汽车核心技术的有效掌控、有效融合，把握最大历史机遇，占据未来的战略制高点。

现今，汽车的电动化、网联化、智能化已成为汽车技术发展的主要方向，节能汽车、新能源汽车以及智能网联汽车是汽车产业的发展重点。新能源汽车包括纯电动汽车、插电式混合动力汽车和燃料电池汽车等，其中，动力蓄电池又处于关键地位。同时，汽车制造技术和轻量化技术作为共性基础技术，也具有重要价值。所以节能技术、纯电动和插电式混合动力技术、燃料电池汽车技术、智能网联汽车技术、动力蓄电池技术、汽车轻量化技术、汽车制造技术等将成为新时代汽车技术研究的重点，也是推动汽车低碳化、信息化、智能化的重要力量。其中，节能汽车、新能源汽车和智能网联汽车是汽车技术发展与应用的体现形式和最终载体。三者之间不是割裂的，节能与新能源汽车共同面对节能、环保等严峻挑战，而智能网联汽车不仅直接关系到交通拥堵、行车安全等问题的最终解决，也与节能汽车、新能源汽车彼此作用、相互促进。汽车轻量化和先进制造等，是节能汽车、新能源汽车和智能网联汽车的共性基础技术，将为未来所有的汽车产品提供有效支撑。

知识点 3 对《汽车构造与原理》学习的建议

《汽车构造与原理》作为汽车类专业的主干课程，具有举足轻重的作用。它一般是汽车类专业学生接触的第一门与汽车紧密相关的课程，是同学们专业教育的启蒙课程，也是学习后续专业课程的重要基础，有着承上启下的链条、纽带作用，对于学好专业课程起着决定性作用。对于学习该课程，有以下几点建议：

1）理论紧密结合实际。这门课程最大的特点是理论和实际密切结合，在学习过程中，同学们要多走进实验室，多动手拆装汽车，多思考、多批判。理论学习能进得去出得来，实践实验能动手也要能动脑、善动脑，理论—实践—再理论—再创造（实践），循环往复，在学习现代汽车构造与原理的同时，用批判的思维，去创新和发展汽车技术，去追梦。

2）明晰构造与原理的关系。工作原理一般有 2 个层面的意义，一是汽车的某一性能、功能是如何实现的，其内在的科学规律是什么。二是实现这一性能、功能的具体系统、总成、零部件是如何工作的。构造是实现汽车性能、功能的具体表现形式，构造往往不是单一的一种特定形式，而是有多种具体的结构和表现形式，教材中介绍的是目前常用的典型代表。比如，发动机要燃烧，那就要有空气、燃料按照一定科学比例的混合气生成，要实现这一要求，有多种结构形式的“燃料、空气供给及控制系统”，而每一种“结构”又有其实现技术要求的工作原理。

3）处理好传承与创新的关系。汽车构造的技术进步和创新发展是传承和创新循环前进的典型案例。现代汽车经过 100 多年的发展，汽车技术发生了天翻地覆的变化，现在的汽车早已不是原来的“汽车”，但又有其不变的基因，比如汽车的动力装置、底盘主要系统等基本形式没有发生根本性的变化。再比如，曾作为汽油供给系统核心部件的“化油器”，现代汽车上早已不见踪影，但燃料供给系统中“压力差”这个技术要素是不变的。在学习中，既要掌握现代汽车的新技术，又要了解汽车技术发展的历程，传承是创新的基础，创新是传承的发扬，也要从技术创新的发展脉络，学习一代代科学及技术工作者孜孜以求的科学精神、创新精神和工匠精神。

4）用辩证的、批判的思维学习。首先，要跳出汽车构造“固有”形式，从汽车的技术性能要求出发辩证学习，如上面提到的“发动机要燃烧”，那么发动机一定要燃烧吗或者一定要用燃烧式的发动机吗？“发动机燃烧”只是一种动力的提供方式，除此之外，电动的或其他形式的动力装置可以吗？其次是对于汽车的某一特定“结构”形式，要有批判性的思维，这种形式的优缺点是什么？有没有改进的地方或措施？比如汽车要转向，经典的转向系统是通过一套转向机构，实现转向轮的偏转而实现的，那么，转向轮发生偏转就能实现转向吗？转向轮偏转是不是唯一实现转向的方法？最后还要有系统思维，汽车是一个复杂的集机械、电子、电气、液压等多系统而成的系统，如果放之于交通系统，汽车又是交通系统中的一个子系统。所以，学习过程中，要从系统的角度思考汽车的性能、功能及其结构、原理。

0.2 汽车的定义及总体组成

知识点 1 汽车的定义

不同国家、不同时代，对汽车定义有所不同。根据 GB 7258—2017《机动车运行安全技术条件》，我国对汽车的定义是：由动力驱动、具有四个或四个以上车轮的非轨道承载的车辆，包括与电力线相联的车辆（如无轨电车），主要用于：载运人员和/或货物（物品），牵引载运货物（物品）的车辆或特殊用途的车辆；专项作业。整车整备质量超过400kg、不带驾驶室、用于载运货物的三轮车辆和整车整备质量超过600kg、带驾驶室的三轮车辆，以及整备质量超过600kg、不带驾驶室、不具备载运货物结构或功能且设计和制造上最多乘坐2人（包括驾驶人）的三轮车辆也属于汽车。

知识点2　汽车的总体组成

汽车通常由发动机、底盘、车身和电气设备四大部分组成（见图0-1）。

发动机是汽车的动力装置，现代汽车发动机主要采用的是往复活塞式内燃机，负责将燃料燃烧所产生的热能转化为机械能。

底盘负责将发动机的动力进行传递和分配，并按驾驶人要求进行行驶（加速、减速、转向、制动等）。它一般由传动系统、行驶系统、转向系统、制动系统等组成。

车身是驾驶人操作和容纳乘客及货物的场所。

电气设备主要由电源、灯光、仪表、音响和空调等电器组成。

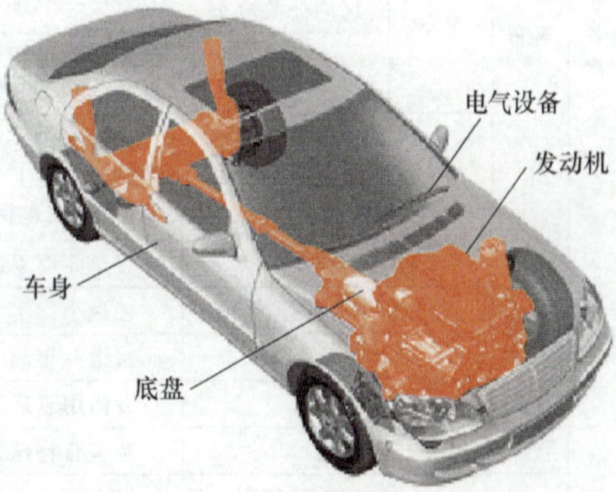

图0-1　汽车总体组成

【温馨提示】

汽车外部结构视频请扫教学资源0.2对应的二维码进行观看。（教学资源见文前所附，后均同。）

【温馨提示】

汽车主要操纵机构使用视频请扫教学资源0.3对应的二维码进行观看。

0.3　汽车的分类及代号

知识点1　汽车分类

汽车类型繁多，分类方法各不相同，通常按用途分。根据GB 7258—2017，我国汽车分为载客汽车和载货汽车等11类，部分汽车分类定义见表0-1。

载客汽车是主要用于载运人员的汽车，包括装置有专用设备或器具的汽车。载货汽车（货车）是主要用于载运货物或牵引挂车的汽车，包括装置有专用设备或器具的汽车。客车

表 0-1　汽车分类（按用途）

<table>
<tr><th colspan="4">分　类</th><th>定　义</th></tr>
<tr><td rowspan="11">载客汽车</td><td colspan="3">乘用车</td><td>主要用于载运乘客及其随身行李和/或临时物品的汽车，包括驾驶人座位在内最多不超过 9 个座位。它可以装置一定的专用设备或器具，也可以牵引一辆中置轴挂车</td></tr>
<tr><td colspan="3">旅居车</td><td>装备有睡具及其他必要的生活设施、用于旅行宿营的汽车</td></tr>
<tr><td rowspan="5">客车</td><td rowspan="4">未设置乘客站立区的客车</td><td>公路客车（长途客车）</td><td>专门从事旅客运输的客车（包括卧铺客车）</td></tr>
<tr><td>旅游客车</td><td>专门用于运载游客的客车</td></tr>
<tr><td>未设置乘客站立区的公共汽车</td><td>有固定的公交营运线路和车站，主要在城市道路运营的客车</td></tr>
<tr><td>专用客车</td><td>用于载运特定人员并完成特定功能的客车，也包括装置有专用设备或器具，座位数（包括驾驶人座位）超过 9 个的专用汽车</td></tr>
<tr><td colspan="2">设有乘客站立区的客车</td><td>指最大设计车速小于 70km/h、设有座椅及乘客站立区，并有足够的空间供频繁停站时乘客上下车走动，有固定的公交营运线路和车站，主要在城市建成区运营的客车（也包括无轨电车）</td></tr>
<tr><td rowspan="4">校车</td><td colspan="2">幼儿校车</td><td>接送 3 周岁以上学龄前幼儿上下学的校车</td></tr>
<tr><td colspan="2">小学生校车</td><td>接送小学生上下学的校车</td></tr>
<tr><td colspan="2">中小学生校车</td><td>接送九年制义务教育阶段学生（小学生和初中生）上下学的校车</td></tr>
<tr><td colspan="2">专用校车</td><td>专门用于运送 3 周岁以上学龄前幼儿或义务教育阶段学生的校车</td></tr>
<tr><td rowspan="3">载货汽车</td><td colspan="3">半挂牵引车</td><td>装备有特殊装置用于牵引半挂车的汽车</td></tr>
<tr><td colspan="2" rowspan="2">低速汽车</td><td>低速货车</td><td>最大设计车速小于 70km/h 的，具有四个车轮的载货汽车</td></tr>
<tr><td>三轮汽车</td><td>最大设计车速小于或等于 50km/h 的，具有三个车轮的载货汽车</td></tr>
<tr><td colspan="4">专项（专用）作业车</td><td>装置有专用设备和器具，用于工程专项（包括卫生医疗）作业的汽车，如汽车起重机、消防车、混凝土泵车、清障车、高空作业车、扫路车、吸污车、钻机车、仪器车、检测车、监测车、电源车、通信车、电视车、采血车、医疗车、体检医疗车等，但不包括装置有专用设备或仪器而座位数（包括驾驶人）超过 9 个的汽车（消防车除外）</td></tr>
<tr><td colspan="4">教练车</td><td>专门从事驾驶技能培训的汽车</td></tr>
<tr><td colspan="4">残疾人专用车</td><td>在采用自动变速器的乘用车上加装符合标准和规定的驾驶辅助装置，专门供特定类型的肢体残疾人驾驶的汽车</td></tr>
</table>

是主要用于载运乘客及其随身行李的汽车，包括驾驶人座位在内座位数超过 9 个。校车是用于有组织地接送 3 周岁以上幼儿或接受义务教育的学生上下学的 7 座以上的载客汽车。

汽车若按发动机位置及驱动形式可分为前置发动机前轮驱动（FF）、前置发动机后轮驱动（FR）、中置发动机后轮驱动（MR）、后置发动机后轮驱动（RR）和四轮驱动（4WD）五种（图 0-2）。

四轮驱动是指汽车所有车轮都是驱动轮，一般多用于越野车。汽车驱动情况常用 4×2、4×4 等样车表示，前一位数表示汽车总车轮数，后一位数表示汽车驱动轮数。

乘用车按车身分类有一厢式（发动机舱、客舱和行李舱在外形上形成一个空间形态）、两厢式（发动机舱、客舱和行李舱在外形上形成两个空间形态）、三厢式（发动机舱、客舱和行李舱在外形上形成三个空间形态）（图 0-3）。若乘用车顶盖不可开启，称该车身为封闭车身；若客舱顶为敞顶或按需要可开闭，称该车身为开式车身。

若按汽车动力装置类型，可分为内燃机汽车（燃料在气缸内燃烧，将所产生的热能转化为机械能的汽车，如汽油车、柴油车、气体燃料汽车、两用燃料汽车、双燃料汽车等）、

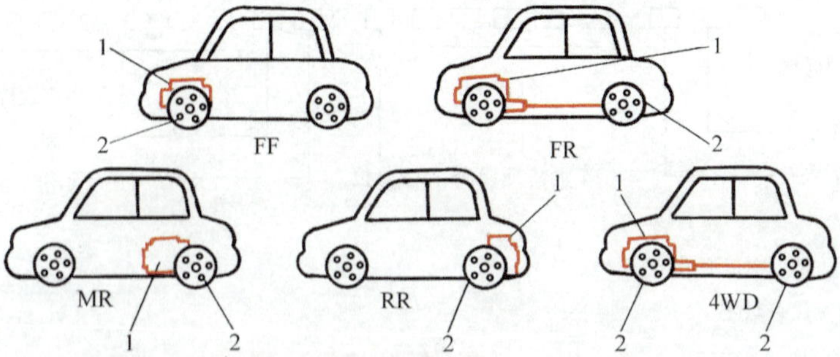

图 0-2　汽车发动机位置及驱动形式

1—发动机　2—驱动轮

电动汽车（以电能为驱动力的汽车）、燃气轮机汽车（以燃气轮机产生动力的汽车，主要用于赛车）。

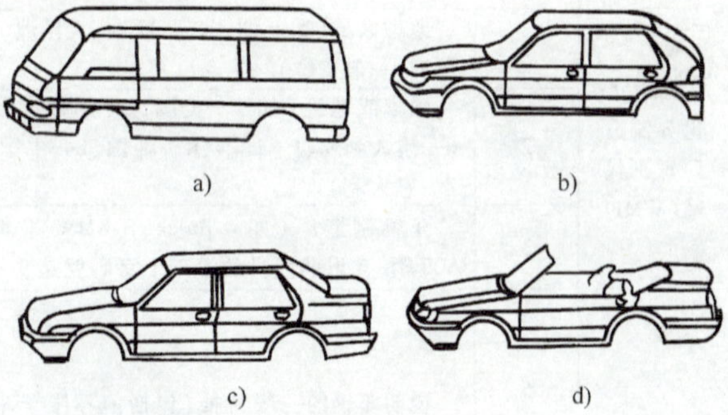

图 0-3　乘用车车身分类

a）一厢式　b）两厢式　c）三厢式　d）开式

气体燃料汽车是指装备以石油气、天然气或煤气等气体为燃料的发动机的汽车。

两用燃料汽车是指具有两套相互独立的燃料供给系统，且两套燃料供给系统可分别但不可同时向燃烧室供给燃料的汽车。如汽油/压缩天然气两用燃料汽车、汽油/液化石油气两用燃料汽车等。

双燃料汽车是指具有两套燃料供给系统，且两套燃料供给系统按预定的配比向燃烧室供给燃料，在缸内混合燃烧的汽车，如柴油-压缩天然气双燃料汽车、柴油-液化石油气双燃料汽车等。

知识点 2　汽车的识别代号

一辆汽车就有一个车辆识别代号（Vehicle Identification Number，VIN），就像人的身份证号码，它由 17 位编码组成。从中可以识别出该车的生产国家、制造厂家、汽车类型、品牌名称、车型系列、车身形式、发动机型号、车型年款等信息，它对汽车管理部门办理牌照登记、处理交通事故、保险索赔、查获被盗车辆以及汽车修理厂登记管理、测试诊断数据存储查寻、配件销售采购以及二手车的评估等都有重要意义。

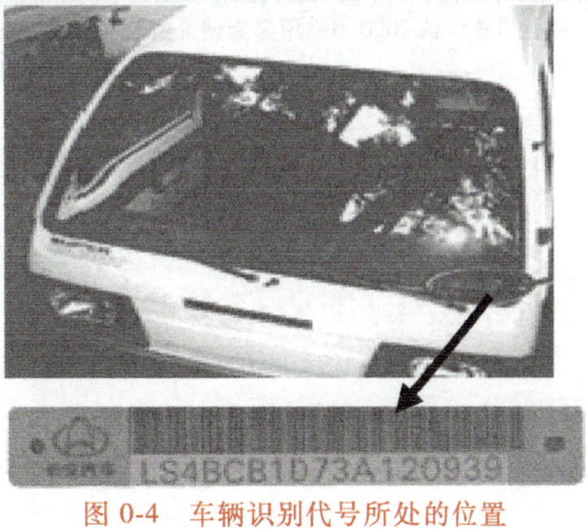

图 0-4　车辆识别代号所处的位置

车辆识别代号一般位于仪表板上靠近风窗立柱的位置（图 0-4），以便于观察和检查。

我国车辆识别代号与国际接轨，由 3 部分 17 位字码组成（图 0-5、表 0-2）。

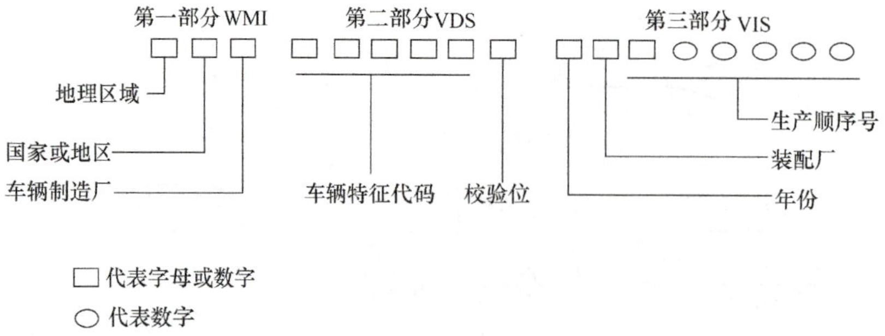

图 0-5 我国车辆识别代号编码

表 0-2 车辆识别代号的含义

位置	位数	含　义	举　例
第一部分：世界制造厂识别代号(WMI)	1	地理区域(如亚洲、非洲、欧洲、大洋洲、北美洲和南美洲，一般空位)	LSV—中国上汽大众汽车有限公司
	2	国家或地区(如 1—美国、2—加拿大、3—墨西哥、6—澳大利亚、J—日本、K—韩国、L—中国、W—德国、Z—意大利)	
	3	车辆制造厂(如 4-Buick、B-BMW)。年产量少于500 辆，其识别代号的第三个字码就是 9	
第二部分：车辆说明部分(VDS)	4	说明车辆的一般特征(包括但不限于车辆的类型、结构特征、装置特征、技术特性参数等)。其代号顺序由制造厂确定	车身形式代码(H—4 门加长型折背式车身)
	5		发动机/变速器代码[J-AYJ(06BC)/FNV(01N. A)]
	6		乘员保护系统代码(1—驾驶人安全气囊)
	7		车辆等级代码(33—上海桑塔纳乘用车)
	8		
	9	校验位，通过一定的算法防止输入错误	0~9 中任何一数字或字母“X”
第三部分：车辆指示部分(VIS)	10	年份，即厂家规定的车型年份(Model Year)，不一定是实际生产的年份，但一般与实际生产的年份之差不超过 1 年；如 Y—2000 年、9—2009 年、M—2021 年	2—2002 年生产，L—2020 年生产
	11	装配厂	2—上汽大众汽车有限公司
	12~17	生产顺序号，一般情况下，汽车召回都是针对某一顺序号范围内的车辆，即某一批次的车辆	出厂编号为 221761

注：以桑塔纳 2000 型乘用车为例说明（识别代号编码 LSVHJ133022221761）。

找一找 找一辆汽车，读取其 VIN 码，并解释其含义。

0.4 汽车的主要技术参数

知识点 1 汽车的主要尺寸参数

汽车的主要尺寸参数包括轴距、轮距、总长、总宽、总高、前悬、后悬等（图 0-6）。

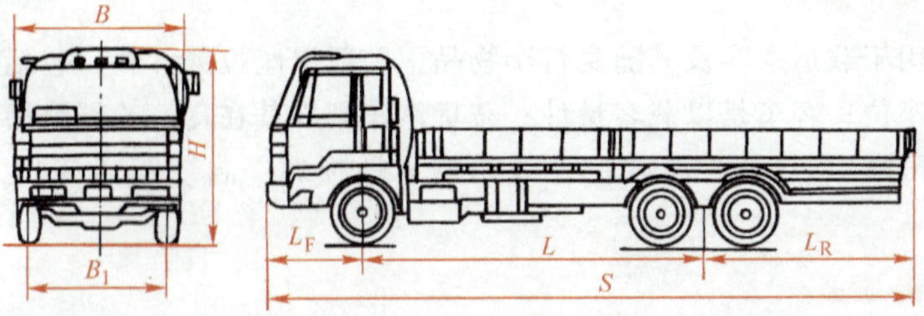

图 0-6　汽车主要尺寸参数

S—总长　B—总宽　H—总高　L—轴距　B_1—前轮距　L_F—前悬　L_R—后悬

1. 轴距 L

轴距指车轴之间的距离。对双轴汽车，轴距就是前、后轴之间的距离；对三轴汽车，轴距是指前轴与中轴之间的距离和前轴与后轴之间的距离的平均值。

汽车轴距短，汽车总长就短，质量就小，最小转弯半径和纵向通过半径也小，机动灵活，一般普通乘用车及轻型货车轴距较短。但轴距过短会导致车厢长度不足或后悬过长，汽车行驶时纵向振动过大，汽车加速、制动或上坡时轴荷转移过大而造成的制动性和操纵稳定性变坏，以及万向节传动的夹角过大等。所以一般货车、中高级乘用车轴距较长。

2. 前、后轮轮距 B_1、B_2

汽车轮距对总宽、总质量、横向稳定性和机动性都有较大影响。轮距越大，则悬架的角度越大，汽车的横向稳定性越好。但轮距过大，会使汽车的总宽和总质量过大。

3. 汽车的外廓尺寸

汽车的外廓尺寸指总长 S、总宽 B 和总高 H。各国对公路运输车辆的外廓尺寸都有法规限制，以便使其适应该国的公路、桥梁、涵洞和铁路运输的有关标准。我国对公路车辆的限制尺寸是：总高不大于 4m，总宽（不包括后视镜）不大于 2.55m，左、右后视镜等突出部分的侧向尺寸总共不大于 250mm；不同的车型对总长有不同的要求，在所有车型中，中置轴车辆运输列车长度最大，其限值是 22m，其他车型参见 GB 1589—2016《汽车、挂车及汽车列车外廓尺寸、轴荷及质量限值》。

4. 汽车的前悬和后悬 L_F、L_R

汽车的前悬是指汽车前端至前轮中心之间的悬置部分。前悬处要布置发动机、弹簧前支架、车身前部、保险杠和转向器等，要有足够的纵向布置空间。前悬不宜过长，以免使汽车的接近角过小而影响通过性。

汽车的后悬是指汽车后端至汽车后轮中心之间的悬置部分。后悬长度主要与货厢长度、轴距及轴荷分配有关。后悬也不宜过长，以免使汽车的离去角过小而引起上、下坡时刮地，同时转弯也不灵活。

知识点 2　汽车的质量参数

汽车的质量参数主要包含汽车的装载质量、整备质量、总质量、整备质量利用系数和轴荷分配等。

1. 汽车的装载质量

乘用车主要用于载运乘客及其随身行李物品，一般以座位数计算，包括驾驶人座位在内最多不超过 9 个座位；客车是以载客量计；载货汽车则以其在良好的硬路面上行驶时所装载货物质量的最大限额（t）计。超载将导致车辆早期损坏，制动距离变长，甚至造成交通事故。

2. 汽车的整备质量

汽车的整备质量指汽车在加满燃料、润滑油、工作液（如制动液）及发动机冷却液并装备（随车工具及备胎等）齐全后（未载人或未载货时）的总质量。一般地，整备质量越小的汽车，燃油消耗越少，经济性越好。

3. 汽车的总质量

汽车的总质量指已整备完好、装备齐全并按规定载满客、货时的汽车质量。

4. 汽车的整备质量利用系数

汽车的整备质量利用系数指载货汽车的装载量与其整备质量之比。它表明单位汽车整备质量所承受的汽车装载质量。此系数越大表明该车型的材料利用率及设计与工艺水平越高。

5. 汽车的轴荷分配

汽车的轴荷分配指汽车空载和满载时的整车质量分配到各个车轴上的百分比。它是汽车的重要质量参数，对汽车的牵引性、通过性、制动性、操纵性和稳定性等主要性能以及轮胎的寿命都有很大的影响。

对于经常在较差路面上行驶的载货汽车，为了保证其在泥泞路面上的通过能力，常将其满载时前轴负荷控制在 26%~27%，以减小前轮滚动阻力并增大后驱动轮的附着力。

知识点 3　汽车的主要性能指标

汽车主要性能指标含汽车的动力性能（汽车的最高车速、加速时间、爬坡性能）、经济性能（汽车的燃料消耗量）、制动性能（汽车的制动距离）、通过性能（汽车的最小转弯半径、最小离地间隙、接近角、离去角、纵向通过角）、操纵稳定性和汽车有害气体排放等。

1. 汽车的最高车速

汽车的最高车速指在水平良好路面（混凝土或沥青）和规定载质量条件下汽车所能达到的最高行驶车速（km/h）。它是汽车的一个重要动力指标。目前普通乘用车最高车速一般为 150~200km/h。

2. 汽车的加速时间

汽车的加速时间指汽车加速到一定车速所需要的时间，常用原地起步加速时间与超车加速时间表示。它也是汽车动力性能的重要指标。乘用车常用 0—100km/h 的换档加速时间来评价，如普通乘用车的加速时间为 10~15s。

3. 汽车的爬坡性能

汽车的爬坡性能指汽车满载（或某一载质量）时在良好路面等速行驶的最大爬坡度。一般货车的最大爬坡度要求在 30%，即 16.7°左右。越野车要求更高，一般在 60%，即 31°

左右。

4. 汽车的燃料消耗量

汽车的燃料消耗量通常以百公里燃油消耗量来衡量，即汽车在良好的水平硬路面以一定载荷（乘用车半载、货车满载）及最高档等速行驶时的百公里燃料消耗量，单位为L/100km。它是汽车的燃料经济性常用的评价指标。

5. 汽车的制动距离

汽车的制动距离指汽车在良好的试验跑道上按规定的车速紧急制动（紧急制动时踏板力对乘用车要求不大于500N，对其他车要求不大于700N）时，由踩下制动踏板起到完全停车时的距离。按我国GB 7258—2017要求，乘用车空载以50km/h初速度行驶时进行制动的制动距离应不大于19m。

6. 汽车的最小转弯半径

汽车的最小转弯半径指当转向盘转到极限位置、汽车以最低稳定车速转向行驶时，外侧转向轮的中心平面在支承平面上滚过的轨迹圆半径 R（图0-7）。它表征了汽车能够通过狭窄弯曲地面的能力。最小转弯半径越小，汽车的机动性越好。乘用车的最小转弯半径一般为轴距的2~2.5倍。

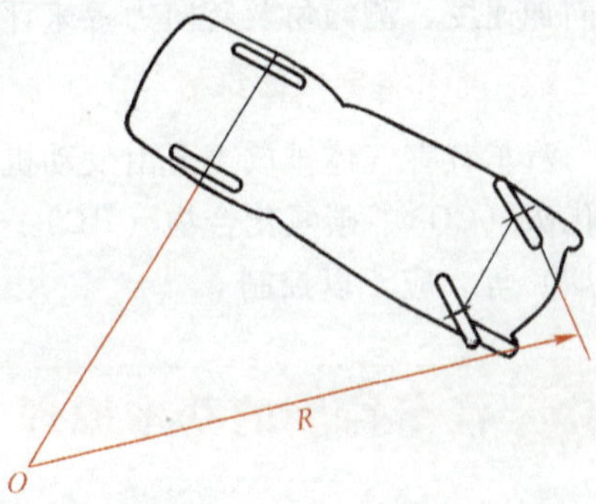

图0-7　汽车的最小转弯半径

7. 汽车的最小离地间隙

汽车的最小离地间隙指汽车满载、静止时，平直地面与汽车上的中间区域最低点之间的距离 h（图0-8）。它反映了汽车无碰撞地通过地面凸起的能力。

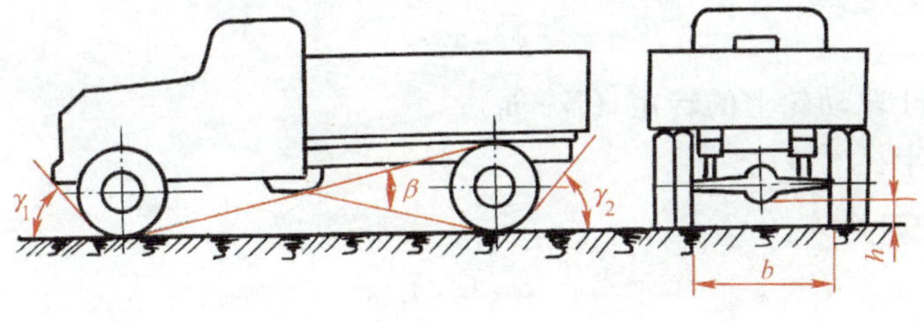

图0-8　汽车通过性能指标

h—最小离地间隙　b—两侧轮胎内缘间距　γ_1—接近角

γ_2—离去角　β—纵向通过角

8. 接近角 γ_1

接近角指汽车满载、静止时，前端突出点向前轮所引切线与地面间的夹角（图0-8）。γ_1 越大，越不易发生汽车前端触及地面的情况，通过性能越好。

9. 离去角 γ_2

离去角指汽车满载、静止时，后端突出点向后轮所引切线与地面间的夹角（图0-8）。γ_2 越大，越不易发生汽车后端触及地面的情况，通过性能越好。

10. 纵向通过角 β

纵向通过角指汽车满载、静止时，垂直于汽车纵向中心平面，分别与前、后车轮轮胎相切，相交并与车轮底盘刚性部件（除车轮）接触的两个平面形成的最小锐角（图 0-8）。它决定了车辆所能通过的最陡坡道。β 越大，汽车通过性能越好。

11. 汽车操纵稳定性

汽车操纵稳定性是指在驾驶人不感觉过分紧张、疲劳的条件下，汽车能按照驾驶人通过转向系统及转向车轮给定的方向（直线或转弯）行驶；且当受到外界干扰（路面不平、侧风、货物或乘员偏载）时，汽车能抵抗干扰而保持稳定行驶的性能。一般采用横摆角速度、侧向加速度、侧倾角及转向力等来评价。

12. 汽车有害气体排放

汽车有害气体排放主要由发动机引起，其排气中含有多种对人体有害的物质，主要有一氧化碳（CO）、碳氢化合物（HC）、氮氧化物（NO_x）、二氧化硫（SO_2）、醛类和微粒（含碳烟）等，应予以控制。

0.5 汽车行驶的基本原理

知识点 1 汽车行驶的驱动力与行驶阻力

1. 汽车的驱动力 F_t

汽车发动机输出的转矩经传动系统传至驱动轮，产生驱动转矩 T_t（图 0-9），该转矩使车轮对地面产生一圆周力 F_0，同时地面对驱动轮产生反作用力 F_t 推动汽车前进，F_t 称为汽车的驱动力。

$$F_t = T_t / r \tag{0-1}$$

式中 T_t——作用于驱动轮上的转矩（N · m）；

r——车轮半径（m）。

2. 汽车的行驶阻力 F

汽车行驶时需要克服各种阻力，包括滚动阻力 F_f、空气阻力 F_w、上坡行驶时的坡度阻力 F_i 和加速行驶时的加速阻力 F_j（图 0-10）。行驶阻力之和为

$$F = F_f + F_w + F_i + F_j \tag{0-2}$$

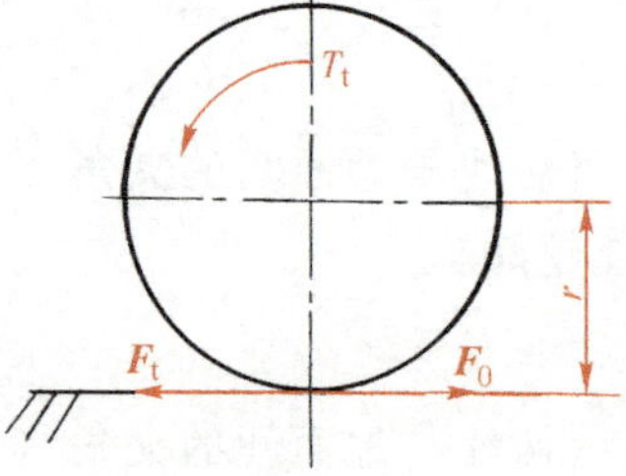

图 0-9 汽车的驱动力

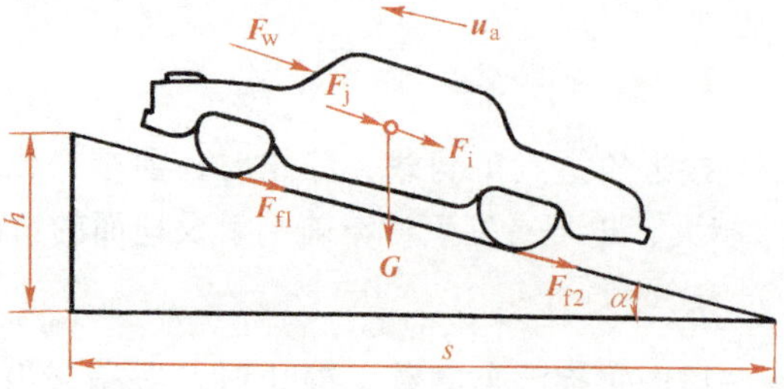

图 0-10 汽车的行驶阻力

（1）滚动阻力 F_f 滚动阻力是由车轮滚动时轮胎与路面发生变形而产生的。当弹性轮胎在硬路面上滚动时，轮胎的变形是主要的，驱动汽车的一部分能量被轮胎的内部摩擦所损耗；当车轮在泥沙、雪地等松软路面上行驶时，路面的压实变形是主要的，这种变形因形成不可复原的车辙而消耗能量。滚动阻力按下式计算：

$$F_f = Wf \tag{0-3}$$

式中 F_f——滚动阻力（N）；

W——车轮载荷（N）；

f——滚动阻力系数，与轮胎结构、轮胎气压、车速和路面性质等有关。

（2）空气阻力 F_w 汽车行驶时受到空气作用力在行驶方向上的分力称为空气阻力。空气阻力由压力阻力与摩擦阻力两部分组成。压力阻力是空气作用在汽车外表面上的法向压力的合力在行驶方向的分力。摩擦阻力是由于空气的黏性在车身表面产生的摩擦作用的阻力。

影响空气阻力的因素主要有汽车形状、迎风面积和车速。在汽车行驶的速度范围内，空气阻力与车速的二次方成正比，当车速很高时，空气阻力是行驶阻力的主要部分。

（3）坡度阻力 F_i 当汽车上坡行驶时，汽车重力沿坡道的分力称为汽车坡度阻力，有

$$F_i = G\sin\alpha \tag{0-4}$$

式中 G——汽车重力（N），$G=mg$；

α——坡度角。

道路的坡度是以坡高 h 与底长 s 之比来表示的，即

$$i = h/s = \tan\alpha \tag{0-5}$$

我国公路标准规定，高速公路平原微丘区最大坡度为3%，山岭重丘区为5%；一般四级路面山岭重丘区最大坡度为9%。当坡度不大时，$\cos\alpha \approx 1$，$\sin\alpha \approx \tan\alpha = i$，则

$$F_i \approx Gi \tag{0-6}$$

（4）加速阻力 F_j 汽车加速行驶时，需要克服汽车质量在加速运动时的惯性力，这就是加速阻力。汽车的质量越大，加速阻力越大。

3. 汽车行驶方程及驱动条件

根据以上分析，可以得出汽车行驶的动力方程为

$$F_t = F_f + F_w + F_i + F_j \tag{0-7}$$

当汽车驱动力等于滚动阻力、空气阻力和坡度阻力之和时，汽车匀速行驶；当驱动力大于后三者时，汽车才能起步或加速行驶；当驱动力小于后三者时，则汽车无法起步或减速行驶。故得出汽车行驶的驱动条件为

$$F_t \geqslant F_f + F_w + F_i \tag{0-8}$$

知识点2 汽车行驶的附着条件

1. 汽车行驶的附着条件

汽车的驱动力 F_t 能否得到充分发挥，还受到车轮与地面附着条件的限制。在潮湿或冰雪路面上，大的驱动力可能引起车轮相对地面急剧加速滑转，而不能增加地面对车轮的切向反作用力，驱动力不能充分发挥。

地面对轮胎的切向反作用力的极限值称为附着力 F_φ，它与驱动轮法向反作用力 F_z 成

正比

$$F_{\varphi}=F_{z}\varphi \tag{0-9}$$

式中 φ——附着系数。

地面切向反作用力不能大于附着力

$$F_{t}\leqslant F_{\varphi}=F_{z}\varphi \tag{0-10}$$

上式即为汽车行驶的附着条件。

汽车行驶必须同时满足驱动条件和附着条件，合称驱动-附着条件，即为

$$F_{f}+F_{w}+F_{i}\leqslant F_{t}\leqslant F_{\varphi} \tag{0-11}$$

2. 汽车附着力影响因素分析

汽车的附着力取决于附着系数和驱动轮的法向反作用力。

(1) 附着系数 φ 附着系数主要取决于路面的种类和状况，还和轮胎结构、气压等使用条件有关。

硬路面的附着系数较高，但当路面有尘土覆盖或潮湿后，其附着系数显著下降。

轮胎的结构及材料对附着系数的影响也很显著，具有细而浅花纹的轮胎在硬路面上有较大的附着系数，而在松软地面上花纹宽而深的轮胎则可获得较大的附着系数。

低气压、宽断面的子午线轮胎与地面接触面积大，附着系数比一般轮胎高。

当车速提高时，汽车的附着系数下降。

在严寒冬季冰雪路面行驶的车辆易打滑，为了增加附着力，可采用换装特殊花纹轮胎、在轮胎上绕防滑链、在路面撒砂等应急措施。

(2) 驱动轮的法向反作用力 F_z 该作用力与汽车的总体布置、行驶状况及道路的坡度有关。

对于两轮驱动的汽车，只有作用在驱动轮上的反作用力才能产生附着力，而该反作用力与汽车整体所受重力在两车轮上的分配比例有关；全轮驱动汽车的所有车轮都是驱动轮，附着力最大。

后轮驱动的汽车在加速或上坡时，驱动轮的法向反作用力增加；前轮驱动的汽车相反。

想一想

汽车行驶打滑，有哪些方法解决？

知识拓展

新能源汽车简介

汽车的发明与发展，为人类作出了巨大的贡献，同时也带来了亟须解决的能源短缺、环境污染等社会问题，新能源汽车被公认为是解决这些问题的有效方案，代表着汽车行业未来的发展方向，也是目前我国汽车工业转型的重要方向之一。2020年10月20日，国务院办公厅印发《新能源汽车产业发展规划（2021—2035年）》（简称《规划》），《规划》中把促进新能源汽车的发展作为国家和行业的重要任务。

我国对于新能源汽车的定义为：采用新型动力系统，完全或者主要依靠新型能源驱动的汽车，包括纯电动汽车、插电式混合动力（含增程式）汽车和燃料电池汽车等。

纯电动汽车是指驱动能量完全由电能提供的、由电机驱动的汽车。电机的驱动电能来源于车载可充电储能系统或其他能量储存装置。

插电式混合动力电动汽车是指能够至少从消耗的燃料和可再充电电能储存装置两类车载存储的能量中获得动力的汽车。

燃料电池汽车是指以燃料电池系统作为单一动力源或者是以燃料电池系统与可充电储能系统作为混合动力源的电动汽车。

除上述外，采用生物燃料、太阳能等新型能源驱动的汽车都可以称为新能源汽车。

新能源汽车的最大特点就是节能、环保、无污染或低污染。目前发展非常迅速，在传统燃油汽车产销量下降的趋势下，新能源汽车逆势增长。2021 年，全球新能源汽车销量 670 万辆，同比增长 102.4%。我国新能源汽车销量 352.1 万辆，同比增长 1.6 倍，连续 7 年位居世界第一。

本章小结

1. 汽车对人类的生活、生产和国民经济发展都产生了重大而深远的影响，目前正朝向电动化、智能化和网联化方向发展。学习《汽车构造与原理》应该理论紧密结合实践。

2. 汽车是由动力驱动，一般具有 4 个或 4 个以上车轮的非轨道承载车辆，主要用于载运人、货物及一些特殊用途。

3. 汽车由发动机、底盘、车身和电气设备四大部分组成。发动机是汽车的动力装置；底盘将发动机的动力进行传递和分配，并使汽车按驾驶人要求进行行驶；车身是驾驶人操作和容纳乘客及货物的场所；电气设备为车辆提供电源、灯光、仪表、音响和空调等用电。

4. 我国汽车分为载客汽车和载货汽车两大类，每大类又分若干小类。每一辆汽车都有一个识别代号 VIN，VIN 由 3 部分 17 位字码组成，它是汽车管理、维修、配件采购的重要依据。

5. 汽车主要参数包括尺寸参数（轴距、轮距、总长、总宽、总高、前悬、后悬）、质量参数（装载质量、整备质量、总质量、整备质量利用系数、轴荷分配）、性能参数（最高车速、加速时间、爬坡性能、燃料消耗量、制动距离、最小转弯半径、最小离地间隙、接近角、离去角、纵向通过角、操纵稳定性和有害气体排放）等。

6. 汽车行驶的驱动条件为 $F_t \geqslant F_f+F_w+F_i$。驱动力 $F_t=T_t/r$，行驶阻力包括滚动阻力、空气阻力、坡度阻力和加速阻力。

7. 汽车行驶的驱动-附着条件为 $F_f+F_w+F_i \leqslant F_t \leqslant F_\varphi$，驱动力的发挥受限于附着力 F_φ。附着力是地面对轮胎的切向反作用力的极限值，$F_\varphi=F_z\varphi$，附着系数 φ 与路面种类、状况，轮胎结构、气压等有关；驱动轮的地面法向反作用力 F_z 与汽车的总体布置、行驶状况及道路的坡度有关。

思考题

1. 名词解释：汽车、乘用车、载货汽车、前置发动机前驱动、前置发动机后驱动、中置发动机后驱动、后置发动机后驱动、四轮驱动、一厢式乘用车、两厢式乘用车、三厢式乘用车、封闭车身、开式车身、汽车轴距、轮距、总长、总宽、总高、前悬、后悬、装载质量、整备质量、总质量、整备质量利用系数、轴荷分配、最高车速、加速时间、爬坡性能、汽车的百公里燃料消耗量、制动距离、最小转弯半径、最小离地间隙、接近角、离去角、纵向通过角、汽车驱动力、附着力。

2. 汽车主要由哪四大部分组成？各自的作用是什么？
3. 我国汽车是如何分类的？
4. 车辆识别代号 VIN 有何作用？我国是如何规定的？
5. 汽车的接近角、离去角和纵向通过角是如何影响汽车的通过性能的？
6. 写出汽车行驶的驱动力方程，并分析影响汽车驱动力及行驶阻力的因素。
7. 试述汽车行驶的驱动-附着条件，并分析影响汽车附着力的因素。

第 1 篇

汽车发动机构造与原理

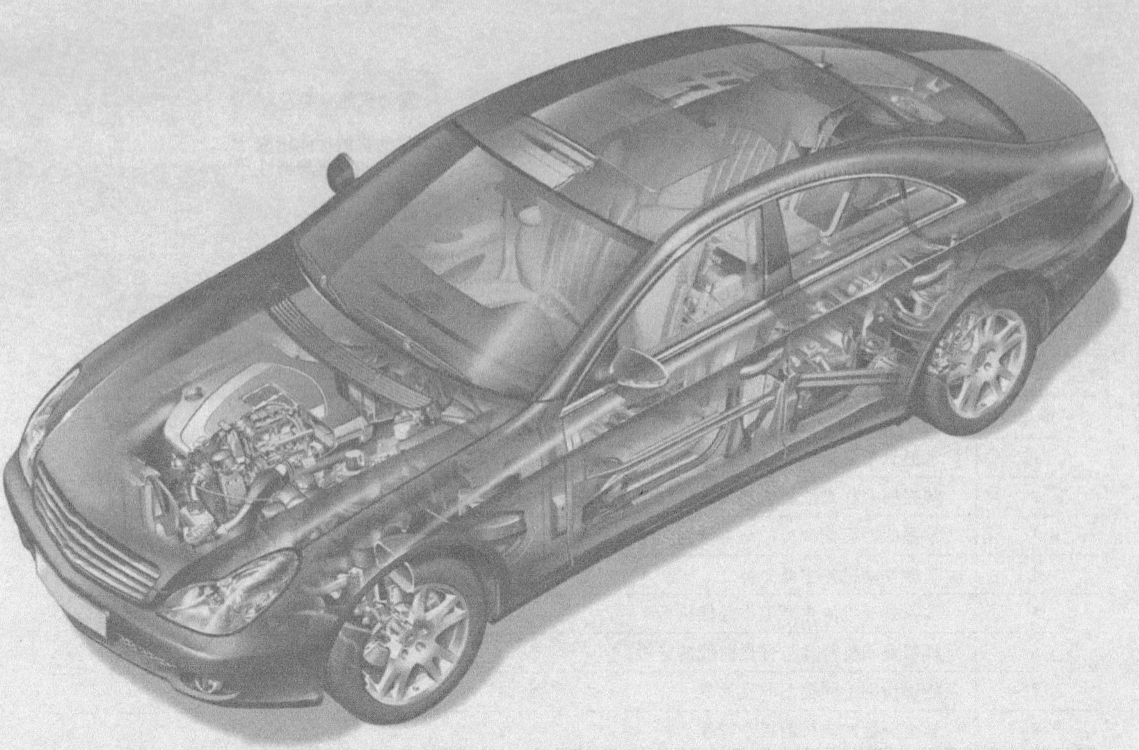

第1章　发动机的基本结构与工作原理

【本章内容架构】

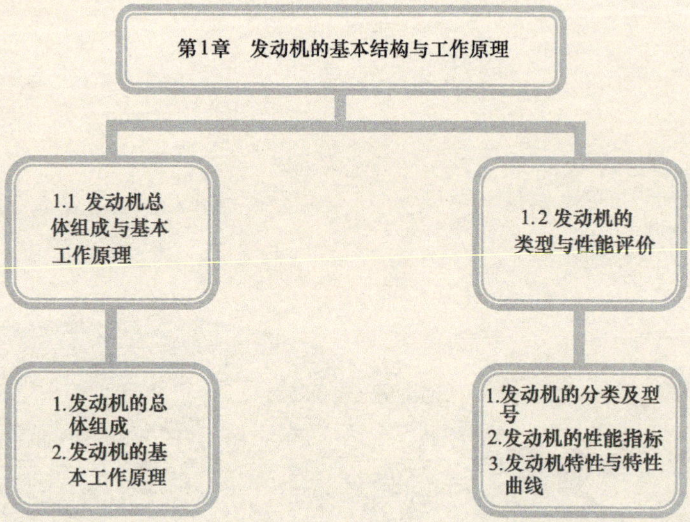

【学习目标要求、重点与难点】

序号	学习目标要求	学习重点	学习难点
1	掌握汽车发动机的总体组成和功用	√	
2	掌握四冲程汽油机的基本结构与工作原理	√	
3	掌握四冲程柴油机的基本结构与工作原理	√	
4	掌握发动机的主要分类	√	
5	掌握发动机的主要工作性能指标	√	√
6	理解发动机特性与特性曲线的分析		√
7	能够识别不同类型的发动机	√	
8	学会分析发动机的四个行程	√	

【引入案例】

近日两辆长城风骏5轻型载货汽车进4S店保养，保养技师老刘为实习生小张打开发动机舱盖后，发现两辆车的发动机分别为4K22D4M汽油发动机和GM4D20M柴油发动机，技师问小张：这两辆长城风骏5的发动机工作原理有何不同，小张应该如何回答老刘的问题？

1.1 发动机总体组成与基本工作原理

发动机是将其他形式的能量转化为机械能的动力转化装置。现代汽车发动机主要采用的是内燃机，它是将燃料在气缸内部燃烧产生的热能直接转化为机械能的动力转化装置，有活塞式和旋转式两大类。本书所提的汽车发动机，如无特殊说明，都是指往复活塞式内燃机。

内燃机具有单机功率范围大、热效率高、体积小、质量小、操作简单、便于移动和起动性能好等优点，作为动力源被广泛应用于汽车、火车、工程机械、拖拉机、发电机、船舶、坦克、排灌机械及众多其他机械。

知识点1 发动机的总体组成

汽车发动机种类繁多，结构复杂，但总体看都是在一个机体上安装一个机构（曲柄连杆机构）和六大系统（换气系统、燃料供给系统、点火系统、润滑系统、冷却系统和起动系统），如图1-1和表1-1所示。柴油机则为五大系统，没有点火系统。

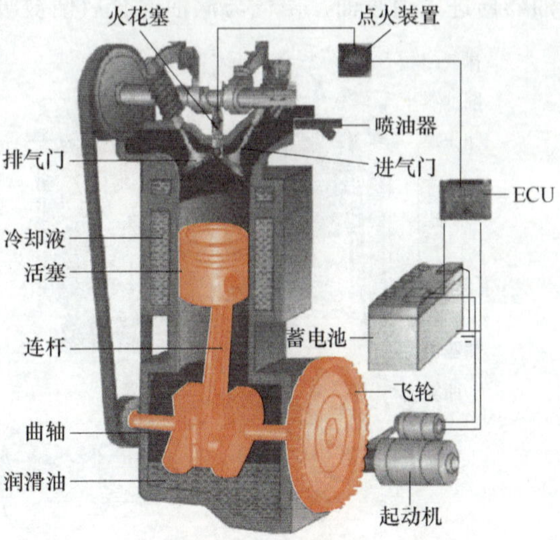

图1-1 汽车发动机总体组成（汽油机）

表1-1 发动机总体组成

名称	功用	主要部件
曲柄连杆机构	将活塞顶的燃气压力转变为曲轴的转矩，输出机械能	机体、气缸盖、气缸垫、活塞、连杆、曲轴、飞轮等
换气系统	按照发动机要求，定时开闭进、排气门，吸入干净空气，排出废气	空气滤清器、进排气管系、配气机构（气门组件、凸轮轴、驱动机构）、排气消声器等
燃料供给系统	按照发动机要求，定时、定量供给所需要的燃料	汽油机：汽油箱、输油泵、滤清器、压力调节器、各种传感器、电控喷油器、电控单元等； 柴油机：柴油箱、输油泵、滤清器、高压油泵、调速器、喷油器、电控单元、各种传感器等
点火系统	按规定的时刻，准时点燃汽油机气缸内的可燃混合气	蓄电池、点火开关、点火线圈组件、传感器、电控装置、火花塞等

（续）

名 称	功 用	主要部件
润滑系统	润滑、减摩、密封、清洁、冷却、防锈蚀	油底壳、机油泵、机油滤清器、机油压力表、机油道等
冷却系统	保持发动机在适宜的温度下工作	冷却水泵、风扇、节温器、散热器、冷却水道等
起动系统	起动发动机	蓄电池、起动开关、起动电动机等

知识点2 发动机的基本工作原理

1. 单缸四冲程汽油机工作原理（图1-2）

（1）进气行程 当活塞从上止点（活塞顶面离曲轴中心最远处）向下止点（活塞顶面离曲轴中心最近处）运动时（相当于曲轴转角0°~180°），进气门开启，排气门关闭，电控喷油器向进气道喷油，空气与汽油混合后便被吸入气缸，该过程称为进气行程。

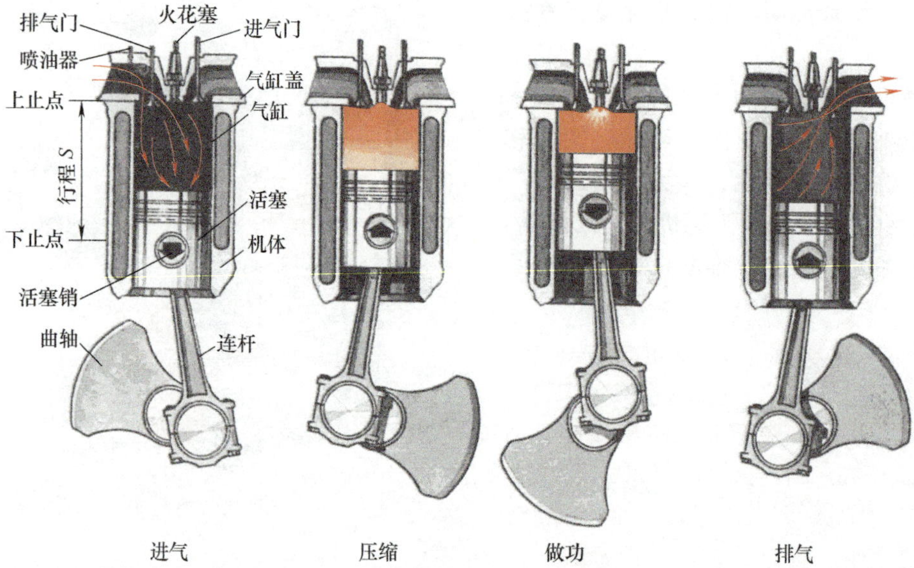

图1-2 汽油发动机工作原理

（2）压缩行程 当活塞继续从下止点向上止点运动时（相当于曲轴转角180°~360°），进、排气门关闭，随着活塞运动，气缸工作容积减小，进入气缸的混合气被压缩，该过程称为压缩行程。

（3）做功行程（膨胀行程） 在压缩行程末，进、排气门都处于关闭状态，安装在气缸盖上的火花塞产生电火花，进入气缸的可燃混合气被点燃、燃烧，放出大量的热能，导致气缸内气体压力和温度迅速增加（最高压力达5MPa，最高温度达2800K），气体体积急剧膨胀，推动活塞从上止点向下止点运动（相当于曲轴转角360°~540°），通过连杆使曲轴旋转并输出机械能，该过程称为做功行程。

（4）排气行程 曲轴通过连杆带动活塞继续从下止点往上止点运动（相当于曲轴转角540°~720°），这时，进气门关闭，排气门开启，燃烧后产生的废气在气缸剩余压力与活塞推动下被排出气缸，该过程称为排气行程。

排气结束后，又重新进行进气、压缩、做功和排气行程，循环往复。四冲程汽油机经过进气、压缩、做功、排气四个行程而完成一个工作循环，曲轴旋转两周，即每个行程有180°曲轴转角。但在实际进气过程中，进气门早于上止点开启迟于下止点关闭；排气行程中，排气门早于下止点开启，晚于上止点关闭。所以进、排气过程所占的曲轴转角均超过180°。

进气门早开晚关的目的是可以增加进入气缸内的混合气量，同时减少进气过程所消耗的功。排气门早开晚关的目的是可以减少气缸内的残余废气量和排气过程消耗的功。减少残余废气量，相应增加进气量。

【温馨提示】

单缸汽油机工作原理视频请扫教学资源1.1对应的二维码进行观看。

(5) 工作过程分析

1) 四冲程发动机。活塞在上、下止点间往复移动四个行程（相当于曲轴旋转了两周），完成进气、压缩、做功、排气一个工作循环的发动机就称为四冲程发动机。四冲程发动机有曲轴转速不均匀、工作振动大的缺点。为了克服上述缺点，发动机在曲轴后端安装了一个质量较大的飞轮，做功时飞轮吸收、储存能量，其余三个行程则依靠飞轮惯性维持转动。多缸发动机将各缸做功顺序均匀分布在720°曲轴转角内，所以转速均匀性较好。

2) 活塞行程。行程指的是活塞在上、下两个止点之间距离 S（图1-2）。一个活塞在一个行程中所扫过的容积称为气缸工作容积

$$V_s = \frac{\pi D^2}{4\times 10^9} S \tag{1-1}$$

式中 V_s——工作容积（m^3）；
D——气缸直径（mm）；
S——活塞行程（mm）。

一台发动机所有气缸工作容积之和称为该发动机的排量，有

$$V_{st} = V_s i \tag{1-2}$$

式中 V_{st}——发动机的排量（m^3）；
i——气缸数。

发动机排量常用L（升）表示。一般而言，发动机的排量大，则功率也大。

3) 压缩行程的作用。一是提高进入气缸内混合气的压力和温度（压缩终了的气缸内气体压力可达0.6~1.2MPa，温度达600~700K），为混合气迅速着火燃烧创造条件；二是可以有效提高发动机的燃烧热效率 η。由热力学第一定律可知，燃烧热效率

$$\eta = 1 - \frac{T_2}{T_1} \tag{1-3}$$

式中 T_1——发动机混合气燃烧所达到的最高温度（K）；
T_2——排气温度（K）。

当混合气被压缩的程度提高时，T_1 升高，而 T_2 降低，可使热效率提高。

气缸内气体被压缩的程度用压缩比 ε 表示

$$\varepsilon = \frac{V_a}{V_c} \tag{1-4}$$

式中 V_a——气缸总容积（活塞处于下止点时，活塞顶部以上的气缸容积）；

V_c——气缸燃烧室容积（活塞处于上止点时，活塞顶部以上的容积）。

现代汽油机压缩比一般为7~11。发动机压缩比也不能过高，否则会导致压缩终了温度和压力升高，汽油机产生爆燃，热负荷、机械负荷、噪声和振动加大，起动困难。

(6) 示功图 将四冲程发动机在一个工作循环里气缸内气体压力随气缸工作容积或曲轴转角变化的关系以坐标图表示，得到图1-3所示的发动机示功图。

由示功图可以看到发动机一个工作循环里工作状态的变化，检查判断发动机性能的优劣。发动机特征点参数随机型、结构等有所不同，一般范围见表1-2。

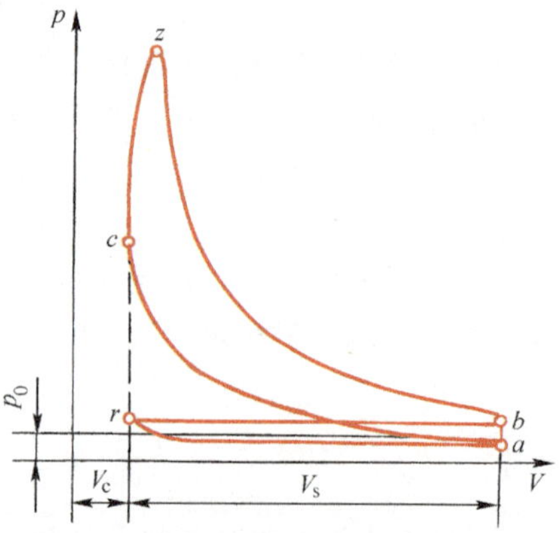

图1-3 四冲程发动机示功图

ra—进气行程 *ac*—压缩行程 *czb*—做功行程 *br*—排气行程 *a*—进气终点 *c*—压缩终点 *z*—最高燃烧压力 *b*—做功终点 *r*—排气终点 p_0—大气压力

表1-2 发动机特征点参数

特征点		a	c	z	b	r
汽油机	p	0.075~0.09	0.6~1.2	3~5	0.3~0.5	0.105~0.115
	T	370~400	600~700	2200~2800	1300~1600	900~1200
柴油机	p	0.08~0.09	3.5~4.5	6~9	0.2~0.4	0.105~0.125
	T	300~370	750~1000	2000~2500	1200~1500	800~1000

注：1. *p*—气缸内气体压强（MPa）。
2. *T*—气缸内气体温度（K）。

2. 四冲程柴油机结构特点与工作原理

柴油机所用的燃料是柴油。与四冲程汽油机相比，其基本结构特点是没有火花塞，喷油器直接安装在气缸顶，向气缸内喷油（图1-4）。

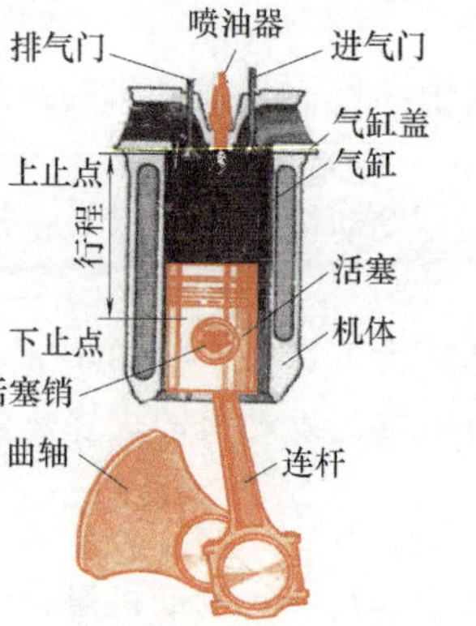

图1-4 四冲程柴油机基本结构

其工作原理与四冲程汽油机也有所不同，在进气行程进入气缸的是空气，而不是可燃混合气；在压缩行程末，喷油器向气缸喷入高压柴油，由于气缸的高温高压作用，柴油迅速着火燃烧，使气体急剧膨胀，推动活塞做功。其着火方式属于压燃式，而不是汽油机的点燃式。

柴油燃料的性质与汽油不同，柴油黏度高，不易挥发，自燃点低，因此不会产生爆燃。为了使柴油可靠着火，提高发动机燃烧热效率，柴油机的压缩比比汽油机高得多，一般为16~22，所以其最高燃烧压力也比汽油机高，工作也比汽油机粗暴。

柴油机与汽油机比较，各有其优缺点，见表1-3。

表 1-3　柴油机与汽油机比较

性　能	汽 油 机	柴 油 机
着火方式	点燃	压燃
燃油消耗	高	低
热效率	30%左右	40%左右
工作平稳性	柔和	粗暴
发动机转速	高(4000~6000 r/min)	低(2500~3000r/min)
升功率	大	小
起动性	易	难
制造维修成本	低	高
比质量	小	大
使用寿命	短	长
排放	CO、HC 大,NO_x、黑烟少	CO、HC 小,NO_x、黑烟多

随着科技的发展，柴油机的一些缺点不断得到改进（如柴油机的转速在不断提高），目前奔驰 V230 的柴油机最高转速可达 6000r/min。

1.2　发动机的类型与性能评价

知识点 1　发动机的分类及型号

1. 发动机的分类

发动机种类繁多，根据不同特点有不同分类（表 1-4）。

表 1-4　发动机的分类

分类方法	类　别	含　义
按冲程数分	二冲程发动机	活塞经过两个行程完成一个工作循环的发动机
	四冲程发动机	活塞经过四个行程完成一个工作循环的发动机
按着火方式分	点燃式发动机	压缩气缸内的可燃混合气,并用外源点火燃烧的发动机
	压燃式发动机	压缩气缸内的空气或可燃混合气,产生高温,引起燃料着火的发动机
按使用燃料种类分	液体燃料发动机	燃烧液体燃料(汽油、柴油、醇类等)的发动机
	气体燃料发动机	燃烧气体燃料(液化石油气、天然气等)的发动机
	两用燃料发动机	具有两套相互独立的燃料供给系统且两套燃料供给系统可分别但不同时向燃烧室供给燃料的发动机
	双燃料发动机	具有两套燃料供给系统,且两套燃料供给系统按预定的配比向燃烧室供给燃料,在缸内混合燃烧的发动机
按进气状态分	非增压发动机	进入气缸前的空气或可燃混合气未经压缩的发动机。对于四冲程发动机也称自吸式发动机
	增压发动机	进入气缸前的空气或可燃混合气先经过压气机压缩,借以增大充量密度的发动机

（续）

分类方法	类 别	含 义
按冷却方式分	水冷式发动机	用冷却液冷却气缸和气缸盖等零件的发动机
	风冷式发动机	用空气冷却气缸和气缸盖等零件的发动机
按气缸数及布置分	单缸发动机	只有一个气缸的发动机
	多缸发动机	具有两个或两个以上气缸的发动机
	立式发动机	气缸布置于曲轴上方且气缸中心线垂直于水平面的发动机
	卧式发动机	气缸中心线平行于水平面的发动机
	直列式发动机	具有两个或两个以上直立气缸，并呈一列布置的发动机
	V形发动机（彩图2）	具有两个或两列气缸，其中心线夹角呈V形，并共用一根曲轴输出功率的发动机
	对置气缸式发动机	两个或两列气缸分别排列在同一曲轴的两边呈180°夹角的发动机
	斜置式发动机	气缸中心线与水平面呈一定角度（不是直角）的发动机
按用途分类	有汽车用、机车用、拖拉机用、船用、坦克用、摩托车用、发电用、农用、工程机械用等发动机	

2. 发动机的型号

我国发动机型号由四个部分组成（图1-5）。

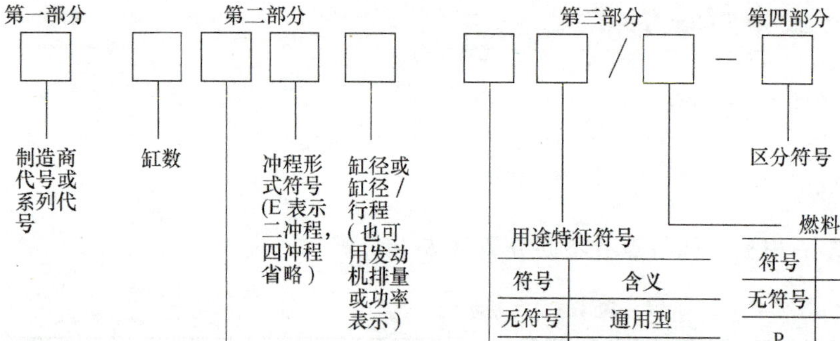

气缸布置形式符号

符号	含义
无符号	多缸直列及单缸
V	V形
P	卧式
H	H形
X	X形
⋮	⋮

结构特征符号

符号	含义
无符号	冷却液冷却
F	风冷
N	凝气冷却
S	十字头式
Z	增压
ZL	增压中冷
DZ	可倒转

用途特征符号

符号	含义
无符号	通用型
T	拖拉机
M	摩托车
G	工程机械
Q	汽车
J	铁路机车
D	发电机组
C	船用主机（右机基本型）
CZ	船用主机（左机基本型）
Y	农用三轮车（或其他农用车）
L	林业机械

燃料符号

符号	燃料
无符号	柴油
P	汽油
T	天然气
CNG	压缩天然气
LNG	液化天然气
LPG	液化石油气
Z	沼气
W	煤矿瓦斯
M	煤气
S	柴油/天然气双燃料
SCZ	柴油/沼气双燃料
M	甲醇
E	乙醇
DME	二甲醇
TME	生物柴油

图1-5 我国发动机型号含义

型号示例

① 汽油机型号：

492Q/P-A——四缸、直列、四冲程、缸径 92mm、冷却液冷却、汽车用（A 为区分符号）。

② 柴油机型号：

YZ6102Q——六缸、直列、四冲程、缸径 102mm、冷却液冷却、汽车用（YZ 为扬州柴油机厂代号）。

③ 双燃料发动机：

G12V190ZL/S——十二缸、V 形、缸径 190mm、冷却液冷却、增压中冷、燃料为柴油/天然气双燃料（G 为系列代号）。

知识点 2 发动机的性能指标

评价一台发动机好坏，需要有一批性能指标来衡量，常见的性能指标有动力性能指标、经济性能指标、运转性能指标和可靠性、耐久性性能指标等。

1. 动力性能指标

（1）有效转矩 发动机曲轴输出的平均转矩称为有效转矩，以 T_e 表示，单位为 N·m。有效转矩与外界施加于发动机曲轴上的阻力矩相平衡，可以用发动机台架试验方法测得。

（2）平均有效压力 指单位气缸工作容积所输出的有效功，以 p_{me} 表示，单位为 kPa。平均有效压力越大，动力性能越好。

$$p_{me}=\frac{W_e}{V_s} \tag{1-5}$$

式中 p_{me}——平均有效压力（kPa）；

W_e——有效功（kJ）；

V_s——气缸工作容积（m^3）。

（3）有效功率 发动机曲轴输出的功率称为有效功率，用 P_e 表示（单位为 kW）。它等于有效转矩与曲轴角速度的乘积，即：

$$P_e=T_e\frac{2\pi n}{60}\times10^{-3}=\frac{T_e n}{9550} \tag{1-6}$$

式中 T_e——有效转矩（N·m）；

n——曲轴转速（r/min）。

有效功率也可以由下式计算：

$$P_e=\frac{p_{me}V_s ni}{30\tau} \tag{1-7}$$

式中 p_{me}——平均有效压力（kPa）；

V_s——气缸工作容积（m^3）；

n——曲轴转速（r/min）；

i——气缸数；

τ——冲程系数，二冲程 $\tau=1$，四冲程 $\tau=2$。

发动机制造厂按国家规定标定的有效功率，称为标定功率。标定功率时的发动机转速称标定转速，发动机铭牌上标明的功率就是标定功率。标定功率是根据发动机用途、使用特点以及连续运转时间来确定的，各个国家有所不同，我国发动机功率标定分为四级，见表1-5。

表1-5 我国发动机功率标定

分级	含义	应用
15min 功率	在标准环境条件下，发动机能连续稳定运转15min时的最大有效功率	汽车等
1h 功率	在标准环境条件下，发动机能连续稳定运转1h时的最大有效功率	工程机械、拖拉机等
12h 功率	在标准环境条件下，发动机能连续稳定运转12h时的最大有效功率	部分拖拉机和电站等
持续功率	在标准环境条件下，发动机能长期连续稳定运转的最大有效功率	铁路机车、船舶和发电机组等

发动机还常用升功率 P_c（单位为kW/L）比较不同发动机的动力性能，它是指发动机在标定工况下每升气缸工作容积所发出的有效功率，可按下式计算：

$$P_c=\frac{P_e}{V_s i} \tag{1-8}$$

升功率越大，发动机动力性能越好。

2. 经济性能指标

(1) 燃油消耗率 在1h内发动机每发出1kW有效功率所消耗的燃油质量（以g为单位），称为燃油消耗率，用 b_e［单位为g/(kW·h)］表示。可按下式计算：

$$b_e=\frac{B}{P_e}\times10^3 \tag{1-9}$$

式中 B——发动机每小时消耗的燃油质量（kg/h）；

P_e——发动机的有效功率（kW）。

(2) 有效热效率 燃料中所含的热量转变为有效功的比例称为有效热效率，用 η_e 表示，可按下式计算：

$$\eta_e=\frac{W_e}{Q_1} \tag{1-10}$$

式中 W_e——发动机有效功（kJ）；

Q_1——燃料中所含的热量（kJ）。

当测得发动机有效功率 P_e 和每小时消耗的燃油质量 B 时，则

$$\eta_e=\frac{3.6\times10^3 P_e}{BHu}$$

或

$$\eta_e=\frac{3.6\times10^3}{b_e Hu} \tag{1-11}$$

式中 Hu——燃料低热值（kJ/kg）。

现代汽车汽油机的 η_e 值一般为0.30左右，柴油机的 η_e 值为0.40左右。

3. 运转性能指标

发动机的运转性能指标主要指排放指标、噪声、起动性能等。

（1）排放指标　发动机的排气中含有多种对人体有害的物质，主要有一氧化碳（CO）、氮氧化物（NO_x）、碳氢化合物（HC）、光化学烟雾、二氧化硫（SO_2）、醛类和微粒（含碳烟）等，其主要危害见表1-6。

表1-6　发动机主要有害排放及危害

有害排放	有害物特征	危　害
CO	无色、无臭、有毒气体	使人出现恶心、头晕、疲劳等缺氧症状，严重时窒息死亡
NO_2	赤褐色带刺激性的气体	伤害心、肝、肾。与光化学反应形成臭氧和醛等
HC	刺激性的气体	破坏造血机能，造成贫血、神经衰弱，降低肺对传染病的抵抗力。与光化学反应形成臭氧和醛等
光化学烟雾	HC与NO_x在阳光作用下所形成的烟雾，有刺激性	降低大气能见度，伤害眼睛、咽喉，影响植物生长
SO_2	无色、刺激性气体	刺激鼻喉，引起咳嗽、胸闷，支气管炎等
醛类	较强的刺激性臭味	伤害眼睛、上呼吸道、中枢神经
微粒	碳烟等	伤害肺组织

目前世界汽车每年排向大气中的有害物质高达7亿多吨，严重污染了大气，已形成公害。为此，各国都制定了相应的汽车排放标准。我国排放标准参照欧洲法规体系，2001年开始执行欧Ⅰ标准，2004年开始执行欧Ⅱ标准，2007年7月1日起，正式执行国家第三、四阶段机动车排放标准（相当于欧Ⅲ号、欧Ⅳ号排放标准），自2010年7月1日起，对全国所有车辆实施国Ⅳ排放标准，2018年1月1日起正式实施国Ⅴ标准。自2020年7月1日起实施国Ⅵ标准。具体排放标准见表1-7。

表1-7　汽车排放标准　（单位：g/km）

法规名称	车　型	CO	THC	NO_x	THC+NO_x	PM
国Ⅲ	汽油车	2.3	0.2	0.15		
	柴油车	0.64		0.5	0.56	0.05
国Ⅳ	汽油车	1.0	0.1	0.08		0.025
	柴油车	0.5		0.25	0.3	
国Ⅴ	汽油车	1.0	0.1	0.06		0.0045
	柴油车	0.5		0.18	0.23	0.0045
国Ⅵ(a)	汽油车	0.7	0.1	0.06		0.0045
	柴油车	0.5				0.003
国Ⅵ(b)	汽油车	0.5	0.05	0.035		0.003
	柴油车					

注：PM是排放颗粒物。

（2）噪声　噪声是发动机工作时发出的一种声强和频率无一定规律的声音，主要有燃烧噪声和机械噪声。噪声不仅损害人的听觉器官，还伤害神经系统、心血管系统、消化系统和内分泌系统，容易使人性情烦躁，反应迟钝，甚至耳聋，诱发高血压和神经系统的疾病。

汽车是城市主要噪声源之一，发动机又是汽车的主要噪声源，应该给予控制。我国的标准（GB 7258—2017）规定，驾驶人耳旁噪声声级应小于或等于 90dB（A）。

（3）起动性能 起动性能是表征发动机起动难易的指标。发动机起动性能好，便于汽车起步行驶，同时减少起动时的功率消耗和发动机的磨损。

起动性能一般以一定条件下的起动时间长短来衡量。我国标准规定，要求不采用特殊的低温起动措施时，汽油机在-10℃、柴油机在-5℃以下的气温条件下起动，能在 15s 以内达到自行运转。

4. 可靠性与耐久性性能指标

可靠性与耐久性也是汽车发动机使用中的两个重要指标。

（1）可靠性 可靠性是指发动机在规定的运转条件下，具有持续工作，不致因为故障而影响正常运转的能力。一般以保证期内的不停车故障数、停车故障数、更换主要零件和重要零件数等具体指标来衡量。

（2）耐久性 耐久性是指发动机在规定的运转条件下，长期工作而不大修的性能。一般以发动机从开始使用到第一次大修前累计运转的时间表示。

上述发动机的动力性能指标、经济性能指标、运转性能指标和可靠性、耐久性等指标，对不同用途的发动机要求是不同的。各项指标之间既相互联系又相互制约，往往为了降低排气污染，而不得不牺牲发动机的动力和经济性能指标。

知识点 3 发动机特性与特性曲线

上述发动机的标定功率、标定燃料消耗率等性能指标只是在某些特征点上显示了发动机的动力、经济性能，但汽车发动机的工作转速和负荷常常在较大范围内变化，要全面了解发动机在所有工况下的性能指标的变化，就应该了解发动机特性与特性曲线，它对合理使用、检测与维修发动机，都有重要的价值。

1. 发动机特性

发动机性能指标随调整情况及运转情况而变化的关系称为发动机特性。

发动机性能指标主要有功率、转矩、燃料消耗率、排气温度、排气烟度等；调整情况主要指柴油机的供油提前角、汽油机的点火提前角、发动机燃料等可调因素对发动机性能的影响；运转情况一般指发动机转速和负荷等。常用的特性有各种调节特性和性能特性。

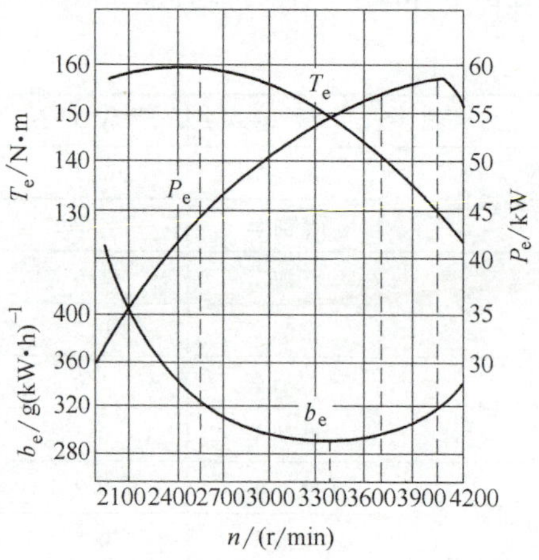

图 1-6 奥迪（Audi）2.4L 四缸五气门 V6 汽油机的外特性曲线

P_e—发动机功率 T_e—发动机转矩 n—转速

2. 特性曲线简介

将发动机的功率 P_e、转矩 T_e 以及燃油消耗率 b_e 与发动机曲轴转速 n 之间的函数关系以曲线表示，则此曲线称为发动机特性曲线。如果节气门全开，则此特性曲线为发动机外特性曲线。如图 1-6 所示为奥迪（Audi）2.4L 四缸五气门 V6 汽油机的外特性曲线。由曲线可以看出该发动机可以达到的最大功率和转矩及其对应的发动机转速，它是正确选购和使用发动机的依据。

知识拓展

1. 国外内燃机型号

国外内燃机无统一编制规则，由生产厂家自定。如日本丰田汽车公司发动机型号编制规则为

○　□—□
①　②　③

①：表示区分符号，用阿拉伯数字表示。

②：表示系列，用一个或多个英文字母表示。

③：表示结构特征，用一个或多个英文字母表示。E 表示电子控制燃油喷射；T 表示涡轮增压；Z 表示机械增压；F 表示顶置双凸轮轴，由一根传动带同时驱动；G 表示顶置双凸轮轴，由一根传动带驱动一根凸轮轴，另一根凸轮轴由主动凸轮轴驱动。

例：1UZ-FE

区分符号是 1、UZ 系列［V 形 8 缸、进排气门采用可变气门正时（VVT-i）系统］、顶置双凸轮轴，由一根传动带同时驱动的电子控制燃油喷射的发动机。

2. 转子发动机

转子发动机是由德国人菲加士·汪克尔（Felix Wankel，1902—1988）所发明，他在总结前人研究成果的基础上，解决了一些关键技术的问题，研制成功了第一台转子发动机。转子发动机采用三角转子旋转运动来控制压缩和排放，与传统的往复活塞式发动机的直线运动迥然不同。转子发动机结构如图 1-7 所示。

图 1-7　转子发动机结构

转子发动机与传统往复式发动机的比较：往复式发动机和转子发动机都依靠空气燃料混合气燃烧产生的膨胀压力以获得动力。两种发动机的机构差异在于使用膨胀压力的方式。一般发动机是往复运动式发动机，工作时活塞在气缸里做往复直线运动，为了把活塞的直线运动转化为旋转运动，必须使用曲柄连杆机构。转子发动机则不同，它直接将可燃气的燃烧膨胀力转化为驱动转矩。与往复式发动机相比，转子发动机取消了无用的直线运动，因而同样功率的转子发动机尺寸较小，重量较轻，而且振动和噪声较低，具

有较大优势。但转子发动机缺点也很明显，如油耗高、污染重以及机体磨损严重、零部件寿命短等。

本章小结

1. 现代汽车发动机基本都采用内燃机，它是将燃料在气缸内燃烧所产生的热能转化为机械能的机器。内燃机具有热效率高、体积小、质量小、便于移动及起动性好等优点。

2. 汽车发动机总体结构由曲柄连杆机构和换气系统、燃油系统、润滑系统、冷却系统、点火系统（汽油机）和起动系统组成。柴油机则为五大系统，没有点火系统。

3. 四冲程内燃机是活塞在气缸内上、下止点间往复移动四个行程，完成进气、压缩、做功、排气一个工作循环的发动机。按着火方式分为点燃式和压燃式。汽油机采用点燃式，柴油机采用压燃式。

4. 衡量汽车发动机性能的主要指标有动力性能指标（有效转矩、平均有效压力、有效功率）、经济性能指标（燃油消耗率、有效热效率）、运转性能指标（排放指标、噪声、起动性能）和可靠性、耐久性性能指标等。发动机铭牌上标明的功率及相应的转速，即为标定功率和标定转速。我国分四级进行功率标定。

5. 发动机性能指标随调整情况及运转情况而变化的关系称为发动机特性。发动机特性以曲线形式表示的，称为发动机特性曲线。

思考题

1. 名词解释：内燃机、汽油机、柴油机、四冲程发动机、点燃式发动机、压燃式发动机、非增压发动机、增压发动机、直列式发动机、V 形发动机、上止点、下止点、活塞行程、工作容积、燃烧室容积、气缸总容积、发动机排量、压缩比、示功图、发动机有效转矩、发动机平均有效压力、发动机标定功率、发动机标定转速、升功率、15min 功率、1h 功率、12h 功率、持续功率、燃油消耗率、有效热效率、发动机特性、发动机特性曲线。

2. 画出四冲程汽油机的结构简图，并说明其工作原理。

3. 发动机功率根据什么原则标定？我国发动机功率标定分哪四级？

4. 发动机排气中的 CO、HC、NO_x、SO_2、醛类和微粒（含碳烟）对人体各会产生什么危害？

5. 汽车发动机总体结构由哪几大部分组成？

6. 已知某四缸四冲程汽油机气缸直径 81.0mm，活塞行程 86.4mm，以标定转速 $n=$ 5200r/min 运转，功率为 72kW，现测得运转 34s 共消耗 200g 燃油，求此时的有效转矩、升功率、燃油消耗率、有效热效率是多少？（汽油低热值 $Hu=44000$kJ/kg）

第2章　曲柄连杆机构

【本章内容架构】

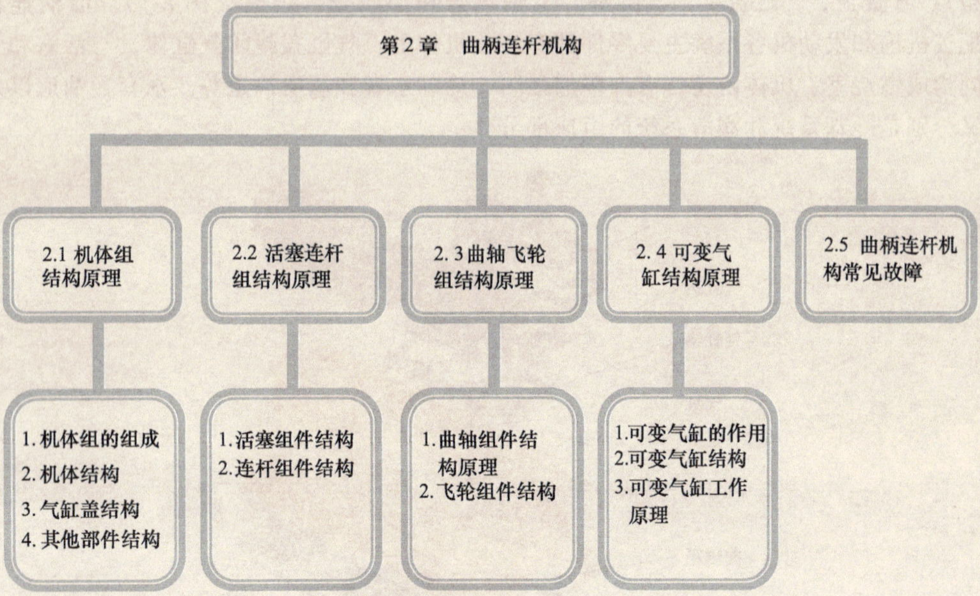

【学习目标要求、重点与难点】

序号	学习目标要求	学习重点	学习难点
1	掌握机体组组成与结构原理	√	
2	掌握曲柄连杆机构的结构原理	√	
3	学会多缸四冲程内燃机的工作过程分析	√	√
4	理解发动机可变气缸控制技术	√	
5	理解曲柄连杆机构的运动与受力		√
6	能够识别机体组件和曲柄连杆机构的各种零部件	√	

【引入案例】

一辆汽车发动机运转时，发现冷却液温度过高，排气冒白烟，排气管往外喷水。停机发现散热器冷却液面飘浮有黄黑色的机油泡沫，摇转曲轴液面出现气泡。油底壳内机油乳化变稀。请分析故障可能的原因。

发动机曲柄连杆机构包括机体组、活塞连杆组和曲轴飞轮组三大组件。

2.1 机体组结构原理

知识点 1 机体组的组成

机体组是发动机的骨架，安装着发动机的主要零件和附件，它主要由机体（气缸体、曲轴箱）、气缸盖、气缸盖罩、气缸垫、主轴承盖和油底壳等组成（图 2-1）。曲柄连杆机构、配气机构和发动机各系统主要零件都安装在机体上，气缸盖封闭气缸体，与活塞和气缸壁共同构成燃烧室。机体内还铸有许多加强肋、冷却水套和润滑油道等。水套、油道以及油底壳又分别是冷却系统和润滑系统的组成部分。

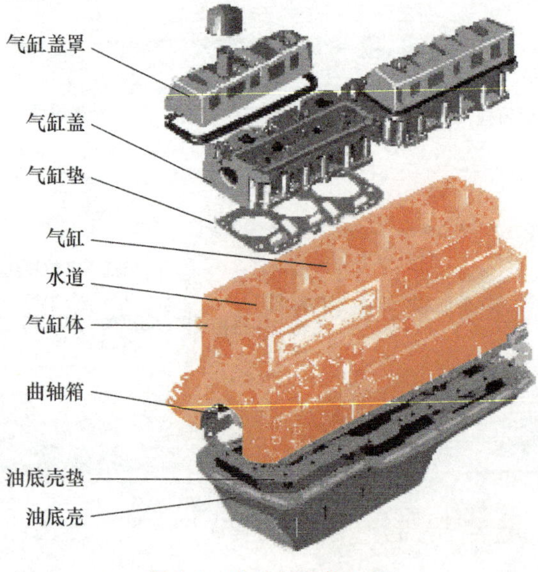

图 2-1 发动机机体组件

知识点 2 机体结构

机体是气缸体与曲轴箱的连铸体（图 2-2），由高强度灰铸铁或铝合金铸造。其上部加工有气缸，下部有主轴承座，曲轴运动的空间称为曲轴箱。

机体结构与发动机气缸排列形式、气缸类型和曲轴箱的结构有关。

气缸的常见排列形式有直列式、V 形排列和水平对置式。

所有气缸排成一列的称为直列式气缸排列，直列式气缸排列机体的宽度小但长度较大，所以一般适用于六缸及六缸以下的发动机。直列式发动机中六缸直列式发动机的平衡性最好，发动机工作时振动小。目前，宝马汽车是使用直列六缸发动机最多的厂家，宝马汽车的S54B32直列六缸发动机被称为经典直列式发动机。

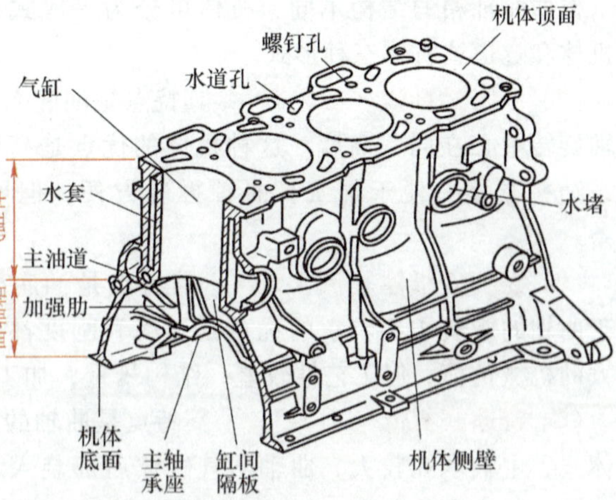

图 2-2　机体

气缸分为两列排列成V形的称为V形气缸排列，V形气缸排列机体的宽度大而长度和高度都比直列式要小，所以发动机总体尺寸小，但结构更为复杂。

气缸分为两列水平相对排列的称为水平对置式气缸排列，可看作夹角为180°的V形发动机。水平对置式发动机重心低，平衡性好。目前主要使用的厂家有保时捷、斯巴鲁等。

气缸是燃料燃烧做功的场所，活塞在其间高速往复运动，所以必须耐高温、耐磨损、耐腐蚀。其结构形式有无气缸套和有气缸套两种，其中，有气缸套又分为干式气缸套和湿式气缸套。

在机体上直接加工出气缸，不镶嵌任何气缸套的机体即为无气缸套机体，它结构紧凑，尺寸和重量降低，加工简单，但为了保证气缸的耐磨性与耐蚀性，要使用大量耐磨合金制造，这既造成了贵重材料的浪费又使制造成本上升。

为了节省贵金属材料，降低成本，方便维修，现代汽车广泛采用镶入气缸体内的气缸套（图2-3），形成气缸工作表面。

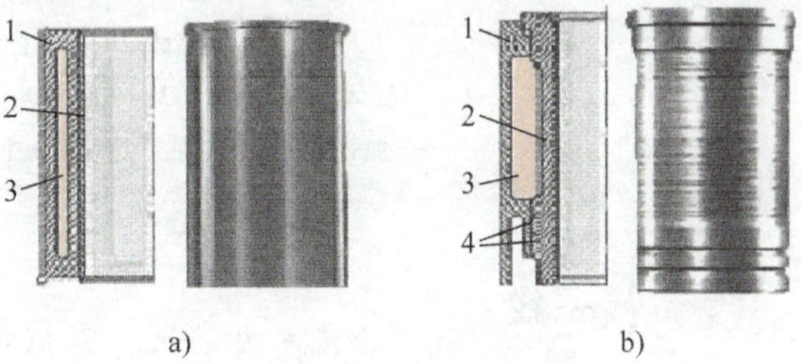

图 2-3　气缸套

a）干式气缸套　b）湿式气缸套

1—机体　2—气缸套　3—水套　4—密封圈

按气缸套是否与冷却液接触分为干式气缸套和湿式气缸套。干式气缸套外壁不直接与冷却液接触，而和气缸体的壁面直接接触，壁厚较薄，一般为1~3mm。它具有整体式气缸体的优点，其强度和刚度都较好，但加工比较复杂，内、外表面都需要进行精加工，拆装不方便，散热不良。湿式气缸套外壁直接与冷却液接触，气缸套仅在上、下各有一圆环地带和气缸体接触，壁厚一般为5~9mm。它散热良好，冷却均匀，加工容易，通常只需要精加工内表面，而与冷却液接触的外表面不需要加工，拆装方便，但其强度、刚度不如干式气缸套好，而且容易产生漏液现象，所以常加橡胶密封圈等防止漏液，使用和维修时应密切注意，否则将产生冷却液漏入油底壳的严重后果。

有的气缸不是采用冷却液冷却，而是采用风冷却（图2-4），在气缸体和气缸盖外表面铸有许多散热片，以增加散热面积，其结构简单，但冷却效果差。现代汽车发动机上基本是采用冷却液冷却。

根据曲轴箱的结构不同，机体可分为平底式机体、龙门式机体和隧道式机体三种形式。

（1）平底式机体（图 2-5a） 其特点是油底壳安装平面和曲轴旋转中心在同一高度。这种机体的优点是高度小，重量轻，结构紧凑，便于加工，曲轴拆装方便；但刚度和强度较差。

（2）龙门式机体（图 2-5b） 其特点是油底壳安装平面低于曲轴的旋转中心。它的优点是强度和刚度都好，能承受较大的机械负荷；但工艺性较差，结构笨重，加工较困难。

（3）隧道式机体（图 2-5c） 其特点是曲轴的主轴承孔为整体式，主轴承孔较大，曲轴从气缸体后部装入。优点是结构紧凑、刚度和强度好；但加工精度要求高，工艺性较差，曲轴拆装不方便。

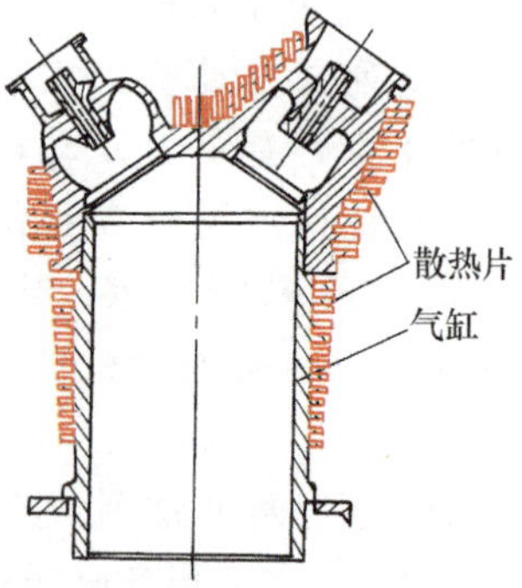

图 2-4 风冷发动机

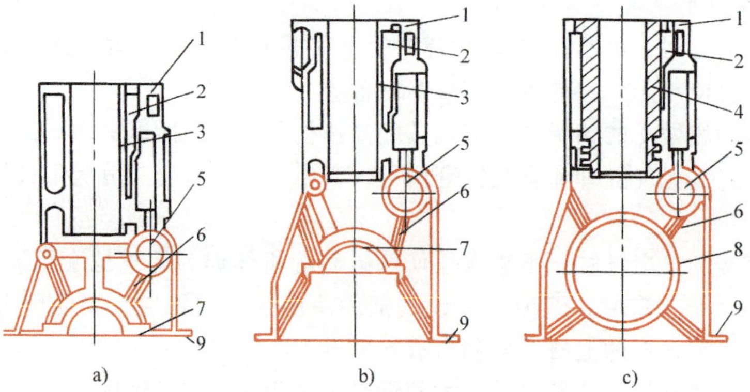

图 2-5 机体结构形式

a）平底式 b）龙门式 c）隧道式

1—气缸体 2—水套 3—气缸 4—湿式气缸套 5—凸轮轴座孔

6—加强肋 7—主轴承座 8—主轴承座孔 9—油底壳座面

> **找一找**
> 找几台汽车发动机，判断它们属于哪种机体，比较它们的特点。

知识点 3 气缸盖结构

气缸盖（图 2-6）安装在气缸体上面，从上部密封气缸。气缸盖下端面与活塞顶部和气缸壁一起构成燃烧室。它经常与高温高压燃气相接触，因此承受很大的热负荷和机械负荷。水冷发动机的气缸盖内部铸有冷却水套，缸盖下端面的冷却水孔与缸体的冷却水孔相通，利用循环冷却液来冷却燃烧室等高温部分。

缸盖上还装有进、排气门座和气门导管孔，用于安装进、排气门，还有进、排气道等。汽油机的气缸盖上加工有安装火花塞的孔，柴油机的气缸盖上加工有安装喷油器的孔。顶置凸轮轴式发动机的气缸盖上还加工有凸轮轴轴承孔。

气缸盖由于形状复杂，一般采用灰铸铁或合金铸铁铸成。铝合金的导热性好，有利于提

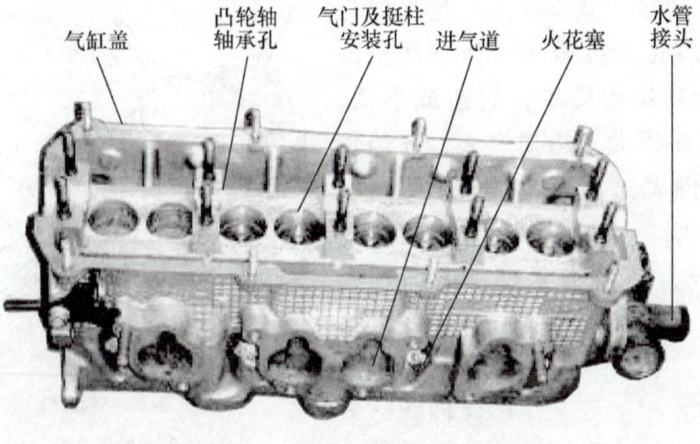

图 2-6　汽车发动机气缸盖

高压缩比，所以近年来铝合金气缸盖越来越多。

气缸盖分单体式、块式和整体式三种。一个气缸盖覆盖一个气缸的称为单体式气缸盖；每个气缸盖能覆盖两个或三个气缸的称为块式气缸盖；一个气缸盖能覆盖所有气缸的称为整体式气缸盖。

当活塞位于上止点时，活塞顶面以上、气缸盖底面以下所形成的空间称为燃烧室。气缸盖是燃烧室的组成部分，燃烧室的形状对发动机的工作影响很大，由于汽油机和柴油机的燃烧方式不同，燃烧室差别较大。柴油机的燃烧室将在第 5 章介绍，这里只介绍汽油机的燃烧室，目前常见的有以下五种形式：

（1）半球形燃烧室（图 2-7a）　其进、排气门呈两列倾斜布置，气门直径较大，气道平直，是横剖面呈半球形的一种燃烧室，结构紧凑，火花塞布置在燃烧室中央，火焰行程短，燃烧速度高，散热少，热效率高，但是不能产生挤气涡流。可采用四气门结构，充气效率高，排气净化好，在乘用车发动机上广泛应用。

（2）楔形燃烧室（图 2-7b）　是气门相对气缸轴线倾斜，进气道比较平直，横剖面呈楔形的燃烧室，其结构简单、紧凑，散热面积小，热损失小；能保证混合气在压缩行程中形成良好的涡流运动，有利于提高混合气的混合质量；进气阻力小，提高了充气效率。但火花塞置于楔形燃烧室高处，火焰传播距离长，爆燃倾向变大；而且存在较大的激冷面，容易形成有害 HC 排放。

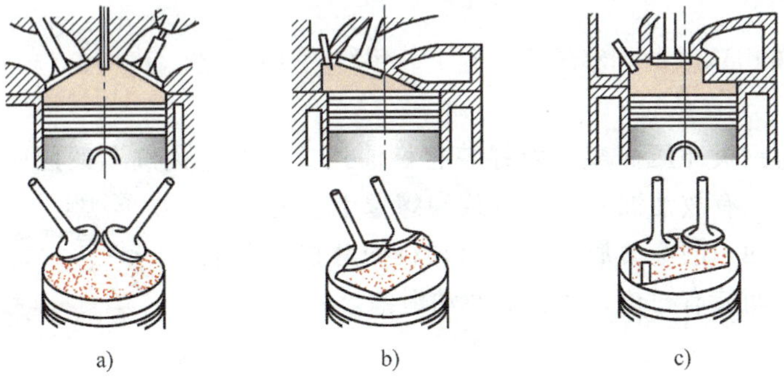

图 2-7　汽油机燃烧室（一）

a）半球形燃烧室　b）楔形燃烧室　c）浴盆形燃烧室

（3）浴盆形燃烧室（图 2-7c） 是气门与气缸轴线平行，进气道弯度较大，横剖面呈倒浴盆形的燃烧室，其结构简单，制造成本低。但不够紧凑，散热面积大，热损失大，火焰传播距离长，爆燃倾向大 。

（4）多球形燃烧室（图 2-8a） 由两个以上半球形凹坑组成，其结构紧凑，火焰行程短，气门直径较大，充气效率高，且能产生挤气涡流。

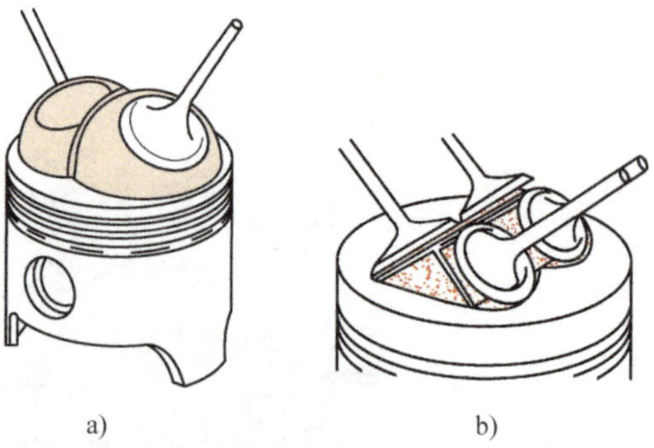

图 2-8 汽油机燃烧室（二）

a）多球形燃烧室 b）篷形燃烧室

（5）篷形燃烧室（图 2-8b） 这种燃烧室断面像篷形，由半球形发展而成，其结构紧凑，适于装置多气门，是近年来在高性能多气门乘用车发动机上广泛应用的燃烧室，特别是小气门夹角的浅篷形燃烧室得到了较大的发展，欧宝 V6、奔驰 320D、三菱 3G81 等型汽油机均为篷形燃烧室。

知识点 4 其他部件结构

1. 气缸垫

气缸垫（图 2-9）安装在气缸盖和气缸体之间，其功用是保证气缸盖与气缸体接触面的密封，防止漏气、漏液和漏油。目前应用较多的是铜皮-石棉结构的气缸垫，其翻边处有三层铜皮，压紧时不易变形。有的气缸垫还采用在石棉中心用编织的钢丝网或有孔钢板为骨架，两面用石棉及橡胶黏结剂压成。有的采用实心有弹性的金属片作为气缸垫，以适应发动机强化要求。

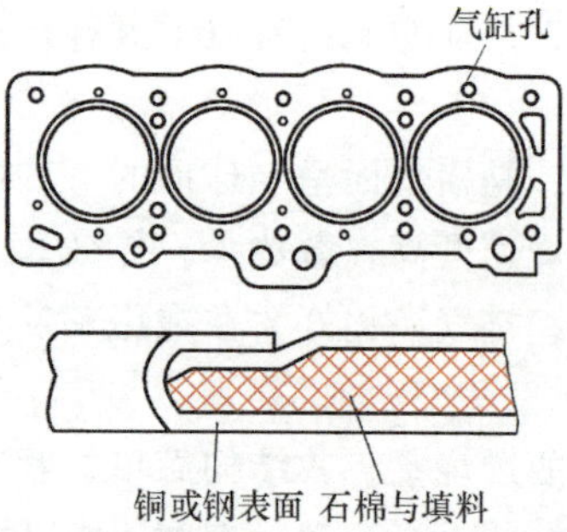

图 2-9 气缸垫

安装气缸垫时，应注意将光滑的一面朝向气缸体，否则容易被高压气体冲坏。所有气缸垫上的孔要和气缸体上的孔对齐。要严格按照说明书上的要求安装气缸盖螺栓。拧紧气缸盖螺栓时，必须以由中央对称地向四周扩展的顺序分 2~3 次进行，最后一次拧紧到规定的力矩。

2. 油底壳

油底壳（图 2-10）是曲轴箱的下半部，又称为下曲轴箱。其主要作用是储存润滑油和封闭曲轴箱。

油底壳多由薄钢板冲压而成，内部装有稳油挡板，以避免汽车颠簸时造成油面波动过大。油底壳底部还装有放油螺塞，通常放油螺塞上装有永久磁铁，以吸附润滑油中的金属屑，减少发动机的磨损。在上下曲轴箱接合面之间装有衬垫，防止润滑油泄漏。

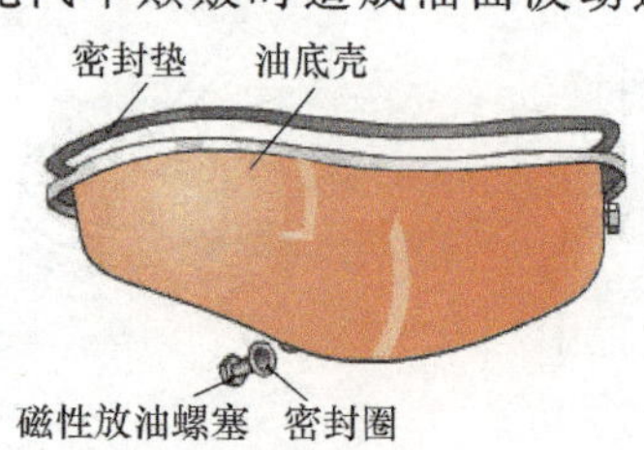

图 2-10 油底壳

3. 发动机的支承

发动机一般通过机体和飞轮壳支承在车架上。

发动机的支承方法一般有三点支承和四点支承两种，如

图 2-11 所示。三点支承可布置成前一后二或前二后一，四点支承一般是前后端各两点。

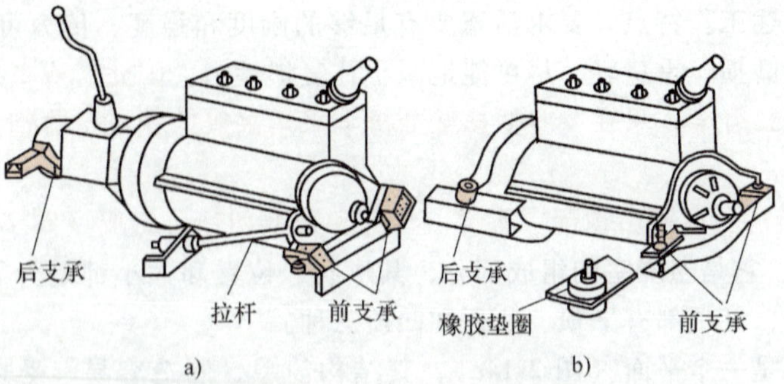

图 2-11　发动机支承

a）三点支承　b）四点支承

发动机在车架上的支承是弹性的（如橡胶等），以消除汽车行驶中车架的扭转变形对发动机的影响，减少传给底盘和乘员的振动和噪声。

想一想　哪一种发动机支承振动最小？

2.2　活塞连杆组结构原理

知识点 1　活塞组件结构

活塞连杆组件（图 2-12）由活塞、活塞环、活塞销、连杆、连杆轴承等组成。

1. 活塞

(1) 活塞的功用　活塞承受气缸中的气体压力，并通过活塞销将此力传给连杆驱动曲轴旋转，活塞顶部还与气缸盖、气缸壁一起组成燃烧室。

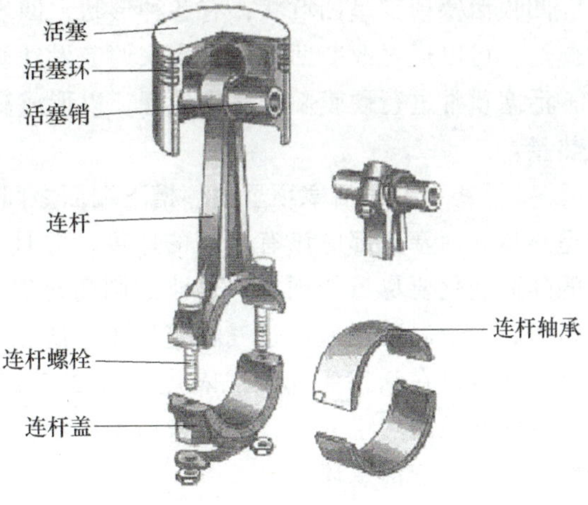

图 2-12　活塞连杆组件

(2) 活塞的工作特点　活塞直接与高温气体接触，散热条件差，工作时顶部温度高达 600~700K，且温度分布很不均匀，容易破坏活塞与其相关零件的配合。温度过高，间隙过小，容易造成活塞拉缸；间隙过大，又会导致压缩不良，功率下降，油耗上升。

活塞顶部承受气体压力很大，在做功行程中汽油机的活塞瞬时承受的最大压力值达 3~5MPa，柴油机高达 6~9MPa，增压发动机可达 14~16MPa，并承受侧压力的作用，加速了活塞表面的磨损，也容易引起活塞变形。

活塞在气缸内以很高的速度（10~14m/s）往复变速运动，产生很大的惯性力，使活塞受到周期性交变的拉伸、压缩和弯曲载荷。

鉴于活塞的上述工作特点，要求活塞要有足够的刚度和强度，传力可靠、导热性能好，耐高压、高温，耐磨损，重量轻，尽可能地减小往复惯性力。因此，汽车发动机的活塞目前一般都采用高强度铝合金，只在一些低速柴油机上采用高级铸铁或耐热钢。活塞的结构也做了精巧设计。

(3) 活塞的结构 活塞由顶部、头部、槽部和裙部四部分组成（图 2-13）。

1）活塞顶部。它是燃烧室的组成部分，其形状、位置和大小都是为了满足可燃混合气形成和燃烧的要求，其顶部有平顶、凸顶和凹顶三种。

平顶活塞顶部是一个平面（图 2-14a），其结构简单、制造容易、受热面积小、顶部应力分布较为均匀，一般用在汽油机上，柴油机很少采用。

凸顶活塞的顶部凸起（图 2-14b），起导向作用，有利于改善换气过程。同时，采用凸顶活塞可以在不改变气缸盖结构的情况下增大压缩比。二冲程汽油机常采用凸顶活塞。

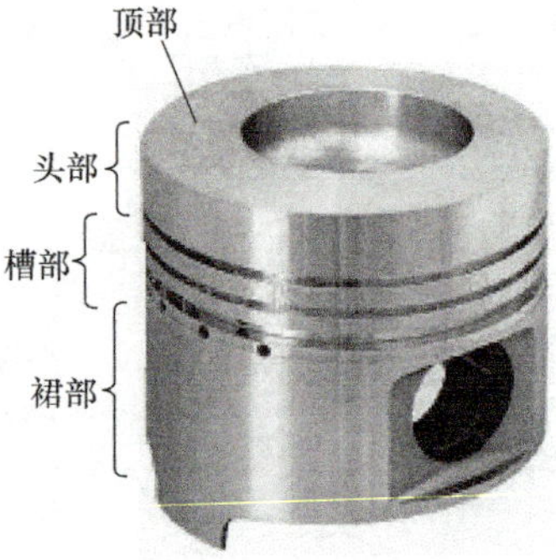

图 2-13 活塞的结构

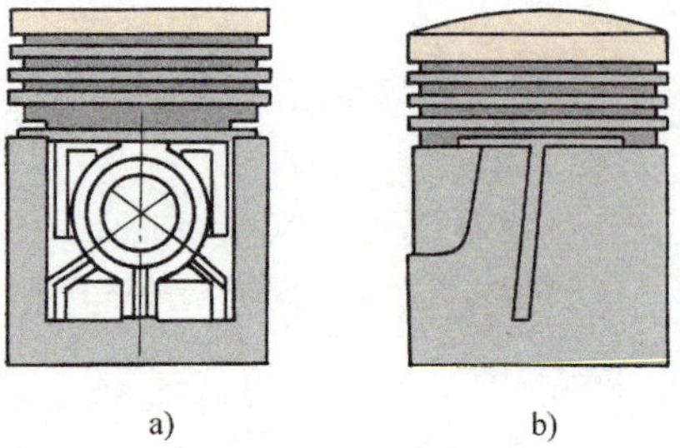

图 2-14 活塞顶部形状

a）平顶活塞 b）凸顶活塞

凹顶活塞顶部呈凹坑状，有各种形状，凹坑的形状和位置必须有利于可燃混合气的形成和燃烧。可以通过改变凹顶的大小来调节发动机的压缩比。

活塞顶常进行硬膜阳极氧化处理，以形成高硬度的耐热层，增大热阻，减少活塞顶部的吸热量。

2）活塞头部。活塞顶至油环槽下端面之间的部分称为活塞头部，用来承受气体压力和传递热量。活塞头部应该有足够的厚度，并且从活塞顶到环槽的断面变化要尽可能圆滑，过渡的圆角足够大，以减小热流阻力，便于温度快速通过气缸壁散出，防止活塞顶部温度过高。还可以在活塞头部加工隔热槽（图 2-15），起隔热作用，将活塞顶的热量分流，把原来由第一活塞环承担的热量传给第二、第三活塞环。

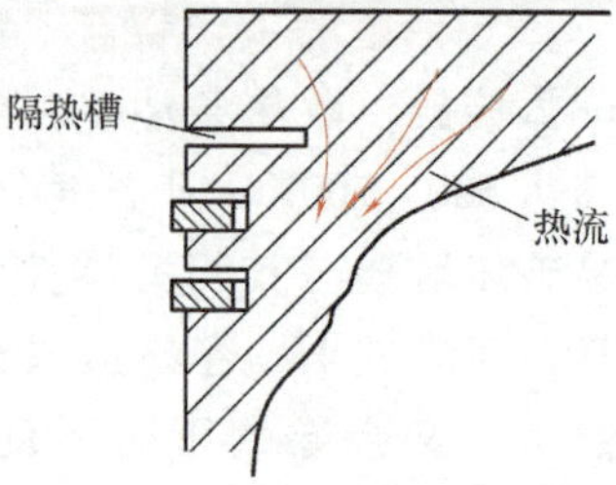

图 2-15 活塞隔热槽

为了加强活塞头部的强度，有的铝合金活塞头部铸入纤维增强合金环（图 2-16）。

3）活塞槽部。活塞槽部也称防漏部，是指活塞环槽部分，用以安装活塞环，起密封、传热等作用，一般有 2~3 道气环槽和 1 道油环槽，在油环槽底面上钻有许多径向小孔，使被油环从气缸壁上刮下的润滑油经过这些小孔流回油底壳（图 2-16）。

为了增强环槽的强度和耐磨性，通常在第一、二道环槽处镶嵌保护圈（图 2-17）。

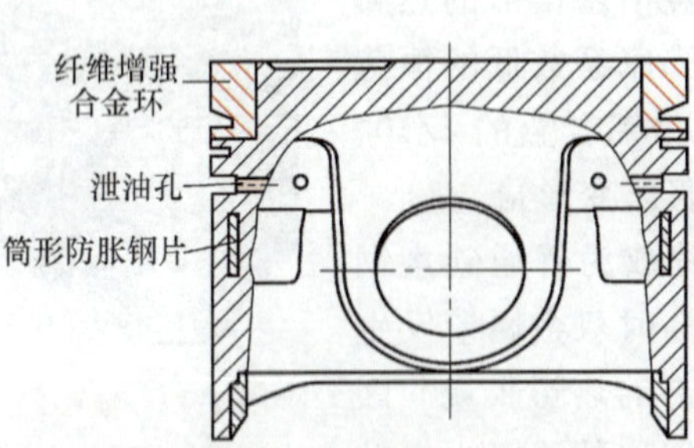

图 2-16 活塞头部合金环和槽部泄油孔

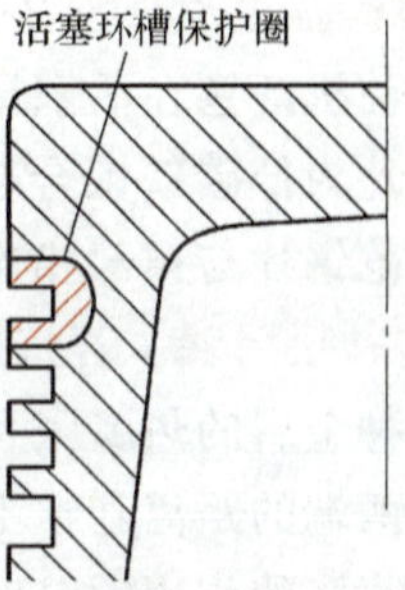

图 2-17 活塞环槽保护圈

4）活塞裙部。活塞裙部指从油环槽下端面起至活塞最下端的部分。活塞裙部对活塞在气缸内的往复运动起导向作用，并承受气体侧压力。

为了使活塞在正常工作温度下与气缸壁保持比较均匀的间隙，以免在气缸内卡死或加大局部磨损，必须在冷态下预先把活塞裙部加工成特定的形状。

① 预先将活塞裙部加工成椭圆形（图 2-18a）。活塞裙部的厚度很不均匀，活塞销座孔部分的金属厚，受热膨胀量大，沿活塞销座轴线方向的变形量大于其他方向。另外，活塞裙部承受气体侧压力的作用，导致沿活塞销轴的变形量大于其他方向。为了使活塞裙部在工作时具有正确的圆柱形，在加工时预先把活塞裙部做成椭圆形，椭圆的长轴方向与活塞销座垂直，短轴方向沿活塞销座方向。

② 预先将活塞裙部做成锥形、阶梯形或桶形。活塞的温度是上部高、下部低，造成膨胀量上部大、下部小。为了使工作时活塞上下直径趋于相等，即为圆柱形，就必须预先把活塞制成上小下大的锥形（图 2-18b）、阶梯形（图 2-18c）或桶形（图 2-18d）。桶形活塞在任何工作状态下都能得到良好的润滑，但加工难度大。

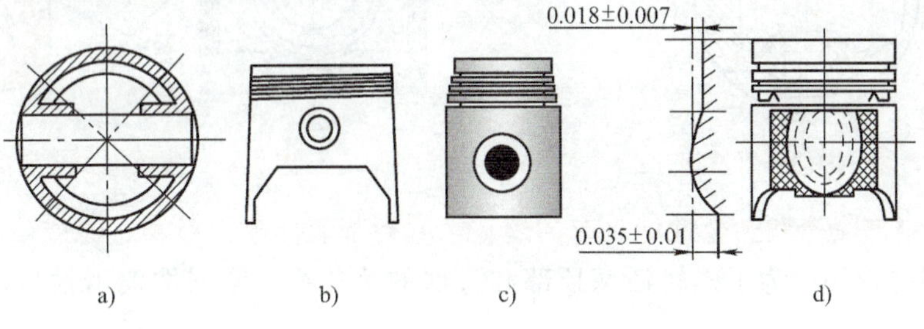

图 2-18 活塞裙部结构

a）裙部椭圆 b）锥形 c）阶梯形 d）桶形

③ 拖鞋式活塞裙部（图 2-19）。在现代高速汽车发动机上，广泛采用半拖鞋式或拖鞋式活塞裙部。把活塞裙部不受侧压力的两边部分地去掉，即为半拖鞋式裙部，若全部去掉则为拖鞋式裙部，以减小惯性力，减小活塞销座附近的热变形量。该结构裙部弹性好，重量轻，活塞与气缸的配合间隙较小，能够避免与曲轴平衡重发生运动干涉。

④ 预先在活塞裙部开槽（图 2-19）。在裙部开横向的隔热槽，可以减小活塞裙部的受热量；在裙部开纵向膨胀槽，可以补偿裙部受热后的变形量。槽的形状有“T”形或“Π”形。裙部开竖槽后，会使其开槽的一侧刚度变小，在装配时应使其位于做功行程中承受侧压

力较小的一侧。通常柴油机活塞受力大，裙部一般不开槽。

⑤ 裙部铸恒范钢片（图 2-20）。为了减小铝合金活塞裙部的热膨胀量，有些汽油机活塞在活塞裙部或销座内铸入热膨胀系数低的恒范钢片。恒范钢片为低碳铁镍合金，其热膨胀系数仅为铝合金的 1/10，而销座通过恒范钢片与裙部相连，牵制了裙部的热膨胀变形量。

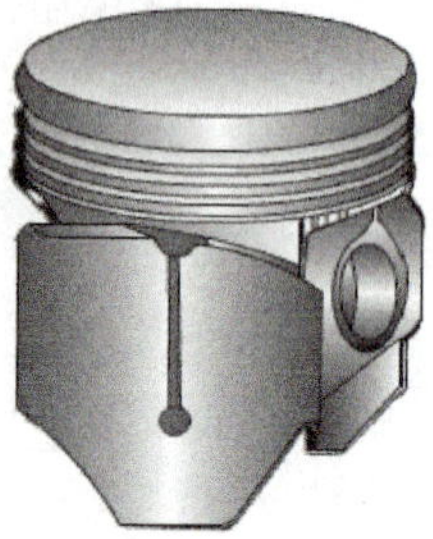

图 2-19　拖鞋式活塞裙部

⑥ 自动热补偿活塞。若将图 2-20 中的恒范钢片改为普通碳素钢片，则由于两种金属的热膨胀系数不同，当温度升高时双金属壁发生弯曲，而钢片两端的距离基本不变，从而限制了裙部的热膨胀量。因为这种控制热膨胀的作用随温度升高而增大，所以称这种活塞为自动热补偿活塞。

⑦ 镶筒形钢片的活塞。如图 2-21 所示，在浇铸这种活塞时，钢筒夹在铝合金中间，在铝合金冷凝时，由于铝合金的收缩比钢大得多，于是在钢筒与内侧铝合金层之间形成收缩缝隙，而钢筒外侧的铝合金层包紧在钢筒上，使钢筒产生压应力。当发动机工作时，随着活塞温度的升高，首先要消除钢筒与内侧铝合金层间的收缩缝隙和钢筒与外侧铝合金层的残余应力，然后才向外侧膨胀，结果使整个活塞裙部的热膨胀量相应减小。

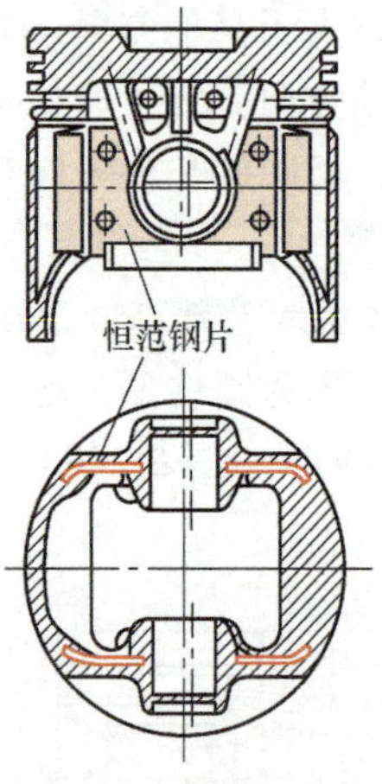

图 2-20　裙部铸恒范钢片

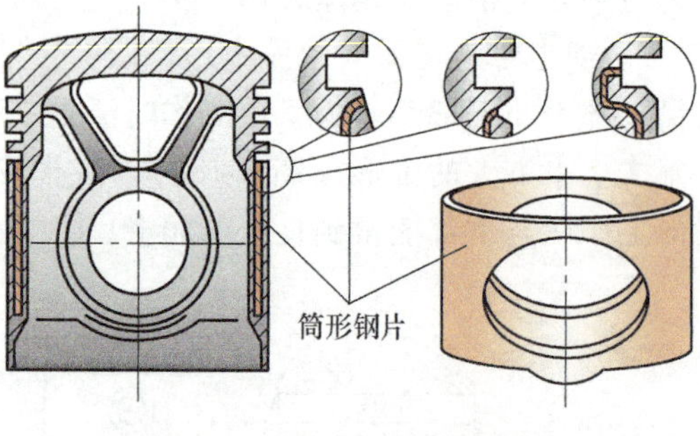

图 2-21　镶筒形钢片的活塞

为了提高裙部摩擦和磨合性能，有的还在活塞裙部表面喷镀石墨、锡或二氧化钼。

(4) 活塞的冷却　为了减轻活塞顶部和头部的热负荷，常采取润滑油冷却，常见的方法有：

1）喷射冷却。从连杆小头上的喷油孔或从安装在机体上的喷油器喷射润滑油到活塞内表面，如图 2-22a、b 所示。

2）振荡冷却。从连杆小头上的喷油孔将润滑油喷入活塞内壁的环形油槽中，由于活塞的运动使润滑油在油槽中产生振荡而冷却活塞，如图 2-22c 所示。

3）强制冷却。在活塞头部铸出冷却油道或铸入冷却油管，使润滑油在其中强制流动以冷却活塞，如图 2-22d、e 所示。强制冷却法被增压发动机广泛采用。

(5) 活塞销孔偏置结构（图 2-23）　有些高速汽油机的活塞销孔中心线偏离活塞中心线平面，向做功行程中受侧压力的一方偏移了 1～2mm。这种结构可使活塞在压缩行程到做功行程中较为柔和地从压向气缸的一面过渡到压向气缸的另一面，以减小敲缸的声音。在安装

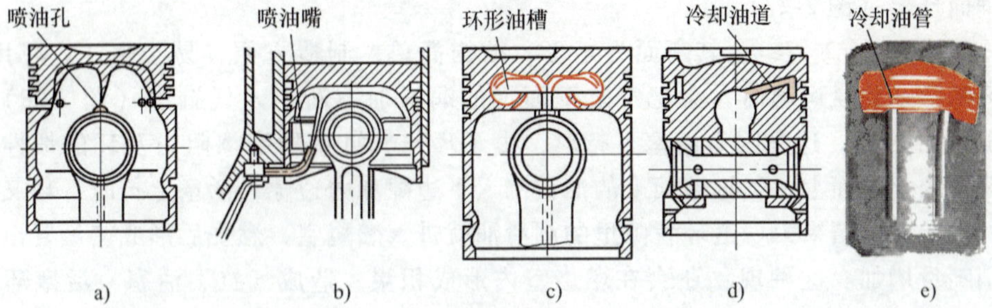

图 2-22　活塞冷却

a)、b）喷射冷却　c）振荡冷却　d)、e）强制冷却

时要注意，活塞销偏置的方向不能装反，否则换向敲击力会增大，使裙部受损。

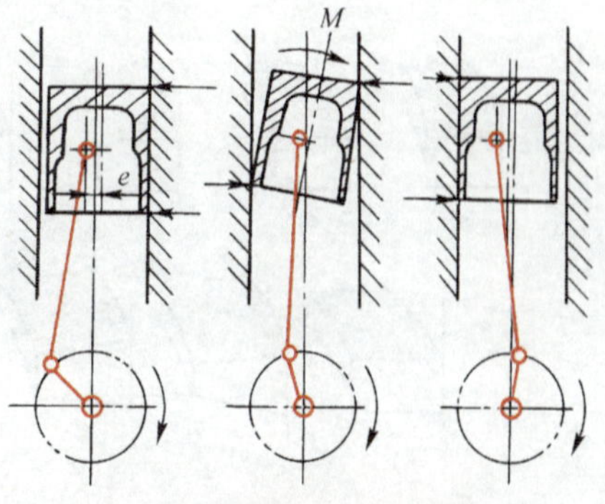

图 2-23　活塞销孔偏置结构

e—偏移量　M—力矩

2. 活塞环

活塞环是具有弹性的开口环，有气环和油环之分。一般一个活塞有 2~3 道气环，1 道油环（图 2-24）。

（1）气环

1）气环的作用。气环的作用是保证气缸与活塞间的密封性，防止漏气，并且把活塞顶部吸收的大部分热量传给气缸壁，由冷却液带走。

2）气环基本结构。气环基本结构如图 2-25 所示。

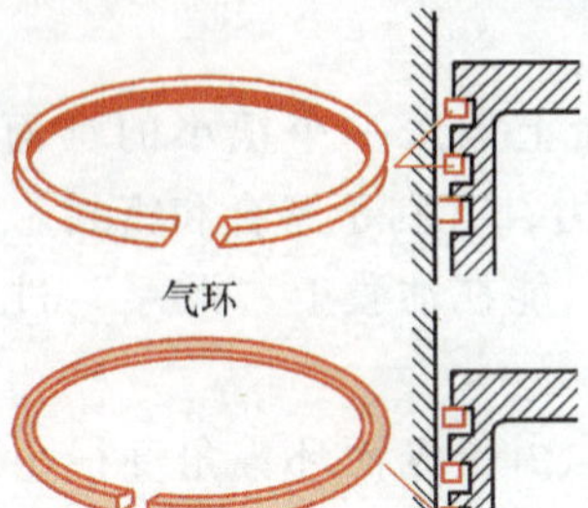

图 2-24　活塞环

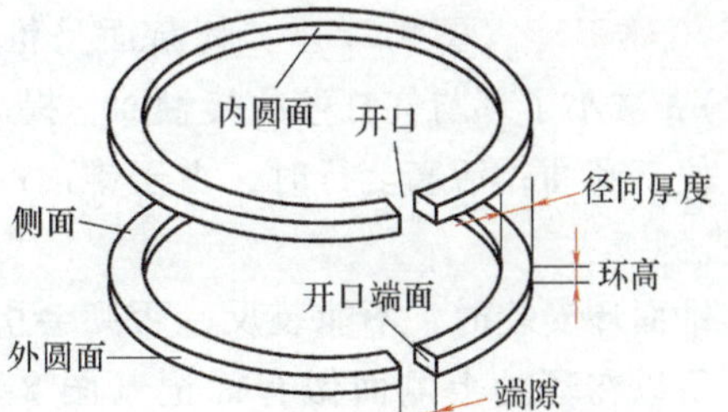

图 2-25　气环基本结构

3）气环工作原理。气环开有切口，具有弹性，在自由状态下外径大于气缸直径，它与活塞一起装入气缸后，外表面紧贴在气缸壁上，形成第一密封面（图 2-26）；被封闭的气体不能通过环周与气缸之间的密封面，便进入了环与环槽的空隙，一方面把环压到环槽端面形成第二密封面，另一方面，作用在环背的气体压力又大大加强了第一密封面的密封作用。气环的密封效果一般与气环数量有关，汽油机一般采用 2 道气环，柴油机一般采用 3 道气环。

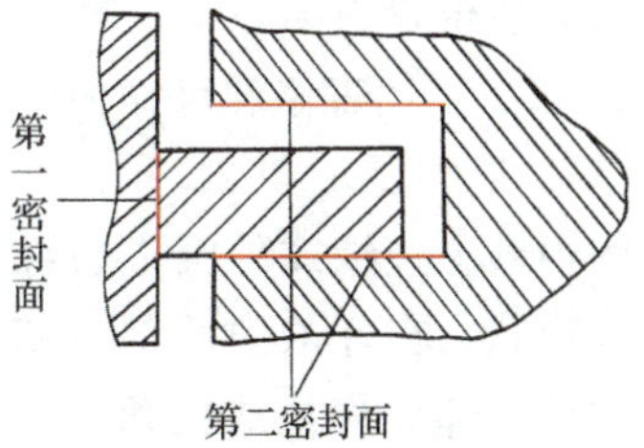

图 2-26　气环密封原理

4）气环种类。按气环的断面形状分，常见的有矩形环、锥面环、扭曲环、梯形环、楔

形环、桶面环等（图 2-27）。

① 矩形环（图 2-27a）。其断面为矩形，结构简单，制造方便，易于生产，应用最广。但矩形环随活塞往复运动时，会把气缸壁面上的润滑油不断送入气缸中（图 2-28），称为“气环的泵油作用”。这是因为活塞下行时，由于环与气缸壁的摩擦阻力及环的惯性，环被压靠在环槽的上端面上，气缸壁面上的油被刮入下边隙和内边隙；活塞上行时，环又被压靠在环槽的下端面，结果第一道环背隙里的润滑油就进入燃烧室，燃烧后形成蓝烟冒出，造成润滑油消耗量增加。这种现象还会在燃烧室内形成积炭，造成气缸、活塞、活塞环磨损加剧，甚至使活塞环在环槽内卡死失效；会使火花塞积炭，不能正常点火。可见泵油作用是很有害的，必须设法消除，除了在气环的下面装有油环外，广泛采用了非矩形断面的扭曲环。

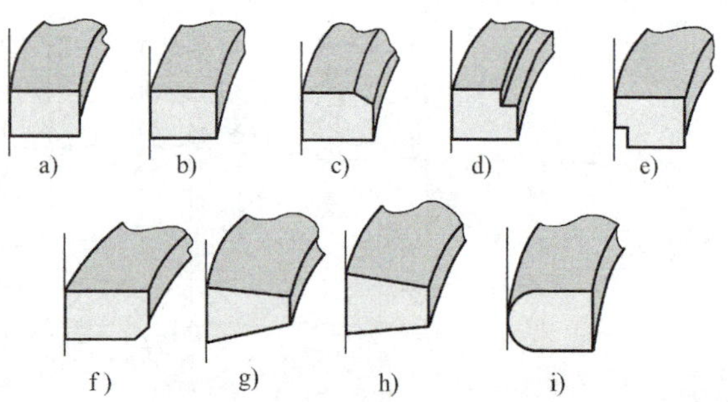

图 2-27 活塞环断面种类

a）矩形环 b）锥面环 c）、d）上内切正扭曲环 e）下外切正扭曲环 f）下内切反扭曲环 g）梯形环 h）楔形环 i）桶面环

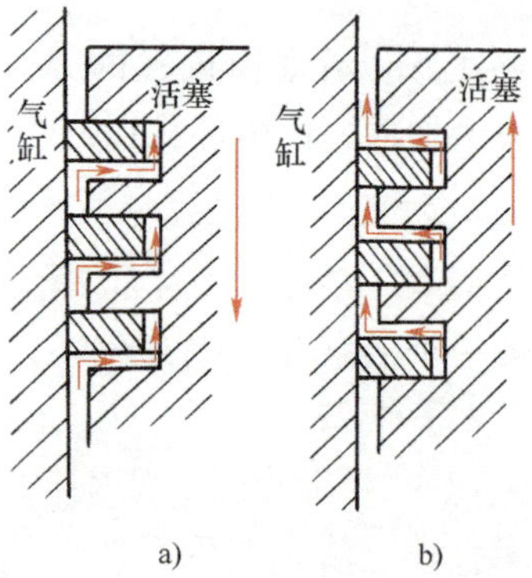

图 2-28 矩形环的泵油作用

a）活塞下行 b）活塞上行

② 锥面环（图 2-27b）。其断面呈锥形，外圆工作面上加工一个很小的锥面（0.5°~1.5°），减小了环与气缸壁的接触面，提高了表面接触压力，有利于磨合和密封。活塞下行时，便于刮油；活塞上行时，由于锥面的“油楔”作用，能在油膜上“漂浮”过去，减小磨损。

锥面环安装时，不能装反，否则会引起润滑油上窜。由于锥面环锥角度很小，不易分辨，所以在环的上侧面做有标记（图 2-29），常见的标志有“0”“00”“T1”“T2”“R”“R1”“R2”“S”“2.5”等。一般“R”代表厂标，字母后的“1”“2”表示安装位置为第一道、第二道活塞环；“S”代表标准环，“2.5”代表修理尺寸为+0.25mm 的活塞环。

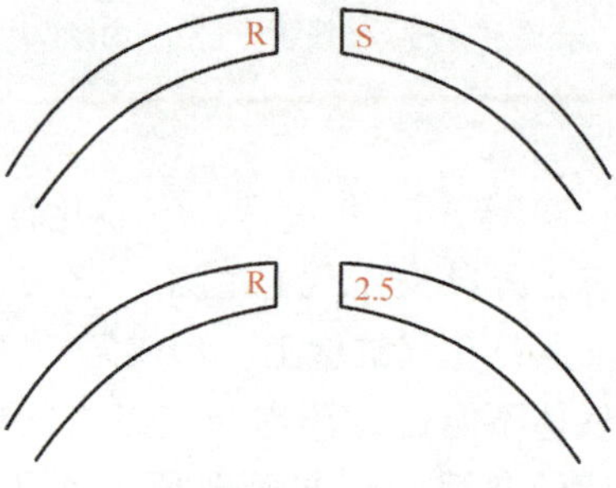

图 2-29 活塞环安装标记

③ 扭曲环（图 2-27c、d、e、f）。扭曲环是在矩形环的内圆上边缘或外圆下边缘切去一部分，使断面呈不对称形状，在环的内圆部分切槽或倒角的称内切环，在环的外圆部分切槽或倒角的称外切环。装入气缸后，由于断面不对称，外侧作用力合力 F_1（图 2-30b）与内侧作用力合力 F_2 之间有一力臂 e，产生了扭曲力矩，使活塞环发生扭曲变形。活塞上行时，扭曲环在残余油膜上“浮过”，可以减小摩擦和磨损。活塞下行时，则有刮油效果，避免润滑油上窜。同时，由于扭曲环在环槽中

上、下跳动的行程缩短，可以减轻"泵油"的副作用。扭曲环目前被广泛应用于第二道活塞环槽上，安装时必须注意断面形状和方向，内切口朝上，外切口朝下，不能装反。

若将内圆面上的边缘或外圆下的边缘切除一部分，整个气环将扭曲成碟形，则称这种环为正扭曲环（图 2-27c、d、e）；若将内圆面的下边切除一部分，气环将扭曲成盖形，则称其为反扭曲环（图 2-27f）。在环面上切去部分金属的部位称为切台。

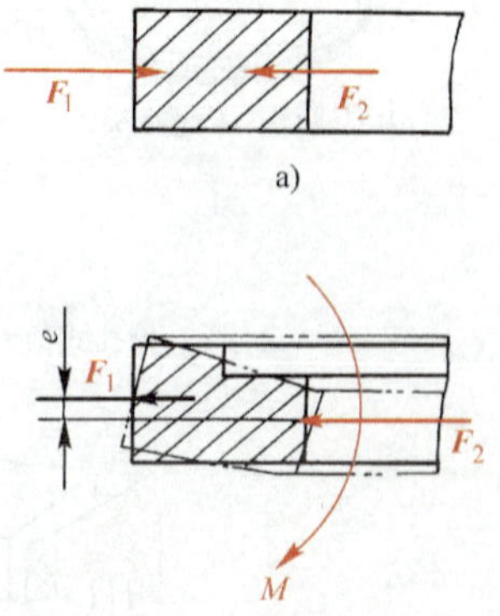

图 2-30　扭曲环作用原理

a）矩形环　b）扭曲环

④ 梯形环（图 2-27g）。梯形环断面呈梯形，工作时，梯形环在压缩行程和做功行程随着活塞受侧压力的方向不同而不断地改变位置，这样会把沉积在环槽中的积炭挤出去，避免环被粘在环槽中而折断，可以延长环的使用寿命。但缺点是加工困难，精度要求高。楔形环也有梯形环清除积炭的作用，而且因为断面不对称，装入气缸后还会发生扭曲，兼有扭曲环的作用。

⑤ 楔形环（图 2-27h）。一个侧面倾斜的气环（通常楔形面朝向燃烧室）。

⑥ 桶面环（图 2-27i）。桶面环的外圆为凸圆弧形。当桶面环上下运动时，均能与气缸壁形成楔形空间，使润滑油容易进入摩擦面，减小磨损。由于它与气缸呈圆弧接触，故对气缸表面的适应性和对活塞偏摆的适应性均较好，有利于密封，但凸圆弧表面加工较困难。

按气环的开口形状分，主要有直开口、阶梯开口和斜开口等（图 2-31）。直开口加工容易，但密封性差；阶梯开口密封性好，但工艺性差；斜开口的密封性和工艺性介于前两种开口之间，斜角一般为 30° 或 45°。

活塞环在高温、高压、高速和润滑极其困难的条件下工作，一直是发动机上使用寿命最短的零件，目前广泛采用合金铸铁铸造，第一道气环外圆面镀铬以提高耐磨性，其余环一般镀锡或磷化。

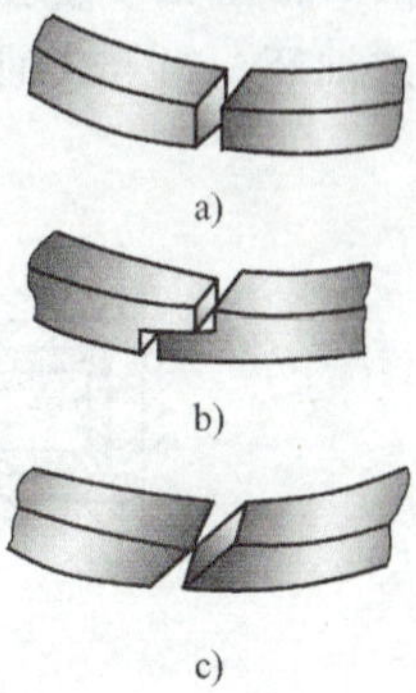

图 2-31　活塞环开口形状

a）直开口　b）阶梯开口　c）斜开口

（2）油环

1）油环的作用。油环起布油和刮油的作用。下行时，刮除气缸壁上多余的润滑油，上行时在气缸壁上铺涂一层均匀的油膜。这样既可以防止润滑油窜入气缸燃烧，又可以减少活塞、活塞环与气缸壁的摩擦阻力，还能起到封气的辅助作用。

2）油环种类和结构。油环有槽孔式、槽孔撑簧式和组合式三种。

①槽孔式油环。槽孔式油环又叫整体式油环。环的外圆柱面中间加工有凹槽，形成上下两道刮油唇，槽中钻有小孔或开切槽，其断面形状如图 2-32 所示。

② 槽孔撑簧式油环。在槽孔油环的内圆面加装撑簧即为槽孔撑簧式油环。一般作为油环撑簧的有板形弹簧、螺旋弹簧和轨形弹簧三种（图 2-33）。这种油环由于增大了环与气缸壁的接触压力，而使环的刮油能力和耐久性有所提高。

③ 组合式油环。其结构形式多样（图 2-34），一般由上下数片刮油钢片 1、3 与中间的扩胀器组成。扩胀器有轨形撑环 2、撑簧 4、轴向衬环 5 和径向衬环 6 等多种形式，它们使

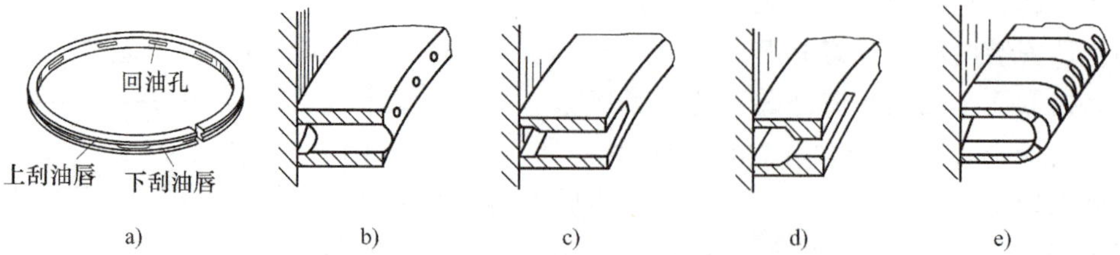

图 2-32 槽孔式油环的断面形状

a）槽孔式油环 b）圆孔断面 c）长孔断面 d）渠形断面 e）弯片形断面

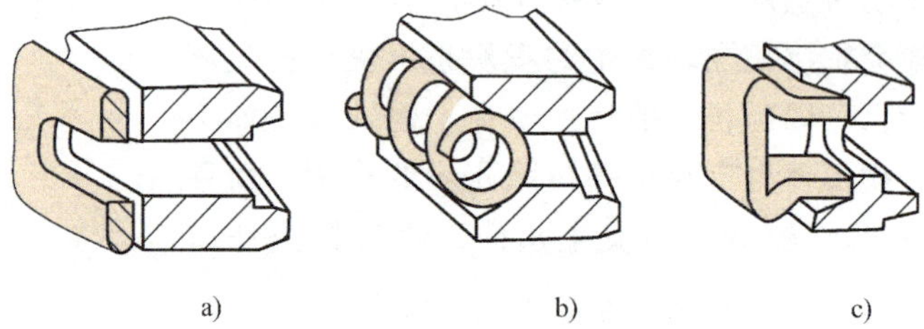

图 2-33 槽孔撑簧式油环

a）板形撑簧油环 b）螺旋撑簧油环 c）轨形撑簧油环

刮油钢片紧紧压向气缸壁和活塞环槽。刮油钢片表面镀铬，很薄，对气缸的比压力（单位截面积上活塞环对气缸壁的压力）大，刮油效果好；而且数片刮油钢片彼此独立，对气缸失圆和活塞变形适应性好；回油通路大，重量轻。近年来汽车发动机上越来越多地采用了组合式油环。组合式油环的缺点主要是制造成本高。

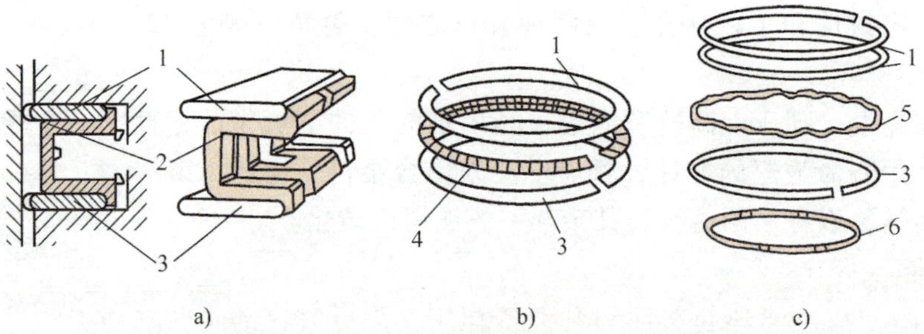

图 2-34 组合式油环

a）轨形撑环油环 b）撑簧油环 c）多撑簧油环

1—上刮片 2—轨形撑环 3—下刮片 4—撑簧 5—轴向衬环 6—径向衬环

3. 活塞销

活塞销的作用是连接活塞和连杆小头，将活塞承受的气体作用力传给连杆。

活塞销的内孔有三种形状：圆柱形、组合形（两段截锥与一段圆柱组合）和两段截锥形（图 2-35）。

活塞销与活塞销座孔及连杆小头衬套孔的连接配合方式有全浮式和半浮式两种方式（图 2-36）。

“全浮式”是指当发动机工作时，活塞销、连杆小头和活塞销座都有相对运动，使磨损均匀。为了防止活塞销轴向窜动刮伤气缸壁，在活塞销两端装有卡环，进行轴向定位。由于

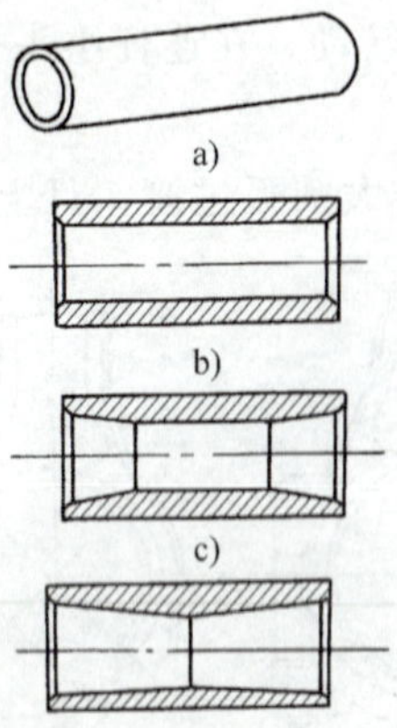

图 2-35　活塞销

a）活塞销　b）圆柱形内孔

c）组合形内孔　d）两段截锥形内孔

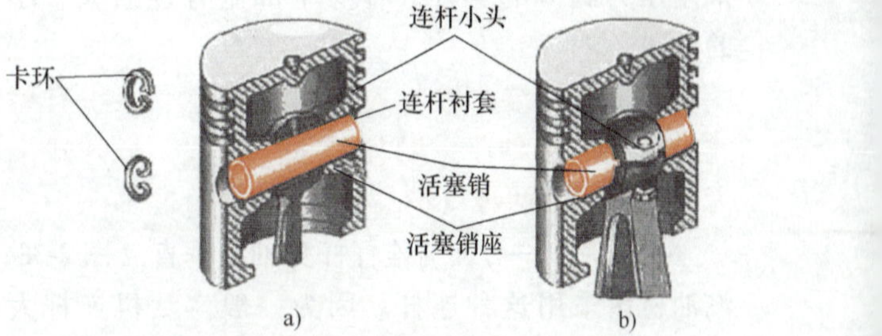

图 2-36　活塞销的连接方式

a）全浮式　b）半浮式

铝活塞热膨胀系数比钢大，为了保证在高温工作时活塞销与活塞销座孔有正常的间隙（0.01~0.02mm），在冷态时为过渡配合，装配时，应先把铝活塞加热到一定程度，再把活塞销装入。

“半浮式”的特点是活塞销中部与连杆小头采用紧固螺栓连接，活塞销只能在两端销座内做自由摆动，而和连杆小头没有相对运动，所以不需要连杆衬套。活塞销不会做轴向窜动，不需要卡环，此种形式乘用车上应用较多。

知识点 2　连杆组件结构

连杆组件包括连杆体、连杆盖、连杆螺栓及连杆轴承等零件。一般将连杆体、连杆盖和连杆螺栓合起来称为连杆。

1. 连杆的功用

连杆的功用是连接活塞与曲轴，将活塞的往复运动转变成曲轴的旋转运动。

2. 连杆的结构

连杆由连杆小头、连杆杆身和连杆大头等部分组成（图 2-37）。

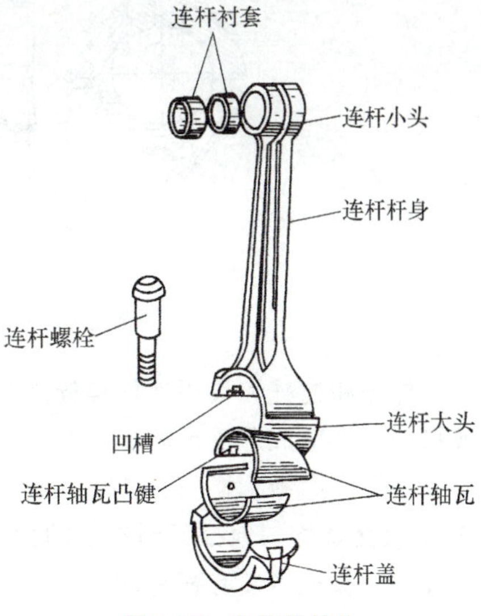

图 2-37　连杆的结构

发动机中连杆小头与活塞销有两种连接方式，即全浮式和半浮式。对全浮式活塞销，由于工作时小头孔与活塞销之间有相对运动，所以在连杆小头孔中压入了减摩的青铜连杆衬套。为了防止活塞销两端刮伤气缸壁，一般活塞销孔外侧装有活塞销挡圈。在连杆小头和衬套上铣有油槽或钻有油孔以收集发动机运转时飞溅上来的润滑油并用以润滑活塞销和衬套。有的发动机连杆小头采用压力润滑，在连杆杆身内钻有纵向的压力油通道。半浮式活塞销与连杆小头是过盈配合，工作时活塞销只在活塞销孔内转动，在连杆小头孔内没有相对转动，所以连杆小头孔内不需要衬套，也不需要润滑。

连杆杆身通常做成“工”字形断面，抗弯强度好，重量轻，大圆弧过渡，且上小下大，采用压力润滑的连杆，杆身中部制有连通大、小头的油道。

连杆大头与曲轴的连杆轴颈相连，大头有整体式和分开式两种。一般都采用分开式，分开式又分为平分和斜分两种（图 2-38）。

平分式——分面与连杆杆身轴线垂直（图 2-38a），汽油机多采用这种连杆。因为一般汽油机连杆大头的横向尺寸都小于气缸直径，可以方便地通过气缸进行拆装。

斜分式——分面与连杆杆身轴线成 30°~60°夹角（图 2-38b），柴油机多采用这种连杆。因为柴油机压缩比大，受力较大，曲轴的连杆轴颈较粗，相应的连杆大头尺寸往往超过了气缸直径，为了使连杆大头能通过气缸，便于拆装，一般都采用斜切口。安装斜切口的连杆盖时应注意方向。

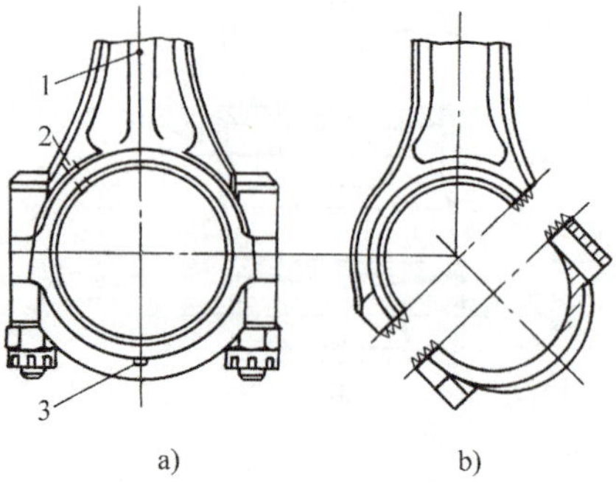

图 2-38 连杆大头

a）平分式 b）斜分式

1—连杆装配标志 2—机油喷孔 3—连杆盖装配标志

连杆大头可取下的部分叫连杆盖，连杆与连杆盖配对加工，加工后，在它们同一侧打上装配标记，安装时不得互相调换或变更方向。为此，在结构上采取了定位措施。平切口连杆盖与连杆的定位多采用连杆螺栓定位，利用连杆螺栓中部精加工的圆柱凸台或圆柱部分与经过精加工的螺栓孔来保证。斜切口连杆常用的定位方法有锯齿定位、圆销定位、套筒定位和止口定位（图 2-39）。

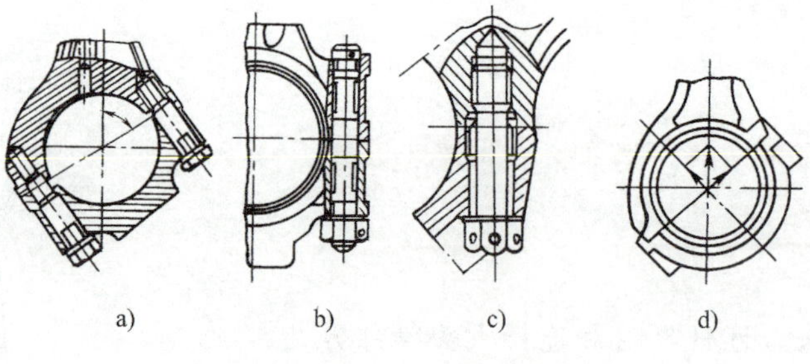

图 2-39 斜切口连杆的定位方法

a）锯齿定位 b）圆销定位 c）套筒定位 d）止口定位

连杆盖和连杆大头用连杆螺栓连接在一起，连杆螺栓在工作中承受很大的冲击力，若折断或松脱，将造成严重事故。为此，连杆螺栓都采用优质合金钢，并经过精加工和热处理特制而成，损坏后绝不能用其他螺栓来代替。安装连杆盖拧紧连杆螺栓螺母时，要用扭力扳手分 2~3 次交替均匀地拧紧到规定的力矩，拧紧后还应可靠地锁紧。

连杆大头孔内装有瓦片式滑动轴承（图 2-40），简称连杆轴承。

连杆轴瓦分上、下两个半片。半个轴瓦在自由状态下不是半圆形，当它们装入连杆大头

半径、旋转部分的质量及曲轴转速有关。往复惯性力和旋转惯性力的作用，导致了发动机零部件的变形和磨损，因此必须采取平衡措施。

对于四缸、六缸等多缸发动机，由于曲柄对称布置，往复惯性力和离心力及其产生的力矩从整体上看相互平衡。如图 2-45a 所示，四缸发动机第一和第四连杆轴颈的离心力 F_1 和 F_4 与第二和第三连杆轴颈的离心力 F_2 和 F_3 因大小相等、方向相反而互相平衡；F_1 和 F_2 形成的力偶矩 $M_{1\text{-}2}$ 与 F_3 和 F_4 形成的力偶矩 $M_{3\text{-}4}$ 也能互相平衡。但两个力偶矩都给曲轴造成了弯曲载荷，曲轴若刚度不够就会产生较大弯曲变形，引起主轴颈和轴承偏磨。为了减轻主轴承负荷，一般都在曲柄的相反方向设置平衡重（图 2-45b）。

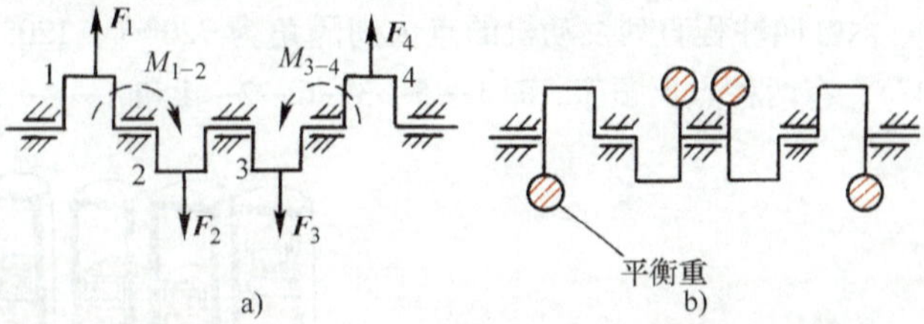

图 2-45　四缸发动机曲轴的受力与平衡

a）受力　b）惯性力平衡

在一些高档发动机上，还采用加装平衡轴的方法进行惯性力的平衡，使发动机运转更加平稳。

曲轴曲柄的布置，不但影响到发动机的平衡，还影响到发动机的工作顺序。

多缸发动机的点火顺序应均匀分布在 720°曲轴转角内，并且使连续做功的两缸相距尽可能远，以减轻主轴承的载荷，避免可能发生的进气重叠现象。

四缸四冲程发动机的点火间隔角为 720°/4 = 180°，4 个曲柄布置在同一平面内（图 2-46）。1、4 缸与 2、3 缸互相错开 180°，其点火顺序的排列有两种可能，即 1—3—4—2 或 1—2—4—3，其工作循环分别见表 2-1 和表 2-2。

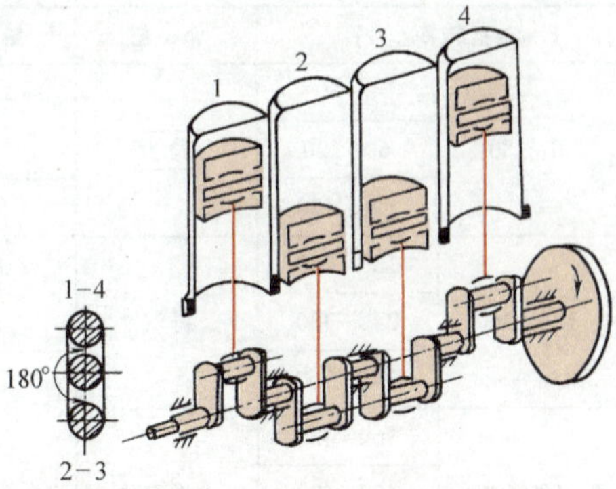

图 2-46　四缸四冲程发动机的曲柄布置

表 2-1　四缸四冲程发动机的工作循环（点火顺序 1—3—4—2）

曲柄转角/(°)	第一缸	第二缸	第三缸	第四缸
0~180	做功	排气	压缩	进气
180~360	排气	进气	做功	压缩
360~540	进气	压缩	排气	做功
540~720	压缩	做功	进气	排气

表 2-2　四缸四冲程发动机的工作循环（点火顺序 1—2—4—3）

曲柄转角/(°)	第一缸	第二缸	第三缸	第四缸
0~180	做功	压缩	排气	进气
180~360	排气	做功	进气	压缩
360~540	进气	排气	压缩	做功
540~720	压缩	进气	做功	排气

【温馨提示】

多缸发动机工作原理视频请扫教学资源 2.1 对应的二维码进行观看。

六缸四冲程直列发动机的点火间隔角为 720°/6 = 120°，6 个曲柄分别布置在 3 个平面内（图 2-47），有两种点火顺序，即 1—5—3—6—2—4 和 1—4—2—6—3—5，前者工作循环见表 2-3。

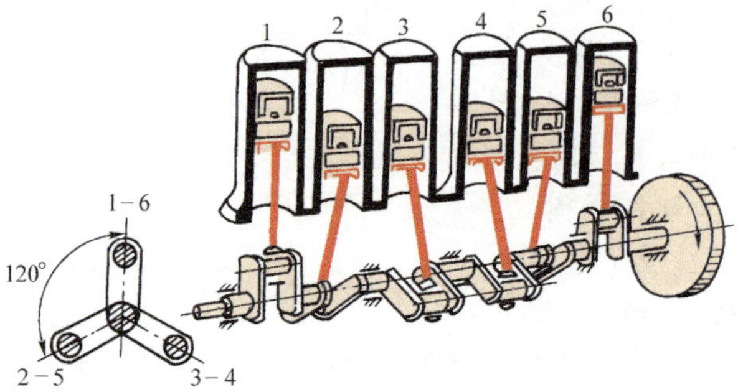

图 2-47　六缸四冲程直列发动机的曲柄布置

表 2-3　六缸四冲程直列发动机工作循环（点火顺序 1—5—3—6—2—4）

<table>
<tr><th colspan="2">曲柄转角/(°)</th><th>第一缸</th><th>第二缸</th><th>第三缸</th><th>第四缸</th><th>第五缸</th><th>第六缸</th></tr>
<tr><td rowspan="3">0～180</td><td>0～60</td><td rowspan="3">做功</td><td rowspan="2">排气</td><td>进气</td><td>做功</td><td rowspan="2">压缩</td><td rowspan="3">进气</td></tr>
<tr><td>60～120</td><td rowspan="3">压缩</td><td rowspan="3">排气</td></tr>
<tr><td>120～180</td><td rowspan="3">进气</td><td rowspan="3">做功</td></tr>
<tr><td rowspan="3">180～360</td><td>180～240</td><td rowspan="3">排气</td><td rowspan="3">压缩</td></tr>
<tr><td>240～300</td><td rowspan="3">做功</td><td rowspan="3">进气</td></tr>
<tr><td>300～360</td><td rowspan="3">压缩</td><td rowspan="3">排气</td></tr>
<tr><td rowspan="3">360～540</td><td>360～420</td><td rowspan="3">进气</td><td rowspan="3">做功</td></tr>
<tr><td>420～480</td><td rowspan="3">排气</td><td rowspan="3">压缩</td></tr>
<tr><td>480～540</td><td rowspan="3">做功</td><td rowspan="3">进气</td></tr>
<tr><td rowspan="3">540～720</td><td>540～600</td><td rowspan="3">压缩</td><td rowspan="3">排气</td></tr>
<tr><td>600～660</td><td rowspan="2">进气</td><td rowspan="2">做功</td></tr>
<tr><td>660～720</td><td>排气</td><td>压缩</td></tr>
</table>

六缸四冲程 V 形发动机的点火间隔角仍为 120°，3 个曲柄互成 120°（图 2-48），点火顺序为 R1—L3—R3—L2—R2—L1（R1 代表面向发动机前端右侧的第一缸，向后依次为 R2、R3，L1 代表面向发动机前端左侧的第一缸，向后依次为 L2、L3）。它的工作循环见表 2-4。

八缸四冲程 V 形发动机的点火间隔角为 720°/8 = 90°，发动机左右两列对应的一对连杆共用一个曲柄，所以 V 形八缸发动机只有 4 个曲柄（图 2-49）。曲柄布置可以与四缸发动机相同，4 个曲柄互相错开 90°。点火顺序有两种：R1—L1—R4—L4—L2—R3—L3—R2 和 L1—R4—L4—L2—R3—R2—L3—R1，前

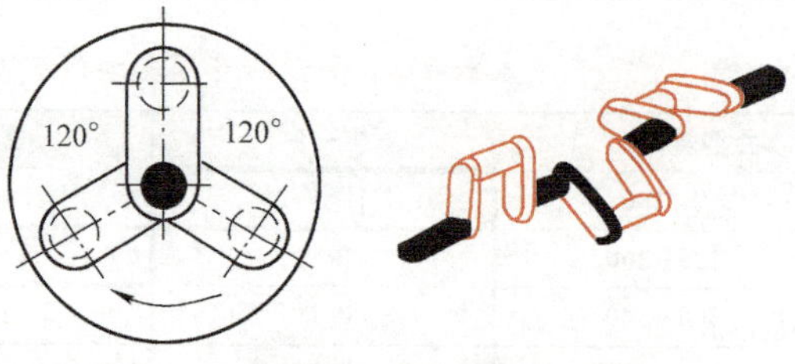

图 2-48　六缸四冲程 V 形发动机的曲柄布置

者工作循环见表 2-5。

表 2-4 V6 发动机的工作循环（点火顺序 R1—L3—R3—L2—R2—L1）

<table>
<tr><th colspan="2">曲柄转角/(°)</th><th>R1</th><th>R2</th><th>R3</th><th>L1</th><th>L2</th><th>L3</th></tr>
<tr><td rowspan="3">0~180</td><td>0~60</td><td rowspan="3">做功</td><td rowspan="2">排气</td><td>进气</td><td>做功</td><td rowspan="3">进气</td><td rowspan="2">压缩</td></tr>
<tr><td>60~120</td><td rowspan="3">压缩</td><td rowspan="3">排气</td></tr>
<tr><td>120~180</td><td rowspan="3">进气</td><td rowspan="3">做功</td></tr>
<tr><td rowspan="3">180~360</td><td>180~240</td><td rowspan="3">排气</td><td rowspan="3">压缩</td></tr>
<tr><td>240~300</td><td rowspan="3">做功</td><td rowspan="3">进气</td></tr>
<tr><td>300~360</td><td rowspan="3">压缩</td><td rowspan="3">排气</td></tr>
<tr><td rowspan="3">360~540</td><td>360~420</td><td rowspan="3">进气</td><td rowspan="3">做功</td></tr>
<tr><td>420~480</td><td rowspan="3">排气</td><td rowspan="3">压缩</td></tr>
<tr><td>480~540</td><td rowspan="3">做功</td><td rowspan="3">进气</td></tr>
<tr><td rowspan="3">540~720</td><td>540~600</td><td rowspan="3">压缩</td><td rowspan="3">排气</td></tr>
<tr><td>600~660</td><td rowspan="2">进气</td><td rowspan="2">做功</td></tr>
<tr><td>660~720</td><td>排气</td><td>压缩</td></tr>
</table>

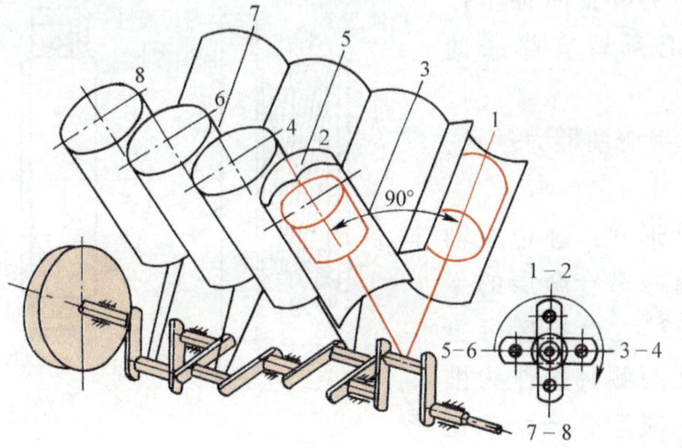

图 2-49 八缸四冲程 V 形发动机曲柄布置

1—R1 2—L1 3—R2 4—L2 5—R3 6—L3 7—R4 8—L4

表 2-5 V8 发动机的工作循环（点火顺序 R1—L1—R4—L4—L2—R3—L3—R2）

<table>
<tr><th colspan="2">曲柄转角/(°)</th><th>R1</th><th>R2</th><th>R3</th><th>R4</th><th>L1</th><th>L2</th><th>L3</th><th>L4</th></tr>
<tr><td rowspan="2">0~180</td><td>0~90</td><td rowspan="2">做功</td><td>做功</td><td>排气</td><td rowspan="2">压缩</td><td>压缩</td><td rowspan="2">进气</td><td rowspan="2">排气</td><td>进气</td></tr>
<tr><td>90~180</td><td rowspan="2">排气</td><td rowspan="2">进气</td><td rowspan="2">做功</td><td rowspan="2">压缩</td></tr>
<tr><td rowspan="2">180~360</td><td>180~270</td><td rowspan="2">排气</td><td rowspan="2">做功</td><td rowspan="2">压缩</td><td rowspan="2">进气</td></tr>
<tr><td>270~360</td><td rowspan="2">进气</td><td rowspan="2">压缩</td><td rowspan="2">排气</td><td rowspan="2">做功</td></tr>
<tr><td rowspan="2">360~540</td><td>360~450</td><td rowspan="2">进气</td><td rowspan="2">排气</td><td rowspan="2">做功</td><td rowspan="2">压缩</td></tr>
<tr><td>450~540</td><td rowspan="2">压缩</td><td rowspan="2">做功</td><td rowspan="2">进气</td><td rowspan="2">排气</td></tr>
<tr><td rowspan="2">540~720</td><td>540~630</td><td rowspan="2">压缩</td><td rowspan="2">进气</td><td rowspan="2">排气</td><td rowspan="2">做功</td></tr>
<tr><td>630~720</td><td>做功</td><td>排气</td><td>压缩</td><td>进气</td></tr>
</table>

4）曲轴前端（图 2-50）。曲轴前端装有定时齿轮、驱动风扇和水泵的带轮以及起动爪等。为了防止润滑油沿曲轴轴颈外漏，在曲轴前端装有一个甩油盘，它随曲轴转动，将漏出的润滑油甩回油底壳。甩油盘外斜面向后，安装时应注意方向，否则会产生相反效果。在齿轮室盖上装有油封，防止润滑油外漏。

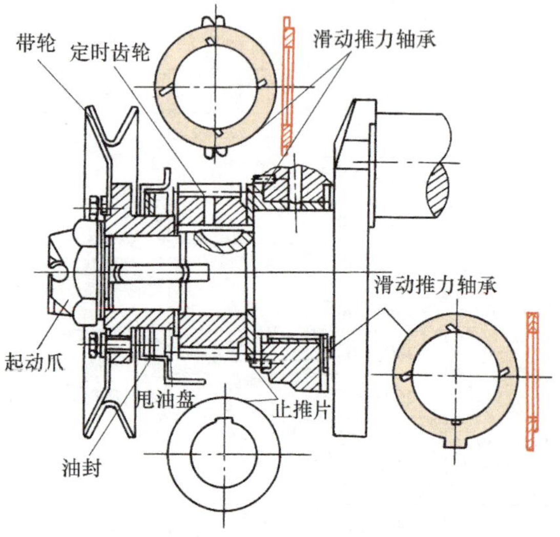

图 2-50 曲轴前端

5）曲轴后端。曲轴后端用来安装飞轮。在后轴颈与飞轮凸缘之间制成挡油凸缘和回油螺纹，并安装有油封或密封填料等，以阻止润滑油向后窜漏（图 2-51）。

6）曲轴的轴向定位。由于曲轴经常受到离合器施加于飞轮的轴向力作用，有的曲轴前端采用斜齿传动，使曲轴产生前后窜动，影响了曲柄连杆机构各零件的正确位置，增大了发动机磨损、异响和振动，故必须进行曲轴轴向定位。另外，曲轴工作时会受热膨胀，还必须留有膨胀的余地。

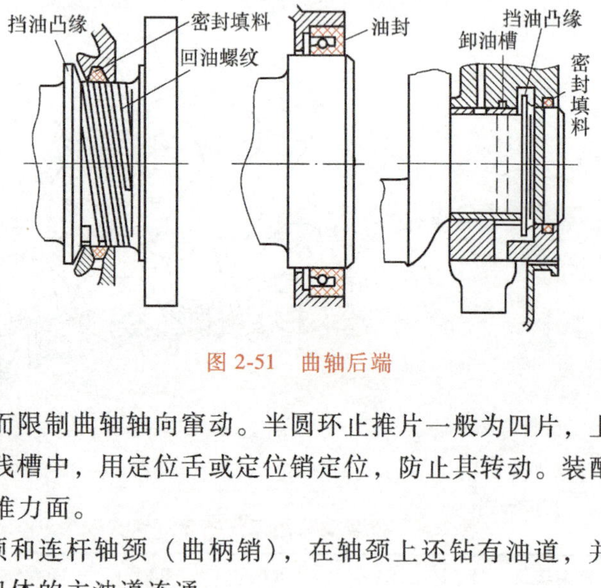

图 2-51 曲轴后端

曲轴定位一般采用滑动推力轴承，安装在曲轴前端或中后部主轴承上。

推力轴承有两种形式：翻边主轴瓦的翻边部分或具有减摩合金层的半圆环止推片（图 2-52），磨损后可更换。翻边轴瓦以轴瓦两侧翻边作为推力面，推力面上镀有减摩合金，轴瓦推力面与曲轴推力面之间留有间隙，从而限制曲轴轴向窜动。半圆环止推片一般为四片，上下各两片，安装在机体和主轴承盖上的浅槽中，用定位舌或定位销定位，防止其转动。装配时有减摩合金层的推力面要朝向曲轴的推力面。

7）曲轴润滑。为了润滑曲轴主轴颈和连杆轴颈（曲柄销），在轴颈上还钻有油道，并与斜油道相通（图 2-53），斜油道再与机体的主油道连通。

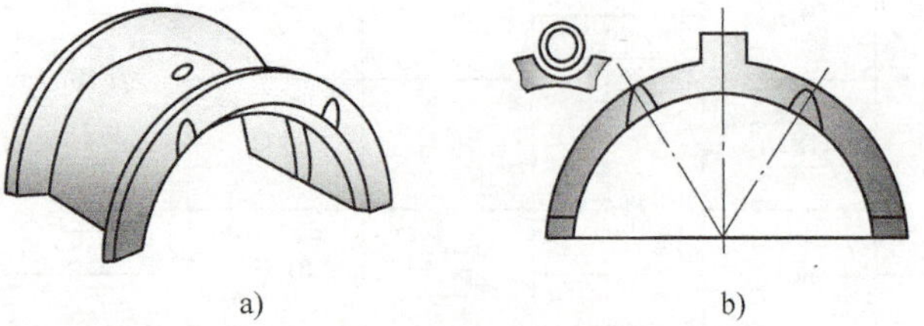

图 2-52 曲轴推力轴承
a）翻边轴瓦 b）半圆环止推片

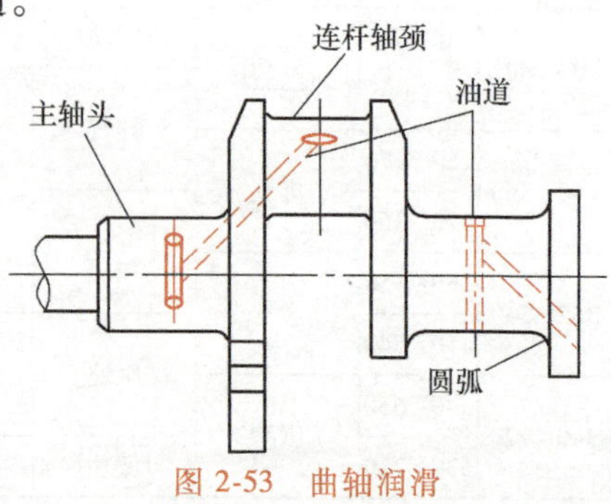

图 2-53 曲轴润滑

2. 扭振减振器

在发动机的工作过程中，经连杆传给连杆轴颈的作用力的大小和方向都是周期性变化的，所以曲轴各个曲柄的旋转速度也是忽快忽慢呈周期性变化，导致各曲柄之间产生周期性相对扭转的现象称为曲轴的扭转振动，简称扭振。曲轴扭振会造成发动机磨损加剧、功率下降，当振动强烈时甚至会扭断曲轴。扭振减振器的功用就是吸收曲轴扭转振动的能量，消减扭转振动。

汽车发动机多采用橡胶扭振减振器、硅油扭振减振器和硅油-橡胶扭振减振器。

(1) 橡胶扭振减振器　如图 2-54a 所示，减振器壳体与曲轴连接，并通过橡胶层与扭转振动惯性质量（简称惯性质量）连接在一起。

发动机工作时，减振器壳体与曲轴一起振动，由于减振质量惯性滞后于减振器壳体，因而在两者之间产生相对运动，使橡胶层来回揉搓，振动能量被橡胶的内摩擦阻尼吸收，从而使曲轴的扭振得以消减。

图 2-54b 所示为带轮-橡胶扭振减振器，其基本原理与前面相似，类似结构被应用于东风 EQ6100-1 和 YC6105QC 等发动机上。

橡胶扭振减振器结构简单，工作可靠，制造容易，在汽车上广泛应用。但其阻尼作用小，橡胶容易老化，故在大功率发动机上较少应用。

(2) 硅油扭振减振器　如图 2-55a 所示，减振器壳体与曲轴连接。侧盖与减振器壳体组成封闭腔，其中滑套着惯性质量。惯性质量与封闭腔之间留有一定的间隙，里面充满高黏度硅油。

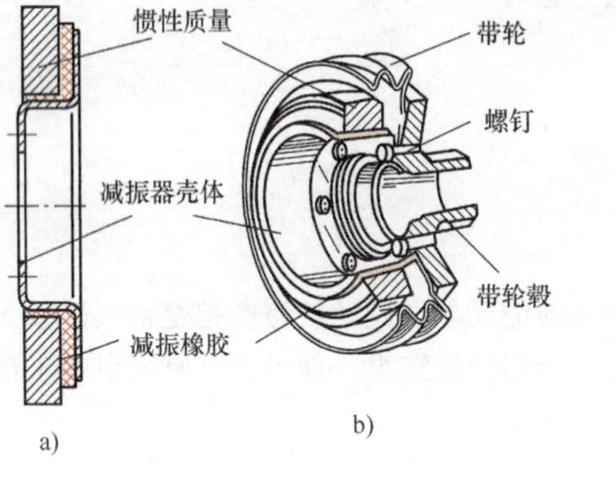

图 2-54　橡胶扭振减振器

a）普通橡胶扭振减振器　b）带轮-橡胶扭振减振器

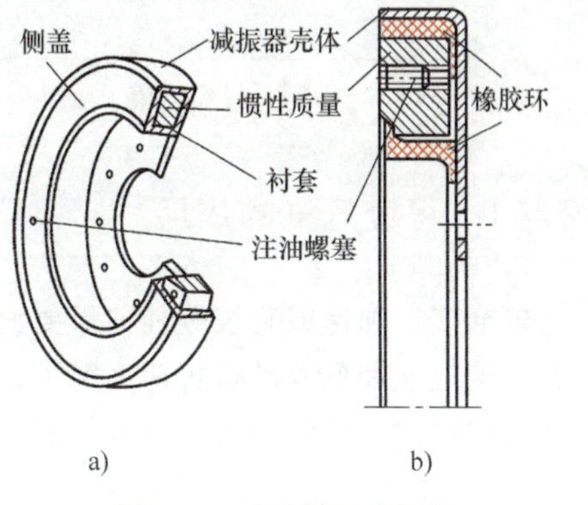

图 2-55　硅油扭振减振器

a）普通硅油扭振减振器　b）硅油-橡胶扭振减振器

当发动机工作时，减振器壳体与曲轴一起旋转，惯性质量则被硅油的黏性摩擦阻尼和衬套的摩擦力所带动。由于惯性质量相当大，因此它近似做匀速运动，于是在惯性质量与减振器壳体间产生相对运动。曲轴的振动能量被硅油的内摩擦阻尼吸收，使扭振消除或减轻。

硅油扭振减振器减振效果好，性能稳定，工作可靠，结构简单，维修方便，但它需要良好的密封和较大的惯性质量，致使减振器尺寸较大。

(3) 硅油-橡胶扭振减振器　如图 2-55b 所示，扭振减振器中的橡胶环主要作为弹性体，并用来密封硅油和支承惯性质量。在封闭腔内注满高黏度硅油。硅油-橡胶扭振减振器集中了硅油减振器和橡胶减振器的优点，即体积小，重量轻和减振性能稳定等。

知识点 2 飞轮组件结构

飞轮是一个很重的铸铁圆盘（图 2-42），用螺栓固定在曲轴后端的接盘上，具有很大的转动惯量。四冲程发动机工作时，完成一个工作循环要经过进气、压缩、做功、排气四个行程，但是只有做功行程做功，而其余三个行程均消耗功，使得曲轴对外输出的转矩呈周期性变化。为了使发动机稳定工作，在曲轴后端装有飞轮。其主要功用是用来储存做功行程的能量，用于克服进气、压缩和排气行程的阻力和其他阻力，使曲轴能均匀地旋转。

飞轮外缘压有齿圈，齿圈与起动电动机的驱动齿轮啮合，供起动发动机用；汽车离合器也装在飞轮上，利用飞轮后端面作为驱动件的摩擦面，用来对外传递动力。

在飞轮轮缘上作有标记（刻线或销孔）供找上止点用。当飞轮上的标记与外壳上的标记对正时，正好是上止点（图 2-56）。有的还有进排气相位标记、供油（柴油机）或点火（汽油机）标记供安装和修理用。

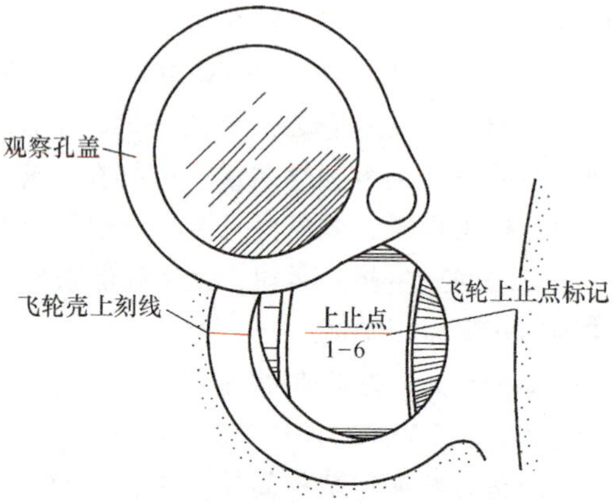

图 2-56 飞轮标记

飞轮与曲轴在制造时一起进行过动平衡试验，在拆装时应严格按相对位置安装。飞轮紧固螺钉承受作用力大，应按规定力矩和正确方法拧紧。

2.4 可变气缸结构原理

知识点 1 可变气缸的作用

车辆起步、加速或爬坡等任何需要大功率输出的情况下，发动机将会把全部气缸投入工作。在中速巡航和低发动机负荷工况下，系统仅运转部分气缸组，即可变气缸可以在不需要大功率的输出时，控制关闭一部分气缸，以减少燃油消耗。

知识点 2 可变气缸结构

以广州本田第八代雅阁 VCM（图 2-57）为例，其控制机构 i-VTEC（Variable Valve Timing and Valve Lift Electronic Control System）是一套可变气门配气正时和气门升程电子控制系统（图 2-58），它由 ECU 控制，能根据需要控制某缸的进排气门的开闭，当进排气门处于关闭时，该气缸便停止工作。其详细的结构原理，请参见第 3 章的 3.4 节知识点 1 可变进气管控制系统。

知识点 3 可变气缸工作原理

广州本田第八代雅阁 VCM 有以下三种工作模式：

(1) 全负荷工作模式 在发动机起动、加速或者低档位爬山时，发动机会起动所有的

图 2-57 VCM

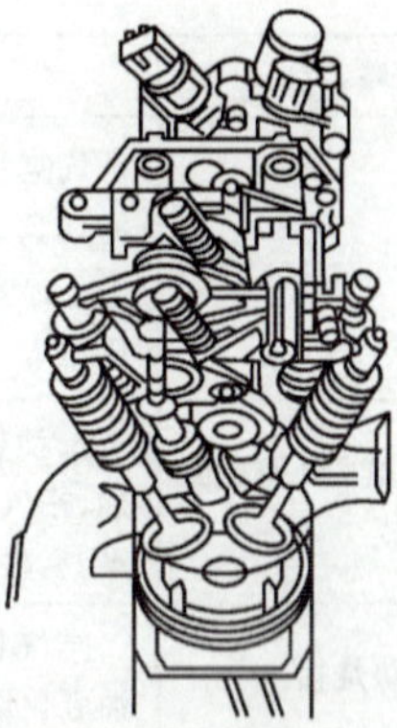

图 2-58 VTEC

(6个) 气缸工作，以满足发动机对动力输出的需求。

(2) 怠速及低负荷工作模式 当发动机怠速或汽车处于中低速运行时，VCM 会通过控制 VTEC，关闭发动机一侧的 3 个气缸的进、排气门，并且切断供油，完成从 V6 发动机到直列三缸发动机工作模式的切换，此时，这台 3.5L 发动机的实际工作排量只有 1.75L。

(3) 中负荷工作模式 在中等速度、高速巡航和缓坡行驶时，发动机将会用 4 个气缸来运转。此时，VCM 会保持每一列 3 个气缸中靠远端的两个气缸正常工作，另外一个气缸则会被关闭。

VCM 系统对发动机进行变缸操作前，会根据节气门开度传感器、发动机转速传感器、车速传感器、冷却液温度传感器等信号进行数据测算，以便判断是否应当根据当前的工作负荷来启用相应的三缸或者四缸工作方案。此外，VCM 还会确定发动机润滑油压力是否支持工作模式的切换，以及在发动机进行变排量操作后，催化转化器的温度是否仍会保持在适当范围内。

如果 VCM 判断发动机变缸，那么系统会被命令率先调整点火正时和节气门的开度，以方便气缸开、闭能够平稳过渡。

但是停止做功的这些气缸的火花塞依然在点火，以保证火花塞的温度会在气缸重新投入工作时可以达到工作要求，防止气缸内残余的油气混合物造成火花塞油污，而导致点火效率下降。而且这些气缸的活塞依然处于正常运转状态，以使发动机各个缸内的零件磨损状况一致。至于摇臂和气缸零件在不同温度下磨损程度的不同则非常微小，可以忽略。

为了防止发动机变排量时产生振动和噪声，可通过 VCM 主动控制发动机支承系统来控制发动机振动，通过主动噪声控制 ANC (active noise control) 系统来减少噪声。

发动机是否处于部分气缸工作，可以从仪表板上的“ECO”灯判断，灯亮说明发动机处于三缸或四缸工作模式。当驾驶人把加速踏板踩下深一些，想要获得较大的动力输出时，“ECO”灯马上就会熄灭，如果加速踏板被松开持续 1~3s 后，“ECO”灯又会亮起。

2.5 曲柄连杆机构常见故障

曲柄连杆机构常见故障见表 2-6。

表 2-6 曲柄连杆机构常见故障

故障名称	故障征象	故障原因
拉缸	气缸受到机械刮伤，破坏气缸密封性的现象；造成发动机起动困难，工作无力。严重时活塞卡死在气缸内使发动机熄火	活塞环开口间隙过小或没有；活塞环折断；活塞环失去定位轴向窜动；另外活塞与气缸配合间隙过小、温度高、负荷过大时也会造成拉缸
气缸套、活塞、活塞环磨损	发动机功率下降；机油、燃油消耗增加，排气冒蓝烟、黑烟；发动机起动困难，有敲击声	相互摩擦以及高温高压腐蚀氧化的结果。随着磨损的加大气密性降低，气体进入曲轴箱，机油窜入燃烧室形成积炭，使得活塞环与环槽粘结或活塞环烧损、折断
气缸垫烧损	排气冒白烟，排气管往外喷水，使机油乳化或水箱中有明显气泡	气缸盖螺栓松动或气缸盖螺栓没按规定次序拧紧，使气缸盖所受压力不均
烧瓦	发动机排气突然冒黑烟，运转吃力以致熄火，摇曲轴时不能正常转动或有异常响声	缺少机油或机油牌号不符合标准；油道堵塞，机油变质，轴瓦间隙过大或过小都可能导致烧瓦
气缸体和气缸盖裂纹	排气冒白烟，排气管往外喷水，使机油乳化或水箱中有明显气泡	气缸体产生裂纹主要是因为冷却液结冰胀裂。气缸盖裂纹除了这个原因外，在气缸盖进排气门座和燃烧室三角区处还会在冷却强度不够，或在缺液时骤加冷却液或寒冷季节机温过高迅速放液突进冷气而炸裂
粘缸	发动机排气突然冒黑烟，运转吃力以致熄火，摇曲轴时不能正常转动或有异常响声。严重粘缸时，在发动机熄火的同时听到很大的响声，活塞的某一小部分被气缸壁粘掉	发动机严重缺冷却液的情况下工作

知识拓展

1. 机体材料

机体一般用高强度灰铸铁或铝合金铸造。目前，轿车发动机上采用铝合金机体的现象越来越普遍。与灰铸铁相比铝合金机体有以下优点：

① 全铝合金机体与铝合金活塞的热膨胀系数相同，因此活塞与气缸的间隙可以控制到最小，从而降低噪声和机油消耗量。

② 由于铝合金的导热性很好，因此采用全铝机体可以提高压缩比，有利于提高发动机的功率。

③ 铝合金机体重量轻，有利于前置发动机前轮驱动的轿车前后轮载荷的合理分配。

④ 由于铝合金机体散热性好，可以减少冷却液容量，减小散热器尺寸，使整个发动机轻量化。

2. 活塞材料

现代发动机不论是汽油机还是柴油机都广泛采用铝合金活塞，只有极少数汽车发动机使用铸铁或耐热钢活塞。

铝合金活塞的优点是密度小，因此铝合金活塞重量轻，在发动机工作时产生的往复惯性力小。铝合金的另一个优点就是导热性好，其导热系数是铸铁的3~4倍。因此铝合金活塞工作温度低，温度分布均匀，对减小热应力、改善工作条件和延缓机油变质都十分有利。缺点是热膨胀系数大，另外温度升高时，其机械强度和硬度都下降较快。目前铝合金活塞多用含硅12%左右的共晶铝硅合金和含硅18%~23%的过共晶铝硅合金制造，外加镍和铜，以提高热稳定性和高温力学性能。在铝合金中增加硅的含量可以提高活塞表面的耐磨性。

3. 双质量飞轮

汽车的传动系统是汽车振动和噪声的主要来源之一，尤其是动力传动系统中的扭转噪声。扭转噪声的主要原因是传动系统的固有频率与发动机的激励频率相近，从而传递并放大了来自发动机的振动。

在发动机后端安装双质量飞轮，大大降低了发动机与变速器振动系统的固有频率，使其固有频率对应的转速为发动机怠速转速的三分之一左右，从而降低了振动的传递率。

双质量飞轮式扭振减振器与曲轴扭振减振器结构类似，主要零件也是由固定在曲轴上的主体部分、惯性质量部分和扭转弹性阻尼部分组成，在此将主体部分称为第一质量，惯性质量部分称为第二质量。第一质量固定在曲轴后端，第二质量通过曲轴安装在第一质量上，第二质量还负责将动力传递给传动系统，第一与第二质量之间通过扭振减振器传递转矩。

本章小结

1. 曲柄连杆机构包括机体组件［机体（气缸体、曲轴箱）、气缸盖、气缸盖罩、气缸垫、主轴承盖和油底壳等］、活塞连杆组件（活塞、活塞环、活塞销、连杆和连杆轴轴承等）及曲轴飞轮组件（曲轴、飞轮、扭振减振器、曲轴带轮、曲轴正时齿轮等）。

2. 机体分平底式、龙门式、隧道式三种；气缸套有干式、湿式两种；汽油机燃烧室常见的有半球形燃烧室、楔形燃烧室、浴盆形燃烧室、多球形燃烧室和篷形燃烧室。不同结构特点，具有不同功能。

3. 活塞一般都采用高强度铝合金制成。其顶部有各种凹坑，组成各种燃烧室；头部有活塞环槽，有的加工有隔热槽、纤维增强合金环等；裙部起导向作用，并承受侧压力。整个活塞呈上小下大，裙部椭圆形；有的开有膨胀槽、采用拖鞋式裙部等防止活塞卡死。

4. 活塞环有气环和油环两类。气环起密封、传热作用，有矩形环、锥面环、扭曲环、梯形环、楔形环、桶面环等各种断面形状；油环起布油、刮油、传热作用，有槽孔式、槽孔撑簧式和组合式三种。活塞环安装时应注意安装位置和方向。

5. 曲轴的曲柄布置应该使各缸点火顺序均匀分布在720°曲轴转角内。四缸发动机的点火顺序只有1—2—4—3和1—3—4—2两种。根据曲轴的曲柄布置和点火顺序，可分析多缸发动机各缸的工作状况。

6. 发动机可变气缸控制技术是指发动机能够根据汽车负荷变化，让部分气缸停止工作的控制技术，它可有效降低发动机燃料消耗和排气污染。

思考题

1. 名词解释：平底式机体、龙门式机体、隧道式机体、干式气缸套、湿式气缸套、半球形燃烧室、楔形燃烧室、浴盆形燃烧室、气环、油环、矩形环、锥面环、扭曲环、梯形环、楔形环、桶面环、槽孔油环、槽孔撑簧油环、组合油环、平分连杆、斜分连杆、活塞销的全浮式安装、活塞销的半浮式安装、全支承曲轴、非全支承曲轴、可变气缸。

2. 曲柄连杆机构包括哪些组件？各组件又包括哪些零部件？

3. 气缸套有哪两种形式？各有何特点？

4. 活塞结构有何特点？起何作用？

5. 活塞环分哪两大类？各起什么作用？其结构各有何特点？

6. 曲轴为什么要进行轴向定位？如何定位？

7. 已知某四缸四冲程汽油机工作顺序为1—2—4—3，当第三缸处于排气下止点时，请分析其余各缸的工作状态。

8. 广州本田第八代雅阁可变气缸控制技术发动机有哪三种工作模式？

第3章　发动机换气系统

【本章内容架构】

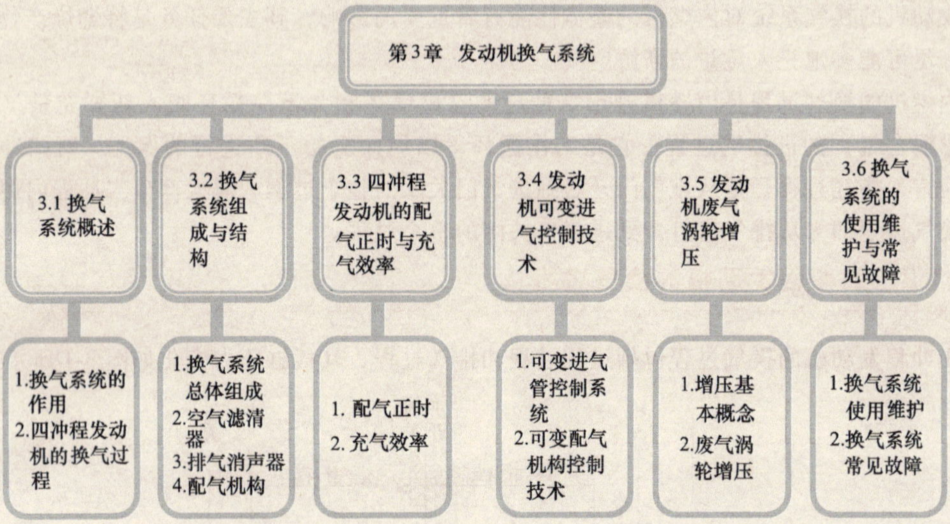

【学习目标要求、重点与难点】

序号	学习目标要求	学习重点	学习难点
1	掌握换气系统的总体组成与工作原理	√	
2	理解换气系统主要部件的基本结构及工作原理	√	
3	理解各种类型配气机构结构组成及特点	√	
4	理解四冲程发动机的配气正时与充气效率	√	√
5	掌握配气正时概念及其影响因素	√	√
6	理解可变进气管控制系统的结构及工作原理		√
7	掌握发动机可变配气机构（VTEC）的结构及工作原理	√	√
8	掌握废气涡轮增压的基本概念、结构及工作原理	√	√
9	学会换气系统的基本使用与维护	√	
10	理解换气系统常见故障的产生原因		√

【引入案例】

某 MG3 轿车，排量 1.5L，有可变配气正时机构，总里程约 4 万 km，长期未保养（约 4 年、2 万 km），出现起动困难，怠速不稳，加速无力，发动机运转噪声大等故障现象。检查点火火花正常，经更换机油、燃油油路清洗后，发动机工作略有改善，还是存在加速无力，发动机运转噪声大等现象。检查配气正时，与正常值相比有明显差异，请分析该车故障形成原因。

3.1 换气系统概述

知识点 1 换气系统的作用

发动机的换气系统对内燃机的整体性能有着重要的影响，其主要任务是将燃烧产物排除干净，尽可能多地充入足量的新鲜空气。

内燃机的换气过程是内燃机排出本循环的已燃气体和为下一循环吸入新鲜充量（空气或可燃混合气）的进排气过程，它是工作循环得以周而复始不断进行的保证。对四冲程内燃机而言，换气过程是指从排气门开启到进气门关闭的整个过程。对大部分二冲程内燃机而言，换气过程即为从排气口打开到进气口关闭的整个过程。

知识点 2 四冲程发动机的换气过程

四冲程发动机的换气过程包括进气过程和排气过程，其气缸压力变化如图 3-1 所示。

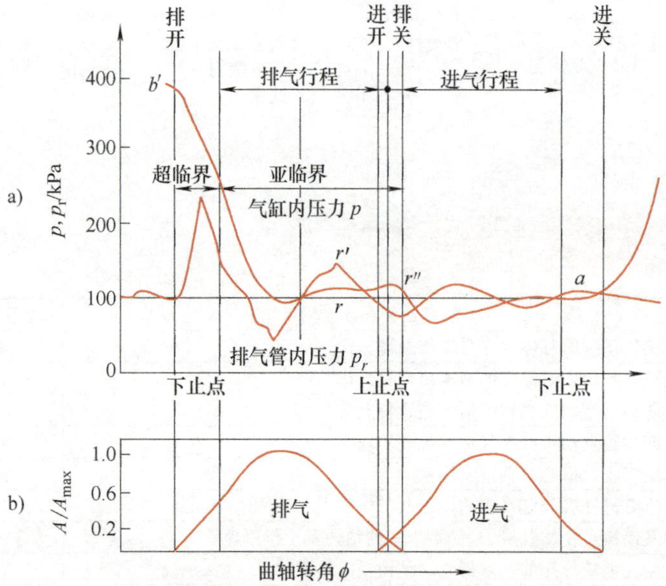

图 3-1 四冲程发动机的换气过程

a）气缸压力、排气管压力变化曲线 b）进、排气门相对流通截面积变化曲线

1. 进气过程

从图 3-1a 气缸压力线可以看出，由于活塞下行及进气门座处节流，气缸内呈负压，新鲜充量能顺利进入气缸。随着气门开启，通道面积增大，气缸压力上升，到进气终了时，由于进气动能部分转变为压能，缸压又有所提高，接近或略高于进气管内压力。为了增加进气充量，进气门应在上止点前打开，下止点后关闭。

2. 排气过程

排气过程由自由排气和强制排气两个阶段组成。

(1) 自由排气阶段 从排气门打开到气缸压力接近于排气管压力的这个时期，称为自由排气阶段。

如图 3-1a 所示，在排气门开启时，气缸内废气压力为 0.2~0.5MPa，缸内压力与排气管压力之比大于临界值 1.9，排气的流动处于超临界状态，废气以当地声速的临界速度流过排气门开启截面。在超临界范围内，废气流量与排气管压力无关，而取决于气缸内的气体状态和气门流通截面的大小。

当排气流速小于声速时，气体的流动转入亚临界状态，此时废气流量将由气缸内和排气管内压差决定。到某一时刻缸内压力与排气管内压力相近时，自由排气阶段结束，转入强制排气阶段。

自由排气阶段气流速度高，排出的废气量达 60%以上。为使废气排除更干净，排气门应在下止点前开启，如果排气提前角过小或排气流通截面不足，将增加排气所消耗的功。

(2) 强制排气阶段 在这个阶段，废气被上行的活塞强制排出。由于要克服排气系统的阻力，缸内平均压力比排气管内平均压力略高一些。为使废气排除更彻底，排气门可以到上止点后 10°~30°曲轴转角关闭。

想一想 如何设计一套系统以实现发动机换气？

3.2 换气系统组成与结构

知识点 1 换气系统总体组成

换气系统主要由进气管装置、排气管装置和配气机构等组成（图 3-2）。

进气管装置由空气滤清器、进气总管、进气歧管及安装在进气管路上的空气流量计、节气门体（汽油机）和一些进气控制装置组成（图 3-3），负责对进气进行过滤、计量后导入至进气门前。

排气管装置由排气歧管、排气总管和排气消声器等组成（图 3-4）。其作用是汇集发动机各缸的废气，使之安全地排入大气中。排气管路中通常安装有废气后处理装置。

配气机构由气门组件、传动组件和驱动组件等组成（图 3-5）。其作用是根据发动机各缸的工作循环和点火次序适时地开启和关闭各缸的进、排气门，使适量的空气或空气与燃油

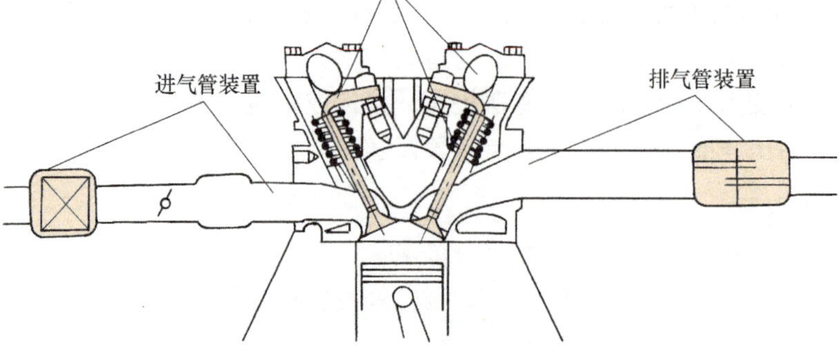

图 3-2 发动机换气系统总体组成

的混合气适时地进入气缸，并适时地将废气排出气缸。

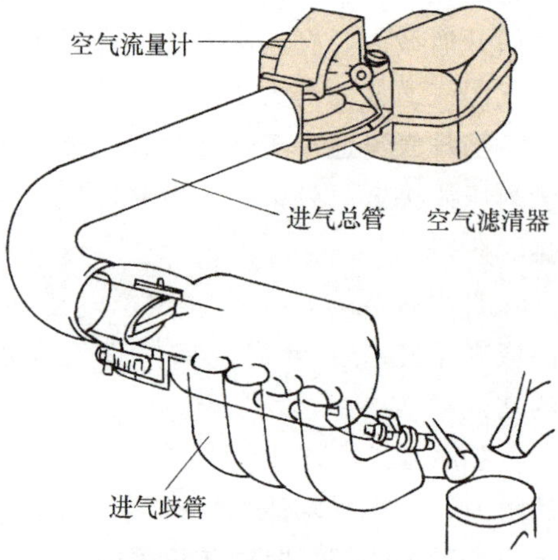

图 3-3 进气管装置

【温馨提示】

配气机构结构与工作原理视频请扫教学资源 3.1 对应的二维码进行观看。

知识点 2 空气滤清器

空气滤清器是去除空气中尘埃和油雾的装置。试验证明，高硬度的 SiO_2 在空气尘埃中超过 75%，若发动机不安装空气滤清器，则将使活塞磨损量增加 3 倍，活塞环磨损量增加 9 倍，发动机寿命将缩短 2/3。

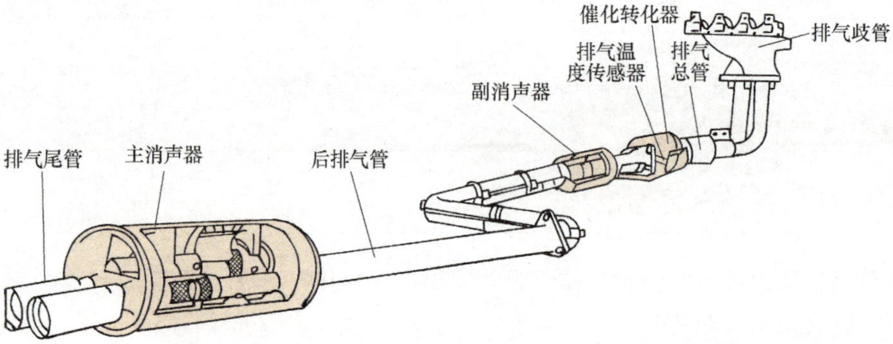

图 3-4 排气管装置

1. 空气滤清器的分类

1）按工作原理分。空气滤清器按工作原理分为惯性式和过滤式两大类。惯性式空气滤清器是利用气流高速旋转的离心力作用，将空气中的尘埃和杂质分离；过滤式空气滤清器则是利用滤芯材料滤除空气中的尘埃和杂质。根据发动机使用环境不同，可以采用其中的一种

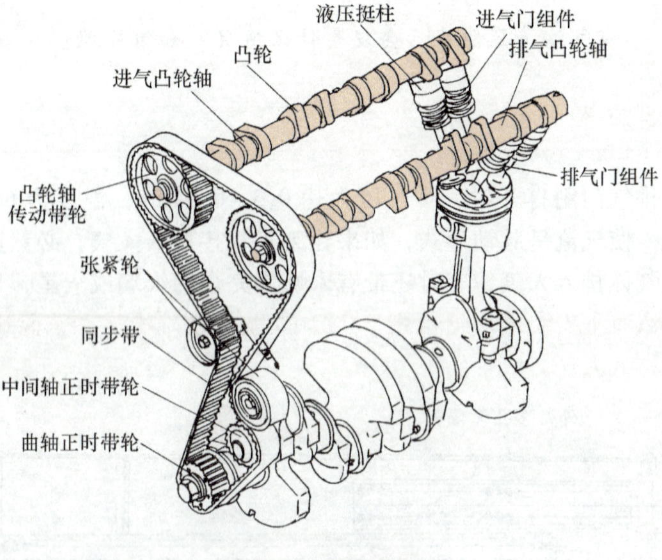

图 3-5　配气机构

或两种（也称综合式）过滤方式。

2）按滤芯材料分。空气滤清器的滤芯材料有纸质滤芯、铁丝网滤芯等。纸质滤芯具有重量轻、成本低、滤清效果好等优点。纸质滤芯有干式和湿式两种。湿式纸质滤芯经油浸处理，使用寿命更长，滤清效果更好，但不能反复使用，需定期更换。干式纸质滤芯可以反复使用，广泛应用于汽车发动机上。

2. 空气滤清器的基本结构与工作原理

以现代乘用车常用的干式纸质滤芯空气滤清器为例（图 3-6），在滤清器外壳内装有纸质滤芯，它是用经过树脂处理的微孔褶纸做成的，滤芯的上下两端由塑料密封圈密封。发动机工作时，空气由滤清器盖与滤清器外壳间的空隙进入，经纸质滤芯过滤，进入进气总管。

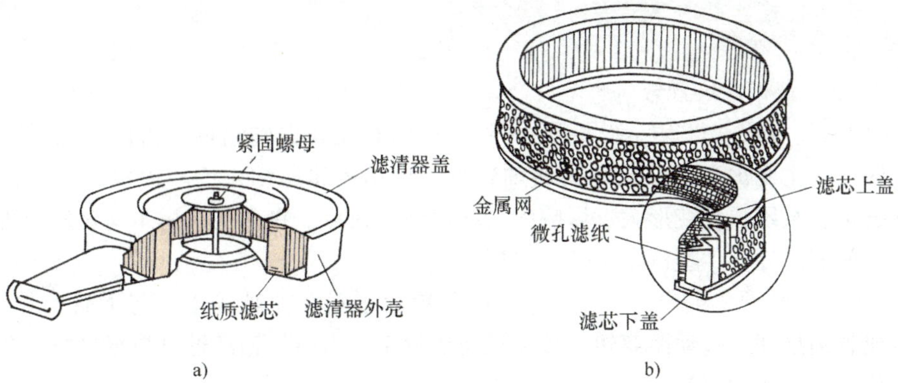

图 3-6　干式纸质滤芯空气滤清器
a）滤清器总成　b）纸质滤芯

想一想

空气滤清器阻塞后会发生什么情况？如何处理？

知识点 3　排气消声器

发动机工作，排气门刚打开时，排气压力达 0.3~0.5MPa，温度为 600~800℃。同时，由于排气的间歇性，使气流呈脉动形式，如果让废气直接排入大气，必然产生强烈的气流脉动噪声，并且高温气体排入大气，有时还带有未燃烧完全的火焰或火星，也会对环境造成危害。因此，必须在汽车上安装消声器（图 3-7），以减小排气噪声和消除废气中的火焰或火星，使废气安全地排入大气。

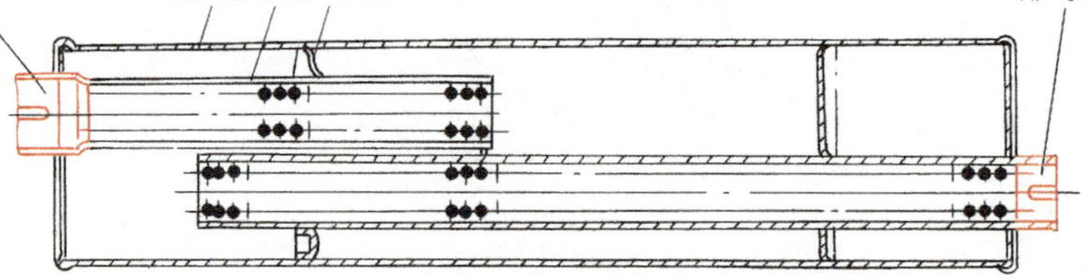

图 3-7　排气消声器构造

消声器的基本工作原理是通过多次地变动排气气流方向或重复地使气流通过收缩又扩大的截面，或将气流分割为许多小的支流并沿着不平滑的平面流动等方法，来消耗废气中的能量，衰减排气气流的压力波，降低噪声。

典型的排气消声器构造如图 3-7 所示。其外壳用薄钢板制造，有的还在消声器内充填吸声材料。消声器两端各有一个排气入口和排气出口，中间有隔板，将其分隔成几个尺寸不同的消声室，各消声室间用多孔管连接。废气进入多孔管和消声室后，膨胀冷却，不断改变流动方向，逐渐降低和衰减其压力和压力波，消耗能量，最终使排气噪声得到消减。

知识点 4　配气机构

1. 配气机构的分类

（1）按凸轮轴布置位置分　有下置凸轮轴、中置凸轮轴、上置凸轮轴三种（图 3-8）。

1）下置凸轮轴配气机构（图 3-8a）。将凸轮轴布置在曲轴箱内，由曲轴正时齿轮带动凸轮轴旋转。其主要优点是凸轮轴离曲轴较近，可用齿轮驱动，传动简单，但存在零件较多、传动链长、系统弹性变形大、影响配气准确性等缺点。在现代乘用车高速发动机中已趋于淘汰。目前国产轻、中型汽车上还有应用。

2）中置凸轮轴配气机构（图 3-8b）。将凸轮轴布置在曲轴箱上。与下置凸轮轴相比，推杆较短或省去推杆，传动距离短，传动机构质量小，由凸轮轴经过挺柱直接驱动摇臂，减小了气门传动机构的往复运动质量，适应更高速的发动机。

3）上置（顶置）凸轮轴配气机构（图 3-8c）。将凸轮轴直接布置在气缸盖上，直接通过摇臂或凸轮来推动气门的开启和关闭。这种传动机构没有推杆等运动件，系统往复运动质

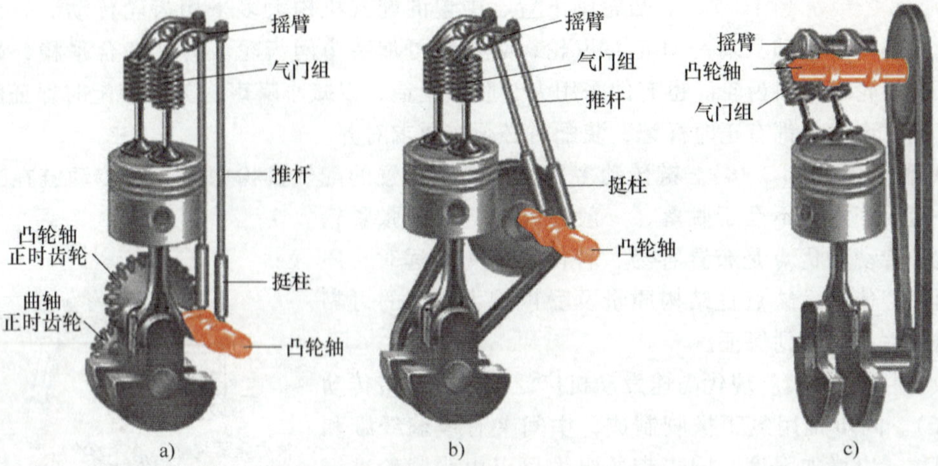

图 3-8　配气机构分类

a）下置凸轮轴　b）中置凸轮轴　c）上置凸轮轴

量大大减小，非常适合现代高速发动机，尤其是乘用车发动机。

根据顶置气门凸轮轴的个数，又分为单顶置凸轮轴（SOHC）和双顶置凸轮轴（DOHC）两种（图 3-9）。

单顶置凸轮轴（图 3-9a）仅用一根凸轮轴同时驱动进、排气门，结构简单，布置紧凑。双顶置凸轮轴用两根凸轮轴分别驱动进、排气门（图 3-9b）。这种双凸轮轴布置有利于增加气门数目，提高进排气效率，提高发动机转速，是现代高速发动机配气机构的主要形式。

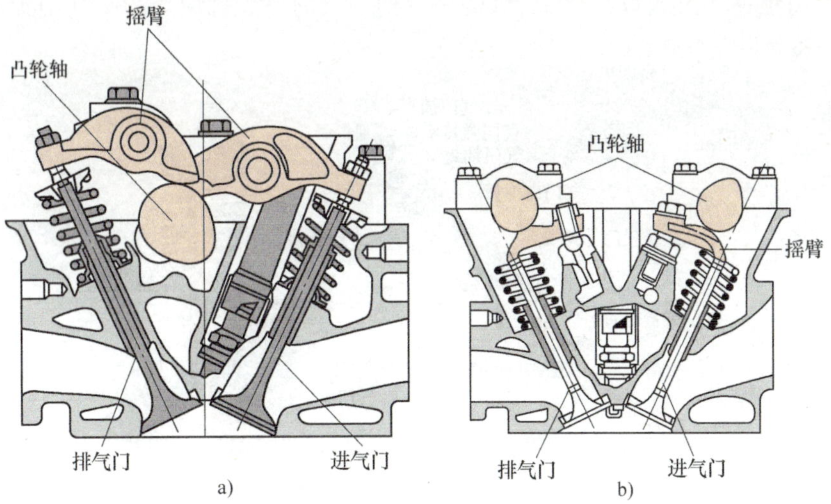

图 3-9　顶置凸轮轴

a）单顶置凸轮轴　b）双顶置凸轮轴

（2）按曲轴和配气凸轮轴的传动方式分　可分为齿轮传动、链传动和同步带传动三种。

1）齿轮传动（图 3-8a）。凸轮轴下置、中置的配气机构大多采用齿轮传动。一般从曲轴到凸轮轴间的传动只需一对正时齿轮，必要时可加装中间齿轮。为了啮合平稳，减小噪声，正时齿轮多用斜齿轮。也有的采用夹布胶木制造，以减小噪声。为了装配时保证配气相位的正确，齿轮上都有正时标记，装配时必须按要求对齐。

2）链传动（图 3-10）。链传动多用在凸轮轴顶置的配气机构中。为使传动链在工作时具有一定的张力而不至于脱落，一般装有导链板和张紧轮等。这种传动的优点是布置容易，若传动距离较远时，还可用两级链传动。缺点是结构质量及噪声较大，链的可靠性和耐久性不易得到保证。

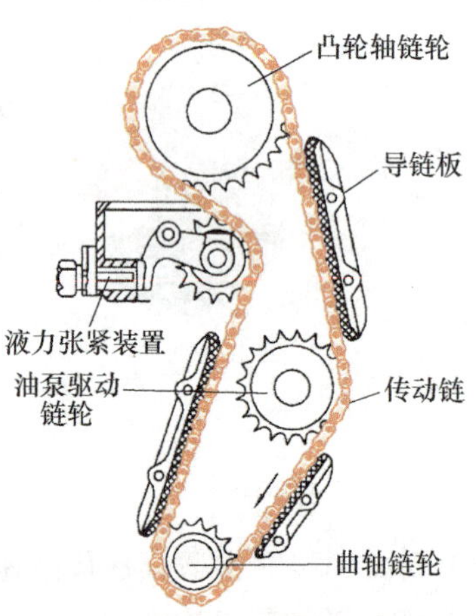

图 3-10　凸轮轴的链传动

3）同步带传动。现代高速发动机广泛采用同步带传动（图 3-5）。同步带用氯丁橡胶制成，中间夹有玻璃纤维和尼龙织物，以增加强度。同步带的张力可以由张紧轮进行调整。这种传动方式可以减小噪声，减小结构质量和降低成本。

（3）按每缸气门的数目分　有 2 气门、3 气门、4 气门和 5 气门配气机构。传统发动机都采用每缸两气门（一个进气门，一个排气门）。为了改善发动机的充气性能，应尽量加大气门的直径，但由于气缸的限制，气门的直径不能超过气缸直径的一半。因此，现代汽车发动机中，普遍采用多气门（3 气门～5 气门）结构，使发动机的进排气流通截面积增大，提高了充气效率，改善了发动机的动力性能、经济性能和排放性能。

2. 配气机构主要组件的结构与原理

（1）气门组件（图 3-11）　气门组件由气门、气门座、气门导管、气门油封、气门弹簧、气门锁夹等零件组成。

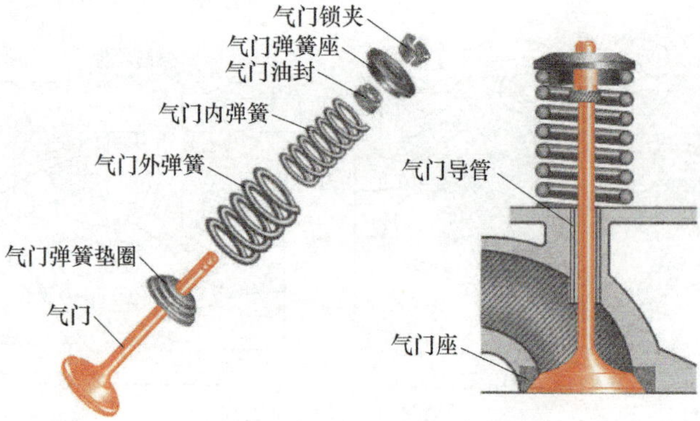

图 3-11　气门组件

1）气门。气门由头部、杆身和带密封锥面的气门盘组成。气门盘顶面的形状有平顶、凹顶和凸顶（图 3-12）。气门盘有一密封锥面，其圆锥角 α 一般为 30°～45°。

气门弹簧座的固定方式有两种。一种是锁夹式（图 3-13a），在气门杆端部的沟槽上装有两个半圆形的圆锥形锁夹，弹簧座紧压锁夹，使其紧箍在气门杆端部，从而使弹簧座、锁夹与气门连接成一整体，与气门一起运动。另一种是以锁销代替锁夹（图 3-13b），在气门杆端有一个用来安装锁销的径向孔，通过锁销进行连接。

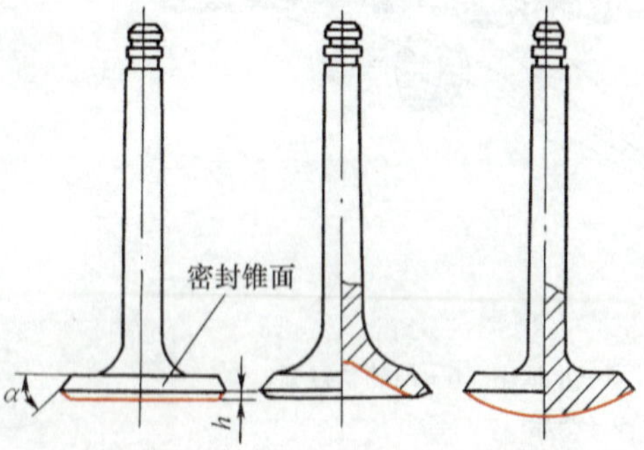

图 3-12 气门盘顶形状

a）平顶 b）凹顶 c）凸顶

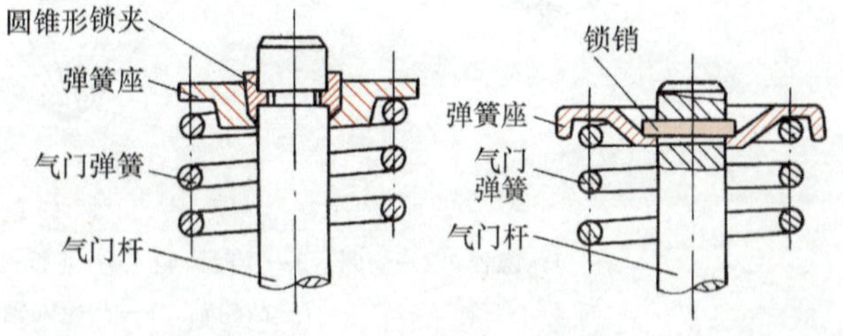

图 3-13 气门弹簧座的固定方式

a）锁夹固定 b）锁销固定

2）气门座。气缸盖的进、排气道与气门锥面相贴合的部位称为气门座。它与气门锥面紧密贴合以密封气缸。气门座可在气缸盖上直接镗出，但大多数发动机的气门座是用耐热合金钢单独制成座圈（称气门座圈），压入气缸盖（体）中，以提高使用寿命和便于维修更换。

3）气门导管和油封。气门导管（图 3-11）的作用是在气门做往复直线运动时进行导向，以保证气门与气门座之间的正确配合与开闭。当凸轮直接作用于气门杆端时，气门导管承受侧向作用力并起传热作用。气门导管内、外圆柱面经加工后压入气缸盖中，然后精铰内孔。为防止气门导管在工作中松落，有的采用卡环定位。

气门与气门导管之间留有 0.05~0.12mm 的间隙，使气门能在导管中自由运动，适量的润滑油由此间隙对气门杆和气门导管进行润滑。该间隙过小，会导致气门杆受热膨胀与气门导管卡死；间隙过大，会使润滑油进入燃烧室燃烧，产生积炭，加剧活塞、气缸和气门的磨损，增加润滑油消耗，同时造成排气管冒蓝烟。为了防止过多的润滑油进入燃烧室，有的在气门导管上安装有橡胶油封。

4）气门弹簧。气门弹簧的作用是保证气门复位。在气门关闭时，保证气门及时关闭和紧密贴合，同时防止气门在发动机振动时因跳动而破坏密封；在气门开启时，保证气门不因运动惯性而脱离凸轮。

气门弹簧多为圆柱形螺旋弹簧。发动机装用一根气门弹簧时，采用不等距弹簧，以防止共振。装用两根弹簧时，弹簧内、外直径不同，旋向不同，它们同心安装在气门导管的外面，不仅可以提高弹簧的工作可靠性，防止共振的产生，还可以降低发动机的高度。

（2）凸轮轴组件（图 3-14） 凸轮轴组件由凸轮轴 7、凸轮轴衬套 6 和止推凸缘 4 等组成。

凸轮轴上加工有进、排气凸轮 9，用以保证各缸进、排气门按一定的工作次序和配气相位及时开闭。凸轮的轮廓决定了气门升程、气门开闭的持续时间和运动规律。凸轮磨损将直接影响气门的开闭特性和发动机的动力、经济等性能。

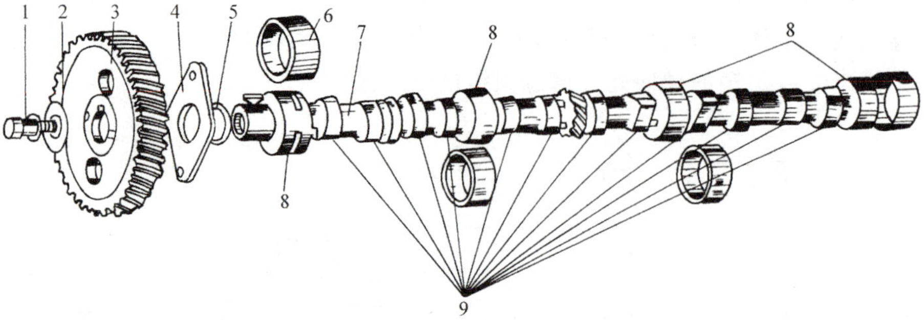

图 3-14 凸轮轴组件

1—螺栓 2—垫圈 3—正时齿轮 4—止推凸缘 5—止推座 6—凸轮轴衬套
7—凸轮轴 8—凸轮轴轴颈 9—凸轮

凸轮轴通过衬套6支承在发动机机体上，由正时齿轮3驱动，曲轴每旋转两圈，凸轮轴转一圈，每个气缸要进行一次进气和排气，且各缸进气或排气间隔相等。

为了防止凸轮轴轴向窜动，需要进行轴向定位。常见的轴向定位装置如图 3-15 所示，止推片 2 安装在正时齿轮 1 和凸轮轴第一轴颈 3 之间，且留有一定间隙。调整止推片的厚度，可控制其轴向间隙的大小。

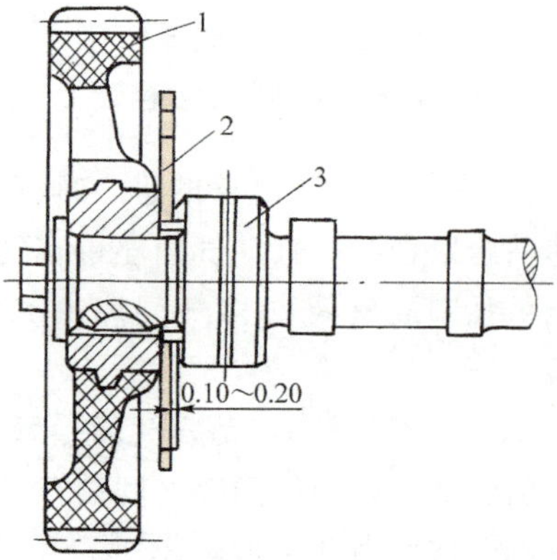

图 3-15 凸轮轴的轴向定位装置

1—正时齿轮 2—止推片 3—凸轮轴第一轴颈

(3) 凸轮轴传动机构 凸轮轴传动机构是指驱动凸轮轴转动的机构，有齿轮传动、链传动和同步带传动等形式。

传动机构安装时应特别注意曲轴正时齿轮（或链轮、带轮）与凸轮轴正时齿轮（或链轮、带轮）的相互位置关系，安装不当，将严重影响发动机的动力、经济性能，甚至无法进行工作。一般制造厂出厂时都打有配对标记，应严格按要求安装。如图 3-16a 所示，对于齿轮传动的正时机构，安装时正时齿轮上的点 *A* 应与点 *B* 相互对应，若有中间齿轮，中间齿轮上的点也要对应。如图 3-16b 所示，对于链传动或同步带传动的传动机构安装时，曲轴上的正时齿轮标记和凸轮轴上的正时齿轮标记均要对应发动机上固定的点，然后将正时链或同步带套入并张紧。现代高速发动机中，通常单独设有进气凸轮轴和排气凸轮轴，则进气凸轮轴和排气凸轮轴上的正时齿轮标记也须对应。

(4) 气门驱动机构 气门驱动机构是将凸轮轴的旋转运动变为气门往复运动的机构，主要由气门挺柱、推杆、摇臂、摇臂轴、气门间隙调整螺钉和液压挺柱等组成（图 3-8）。

1）挺柱。挺柱的作用是将凸轮的推力传给推杆或气门，承受凸轮旋转时传来的侧向力并传给发动机机体。

常用的有菌形挺柱、平面挺柱和桶形挺柱（图 3-17）。挺柱工作时，由于受凸轮侧向推力的作用会引起挺柱与导管间的单面摩擦。为了减小这种单面摩擦及磨损，一般采取以下方法：

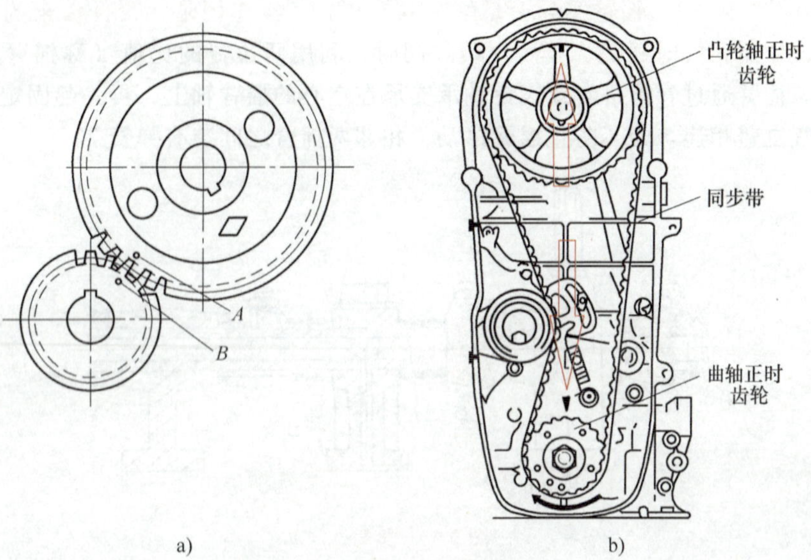

图 3-16　正时齿轮安装标记

a）齿轮传动　b）链传动

① 将挺柱工作面制成球面（图 3-17a），这样可使挺柱在工作时绕其中心线稍有转动，达到磨损均匀的目的。

② 挺柱相对凸轮偏心安置（图 3-17b），工作时，挺柱绕其中心线稍作转动。

③ 挺柱外表面制成两端小、中间大的桶形（图 3-17c），当挺柱在座孔中歪斜时，由于它的定位作用仍可保证凸轮面全宽与挺柱表面相接触，从而减小接触应力，并使磨损均匀。

2）推杆（图 3-18）。推杆位于挺柱与摇臂之间，作用是将挺柱传来的推力传给摇臂。推杆上端的凹槽与摇臂上的球头相接触，下端的凸头与挺柱的凹槽相接触。

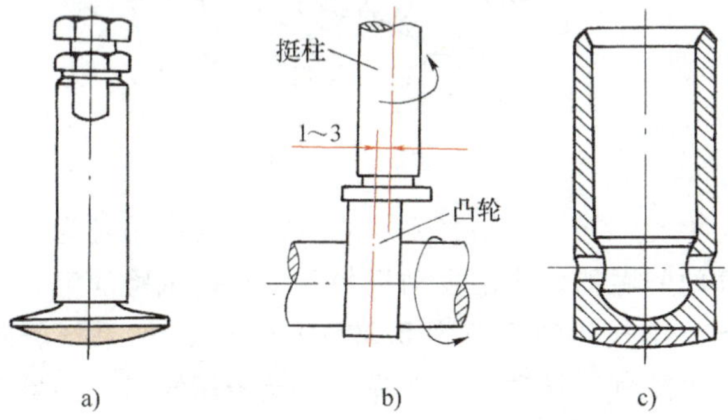

图 3-17　气门挺柱的形状

a）菌形挺柱　b）平面挺柱　c）桶形挺柱

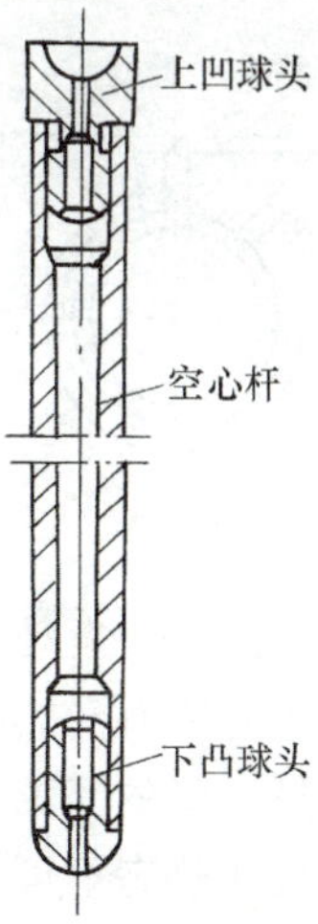

图 3-18　推杆

3）摇臂（图 3-19）。摇臂实际上是一个双臂杠杆，其作用是将挺杆传来的运动和作用力改变方向，作用到气门杆端，开闭气门。同时，利用两边臂的比值（称摇臂比）来改变气门的升程。摇臂通过青铜衬套或滚针轴承支承在空心的摇臂轴上，再一起固定在摇臂轴支座上，再与气缸盖相连。为了防止摇臂窜动，相邻两摇臂之间装有弹簧 7。

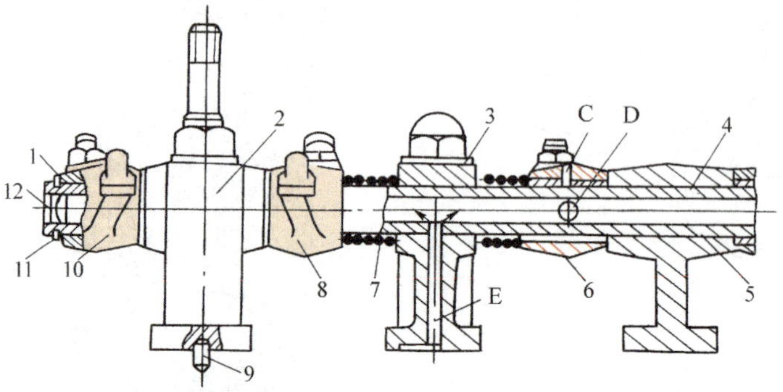

图 3-19 摇臂组

1—垫圈 2、3、4—摇臂轴支座 5—摇臂轴 6、8、10—摇臂
7—弹簧 9—定位销 11—锁簧 12—堵头
C、D、E—油孔

摇臂内一般钻有油道（图 3-20），与摇臂轴中心相通。压力润滑油充满摇臂轴中心，并从摇臂油孔流出，润滑挺杆及气门杆端等零件。摇臂与气门杆端接触部分接触应力高，且有相对滑移，磨损严重，因此在该部分常堆焊有硬质合金。

4）气门间隙调整螺钉。在摇臂一端安装有气门间隙调整螺钉，用来调整气门间隙，如图 3-21 所示。

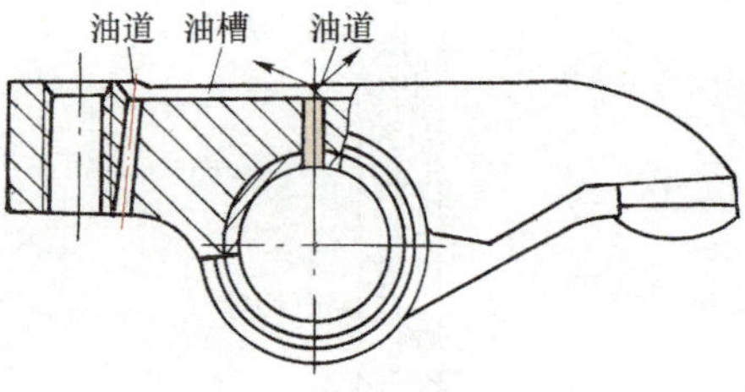

图 3-20 摇臂

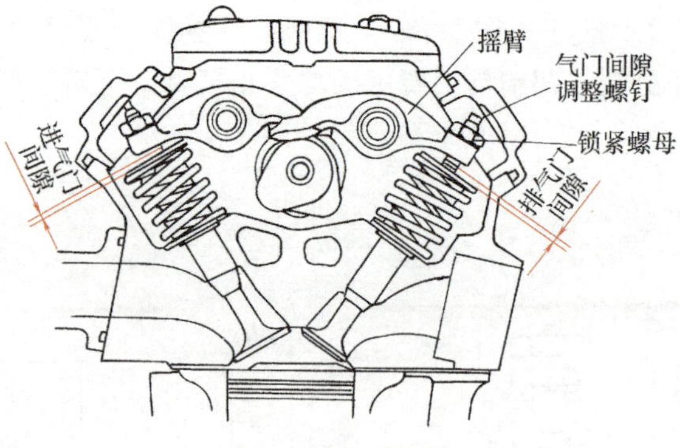

图 3-21 气门间隙

气门间隙是指发动机冷态、气门关闭时，气门与摇臂之间的间隙。其作用是为气门及驱动组件工作时留有受热膨胀的余地。气门间隙的大小由发动机制造厂根据试验确定。一般在冷态时，进气门的间隙为 0. 25～0. 3mm，排气门的间隙为 0. 30～0. 35mm。如果气门间隙过小，发动机在热态下可能关闭不严而发生漏气，导致功率下降，甚至烧坏气门。如果气门间隙过大，则使传动零件之间以及气门与气门座之间撞击声增大，并加速磨损。同时，也会使气门开启的延续角度变小，气缸的充气及排气情况变坏。发动机工作中，由于气门、驱动机构及传动机构零件的磨损，会导致气门间隙产生变化，应注意检查和调整。

【温馨提示】

气门间隙的检查与调整视频请扫教学资源 3.2 对应的二维码进行观看。

5）液压挺柱。气门间隙的存在，导致发动机工作时产生敲击噪声。由于气门传动组件的磨损，导致气门间隙变大，使进排气相位改变，增加了检查和调整气门间隙的工作量。现代乘用车多采用液压挺柱，无须调整气门间隙。

图 3-22 所示为桑塔纳和捷达轿车发动机采用的液压挺柱。挺柱体 9 由上盖和圆筒焊接成一体，可以在缸盖 14 的挺柱体孔中上下运动。液压缸套筒 12 的内孔和外圆都经过精加工研磨，外圆与挺柱内导向孔相配合，内孔则与柱塞 11 配合，两者都可以相对运动。液压缸底部装有一个补偿弹簧 13，把球阀 5 压靠在柱塞的阀座上，它还可以使挺柱顶面和凸轮表面保持紧密接触，以消除气门间隙。当球阀关闭柱塞中间孔时，可将挺柱分成两个油腔——上部的低压油腔 6 和下部的高压油腔 1；球阀开启后，则形成一个通腔。

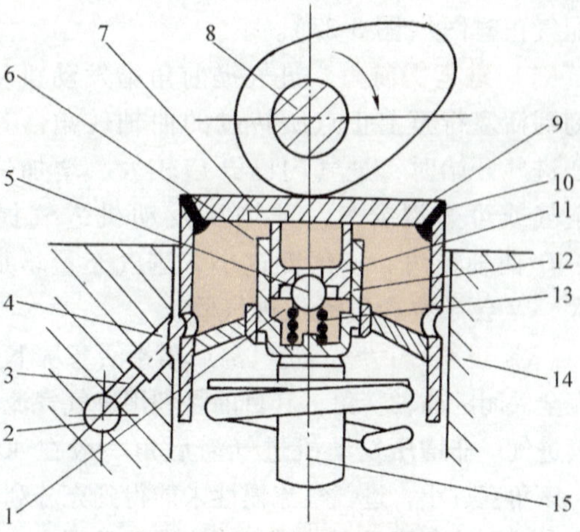

图 3-22　桑塔纳和捷达轿车发动机采用的液压挺柱

1—高压油腔　2—缸盖油道　3—油量孔　4—斜油孔　5—球阀　6—低压油腔　7—键形槽　8—凸轮轴　9—挺柱体　10—挺柱体焊缝　11—柱塞　12—液压缸套筒　13—补偿弹簧　14—缸盖　15—气门杆

当圆筒挺柱体 9 上的环形油槽与缸盖上的斜油孔 4 对齐时（图中位置），发动机润滑系统中的润滑油经斜油孔 4 和环形油槽流入低压油腔 6。位于挺柱体背面上的键形槽 7 可将润滑油引入柱塞上方的低压油腔。当凸轮转动、挺柱体 9 和柱塞 11 向下移动时，高压油腔 1 中的润滑油被压缩，油压升高，加上补偿弹簧 13 的作用，使球阀紧压在柱塞的下端阀座上，这时高压油腔与低压油腔被分隔开。由于液体具有不可压缩性，整个挺柱如同一个刚体一样下移，推开气门杆 15。此时，挺柱环形油槽已与斜油孔 4 错开，停止进油。

当挺柱到达下止点后开始上行时，在气门弹簧上顶和凸轮下压的作用下，高压油腔封闭，球阀也不会打开，液压挺柱仍可认为是一个刚性挺柱，直至上升到凸轮处于基圆，使气门关闭时为止。此时，缸盖主油道中的压力油经斜油孔 4 进入挺柱的低压油腔 6，同时，高压油腔 1 内油压下降，补偿弹簧 13 推动柱塞 11 上行，从低压油腔 6 来的压力油推开球阀 5 而进入高压油腔 1，使两腔连通充满润滑油。这时挺柱顶面仍和凸轮紧贴。

在气门受热膨胀时，柱塞和液压缸做轴向相对运动，高压油腔中的油液可经过液压缸与柱塞间的缝隙挤入低压油腔。因此，使用液压挺柱时，可以不预留气门间隙。

采用液压挺柱，消除了配气机构中的间隙，减小了各零件的冲击和噪声。同时凸轮轮廓可设计得陡一些，以便气门开启和关闭得更快，减小进、排气阻力，改善发动机的换气条件，提高发动机的性能（特别是高速性能）。但液压挺柱结构复杂，加工精度要求较高。

3.3 四冲程发动机的配气正时与充气效率

知识点 1 配气正时（配气相位）

由发动机换气过程分析可知，为了使进气充分，排气彻底，进气门应在上止点前打开，下止点后关闭；而排气门应在下止点前打开，上止点后关闭。进、排气门实际开启和关闭的时刻以曲轴转角表示即为配气正时，也称配气相位。用环形图表示的配气正时称为配气正时图（图 3-23）。

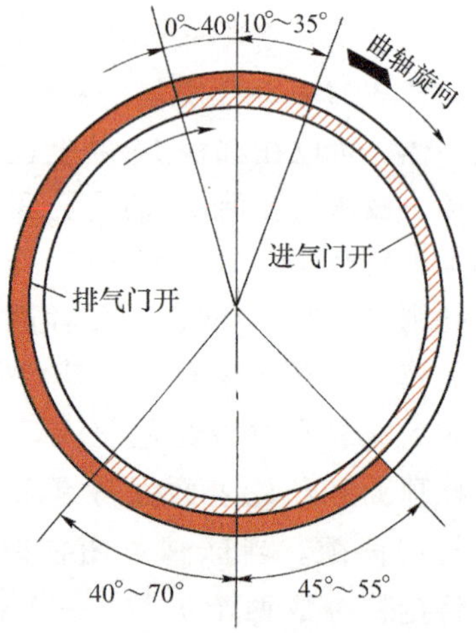

图 3-23 配气正时（配气相位）图

(1) 进气提前角 进气提前角指发动机从进气门打开时刻到活塞行至上止点所转过的曲轴转角。其目的是为了保证进气开始时，进气门已开启较大，增加进入气缸的新鲜空气或可燃混合气。非增压发动机进气提前角一般在 0°～40°曲轴转角。该角度过小，进气充量增加少；该角度过大，又会导致废气流入进气管。

(2) 进气滞后角 进气滞后角指活塞从下止点行至进气门完全关闭的曲轴转角。其目的是利用进气气流惯性和压力差继续进气。非增压发动机进气滞后角一般在 40°～70°曲轴转角。该角度过小，进气气流惯性未能得到充分利用，降低了进气充量；而该角度过大，进气气流惯性已用完，会导致已经进入气缸的新鲜充量又被排出。

(3) 排气提前角 从排气门打开到活塞行至下止点所转过的曲轴转角称为排气提前角。其目的是利用废气压力，使气缸内的废气排得更干净。但排气提前角也不宜过大，否则将造成做功能量损失。非增压发动机一般在 45°～55°曲轴转角。

(4) 排气滞后角 排气滞后角指活塞从上止点到排气门完全关闭所转过的曲轴转角。其目的是利用排气气流惯性使废气排除更干净。非增压发动机该角度一般在 10°～35°曲轴转角。过大会造成排出的废气又被吸入气缸。

(5) 气门重叠角 由于进、排气门的早开和迟闭，会有一段时间内进、排气门同时开启，这种现象称为气门重叠，重叠的曲轴转角称为气门重叠角。适宜的气门重叠角，可以利用气流压差和惯性清除残余废气，增加新鲜充量，称为燃烧室扫气。非增压发动机气门重叠角一般为 20°～80°曲轴转角，增压发动机一般为 80°～160°曲轴转角，所以增压发动机可以有效提高充气量。

发动机的结构不同，转速正时，配气正时也就不同，最佳的配气相位角是根据发动机的性能要求，通过反复试验确定的。

在使用中，由于配气机构零部件磨损、变形或安装调整不当，会使配气正时产生变化，应定期进行检查和调整。

【温馨提示】

配气正时的检查与调整视频请扫教学资源 3.3 对应的二维码进行观看。

想一想 如何判断发动机配气正时是否正确？

知识点2 充气效率

评价发动机换气过程完善的程度可采用充气效率 η_v 作为指标，它是指在每个循环中，实际进入气缸的充量与进气状态下充满气缸工作容积的理论充量的比值，即

$$\eta_v = \frac{V_1}{V_s} = \frac{m_1}{m_s} \tag{3-1}$$

式中 V_1、m_1——实际进入气缸充量的体积、质量；

V_s、m_s——进气状态下充满气缸工作容积的理论充量的体积、质量。

进气状态是指当时、当地的大气状态（非增压机型）或增压器压气机出口的气体状态（增压机型）。

η_v 越高，表示每个循环进入气缸的充量越多，则发动机的功率、转矩增加，动力性能、经济性能及排放性能也就越好。

柴油机充气效率一般在 0.75~0.90，汽油机在 0.70~0.85。

影响换气过程的因素分析：

(1) 进气终了压力 p_a p_a 值越高，η_v 值也越大。减少进气系统流通阻力，可提高 p_a 值。壁面光滑平直的进、排气管道，气流流通阻力小；在使用中，应特别注意对空气滤清器的清洁和维护，以保证进气畅通，提高 η_v 值。

使用多进气门机构可以有效提高 p_a 值，目前中小排量以上乘用车发动机，已普遍采用4气门结构。

发动机增压，可以较大幅度提高进气终了压力，有效改善发动机性能（见本章3.5）。

(2) 进气终了温度 T_a T_a 越高，充入气缸中的工质密度越小，新鲜充量越少。适当加大气门重叠角，有利于降低 T_a。

(3) 气缸内残余废气量 残余废气量增多，不仅使 η_v 下降，而且使燃烧不充分，燃油消耗增加，排放恶化。提高压缩比、采用多气门机构、合理的配气正时，都可以减少气缸内残余废气量。

(4) 配气正时 合理的配气正时对提高发动机的充气效率有重要的意义。它可以有效延长进、排气延续时间，利用气流惯性进行充气和扫气。

3.4 发动机可变进气控制技术

知识点1 可变进气管控制系统

1. 工作原理

发动机工作时，由于进气过程具有间歇性和周期性，空气在进气管内流动时会产生一种压力波，这种压力波对发动机的进气量会产生一定的影响。如在进气门关闭前，传到进气门

处的是正压波，可以以较高的压力将空气送入气缸内，起到增压作用，达到提高进气量的效果。进气管长度、直径等进气系统参数的改变都会改变进气压力波，因此适当调整和控制这些参数，可以有效地利用进气压力波提高充气效率。

2. 控制方法

对于由一定长度和直径的进气歧管、进气总管和气室组成的进气系统，在一定的转速范围内，可以增加进气量和发动机转矩。但不能同时兼顾高、低转速时的进气量和转矩。

为了充分利用进气波动效应，有些电控发动机采用了谐波进气控制系统（ACIS），即可变进气管系统。试验证明：在中低转速时，较细长的进气管充气效果较好；而在高转速时，粗短的进气管充气效果较好。因此，对于采用多点燃油喷射系统的汽油机来说，可以按照气体压力波传播的特点设计进气道，使进气道的长度、形状都可以改变，利用进气动态效应来提高充气效率。

（1）进气管长度可变结构 图3-24所示为一种能根据发动机转速变化而自动改变进气管有效长度的进气控制系统。当发动机中低速运转时，发动机电控单元（ECU）指令转换阀关闭，空气沿弯曲而细长的进气歧管进入气缸；细长的进气歧管增强了气流的惯性，提高了进气速度，进气量增多。当发动机高速运转时，转换阀开启，空气直接进入短粗的进气歧管；短粗的进气歧管阻力小，使进气增多。

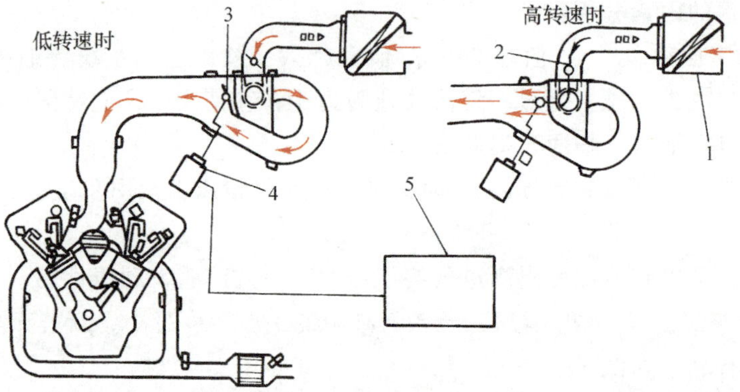

图3-24 进气管长度可变结构

1—空气滤清器 2—节气门 3—转换阀 4—转换阀控制机构 5—发动机电控单元（ECU）

【温馨提示】

进气管长度可变结构原理视频请扫教学资源3.4对应的二维码进行观看。

（2）进气管截面可变结构 图3-25所示为一种能根据发动机转速变化而自动改变进气管有效截面的进气控制系统。图中显示每个气缸有4个气门（2个进气门和2个排气门），2个进气门各配有1个进气管道，其中1个进气通道中装有进气转换阀。当发动机低速中、小负荷工作时，转换阀关闭，只利用1个进气通道，即发动机进气通道的有效截面变小，此时进气流速提高，进气惯性大，可提高发动机转矩；当发动机高转速大负荷工作时，ECU指令转换阀开启，两条进气通道同时工作，此时进气截面增加，进气阻力减小，充气量增加，可提高发动机高速时的动力性。

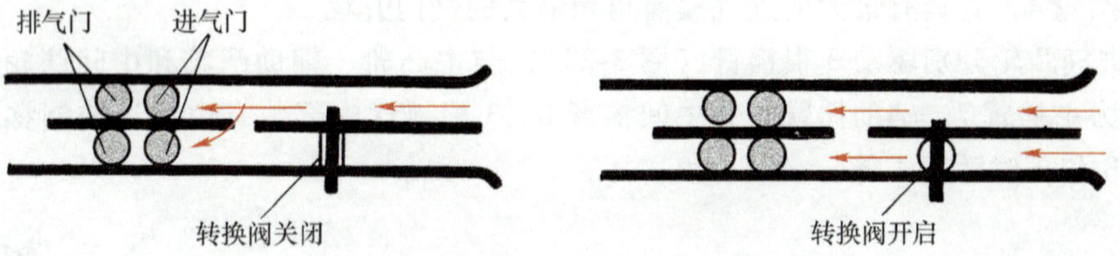

图 3-25　进气管截面可变结构

还有一些进气可变系统可以同时控制进气管道的长度与直径（有效截面）。

知识点 2　可变配气机构控制技术

在汽车发动机上，经常可以看到如 VVT-i、VTEC-i、VVL、VVTL-i 等技术标号。这些标号都代表发动机采用了可变配气技术，一般都是通过可变气门正时和可变气门升程来实现。

1. 可变配气机构作用

气门正时（进排气门开闭的时间）与气门升程（气门打开的程度）是影响发动机性能和充气效率的重要因素。发动机运转过程中，高速和低速对气门正时的要求是不同的，低速时应采用小的气门重叠角和气门升程，防止缸内新鲜空气倒流，以便增加低速转矩，提高燃油经济性，而高速时应采用大的气门重叠角和气门升程，以便气缸进入更多的混合气以满足高速时的动力性能要求。

传统的发动机配气机构在发动机制造装配好之后，气门正时及气门升程便无法改变，这就导致在非设计工况下发动机无法发挥出最佳性能。随着发动机电控技术的发展，各种可变配气机构便应运而生。

2. 可变配气机构类型

目前广泛应用的为有凸轮轴的可变配气机构，分为可变凸轮相位、可变凸轮型线及可变凸轮从动件三种类型。

3. 可变配气机构结构原理

以日本本田汽车公司的“可变气门配气正时和气门升程电子控制系统”（Variable Valve Timing and Valve Lift Electronic Control System，VTEC）为例说明可变配气机构结构原理，该机构主要由气门、凸轮、摇臂、同步活塞（图 3-26）等组成。

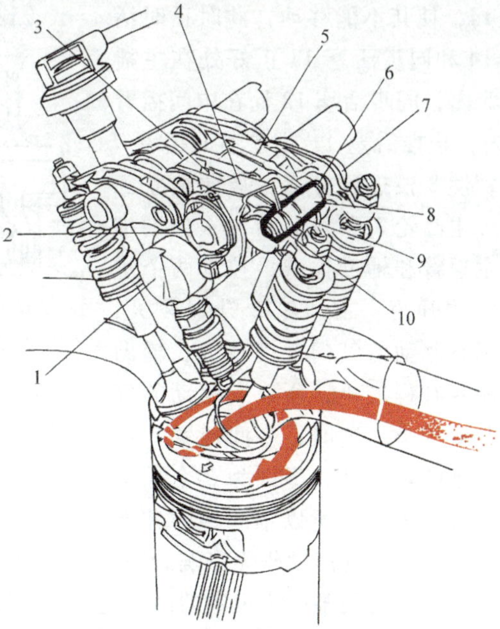

图 3-26　VTEC 机构

1—凸轮轴　2—摇臂轴　3—主摇臂　4—正时板
5—中间摇臂　6—止推活塞　7—辅助摇臂
8—同步活塞 B　9—同步活塞 A　10—正时活塞

凸轮轴对应的每一缸有 5 段凸轮参加工作（图 3-27），其中排气凸轮 2、6 与常规排气凸轮相同。进气凸轮有 3 个，主进气凸轮 3 有较大的进气提前角和较大的气门升程，辅助进气凸轮 5 有较小的进气提前角和较小的气门升程，与常规进气凸轮比还增加了一个中间进气凸轮 4，其具有最大的进气提前角和最大的气门升程。

3 个进气凸轮分别驱动 3 根摇臂（图 3-28），与主凸轮、辅助凸轮和中间凸轮相对应的摇臂分别为主摇臂 7、辅助摇臂 5 和中间摇臂 6。3 根摇臂内部装有由液压控制移动的同步活塞 A、B 和正时活塞 1 等。

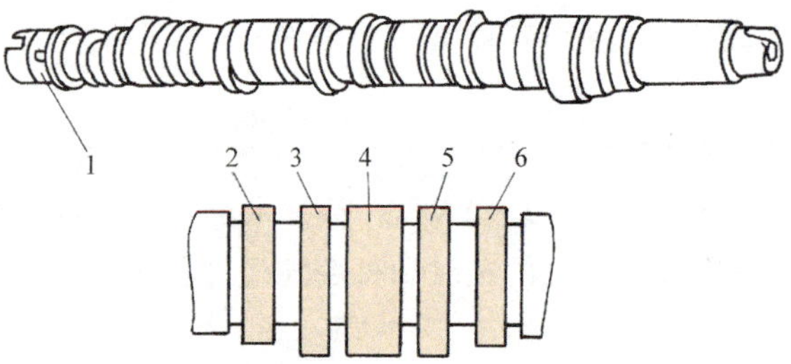

图 3-27　5 段凸轮参加工作

1—凸轮轴　2、6—排气凸轮　3—主进气凸轮　4—中间进气凸轮　5—辅助进气凸轮

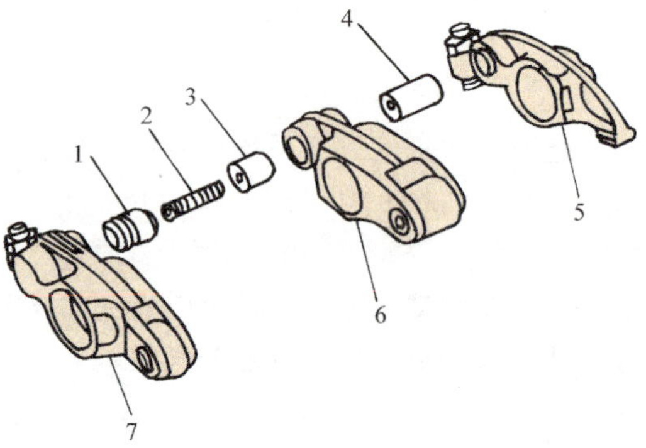

图 3-28　摇臂组件

1—正时活塞　2—正时活塞弹簧　3—同步活塞 A　4—同步活塞 B　5—辅助摇臂　6—中间摇臂　7—主摇臂

发动机低速运转时，VTEC 机构的油道内没有润滑油压力，正时活塞、同步活塞和止推活塞在回位弹簧的作用下都处于左端（图 3-29），正时板卡入正时活塞 14，使其不能移动，此时正时活塞 14 和同步活塞 13 正好处在主摇臂 5 内，同步活塞 12 处在中间摇臂 6 内，止推活塞 11 处在辅助摇臂 7 内，使 3 根摇臂分离，彼此独立工作。主凸轮 2 和辅助凸轮 4 分别推动主摇臂和辅助摇臂，控制两个进气门的开闭。主凸轮 2 升程较大，所以它驱动的气门开度较大；辅助凸轮 4 升程较小，所以它驱动的气门开度较小。这时，中间摇臂 6 虽然也被凸轮驱动，但因为 3 个摇臂彼此分离独立，所以中间摇臂并不参与工作，对气门动作无影响。因此，发动机低速时，VTEC 工作和普通发动机相似。

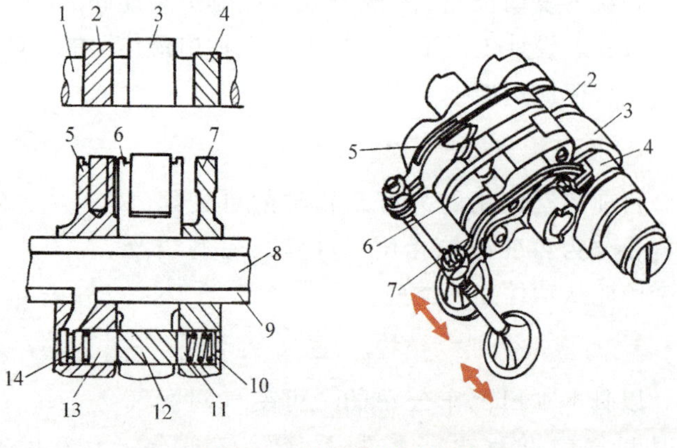

图 3-29　发动机低速运转

1—凸轮轴　2—主凸轮　3—中间凸轮　4—辅助凸轮　5—主摇臂　6—中间摇臂　7—辅助摇臂　8—摇臂轴中心油道　9—摇臂轴　10—止推活塞弹簧　11—止推活塞　12—同步活塞 B　13—同步活塞 A　14—正时活塞

发动机达到某一个设定的高转速（如 3000r/min）时，由 ECU 传来的信号打开 VTEC 电磁阀，压力润滑油通过摇臂轴上的油孔 16（图 3-30）进入正时活塞 15，正时板 14 移出，推动摇臂内的正时活塞 15 使 3 根摇臂锁成一体。由于中间凸轮 3 升程最高，摇臂锁为一体后由它驱动，进气门开启时间延长，升程增加。所以发动机高速运转时，VTEC 系统改变气门正时和气门升程，使发动机功率和转矩提高。

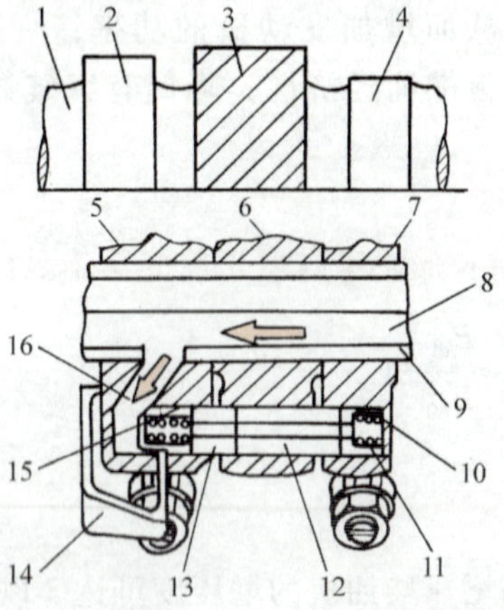

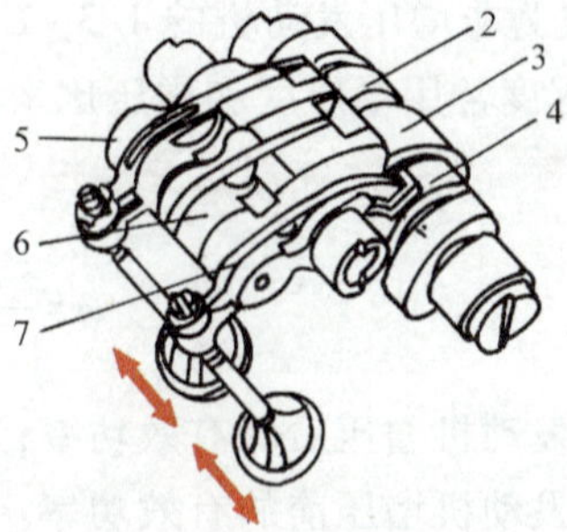

图 3-30 发动机高速运转

1—凸轮轴 2—主凸轮 3—中间凸轮 4—辅助凸轮 5—主摇臂 6—中间摇臂 7—辅助摇臂 8—摇臂轴中心油道 9—摇臂轴 10—止推活塞弹簧 11—止推活塞 12—同步活塞 B 13—同步活塞 A 14—正时板 15—正时活塞 16—摇臂轴油孔

当发动机转速再次降低到某一个设定的低转速时，VTEC 电磁阀断电，切断油路，摇臂内的液压也随之降低，正时活塞 15 在回位弹簧作用下退回原位，3 根摇臂再次分离，独立工作。

发动机控制单元（ECU）根据转速传感器、车速传感器、冷却液温度传感器、负荷传感器等的信号进行判断，输出相应的控制信号，通过电磁阀 3 调节摇臂内活塞液压系统，使发动机在不同的工况下由不同的凸轮控制，从而使进气门的开度和正时处于较佳状态。VTEC 电磁阀开启后，控制系统通过压力开关 2 反馈一信号给 ECU，以监控系统工作（图 3-31）。

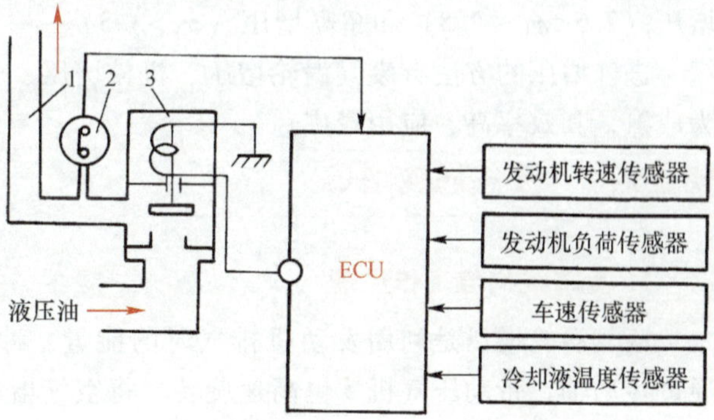

图 3-31 VTEC 控制系统

1—液压油道 2—压力开关 3—电磁阀

【温馨提示】

本田可变配气控制系统的结构与原理视频请扫教学资源 3.5 和 3.6 对应的二维码进行观看。

3.5 发动机废气涡轮增压

知识点 1 增压基本概念

增压就是将空气预先压缩后再供入气缸，以提高进气密度、增加进气量的一项技术。由于进气量的增加，可相应地增加循环供油量，从而增加发动机的功率，一般可增加功率10%～60%，有的甚至成倍增长；增压还可以改善燃油经济性，降低有害气体排放，其 CO 和 HC 的排放仅为非增压发动机的1/3～1/2。

进气增压程度常用增压度和增压比来衡量：

（1）增压度 增压度 φ 是指发动机增压后增长的功率与增压前的功率之比，即

$$\varphi=\frac{P_{ek}-P_{e0}}{P_{e0}}=\frac{P_{ek}}{P_{e0}}-1 \tag{3-2}$$

式中 P_{ek}——发动机增压后的有效功率；

P_{e0}——发动机增压前的有效功率。

多数车用发动机的增压度在0.1～0.6，而高增压柴油机的增压度可达3以上。

（2）增压比 增压比 π_b 是指增压后空气压力 p_b 与增压前空气压力 p_0 之比。

$$\pi_b=\frac{p_b}{p_0} \tag{3-3}$$

增压发动机按增压比的大小可分为：低增压（$\pi_b \leqslant 1.5$）、中增压（$1.5<\pi_b \leqslant 2.5$）、高增压（$2.5<\pi_b \leqslant 3.5$）和超高增压（$\pi_b>3.5$）。

进气增压的方法有废气涡轮增压、机械增压、气波增压等，其中以废气涡轮增压技术最为成熟，其效率高，应用最广。

知识点2 废气涡轮增压

1. 基本结构与工作原理

废气涡轮增压是利用发动机排气时的能量，冲击涡轮机2（图3-32），使它高速旋转。通过传动轴，带动压气机3也高速旋转，将空气增压，再经进气管进入气缸。

涡轮机与压气机通过中间体组装在一起，称为增压器。按废气在涡轮机中的不同流动方向可分为径流式和轴流式两大类，车用发动机多用径流式涡轮增压器。

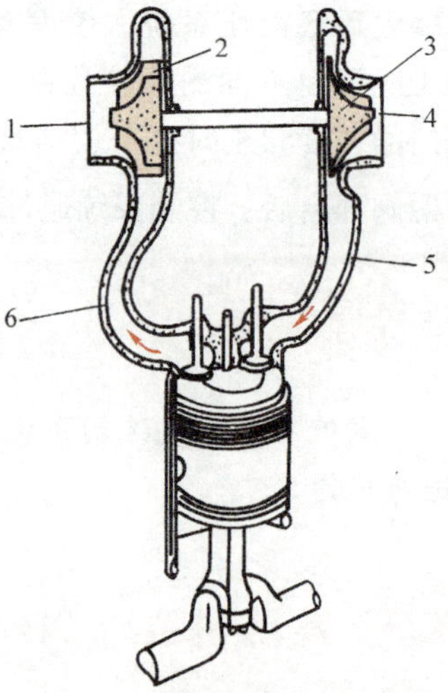

图3-32 废气涡轮增压示意图

1—排气口 2—涡轮机 3—压气机 4—进气口 5—进气管 6—排气管

【温馨提示】

废气涡轮增压系统的结构与原理视频请扫教学资源3.7对应的二维码进行观看。

2. 径流式涡轮增压器

径流式涡轮增压器由离心式压气机（动力涡轮）、径流式涡轮机（增压涡轮）和中间体三部分组成（图3-33）。增压器轴5通过两个浮动轴承支承在中间体内。

（1）离心式压气机（图3-34） 离心式压气机由进气道、叶轮2、叶片式扩压管3及蜗壳4组成。叶轮包括压气机叶片1和轮毂，由增压器轴带动旋转。

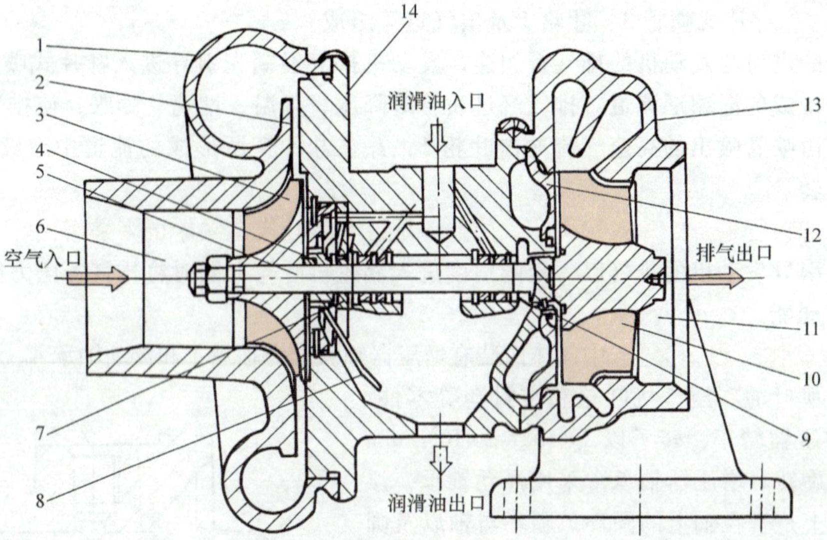

图 3-33 径流式涡轮增压器

1—压气机蜗壳 2—无叶式扩压管 3—压气机叶轮 4—密封套 5—增压器轴 6—进气道 7—推力轴承 8—挡油板 9—浮动轴承 10—涡轮机叶轮 11—出气道 12—隔热板 13—涡轮机蜗壳 14—中间体

当压气机旋转时，空气经进气道轴向进入叶轮 2，在离心力的作用下被压缩并被甩到叶轮外缘。空气从旋转的叶轮处获得能量，使其流速、压力和温度均有较大的提高，然后进入叶片式扩压管 3。扩压管是一个断面渐扩的通道，空气流过扩压管时流速降低，压力和温度均升高，气流将在叶轮中得到的动能大部分转变为压力能。

扩压管分为叶片式和无叶式两种。无叶式扩压管实际上是由蜗壳和中间体侧壁所形成的环形空间。无叶式扩压管构造简单，工况变化时对压气机的效率影响较小，适于车用增压器。叶片式扩压管是由相邻叶片构成的流道，其扩压比大，效率高，但结构复杂，工况变化时对压气机效率影响较大。蜗壳 4 收集从扩压器流出的空气，并继续将动能转变为压力能，引向压气机的出口。

(2) 径流式涡轮机（图 3-35） 径流式涡轮机是将发动机排气能量转变为机械功的装

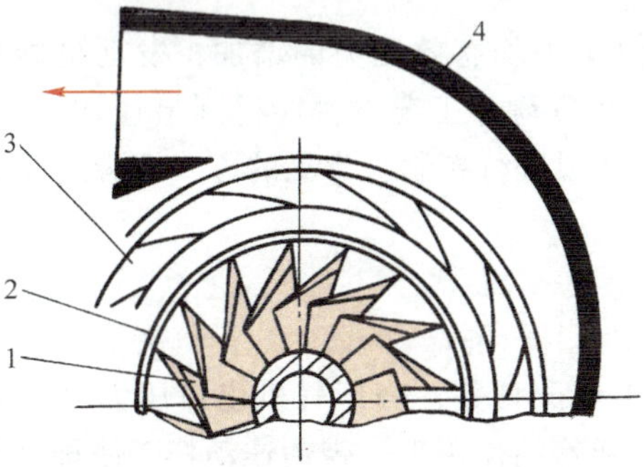

图 3-34 离心式压气机示意图

1—压气机叶片 2—叶轮 3—叶片式扩压管 4—蜗壳

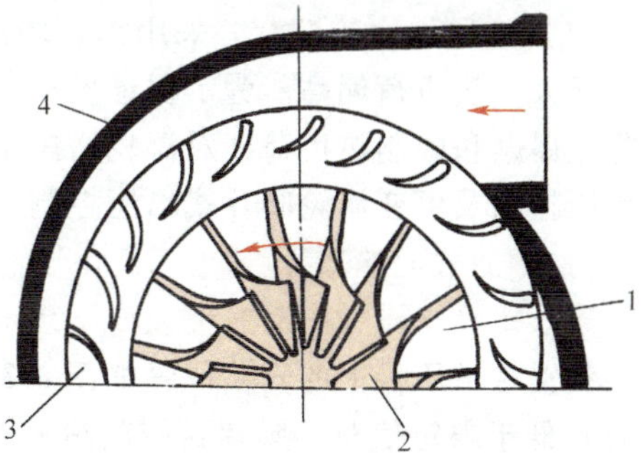

图 3-35 径流式涡轮机示意图

1—叶轮 2—叶片 3—叶片式喷管 4—蜗壳

置。由蜗壳 4、叶片式喷管 3、叶轮 1 及出气道等组成。

蜗壳 4 的进口与发动机的排气管相连，发动机排气经蜗壳引导进入叶片式喷管 3。喷管是相邻叶片构成的渐缩形流道。排气流过喷管时降压、降温、增速、膨胀，使排气的压力转变为动能。由喷管喷出的高速气流冲击叶轮 1，并在叶片 2 所形成的流道中继续膨胀做功，推动叶轮旋转。

涡轮机的喷管也有叶片式和无叶式两种。现代车用径流式涡轮机多采用无叶式喷管。涡轮机的蜗壳引导发动机的排气以一定的角度进入涡轮机叶轮，同时将排气的压力能和热能部分地转变为动能。

（3）中间体（图 3-36） 中间体内装有增压器轴及推力轴承 1 和浮动轴承 4。增压器轴上安装有涡轮机叶轮、压气机叶轮和密封套等零件，组成涡轮增压器转子，转子以 $1\times10^5 \sim 2\times10^5$r/min 的速度高速旋转。增压器轴承常采用浮动轴承，浮动轴承实际上是套在轴上的圆环。圆环与轴以及圆环与轴承座之间都有间隙，形成双层油膜。

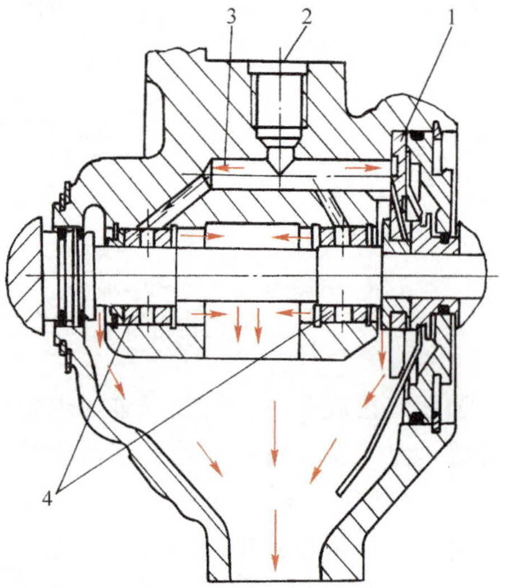

图 3-36 中间体

1—推力轴承 2—润滑油入口

3—润滑油道 4—浮动轴承

增压器轴与增压器轴承是车用涡轮增压器可靠性的关键部位，要保证良好的润滑与冷却。

来自发动机润滑系统主油道的润滑油，经增压器中间体上的润滑油入口 2 进入增压器，润滑和冷却增压器轴和轴承。然后经中间体上的润滑油出口返回发动机油底壳。在增压器轴上装有油封，用来防止润滑油窜入压气机或涡轮机蜗壳内。如油封损坏，将导致润滑油消耗量增加和排气冒蓝烟。

由于汽油机增压器的热负荷大，因此在增压器中间体的涡轮机侧设置冷却水套，并用软管与发动机的冷却系统连通。冷却液从中间体上的冷却液进口流入冷却水套，从冷却液出口流回发动机冷却系统。冷却液在中间体的冷却水套中循环，对增压器轴及增压器轴承进行冷却。

3. 增压系统的控制

（1）增压压力的控制 采用涡轮增压技术后，由于平均有效压力的增加，发动机爆燃倾向增大，热负荷偏高。为了保证发动机在不同转速及负荷等工况下都能得到最佳增压值，并防止爆燃和限制热负荷，对涡轮增压系统增压压力必须进行控制。常见的方式有旁通式涡轮增压控制及可变涡轮叶片式增压控制等。

1）旁通式涡轮增压控制。

旁通式涡轮增压控制通常在增压系统中设有进气旁通阀或排气旁通阀。排气旁通阀及其控制装置在增压器上的安装位置如图 3-37 所示。其工作原理是，当压气机出口压力（增压压力）低于限定值时，膜片式控制阀 1 的膜片在膜片弹簧的作用下，带动连动杆 2 使排气旁通阀保持关闭状态。当增压压力超过限定值时，增压压力克服膜片弹簧力，推动膜片并带动连动杆将排气旁通阀打开，使部分排气不经过涡轮机直接排放到大气中，从而达到控制增压压力及涡轮转速的目的。

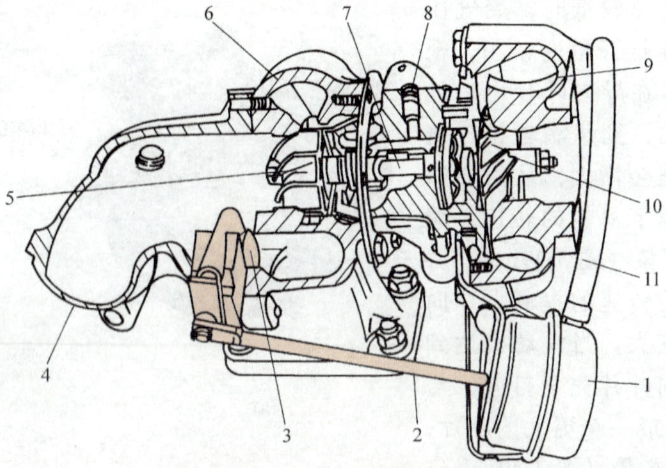

图 3-37　排气旁通阀的安装位置

1—膜片式控制阀　2—连动杆　3—排气旁通阀　4—排气管　5—涡轮机叶轮　6—涡轮机蜗壳
7—增压器轴　8—中间体　9—压气机蜗壳　10—压气机叶轮　11—连通管

进气旁通阀的工作原理与排气旁通阀类似。

现代电控汽油机中，排气旁通阀通常由 ECU 控制。图 3-38 所示为 ECU 控制增压压力系统原理。在 ECU 存储器中，存储着发动机增压压力特性图的有关数据。在发动机工作时，ECU 根据增压压力等传感器输入的信息，确定当时的实际进气增压压力，并与理论压力值进行比较。若实际增压压力值与理论压力值不符，ECU 就输出控制信号，通过对增压压力电磁阀 6 进行控制，改变膜片式控制阀 7 上的压力，使旁通阀 5 动作，改变实际增压压力。即当实际进气压力低于理论值时，旁通阀关闭；当进气压力高于理论值时，旁通阀打开。

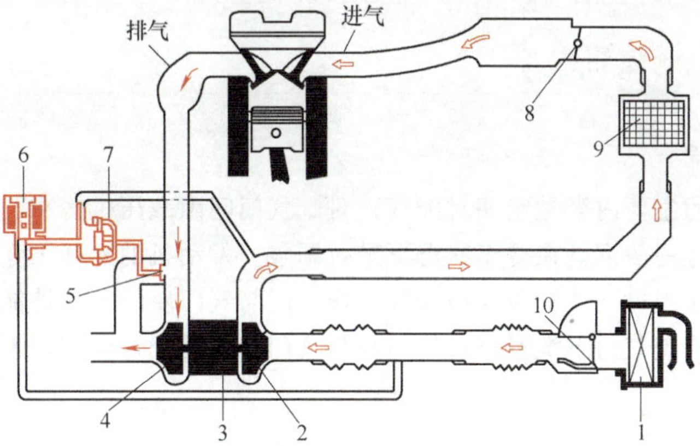

图 3-38　ECU 控制增压压力系统原理

1—空气滤清器　2—压气机　3—涡轮增压器　4—涡轮机　5—旁通阀　6—增压压力电磁阀
7—膜片式控制阀　8—节气门　9—冷却器　10—空气流量计

2）可变涡轮叶片式增压控制。

可变涡轮叶片式增压控制在涡轮的外侧加了一环可通过电子系统控制角度的叶片，把发动机排出的废气导向到排气侧的涡轮叶片上（图 3-39a）。

当发动机的转速较低时，废气压力较低，导流叶片打开角度较小，根据流体力学原理，在导向叶片出口处的气流速度会增加，到达涡轮排气侧叶片上的气体压强会增大，从而能够提高发动机低转速下涡轮的转速，减轻“涡轮延迟”现象（图3-39b）。

随着发动机的转速的提高，导向叶片的角度逐渐变大。当发动机达到最大负荷时，导向叶片完全打开，与排气侧主体涡轮形成一个更大的叶片，达到大涡轮的输出效果（图3-39c）。

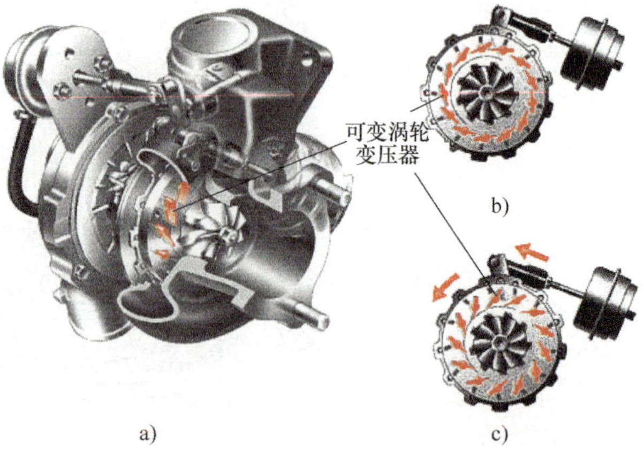

图3-39 可变涡轮叶片式增压控制
a）可变涡轮叶片式增压器 b）低速时 c）高速时

可变涡轮叶片式增压控制通过导向叶片改变废气作用在排气侧涡轮叶片上的压力，控制涡轮的转速，从而控制涡轮的增压压力。

（2）增压空气的冷却 由于进气增压，空气温度必然升高，若不对增压空气进行冷却，则实际进气充量减少，影响增压效果。因此在废气涡轮增压系统中，一般都带有冷却器9（参见图3-38，也称中冷器）对进气进行冷却，同时降低发动机的热负荷和排气温度以提高充气效率。试验证明，增压空气温度每降低10℃，柴油机的循环平均温度可降低25~30℃，在压缩比为1.5~2时，供气量能比不用中冷器时提高10%~18%，发动机的动力性和经济性都会得到改善。

3.6 换气系统的使用维护与常见故障

知识点1 换气系统使用维护

1. 配气机构保养

配气机构保养的主要内容是定期对配气正时、气门间隙减压机构和凸轮轴轴向间隙等进行检查与调整，而且一般都是在冷车状态下进行调整。发动机的累计工作时间超过500小时后进行技术保养，应当拆下气缸盖，检查进、排气门与气门座的密封性能，必要时研磨气门及气门座等。同时检查气门下沉量以及气门杆与气门导管的配合间隙，不符合要求时应进行维修或更换。

2. 空气滤清器的维护

定期拆洗空气滤清器，正确维护和保养空气滤清器是延长发动机寿命，防止发动机动力性、经济性下降的重要措施之一。在进行上述技术保养时，还应当同时清除消声器中的积炭和烟灰，可以用压缩空气吹通。在含尘量多的地方，还应适当缩短保养周期。

知识点2 换气系统常见故障

换气系统常见故障见表3-1。

表 3-1 换气系统常见故障

故障名称	故障征象	故障原因
气门关闭不严	发动机起动困难，功率下降，冒黑烟等	气门与气门座之间有积炭、烧蚀、斑点甚至剥落 气门杆与气门导管配合间隙不正确 气门弹簧弹力不足或折断 气门间隙过小
配气正时失准	发动机起动困难，功率下降，加速无力，怠速抖动，进气回火，排气管放炮，排放变差，还有可能造成气门与活塞顶部损坏，造成发动机损坏	正时带（正时链或正时齿轮）安装错位 正时带（正时链）老化或磨损过度，导致错位
气门异响	气门室处可听到清脆的“嗒嗒”声，此声音随发动机转速的变化而变化，且相对正常时大	气门间隙过大 气门间隙过小或气门下降量不够，造成气门撞击活塞顶 气门弹簧断裂，使气门下落但没落入气缸内 气门座圈脱落
进气系统泄漏	发动机抖动，怠速不稳，动力不足，排放变差（主要指流量计后进气管泄漏）	进气管开裂 进气管接头处泄漏
空气滤清器堵塞	发动机工作不稳，动力下降，加速无力，怠速不稳，油耗增加，排放变差	未及时清洁或更换空气滤清器
排气管路堵塞	动力下降，怠速不稳，油耗增加，排放变差	三效催化转化器或其他尾气处理装置破损 消声器积炭严重

知识拓展

本田 i-VTEC 系统

本田 i-VTEC 系统（图 3-40）本质上是 VTEC 的升级版，在此基础上增加了一个可变正时控制的装置，发动机在工作过程中，进气门的正时是可变的。VTEC 系统对于配气正时的改变仍然是阶段性的，也就是说其改变配气正时只是在某一转速下的跳跃，而不是在一段转速范围内连续可变。为了改善 VTEC 系统性能，本田不断进行创新，推出了 i-VTEC 系统。

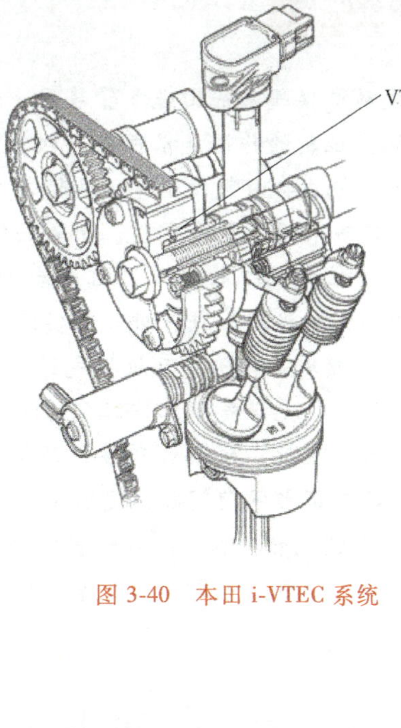

图 3-40 本田 i-VTEC 系统

简单地说，i-VTEC 系统是在 VTEC 系统的基础上，增加了一个称为 VTC（variable timing control，可变正时控制）的装置——一组进气门凸轮轴正时可变控制机构，即 i-VTEC = VTEC + VTC。VTC 机构的导入使发动机在大范围转速内都能有合适的配气正时，这在很大程度上提高了发动机的性能。

典型的 VTC 系统由 VTC 执行器、VTC 油压控制阀、各种传感器以及 ECU 组成，如图 3-41 所示。VTC 执行器、VTC 油压控制阀可根据 ECU 的信号产生动作，使进气凸轮轴的相位连续变化。VTC令气门重叠时间更加精确，保证进、排气门最佳重叠时间，可将发动机功率提高20%。

VTC在发动机运转过程中配合VTEC系统的作用主要运用在三个方面。

1）最佳怠速/稀薄燃烧区域。在此区域内，VTC系统停止作用，此时气门重叠角最小，由于VTEC的作用，产生强大的涡流，从而使发动机怠速工作稳定。

2）最佳油耗、排气控制区域。在此区域内，VTEC发挥作用，产生强大的涡流，从而使可燃混合气混合更加均匀，同时VTC的作用使气门重叠角加大，将部分废气重新吸入气缸，起到了EGR的作用，以此达到最佳油耗和排气控制。

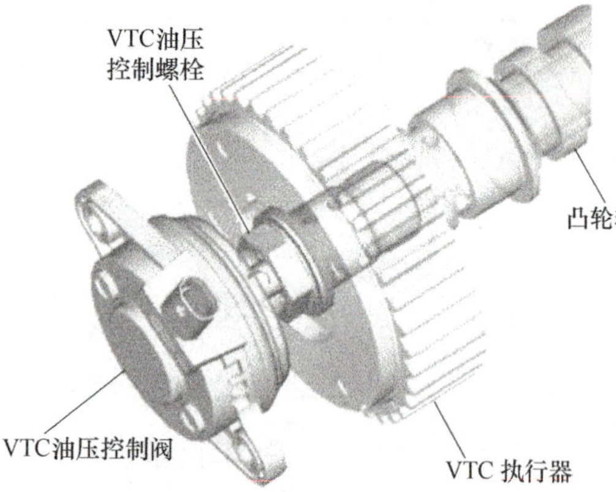

图3-41 典型VTC系统

3）最佳转矩控制区域。在此区域内，通过VTC的控制，以最适当的气门重叠角，同时配合VTEC系统的作用，使得发动机的输出转矩最大限度地提高。

另外，i-VTEC发动机采用进气歧管在前、排气歧管在后的布置。排气歧管缩短了长度，也就是缩短了与三效催化转化器之间的距离，使三效催化转化器更快地进入适当的工作温度，能有效控制废气的排放。由于发动机起动后i-VTEC系统就进入工作状态，不论低转速或者高转速VTC都在工作，也就消除了原来VTEC系统存在的缺陷。

综上所述，由于i-VTEC系统中VTC机构的导入，使得发动机配气正时能够柔性地与发动机的负荷相匹配，在发动机的任何工况下，都能找到最佳的配气正时，以最佳的气门重叠角，实现中、低速时低油耗、低排放，高速时高功率、大转矩，从而实现“智能化”VTEC。

本章小结

1. 发动机换气系统由进气管装置、配气机构、排气管装置等组成。

2. 配气机构的作用是根据发动机需要，适时地开启和关闭各缸的进、排气门，进行进气和排气。它主要由气门组件、凸轮轴组件、凸轮轴传动组件及气门驱动组件组成。现代轿车发动机较多采用顶置多气门、上置凸轮轴式、齿带传动式结构。

3. 四冲程发动机的换气过程含自由排气、强制排气和进气阶段。在换气过程中，进、排气门均早开和迟闭。进、排气门实际开闭时刻用曲轴转角来表示，称为配气正时。

4. 充气效率是评价发动机换气过程完善程度的指标，它是指每循环实际进入气缸的充量与进气状态下充满气缸工作容积的理论充量的比值。影响充气效率η_v的因素有进气终了的气缸压力和温度、残余废气量、压缩比及配气正时等。正确安装并定时检查调整配气正时，定时检查调整气门间隙，定时清洁保养空气滤清器对提高充气效率影响极大。

5. 可变进气管控制系统可根据发动机转速等的变化，自动调节进气管长度和流通截面，利用气流的波动效应来增加进气量，提高充气效率。

6. 可变气门控制系统能根据发动机的运行状况而改变气门升程和气门开启的时间，使发动机在所有工作转速下都能获得较佳的配气正时和气门升程，提高发动机的动力性能和经济性能。

7. 增压是提高发动机功率，降低燃料消耗，减少排气污染的有效途径之一。废气涡轮增压是利用发动机排出的具有一定能量的废气，通过增压器，对进气进行增压。它主要由涡轮增压器、增压压力控制阀及冷却器等组成。为保证发动机在不同转速及负荷等工况下都能得到最佳增压值，现代发动机常采用 ECU 控制增压压力。常见的方式有旁通式涡轮增压控制及可变涡轮叶片式增压控制。

思考题

1. 名词解释：进气提前角、进气滞后角、排气提前角、排气滞后角、气门重叠角、配气正时、充气效率、气门间隙、发动机增压、增压度、增压比。

2. 配气机构的作用是什么？主要由哪些部件组成？

3. 气门间隙过大、过小对发动机工作性能有哪些影响？一般的调整数值范围是多少？如何进行调整？

4. 分析提高充气效率的措施有哪些？配气正时不当会造成什么后果？如何正确安装与检查调整配气正时？

5. 分析本田 VTEC 系统的基本结构和工作原理。

6. 废气涡轮增压对提高发动机性能有何作用？

7. 叙述废气涡轮增压的基本结构与工作原理。

第4章　汽油机燃料供给系统

【本章内容架构】

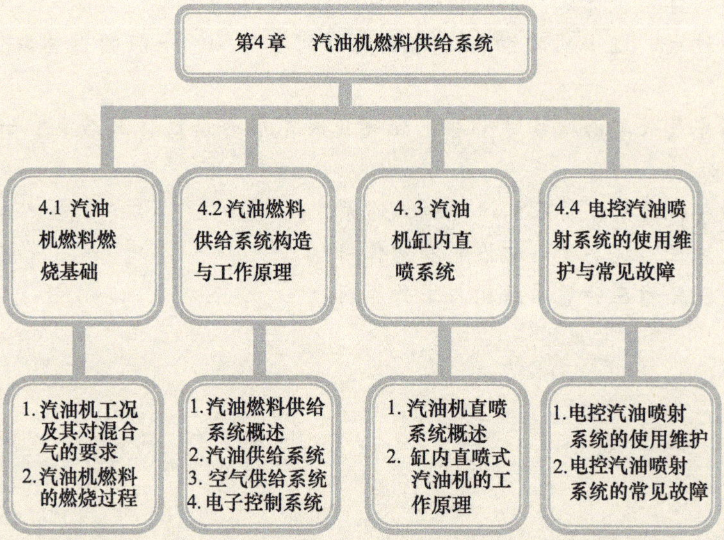

【学习目标要求、重点与难点】

序号	学习目标要求	学习重点	学习难点
1	掌握汽油机对燃料供给系统的基本要求	√	
2	掌握电控燃油喷射的基本组成与工作原理	√	
3	掌握电控燃油喷射主要装置的构造原理	√	√
4	掌握缸内直喷电子控制技术基本原理	√	√
5	能够识别不同类型的汽油喷射装置及其零部件	√	

【引入案例】

一辆行驶里程约4200km的汽车，客户多次反映行驶时发动机有时加速不良，仪表EPC灯报警。检测发现发动机控制单元有故障码，指示燃油油轨/系统压力过低（静态）。消除故障码，急加速行驶一段路程后，故障码再现。请分析故障可能的原因。

4.1 汽油机燃料燃烧基础

知识点1　汽油机工况及其对混合气的要求

1. 发动机工况与混合气

(1) 发动机工况　发动机的工作状况简称工况，通常用发动机的转速和负荷来表示。

(2) 发动机负荷　发动机负荷是指发动机的外部载荷。发动机输出的动力随外部载荷而变化。

(3) 混合气　混合气是指进入发动机的汽油与空气的混合气体。发动机在不同的工况下工作要求供给不同浓度的混合气。

混合气的浓度通常用空燃比α来表示，空燃比是每工作循环充入气缸的空气量与燃油量的质量比（$\alpha=A/F$）。根据化学反应，理论上可燃混合气完全燃烧时，其空燃比为14.7。

混合气的浓度也可以用过量空气系数来表示，过量空气系数是气缸内的实际空气量与喷入气缸内的燃料完全燃烧所需的理论空气量的质量比，常用符号ϕ_a来表示。$\phi_a=1$为理论混合气，$\phi_a<1$为浓混合气，$\phi_a>1$为稀混合气。$1.05<\phi_a<1.15$为经济混合气，因为这时候汽油机工作燃油消耗最小；$0.85<\phi_a<0.95$为功率混合气，因为此时燃烧速度最高，汽油机发出的功率最大。当混合气加浓到$\phi_a<0.4$时，由于燃烧过程中严重缺氧，将使火焰无法传播，此ϕ_a值称为火焰传播上限；当混合气过稀到$\phi_a>1.4$时，燃料分子之间的距离将增大到火焰不能传播的程度，此ϕ_a值称为火焰传播下限。

2. 汽油机对混合气的要求

从汽车运行的过程看，汽油机主要有以下几种运行工况：

(1) 冷起动工况　起动是指发动机由静止到正常运转的过程。当熄火时间较长、发动机温度已下降至环境温度时的起动称为冷起动。冷起动时，发动机温度低，汽油蒸发困难，只有供给极浓的混合气（$\phi_a=0.2\sim0.6$），才能保证进入气缸内的混合气中有足够的汽油蒸气，以利于发动机起动。

(2) 暖机工况　暖机一般是指冷起动后，发动机的温度逐渐升高到正常工作温度的过程。在暖机过程中，混合气的浓度应随温度升高而减小，从起动时的极浓减小到稳定怠速运转所要求的浓度为止。

(3) 怠速工况　怠速是指发动机不对外输出动力，做功行程产生的动力只用来克服发动机的内部阻力，维持发动机以最低稳定转速运转。汽油机怠速转速一般为700~900r/min。

在怠速工况下，进入气缸内的混合气很少，气缸内残余废气对混合气稀释严重，而且转速低，空气流速小，汽油雾化和蒸发不良，混合气形成不均匀。因此，要求供给 $\phi_a=0.6\sim0.8$ 的少量浓混合气。

(4) 小负荷工况 发动机负荷在 25%以下时称为小负荷。由于小负荷时，混合气的数量比怠速时有所提高，废气对混合气的稀释作用也有所减弱，因而混合气浓度可以适当减小，一般 $\phi_a=0.75\sim0.9$。

(5) 中等负荷工况 发动机负荷在 25%～85%之间称为中等负荷。由于进入气缸的混合气数量增多，此时燃烧条件较好。此外，汽车发动机大部分的时间处于中等负荷下工作，为提高其经济性，应供给较稀的经济混合气，一般 $\phi_a=1.0\sim1.15$。

(6) 大负荷和全负荷工况 发动机负荷在 85%以上时称为大负荷，负荷为 100%时称为全负荷。此时，为了克服较大的外部阻力，要求发动机发出尽可能大的功率。因此，应供给较浓、量多的功率混合气，一般 $\phi_a=0.85\sim0.95$。

(7) 加速工况 加速是指发动机负荷迅速增加的过程。急加速时（如超车），节气门迅速开大，要求发动机的动力迅速提高，因此必须额外供油，加浓混合气，以满足发动机急加速的要求。

汽油机各工况对可燃混合气的要求见表 4-1。

表 4-1 汽油机各工况对可燃混合气的要求

汽油机工况	空燃比（A/F）（过量空气系数 ϕ_a）	汽油机工况	空燃比（A/F）（过量空气系数 ϕ_a）
起动（0℃）	约 2（$\phi_a=0.2$）	小负荷	12～13（$\phi_a=0.75\sim0.9$）
起动（20℃）	约 5（$\phi_a=0.4$）	中等负荷（经济车速）	15～18（$\phi_a=1.0\sim1.15$）
暖机	6～11（$\phi_a=0.5\sim0.6$）	大负荷和全负荷	12～13（$\phi_a=0.85\sim0.95$）
怠速	约 11（$\phi_a=0.6\sim0.8$）	加速	约 8（$\phi_a=0.4\sim0.6$）

找一找

汽油的牌号有哪些？如何选用汽油？

知识点 2 汽油机燃料的燃烧过程

汽油机工作的好坏，不仅与混合气的浓度有关，而且与汽油机的燃烧过程紧密相关。

1. 汽油机的正常燃烧

根据正常燃烧过程中气缸压力的变化，可将燃烧过程分为三个阶段（图 4-1）。

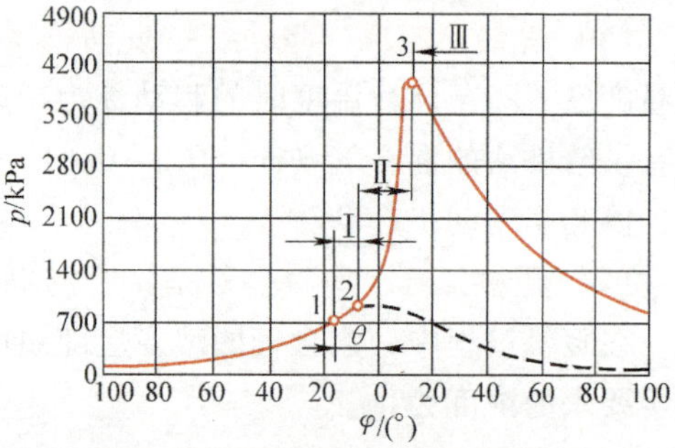

图 4-1 汽油机正常燃烧过程

Ⅰ—着火延迟期 Ⅱ—速燃期 Ⅲ—后燃期
1—开始点火 2—形成火焰核心 3—最高压力点

(1) 着火延迟期 从点火开始（1 点）到火焰核心形成（2 点）的这段时期，称为着火延迟期。这一时期主要进行物理、化学准备，它约占全部燃烧时间的 15%。

由于可燃混合气存在着火延迟，必须使点火提早到上止点前进行，使缸内压力在上止点附近达到最大值。火花塞在跳火瞬时到活塞行至上止点时所转过的曲轴转角，称为点火提前角 θ，它对发动机的动力性、经济性和排放性能影响极大。

点火提前角过大（点火过早），会使最高燃烧压力出现在压缩行程的上止点以前，最高压力及压力升高率过大，活塞上行消耗的压缩功增加，发动机容易过热，有效功率下降，工作粗暴程度增加。

点火提前角过小（点火过迟），燃烧开始时活塞已向下止点移动相当一段距离，使混合气的燃烧在较大容积下进行，炽热的燃气与缸壁接触面积大，散热损失增多，最高压力降低，且膨胀不充分，使排气温度过高，发动机过热，功率下降，耗油量增多。有时还会造成进气管道“回火”或排气管“放炮”现象，排气污染变大。

使发动机运转平稳、功率大、油耗低、排放低的点火提前角称为最佳点火提前角。发动机应保持在最佳点火提前角下工作。

(2) 速燃期　从火焰核心形成（2 点）开始，到气缸内出现最高压力点（3 点）为止，这段时间称为速燃期（又称火焰传播时期）。在此时期内，火焰由中心迅速向外传播，直到烧遍整个燃烧室。燃料热能的绝大部分在此时期放出，使气缸内的压力、温度迅速上升。这一时期是燃烧过程的主要阶段。

最高压力点 3 的到达时刻，对发动机的动力性、经济性、排放性及压力升高率等都有重大影响。3 点的位置可以用点火提前角 θ 来调整。

(3) 后燃期　从速燃期终了到燃料基本燃烧完的这一段时期称为后燃期。后燃期活塞下行，气缸容积变大，废气增多，燃烧条件恶化，容易产生冒黑烟现象，应尽量缩短。

2. 汽油机的非正常燃烧

汽油机的非正常燃烧现象主要有爆燃和表面点火。

(1) 爆燃　当火花塞点火后，正常火焰传来之前，末端混合气即自燃并急速燃烧，产生爆炸性冲击波和尖锐的金属敲击声的现象称为爆燃。

汽油机爆燃时有以下外部特征：气缸内有金属撞击声（敲缸）；发动机过热（冷却液温度表显示温度过高）；在轻微爆燃时，发动机功率略有增加。强烈爆燃时，发动机功率下降，油耗上升；缸内压力线出现锯齿形爆燃波（图 4-2）。

汽油机发生爆燃的原因主要是：末端混合气受到不正常的热辐射或压缩等原因，使本身的温度不断升高，出现一个或数个火焰中心，以 100～300m/s（轻微爆燃）直到 800～1500m/s 或以上（强烈爆燃）的速度传播火焰，产生高频冲击波多次撞击燃烧室，发出尖锐金属敲击声。

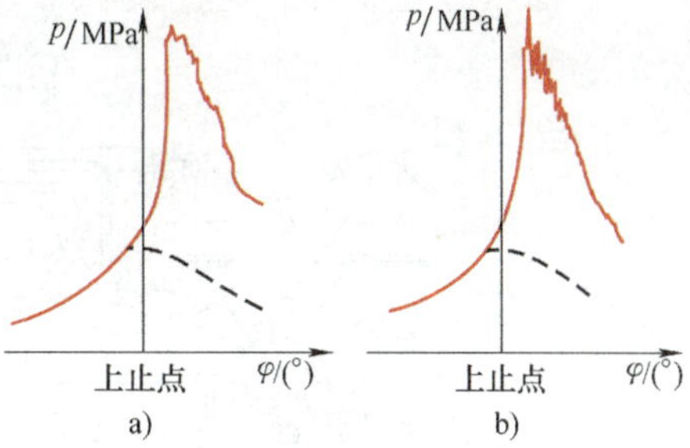

图 4-2　爆燃时的 p-φ 图

a）弱爆燃　b）强爆燃

点火提前角过大或负荷增大，爆燃倾向增加。在这种情况下，只要适当减小点火提前角或放松加速踏板，就可以临时消除爆燃。

高压缩比发动机选用低牌号汽油，也容易产生爆燃。

气缸直径过大、压缩比过高，爆燃倾向也增加，所以汽油机的缸径通常在 100mm 以下，压缩比在 10 左右。

(2) 表面点火　由燃烧室内炽热部分（排气门盘端面、火花塞电极、金属突出点或积炭等）点燃混合气的现象称为表面点火或炽热点火。

表面点火发生在火花塞点火之前的现象称为早火。由于它提前点火而且热点表面比火花塞大，使燃烧速度加快，气缸压力、温度增高，发动机工作粗暴，并且压缩功增大，向缸壁传热增加，致使发动机功率下降，火花塞、活塞等零件过热。

后火是指表面点火发生在火花塞点火之后的现象。在炽热点的温度比较低时，电火花点燃混合气后，在火焰传播的过程中，炽热点点燃其余混合气，这种现象可在发动机断火以后发现，这时发动机仍像有电火花一样继续运转，直到炽热点温度下降以后，发动机才停车。

发动机燃烧不良，气缸积炭过多，容易造成表面点火，应及时检查原因，清除积炭。

4.2 汽油燃料供给系统构造与工作原理

知识点 1 汽油燃料供给系统概述

汽油机燃料供给系统经历了化油器和电子控制喷射两大阶段。1892 年，美国人杜里埃发明喉管形喷雾化油器（图 4-3），开创其后上百年使用化油器的先河。

图 4-3 喉管形喷雾化油器

1967 年，德国 Bosch（博世）公司推出电控燃油喷射装置（Electronic Fuel Injection，EFI），成为内燃机发展史上的又一重大突破。本章主要介绍电控燃油喷射装置的构造与工作原理。

1. 电控汽油喷射系统的基本组成与工作原理

(1) 基本组成 电控汽油喷射系统（EFI）的基本组成如图 4-4 所示，主要由燃油供给系统（电动汽油泵、汽油滤清器、汽油压力调节器、喷油器等）、空气供给系统（空气

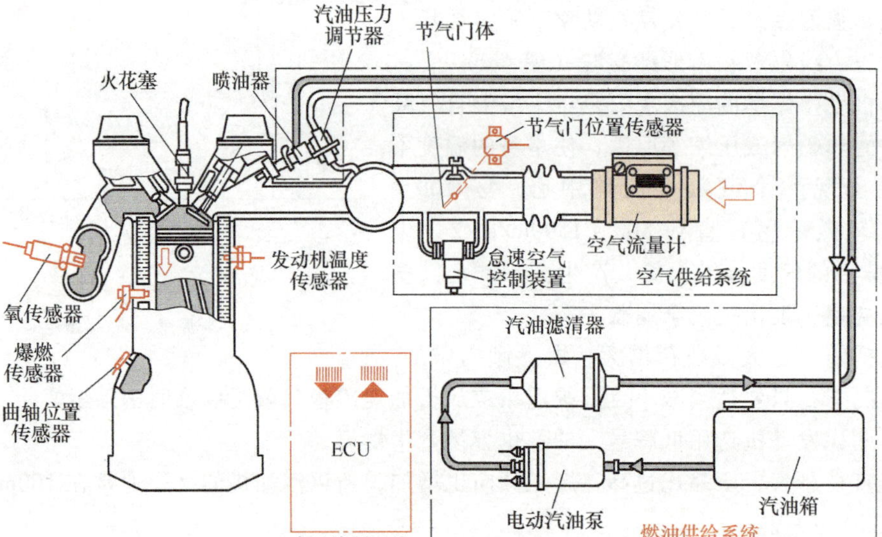

图 4-4 电控汽油喷射系统（EFI）的基本组成

流量计、节气门体、怠速空气控制装置等）和电子控制系统（各种传感器、执行器和控制器 ECU 等）三大部分组成。

（2）基本工作原理 ECU 根据空气流量计、发动机转速传感器、节气门位置传感器等输入的信号，确定在该状态下发动机所需的喷油量、喷油正时和最佳点火提前角，并向燃油泵、喷油器、点火装置等发出执行指令，保证发动机正常运转。

2. 电控汽油喷射的类型

（1）按喷油器数量分 有多点汽油喷射系统（MPI）和单点汽油喷射系统（SPI）（图 4-5）。

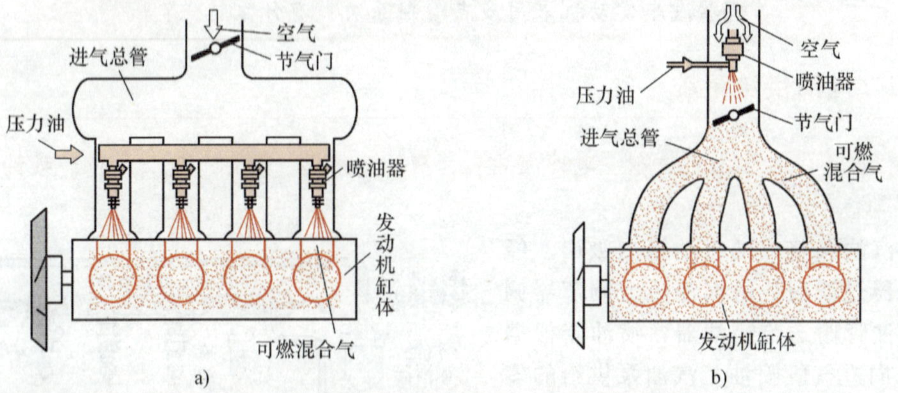

图 4-5　多点汽油喷射系统和单点汽油喷射系统

a）多点汽油喷射系统（MPI）　b）单点汽油喷射系统（SPI）

多点汽油喷射系统在每一个气缸的进气门附近装有一个喷油器，汽油和空气在进气门附近形成可燃混合气，在进气行程时被吸入气缸。它能精确地控制空燃比，保证各缸混合气的均匀性，目前已广泛应用在各种电控汽油喷射发动机上。

单点汽油喷射系统是在节气门体上安装一个或两个喷油器，向进气总管中喷油，再由进气歧管分配到各个气缸。其结构虽然简单，但汽油分配均匀性不好，已经逐步淘汰。

（2）按汽油喷射方式分 可分为连续喷射系统和间歇喷射系统两种。

1）连续喷射系统在发动机运转期间连续不断地喷油。这种方式多用于早期的汽油喷射系统中，现在基本淘汰。

2）间歇喷射系统是在发动机运转期间间断喷油。按照喷油时序的不同又可分为同时喷射、分组喷射和顺序喷射（图 4-6）。

① 同时喷射（图 4-6a）。将各气缸的喷油器并联，所有的喷油器由 ECU 的同一个指令控制，同时断油，同时喷油。

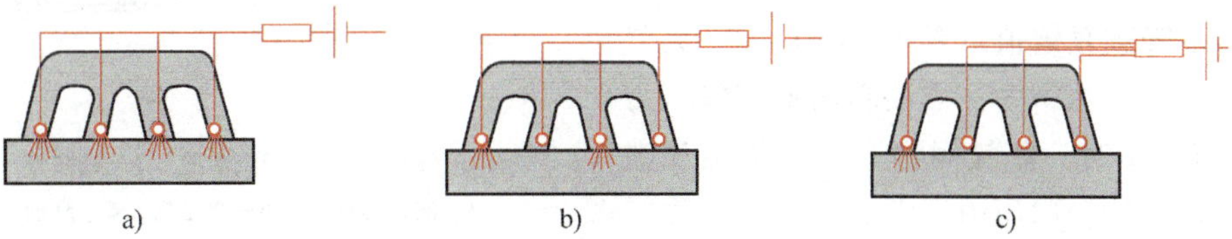

图 4-6　间歇喷射方式

a）同时喷射　b）分组喷射　c）顺序喷射

② 分组喷射（图 4-6b）。将各气缸的喷油器分成几组，同一组喷油器同时断油或喷油。

③ 顺序喷射（图 4-6c）。各喷油器由 ECU 分别控制，按发动机各气缸的工作顺序喷油。

(3) 按喷射装置的控制方式分 可分为机械控制式（K 型）、机电结合控制式（KE 型）和电子控制式（EFI 型）。现代汽车广泛采用的是电子控制式汽油喷射系统。

(4) 按进气量的检测方法分 分为流量型（L 型）和压力型（D 型）两种（详见知识点 3）。

找一找 哪些汽车发动机采用多点喷射系统？有什么特点？

知识点 2 汽油供给系统

汽油供给系统主要由汽油箱、电动汽油泵、汽油滤清器、汽油分配管组件、喷油器等组成（图 4-7）。

电动汽油泵将汽油自油箱内吸出，经汽油滤清器过滤后，由汽油压力调节器调压，通过油管输送给喷油器，喷油器根据 ECU 指令向进气管喷油。汽油泵供给的多余汽油经低压回油管流回油箱。

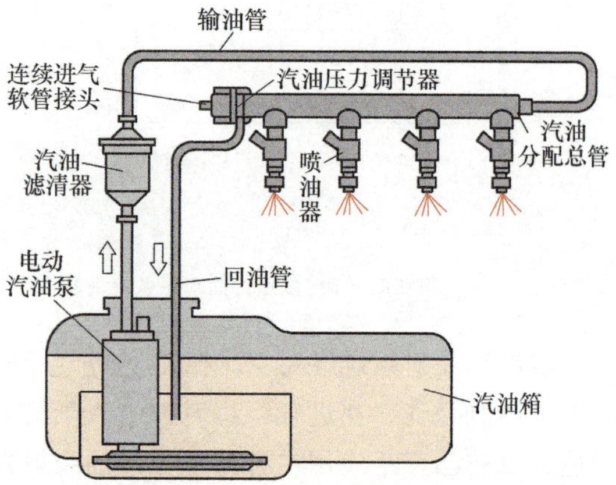

图 4-7 汽油供给系统

1. 汽油箱

汽油箱用以储存汽油。普通汽车只有一个汽油箱，越野车则常有两个油箱，以适应特殊要求。一般汽车油箱的续驶里程（一次性加满汽油可连续行驶的里程）为 200～600km。

汽油箱（图 4-8）常用薄钢板或工程塑料制成，为防止油液面由于行车振荡而外溢，在油箱内部装有隔板 10。油箱上表面装有液面传感器 4，底部有辅助油箱 7，内有汽油泵 9。为了便于排除箱内的杂质，在底部装有放油螺塞 8。油箱加油口用带阀门的油箱盖 1 封闭。

油箱盖用于防止汽油的溅出及减少汽油挥发，它由空气阀和蒸气阀组成（图 4-9）。空气阀弹簧较蒸气阀弹簧软，当油箱内汽油减少，压力下降到预定值（约 98kPa）时，大气推开空气阀进入油箱内；当油箱内油蒸气压力增大到 120kPa 时，蒸气阀打开，汽油蒸气泄入大气，保持油箱内压力正常。

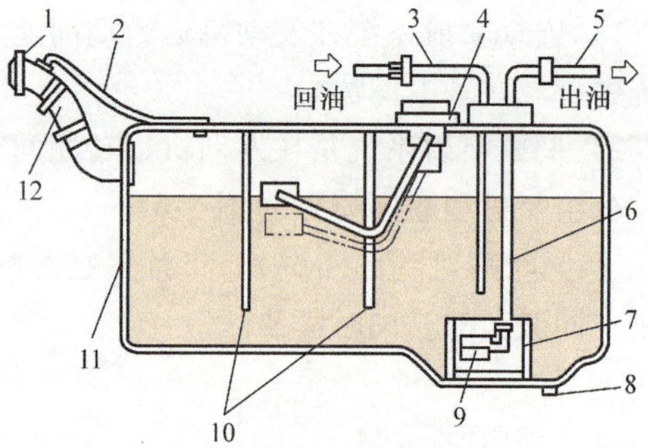

图 4-8 汽油箱

1—油箱盖 2—通气软管 3—回油管 4—液面传感器 5—出油管 6—汽油连接管 7—辅助油箱 8—放油螺塞 9—汽油泵 10—隔板 11—油箱体 12—汽油进口软管

2. 电动汽油泵

电动汽油泵的作用是给电控汽油喷射系统提

供具有一定压力（0.3～0.5MPa）的汽油。

电动汽油泵根据泵体结构不同可以分为滚柱泵、齿轮泵、涡轮泵及双级泵等。

(1) 滚柱泵　滚柱泵是电动汽油泵中最常用的结构形式，它主要由电动机转子、滚柱、限压阀、单向阀和油泵壳体等组成（图4-10）。

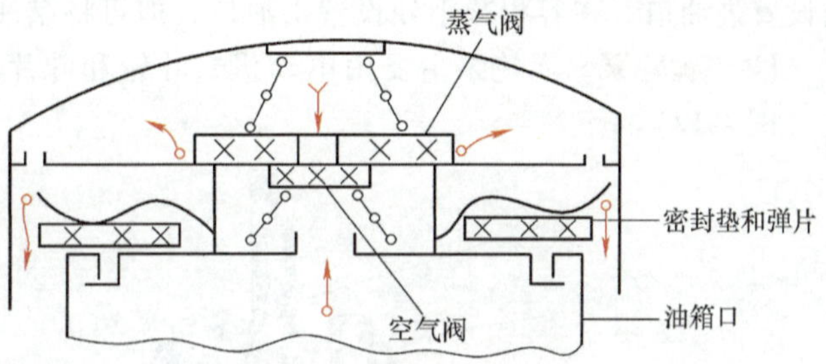

图4-9　双腔油箱盖原理图

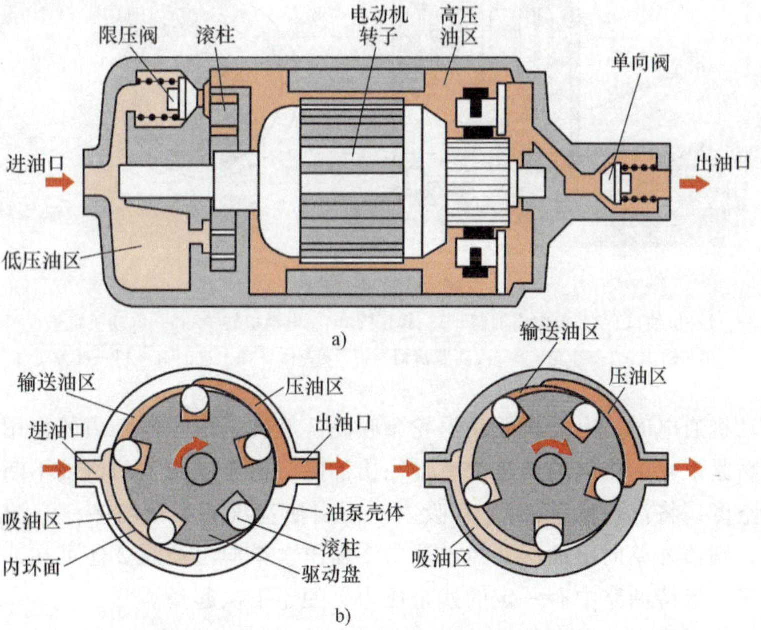

图4-10　滚柱泵结构及工作原理

a）滚柱泵结构　b）滚柱泵工作原理

装有滚柱的转子偏心安装在泵壳内，当永磁直流电动机转子通电转动时，使滚柱在离心力的作用下压靠在泵壳的内表面上，起到密封的作用，在相邻两个滚柱之间形成一个密封油腔。滚柱之间的油腔容积在转子转动时不断发生变化。在进油口时，油腔容积增大，形成一定的真空度，将汽油吸入泵内；在出油口时，油腔容积减小，滚柱之间的油压升高，高压油从出油口输出。

(2) 齿轮泵（图4-11）　齿轮泵主要由带外齿的主动齿轮、带内齿的从动齿轮和油泵壳体等组成。

主动齿轮偏心安装，由电动机带动旋转，从而带动从动齿轮一起转动。在齿轮的啮合过程中，由内外齿轮所密封的腔室容积不断发生变化，在容积增大

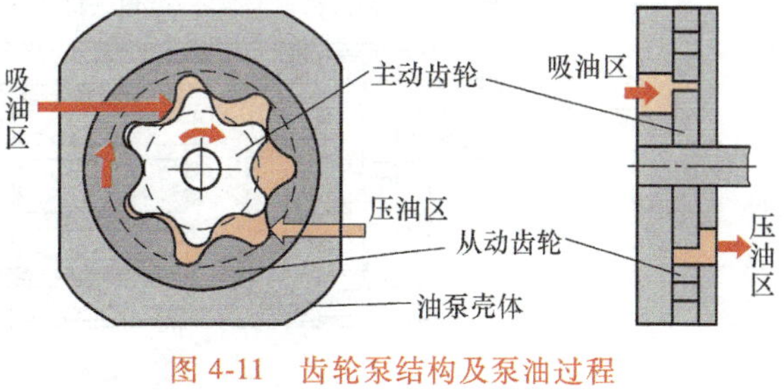

图4-11　齿轮泵结构及泵油过程

处设置进油口，在容积减小处设置出油口，即可将燃油以一定压力泵出。

（3）涡轮泵 涡轮泵主要由电动机、叶轮和叶片、泵壳体、单向出油阀、卸压阀等组成（图 4-12）。

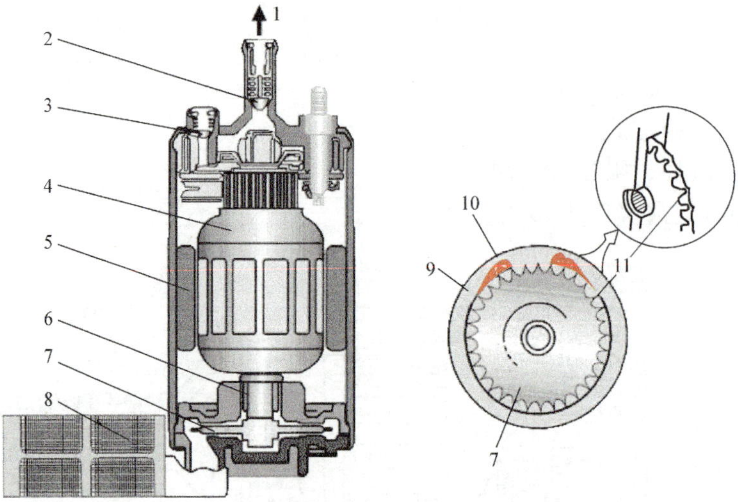

图 4-12 涡轮泵

1—出油口 2—单向出油阀 3—卸压阀 4—电动机转子 5—电动机定子 6—轴承 7—叶轮 8—汽油滤清器 9—泵壳体 10—进油口 11—叶片

汽油泵电动机通电时，电动机驱动涡轮泵叶轮 7 旋转，由于离心力的作用，使叶轮周围小槽内的叶片贴紧泵壳，将汽油从进油室带往出油室。由于进油室的汽油不断被带走，所以形成一定的真空度，将汽油从进油口 10 吸入；而出油室汽油不断增多，汽油压力升高，当达到一定值时，则顶开单向出油阀 2 经出油口 1 输出。单向出油阀 2 还可在油泵不工作时阻止汽油流回油箱，保持油路中有一定的残余压力，便于下次起动。

卸压阀 3 的作用是当油泵中的汽油压力超过规定值（一般为 320kPa）时，油压克服泵体上卸压阀弹簧的压力，将卸压阀 3 顶开，部分汽油返回到进油口一侧，使油压不致过高而损坏油泵。

（4）双级泵 由于汽油泵工作时温度升高，使燃油容易汽化，从而使泵油量减少，导致输油压力不足和波动。因此，有些汽油机的燃油供给系统采用双级电动汽油泵，如图 4-13 所示，采用一个侧槽式输油泵和一个内齿轮式主油泵，两者安装在一根轴上，由一个电动机驱动。输油泵用于分离汽油蒸气，主油泵用于提高油压。

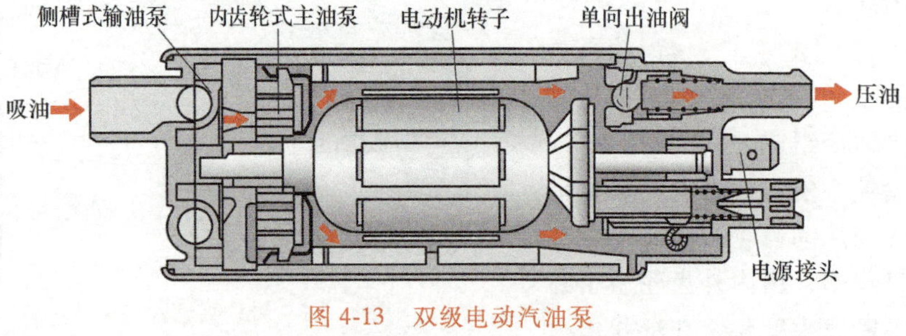

图 4-13 双级电动汽油泵

3. 汽油滤清器

汽油滤清器安装在汽油箱与汽油泵之间，用以滤除汽油中的水分和杂质。

目前汽车发动机上采用的汽油滤清器主要有两种，一种是货车和客车上常用的可拆式汽油滤清器，另一种是乘用车上常用的不可拆式汽油滤清器。

(1) 可拆式汽油滤清器（图 4-14） 主要由滤清器盖 1、沉淀杯 9、纸滤芯 5 等组成。发动机工作时，汽油泵将油箱内的汽油吸出后，经进油管接头 12 进入沉淀杯 9 中，水分和较重的杂质沉入杯底，较轻的杂质随汽油流向滤芯外腔，经滤芯滤清后的清洁汽油从出油管接头 2 流至汽油泵。沉淀杯中的水分和杂质可通过滤清器底部的放油螺塞 10 放出，使用一定时间应清洗或更换滤芯。安装时，为防止进出油管接反，影响滤清效果，一般有方向或文字标记。

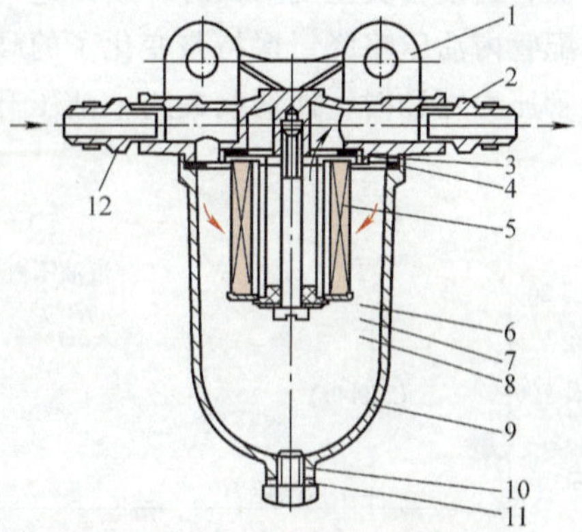

图 4-14 可拆式汽油滤清器

1—滤清器盖 2—出油管接头 3—密封圈 4—沉淀杯密封垫 5—纸滤芯 6—滤芯密封垫 7—平垫圈 8—滤芯螺栓 9—沉淀杯 10—放油螺塞 11—放油螺塞密封垫 12—进油管接头

(2) 不可拆式汽油滤清器（图 4-15） 主要由中央多孔筒、纸质滤芯、多孔滤纸外筒及滤清器壳体组成。此类滤清器，在使用中不需清洗，且滤清效果好，使用一定时间后应整体更换。

汽油滤清器的滤芯形式除纸质滤芯外，还有金属片缝隙式滤芯和多孔陶瓷滤芯。陶瓷滤芯结构简单，节省金属，滤清效能高，但滤芯不易洗净，使用寿命不长。金属片缝隙式滤芯工作可靠，使用寿命长，但滤清效率低，结构复杂，制造和清洗不便。因此，目前它们的应用都较少。

4. 汽油分配管组件

汽油分配管组件（图 4-16）含汽油分配管、汽油压力调节器和汽油压力脉动阻尼器等。

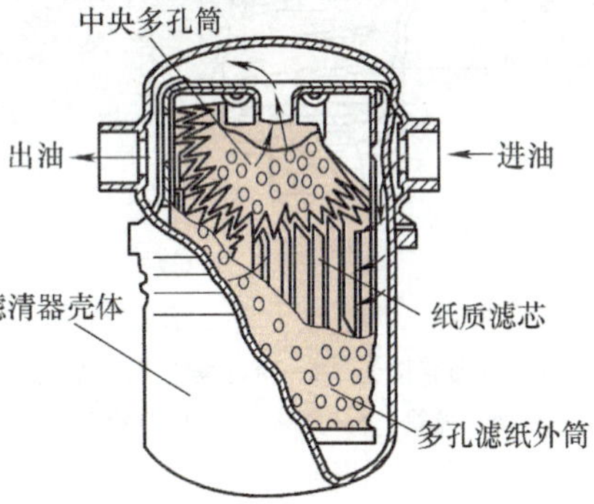

图 4-15 不可拆式汽油滤清器

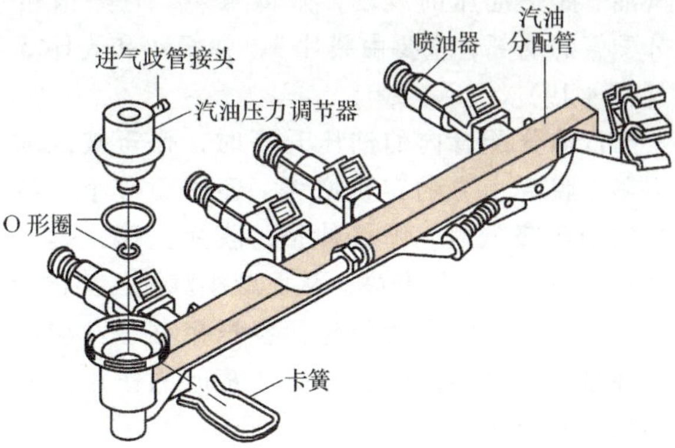

图 4-16 汽油分配管组件

(1) 汽油分配管 它的容积较大，用于储存燃油，并供应各缸喷油器。

(2) 汽油压力调节器 其作用是根据进气歧管压力的变化来调节进入喷油器的汽油压力，使两者保持恒定的压力差（图 4-17），而且任意工况下喷油器的针阀升程一定，这样，喷油量只由喷油器通电时间长短控制，使 ECU 能通过控制喷油时间的长短来精确地控制喷油量。

汽油压力调节器一般位于汽油分配管的一端，其结构如图 4-18 所示，膜片把金属壳体组成的内腔分为弹簧室和汽油室。弹簧室一侧通过管路与进气歧管相通。膜片下方承受油压，膜片上方为歧管负压与弹簧压力之和。当输入的汽油压力高于弹簧预紧力与进气歧管压力之和时，汽油推动膜片向上压缩弹簧，打开回油阀，使部分汽油流回油箱，油路中的油压降低；当歧管真空度增大时，膜片进一步上移，使阀门开度增大，回油量增加，从而使汽油分配管内油压略降，保持与变化了的歧管压力差值恒定；当汽油压力低于弹簧预紧力和进气歧管压力之和时，回油阀关闭，油压升高。

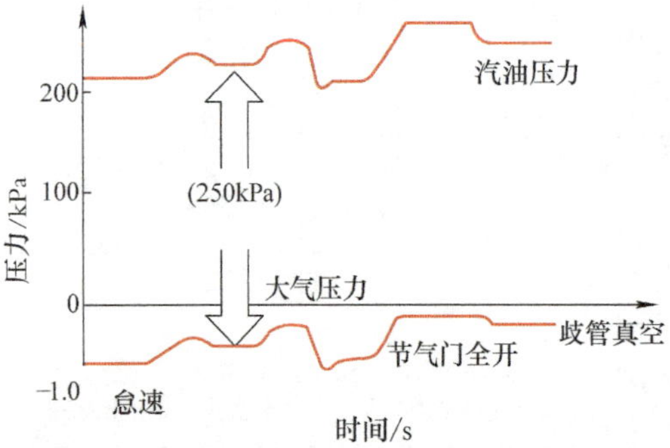

图 4-17　汽油压力与进气歧管压力关系

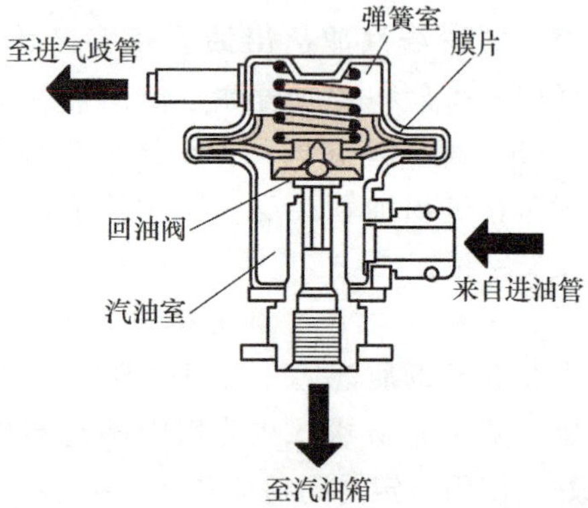

图 4-18　汽油压力调节器

有些车型（如丰田 3VZ-FE 等发动机）的汽油压力调节器的真空管路由真空电磁阀（VSV）控制，其作用是在发动机热车起动时，切断汽油压力调节器和进气歧管之间通气管的气路，以增大汽油压力，防止油路中的汽油因温度过高而产生气阻。

（3）汽油压力脉动阻尼器　由于汽油泵输出压力周期性变化和喷油器喷油是脉冲式的，使汽油分配管内的压力出现脉动。汽油压力脉动阻尼器的作用是减小汽油管路中油压的波动，降低噪声。它一般位于汽油分配管的端部，主要由膜片 3、弹簧 4 和壳体 5 等组成（图 4-19）。

图 4-19　汽油压力脉动阻尼器

1—汽油管接头　2—固定螺纹　3—膜片
4—弹簧　5—壳体　6—调节螺钉

当汽油分配管内的油压升高时，弹簧被压缩，膜片下移，膜片上方的容积增大，使油压减小；当汽油总管的油压降低时，弹簧伸长，膜片上移，膜片上方的容积减小，使油压升高。从而减小汽油压力的脉动。

有些发动机的汽油分配管容积相对于发动机的循环喷油量要大得多，也具有储油蓄能的作用，能减小汽油压力的脉动。

【温馨提示】

汽油机燃油系统结构认识与总体拆装视频请扫教学资源 4.1 对应的二维码进行观看。

5. 电磁喷油器

电磁喷油器是电控燃油喷射系统的一个重要执行器，它根据 ECU 发来的喷油脉冲信号，精确地计量燃油喷射量。

电磁喷油器分类方法很多，如图 4-20 所示。其中，按喷油器喷嘴形式可分为轴针式、球阀式和片阀式三种；按电磁线圈阻值的不同可分为低阻式（电流驱动式）、高阻式（电压驱动式）两种。

(1) 轴针式电磁喷油器　如图 4-21 所示，它主要由阀针、阀体、电磁线圈、电磁铁铁心、回位弹簧、滤网和接线座等组成。当电磁线圈中无电流通过时，喷油器阀针在弹簧力的作用下紧压在锥形密封阀座上；当电磁线圈通电时，产生磁场力将衔铁连同阀针向上吸起，喷油口打开，燃油喷出。为了使燃油充分雾化，阀针前端磨出一段喷油轴针，它的抗污染能力强，自洁性能好。

- 喷油器
  - 按用途分
    - SPI 用型
    - MPI 用型
  - 按燃油送入位置分
    - 上部给料式
    - 中部给料式
    - 下部给料式
  - 按喷嘴形式分
    - 轴针式
    - 球阀式
    - 片阀式
  - 按电磁线圈阻值分
    - 低阻式（2~3Ω）
    - 高阻式（13~17Ω）

图 4-20　电磁喷油器的分类

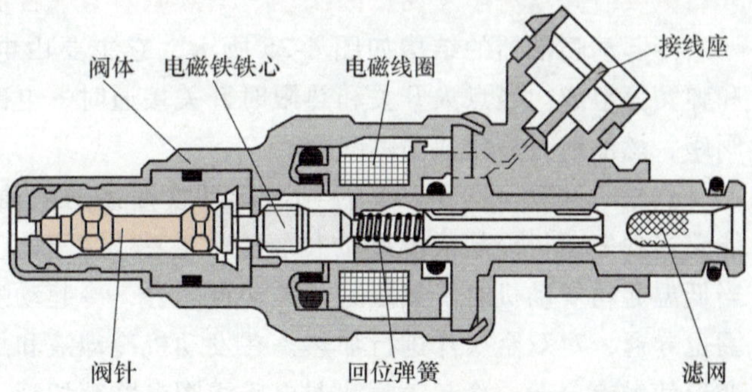

图 4-21　轴针式电磁喷油器

(2) 球阀式电磁喷油器（图 4-22）　它与轴针式喷油器的主要区别在于阀针的结构。球阀的阀针是由钢球、导杆和衔铁用激光焊接成的整体结构，其质量只有普通轴针式电磁喷油器的一半。为了保证密封性能，轴针必须有较长的导向杆，而球阀具有自定心作用，无须较长的导向杆。所以球阀式电磁喷油器的阀针质量小，动态响应快，且密封性能好。

(3) 片阀式电磁喷油器（图 4-23）　它在结构上采用质量小的片阀和孔式阀座，具有动态流量范围大、抗堵塞能力强等特点。

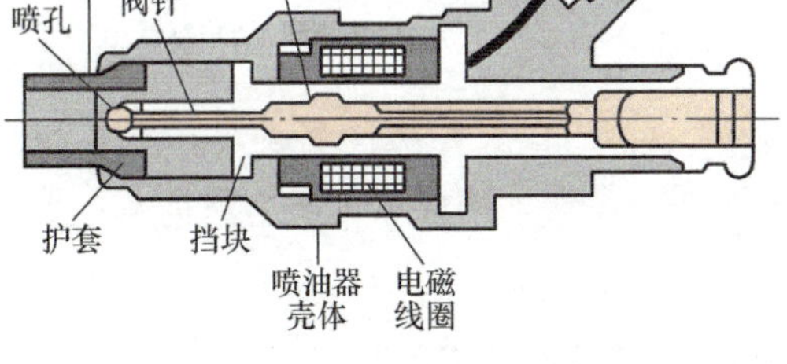

图 4-22　球阀式电磁喷油器

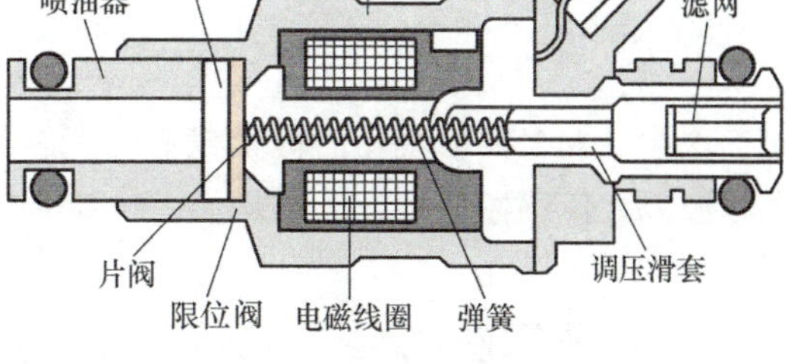

图 4-23　片阀式电磁喷油器

如图4-24所示，当喷油脉冲信号通过喷油器电磁线圈时，磁场力克服弹簧力和油压力，将片阀吸起离开阀座上的密封环（图4-24b），燃油从阀座上的计量孔喷出。当喷油脉冲信号结束后，喷油器电磁线圈的电流被切断，电磁力迅速消失，片阀在弹簧力和油压力的作用下紧压在阀座上，阀门关闭，喷油器停止喷油（图4-24a）。

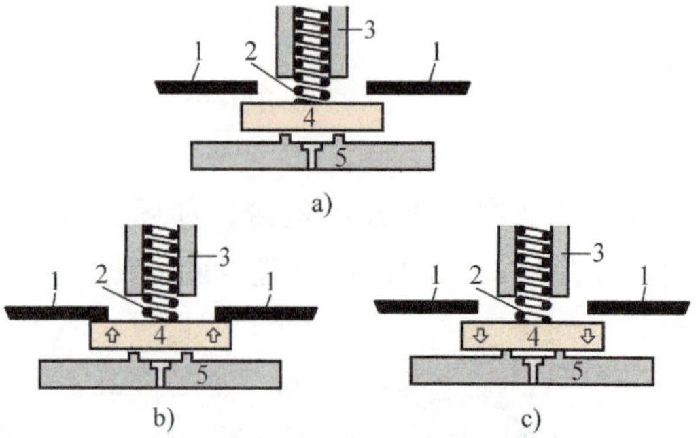

图 4-24 片阀式喷油器工作过程

a）片阀静止在阀座上 b）片阀抬高阀座直至抵住挡圈 c）片阀离开挡圈并落座

1—挡圈 2—弹簧 3—阀套 4—片阀 5—阀座

6. 冷起动喷油器

发动机在低温冷起动时，需要额外地喷入一定量的燃油，这部分额外的燃油由冷起动喷油器喷入进气总管中。冷起动喷油器的开启持续时间取决于发动机的温度，由热限时开关控制。

冷起动喷油器的结构如图4-25所示，它主要由电磁线圈、磁铁心（与阀针制成一体）和弹簧等组成。当点火开关和热限时开关接通时，电磁线圈通电产生磁场，将阀针吸起离开阀座，燃油通过旋流式喷嘴喷出。

热限时开关（图4-26）控制冷起动喷油器的喷油时间。它是一个中空的螺钉，安装在能感受到发动机冷却液温度的位置上。它主要由双金属片3、加热线圈4、触点5等组成。当低温起动发动机时，热限时开关触点闭合，冷起动喷油器电磁线圈电路导通，同时加热线圈也导通，对双金属片进行加热。在发动机冷却液和加热线圈的共同加热作用下，双金属片变形使触点分开，冷起动喷油器电磁线圈电路被切断，冷起动喷油器停止喷油。

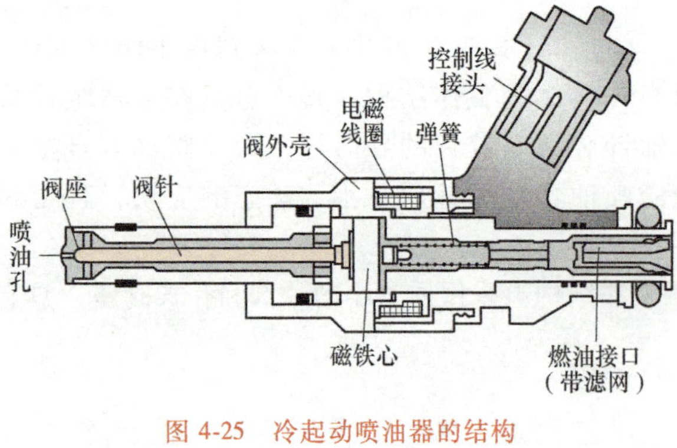

图 4-25 冷起动喷油器的结构

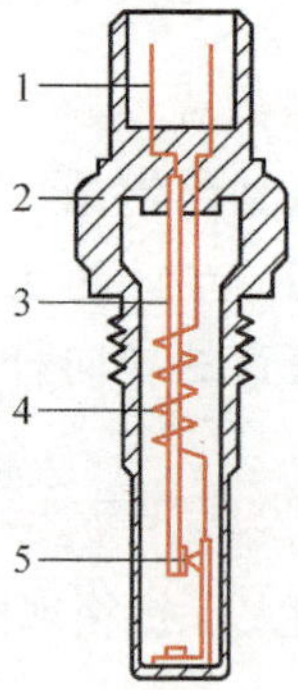

图 4-26 热限时开关

1—电插头 2—壳体 3—双金属片 4—加热线圈 5—触点

现在，大多数电喷发动机上没有专门的冷起动喷油器。在发动机冷起动时，ECU根据冷却液温度传感器信号，适当延长主喷油器的喷油时间，从而增加冷起动时的喷油量。

想一想 电动汽油泵输出压力不足，有可能是什么原因？

【温馨提示】

电控汽油喷射系统执行器结构认识与检测视频请扫教学资源 4.2 对应的二维码进行观看。

知识点 3　空气供给系统

空气供给系统主要由空气滤清器、空气流量计或进气歧管绝对压力传感器、节气门、进气总管、进气歧管和怠速空气控制装置等组成（图 4-27）。

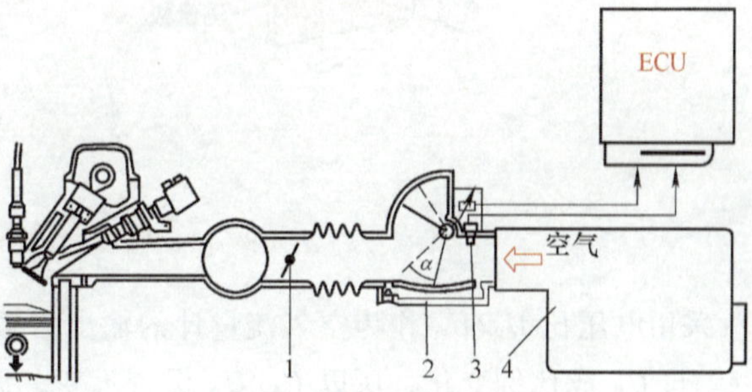

图 4-27　空气供给系统

1—节气门　2—空气流量计　3—进气温度传感器　4—空气滤清器

1. 空气计量装置

进气量是电控汽油发动机的一个关键参数，精确计量空气量对准确控制喷油量和点火正时十分重要。空气量的计量方法有进气歧管绝对压力传感器式间接测量法和空气流量计式直接测量法两类，后者又可分为体积流量型和质量流量型，体积流量型有叶片式和卡门旋涡式，质量流量型有热线式和热膜式。

（1）叶片式空气流量计（图 4-28）叶片式空气流量计安装在空气滤清器与节气门体之间，主要由测量叶片、补偿板、电位计、回位弹簧（扭簧）、旁通气道、怠速调整螺钉、油泵开关及进气温度传感器等组成。为了使叶片在吸入空气量急剧变化和气流脉动时以及外部机械振动时，仍能平稳转动，在空气流量计上设置了与叶片制成一体的补偿板和阻尼室。

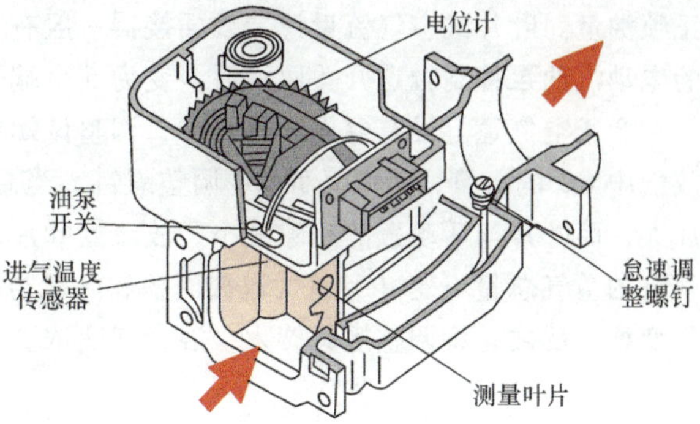

图 4-28　叶片式空气流量计

叶片式空气流量计是利用力学原理对发动机进气量进行测量的，其工作原理如图 4-29 所示。发动机工作时，来自空气滤清器的空气通过空气流量计，使测量叶片在流动空气的推动力矩和回位弹簧复位力矩的共同作用下绕轴偏转一定的角度，该角度被同轴连接的电位计转变为电压信号输入控制器 ECU 中。ECU 给电位计电阻提供一个电源电压 U_B，由于进气流推动测量叶片转动，同时带动电位计滑动触点转动，使电位计触点（信号端子 V_S）与电源端子 V_C 之间的电阻发生变化，电压 U_S 也发生变化。当进气压力与测量叶片回位弹簧的弹力平衡时，测量叶片和电位计即停止在某一位置，电压 U_S 也有一个相应的固定值，电位计将此位置产生的电压信号 U_S 输送给 ECU，ECU 根据 U_S/U_B 来确定发动机进气量的大小。

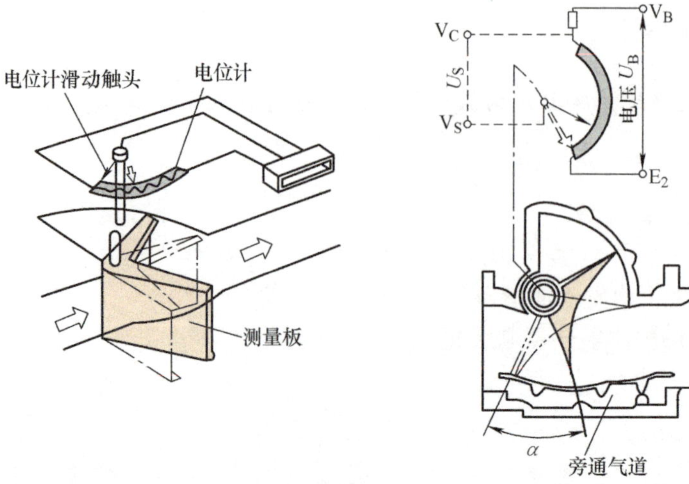

图 4-29 叶片式空气流量计工作原理

采用电压比 U_S/U_B 作为空气流量计的输出信号的优点是当电源电压 U_B 发生变化时，信号 U_S 与 U_B 成比例变化，所以 U_S/U_B 保持不变，即 U_S/U_B 不受电源电压变化的影响，从而提高了测量结果的准确度。

对于汽油泵开关控制的汽油泵控制电路，油泵开关装在空气流量计内，只有在发动机运转、空气流量计叶片转动时，油泵开关才闭合。只要发动机停止运转，油泵开关便处于断开状态，即使点火开关闭合，油泵也不工作。

进气温度传感器将测得的进气温度信号送给 ECU，以便 ECU 发出指令，根据进气温度修正喷油量。叶片式空气流量计导线插接器一般有 7 个端子（图 4-30），但也有将电位计内部的电动汽油泵控制触点开关取消后，变为 5 个端子或 3 个端子的。

在旁通空气道上设有怠速调整螺钉，调整该螺钉可以改变怠速时的混合气浓度，以改变排放气中 CO 的含量，所以又称 CO 调整螺钉。当怠速调整螺钉向外旋出时，旁通气道截面积加大，而叶片与活动板的间隙减小，故流经叶片的空气量减少，喷油量也减少，但由于进入气缸的空气总量不变（旁通气道截面积和叶片与活动板的间隙截面积之和不变），所以混合气变稀。反之，将调整螺钉旋入，混合气变浓。

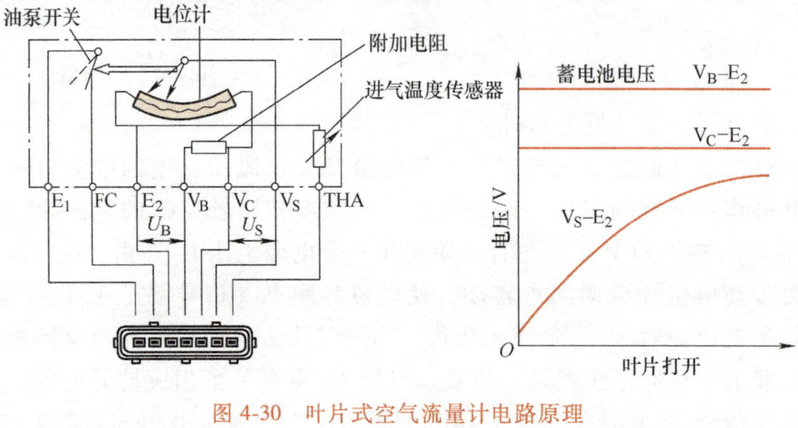

图 4-30 叶片式空气流量计电路原理

(2) 卡门旋涡式空气流量计 卡门旋涡式空气流量计是在进气管中央设置一个锥体形涡流发生器（图4-31），当空气流过涡流发生器时，在涡流发生器的后面会不断产生旋涡（卡门旋涡），测出卡门旋涡的频率f，按下式可计算出空气流速v的大小：

$$f = Sr\frac{v}{d} \tag{4-1}$$

式中 Sr——斯特劳哈尔数；

d——涡流发生器外径。

根据进气管道的有效面积，就能确定实际进入气缸的空气量。按照检测方式的不同，卡门旋涡式空气流量计分为反光镜检测式和超声波检测式两种。

反光镜检测式的卡门旋涡式空气流量计（图4-31）主要有涡流发生器、反光镜、板簧、发光二极管（LED）、光电晶体管和导压孔等组成。它是把涡流发生器两侧的压力变化，通过导压孔8引向薄金属制成的反光镜6表面，使反光镜产生振动，反光镜振动时将发光二极管产生的光反射到光电晶体管4上，光电晶体管导通。反之，光电晶体管截止，光电晶体管产生的脉冲信号反映了旋涡的频率。

超声波检测式的卡门旋涡式空气流量计（图4-32）主要由涡流发生器4、超声波信号发射器1、超声波发生器3和超声波信号接收器8等组成。在空气流动方向安装超声波发射器，在其对面安装超声波接收器。从信号发射器发出的超声波因受卡门旋涡造成的空气密度变化的影响，到达接收器时其相位发生变化，将接收器信号进行整形、放大后的矩形波脉冲频率就是卡门旋涡的频率。

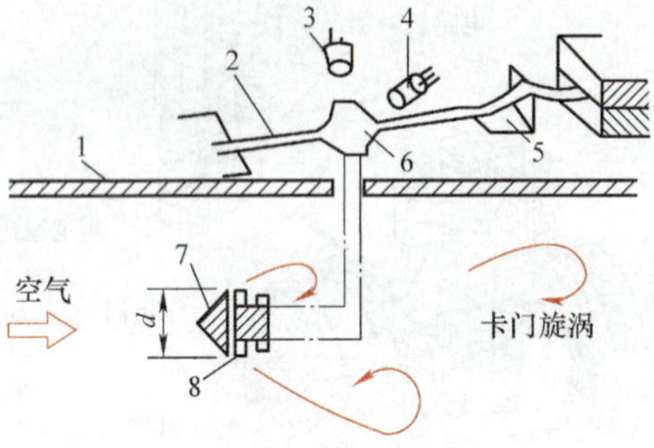

图4-31 卡门旋涡式空气流量计（反光镜检测式）

1—进气歧管 2—压力感应板 3—发光二极管 4—光电晶体管 5—板簧 6—反光镜 7—涡流发生器 8—导压孔

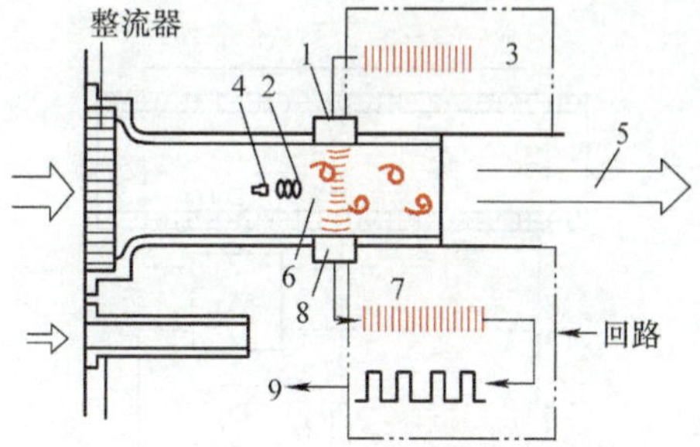

图4-32 卡门旋涡式空气流量计（超声波检测式）

1—超声波信号发射器 2—涡流稳定板 3—超声波发生器 4—涡流发生器 5—流向发动机 6—卡门旋涡 7—受旋涡影响后的疏密波 8—超声波信号接收器 9—接计算机

(3) 热线式空气流量计 热线式空气流量计的结构如图4-33所示，主要由感知空气流量的铂金热线、温度补偿电阻（也称为冷线）、精密电阻、混合电路板、采样管、保护网、插接座等组成。

热线式空气流量计的工作原理如图4-34所示，设置在进气管道中的铂金热线电阻R_H、温度补偿电阻R_K和精密电阻R_A、电桥电阻R_B组成惠斯通电桥。控制电路A使热线温度与进气温度之差保持在约 100℃，流经热线的空气质量流量越大，被带走的热量就越多，要保持热线温度与进气温度之间的温差恒定，必须增加通过热线的电流，热线式空气流量计就是利用热线与空气之间的这种热交换传递现象进行空气流量测量的，它所测量的是空气质量，不需要进行温度和压力修正。为了清除铂金热线上的污物，提高进气量测量的准确度，热线式空气流量计还具有自洁功能，在每次停机后，ECU 给铂金热线加高温（约 1000℃）1~2s。

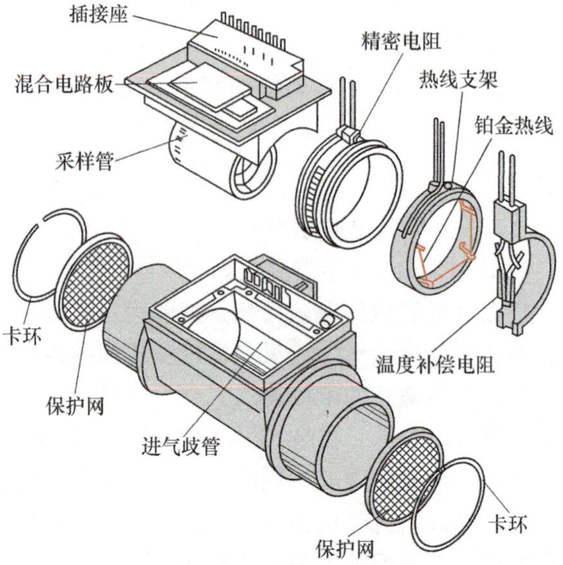

图 4-33 热线式空气流量计的结构

热线式空气流量计结构简单、进气阻力小、温度响应快、无须进行进气温度和压力修正，所以应用日益广泛。

（4）热膜式空气流量计 热膜式空气流量计的结构如图 4-35 所示，其结构和工作原理与热线式空气流量计基本相同，它是将热线改成热膜，热膜是由发热金属铂固定在薄的树脂膜上制成的，其工作可靠性和使用寿命比热线式空气流量计更高。

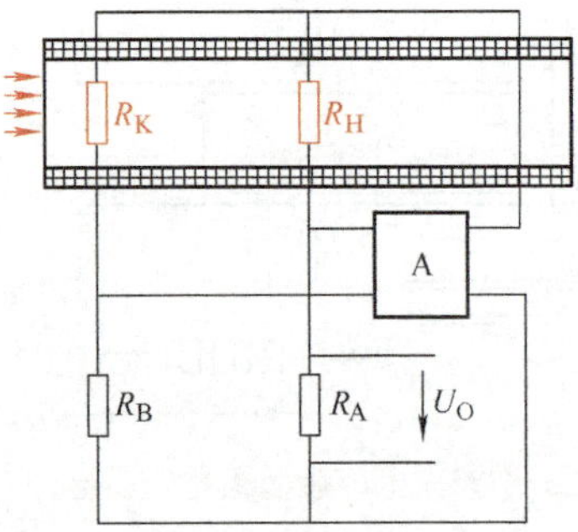

图 4-34 热线式空气流量计的工作原理

A—控制电路 R_H—铂金热线电阻 R_K—温度补偿电阻

R_A—精密电阻 R_B—电桥电阻

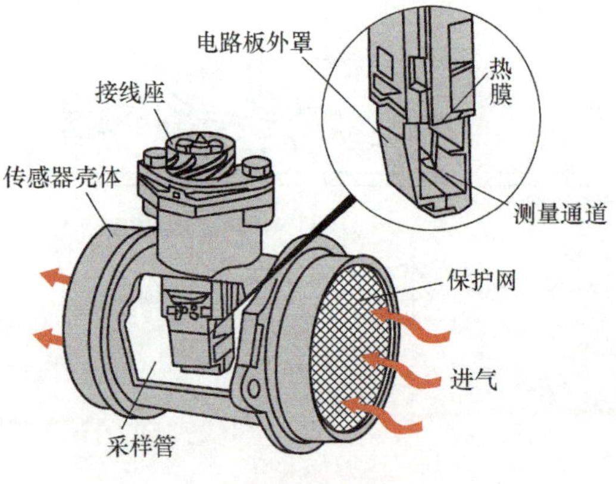

图 4-35 热膜式空气流量计的结构

（5）进气歧管绝对压力传感器 进气歧管绝对压力与节气门开度和发动机转速有关，节气门开度越大，进气歧管压力越高（真空度越低），当节气门全开时，进气歧管压力接近大气压力，因此进气歧管绝对压力反映了发动机负荷，通过测量进气歧管绝对压力和发动机转速信号可以间接确定进入气缸的空气量。

进气歧管绝对压力传感器根据其信号产生原理可以分为半导体压敏电阻式或电阻应变片式、电容式、可变电感式、表面弹性波可变电阻式等多种类型，它们都是利用膜片把气室分隔成两部分，一部分通大气或抽成真空，另一部分与进气管连通，当进气管绝对压力发生变化时，膜片产生变形。

利用膜片变形引起半导体压敏电阻或电阻应变片的阻值变化，把 4 个压敏电阻或应变片电阻接成惠斯通电桥（图 4-36），就可以将膜片变形（即进气歧管绝对压力）转换成电信号输送给 ECU。

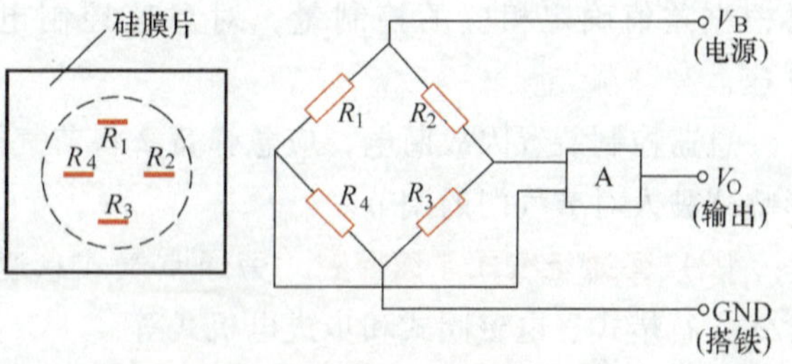

图 4-36　压敏电阻或电阻应变片式进气压力传感器

如果利用膜片变形产生的位移改变电容器极板间的距离，电容量发生变化，把电容连接到振荡器电路中，振荡器输出信号的频率就随进气歧管绝对压力变化，也就是把进气歧管绝对压力变化转化成电信号频率的变化，输入到 ECU 进行处理，可以确定进气量。

同样，利用膜片变形带动感应线圈或铁心产生移动，使线圈电感发生变化，产生感应电动势，感应线圈产生的这个电压信号随进气歧管绝对压力变化而变化，这样把进气歧管绝对压力转换成电压信号输入 ECU 用于计算进气量。

2. 怠速控制系统

怠速控制系统除了稳定发动机的怠速转速外，还能根据发动机怠速时负荷的变化情况（如冷起动后的暖机、空调开机、助力转向开关接通、自动变速器切换到 D 位等）自动调节发动机怠速转速，使发动机处在最佳的怠速状态（既保证怠速转速的稳定，又尽可能降低燃油消耗和排放污染）。

电控汽油喷射发动机的怠速控制方式可以分为两类，一类是控制节气门关闭位置的节气门直动式，另一类是控制节气门旁通气道空气量的旁通空气式。

（1）节气门直动式怠速控制　如图 4-37 所示，桑塔纳 2000GSi 汽车 AJR 型发动机的

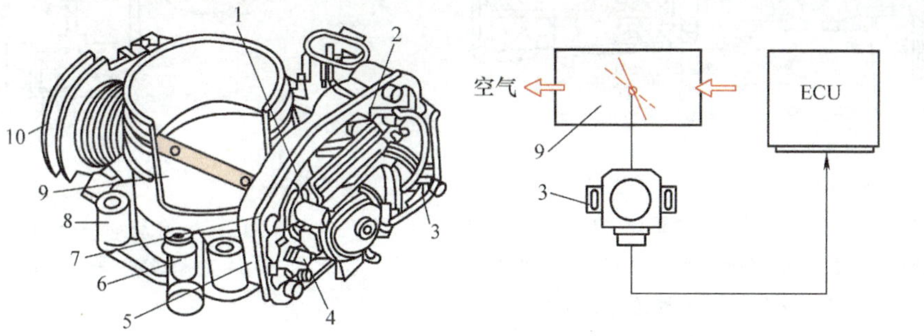

a)　　　　b)

图 4-37　节气门直动式怠速控制

a）结构（桑塔纳 2000GSi 汽车 AJR 型发动机）　b）工作原理

1—怠速节气门位置传感器　2—应急弹簧　3—怠速控制电动机　4—节气门位置传感器

5—整体式怠速调节装置　6—热水进口　7—怠速开关

8—热水出口　9—节气门　10—节气门调节机构

怠速控制就是采用节气门直动式，它采用怠速控制电动机 3，通过齿轮传动机构来操作节气门开度。节气门位置传感器将节气门开度信号输送给发动机 ECU，发动机 ECU 根据传感器检测到的发动机工况信息，确定目标转速，并与发动机实际转速进行比较，再根据差值确定相应的控制量，对怠速控制电动机进行控制，保证发动机维持在最佳怠速。

怠速控制装置因故断电，应急弹簧 2 将节气门定位在预先设定的怠速应急运行位置，不影响驾驶人对节气门的调节。

(2) 旁通空气式怠速控制　旁通空气式怠速控制装置种类较多，常用的主要有双金属片式、石蜡式、电磁阀式和步进电机式等。

1）双金属片式怠速控制装置（图 4-38）。双金属片式怠速控制装置是在发动机低温起动时和暖机过程中，使旁通空气通道打开，增加空气量的一种快怠速机构。它主要由电热丝 6、双金属片 7、空气通道遮门 8 等组成。

当发动机温度较低时，双金属片下弯，遮门打开，额外的空气从旁通空气通道流入气缸，发动机处于快怠速状态。当发动机起动后，电热丝通电，使双金属片受热上翻，带动遮门慢慢关闭旁通空气通道，发动机处于正常怠速状态。

2）石蜡式怠速控制装置（图 4-39）。它根据发动机冷却液温度来控制旁通空气通道流道的截面积，从而控制发动机怠速。它主要由石蜡体 4、控制活塞 5、平衡弹簧 6 等组成，安装在发动机的水套上。石蜡直接感受发动机冷却液的温度，当冷却液温度较低时，石蜡收缩，在弹簧力的作用下，控制活塞右移，旁通空气通道开大，怠速转速升高；当冷却液温度升高时，石蜡受热膨胀，推动控制活塞左移，将旁通空气通道关小，甚至完全关闭，怠速转速降低。

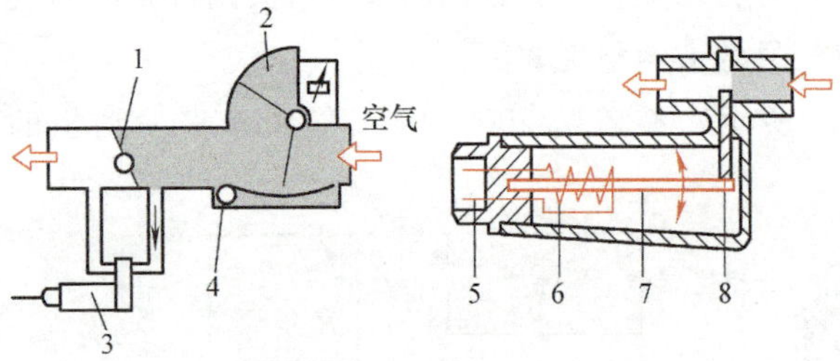

图 4-38　双金属片式怠速控制装置

1—节气门　2—叶片式空气流量计　3—怠速空气控制阀　4—怠速调节螺钉　5—电插头　6—电热丝　7—双金属片　8—空气通道遮门

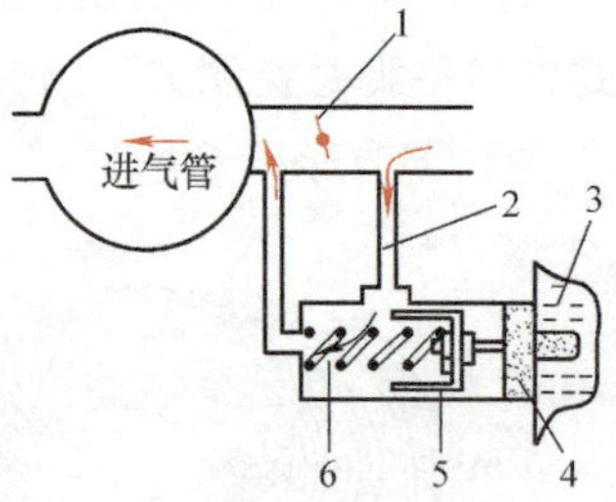

图 4-39　石蜡式怠速控制装置

1—节气门　2—软管　3—水套　4—石蜡体　5—控制活塞　6—平衡弹簧

3）电磁阀式怠速控制装置（图 4-40）。它实际上是一个调节空气流通截面积大小的比例电磁阀。阀门的开度由流过电磁线圈的电流产生的电磁力与弹簧力的平衡位置所决定，有直线型和旋转型两种。直线型电磁阀（图 4-40a）是以改变阀的轴向位置来调节通道截面积的，而旋转型电磁阀（图 4-40b）则是通过改变阀的角度位置来调节通道截面积的。电磁阀式怠速控制装置响应速度快。

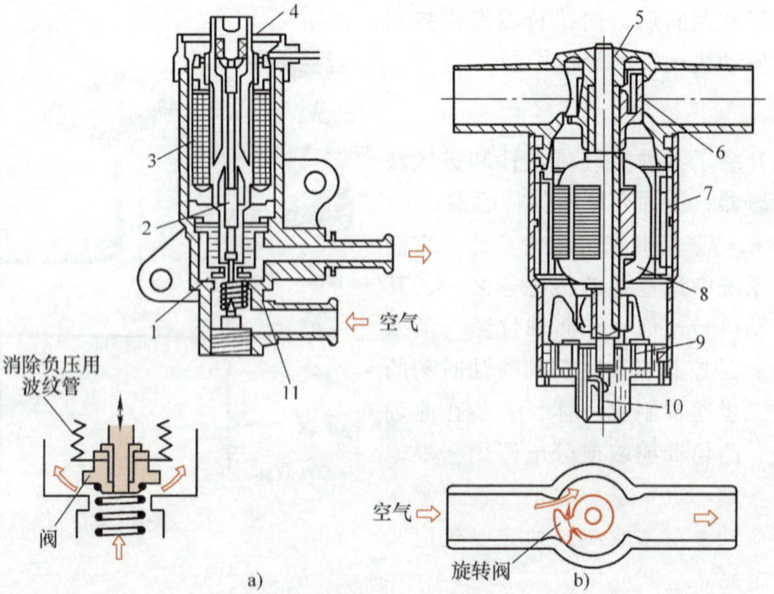

图 4-40　电磁阀式怠速控制装置

a）直线型　b）旋转型

1—阀　2—阀杆　3—线圈　4、9—弹簧　5—旋转阀杆　6—旋转阀

7—永久磁铁　8—电枢　10—电插头　11—壳体

4）步进电机式怠速控制装置（图 4-41）。它主要由步进电机、进给丝杠、阀座、阀芯等组成。步进电机可以正反转，通过进给丝杠 5 把电机的旋转运动转变成阀芯 7 的直线运动，以调节旁通空气通道的截面积，改变进气量的大小。

步进电机把转子转动一周分成若干个步级进行，每一周的步级越多，控制精度越高（如将一圈分成 32 个步级，则每个步级对应转角为 11.25°）。

步进电机式怠速控制精度高。当发动机停机时，点火开关转到“OFF”位置，怠速控制阀自动回复到全开位置，以便于发动机下一次的起动。

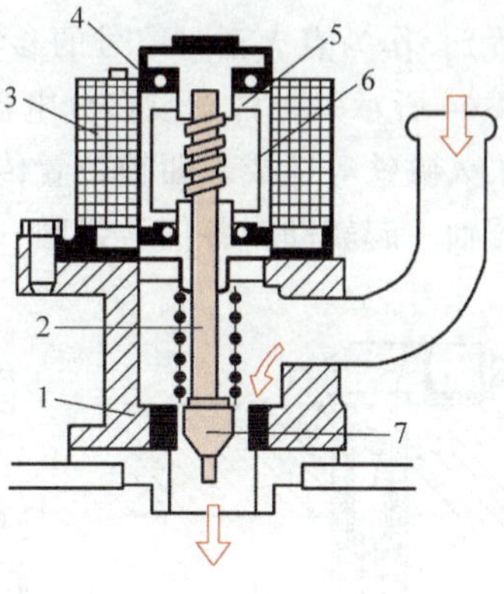

图 4-41　步进电机式怠速控制装置

1—阀座　2—阀轴　3—定子绕组　4—轴承

5—进给丝杠　6—转子　7—阀芯

找一找　查阅相关资料，列出 5 个以上典型汽车发动机空气供给系统的主要传感器。

知识点 4　电子控制系统

电子控制系统主要由各种传感器、控制器和执行器三大部分组成（图 4-42）。传感器将发动机的工作状态信息转变为电信号，输送给控制器（ECU），控制器对传感器信号进行分析、处理、运算和判断后，向执行器发出控制指令，实现对发动机运行的最佳控制。

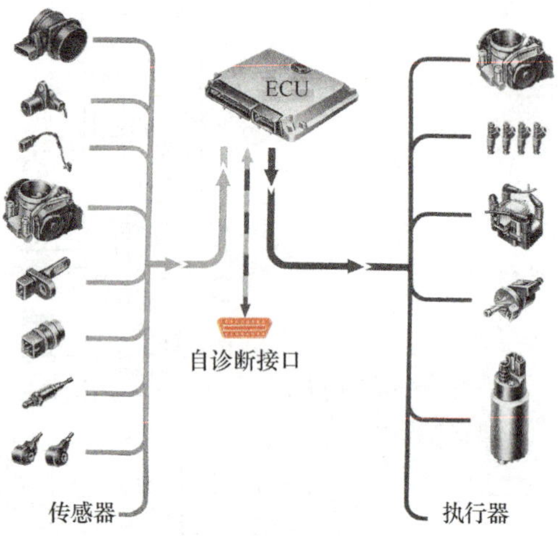

图 4-42 发动机电子控制系统

1. 发动机主要传感器

前面已经介绍了各种空气流量计和进气歧管绝对压力传感器，下面介绍其他传感器。

（1）发动机转速与曲轴位置传感器 它们是发动机电控系统中最重要的传感器之一，其作用是提供发动机转速信号和曲轴位置（活塞上止点）信号，是控制点火时刻和喷油时刻的重要信号源，二者通常制成一体，安装在曲轴前端、飞轮上、凸轮轴前端或分电器内。根据工作原理不同，发动机转速与曲轴位置传感器可分为电磁感应式、霍尔效应式和光电效应式三大类，其中电磁感应式应用最广。

1）电磁感应式。电磁感应式曲轴位置传感器（图 4-43）是一种安装在曲轴上的传感器。它主要由永久磁铁、感应线圈和信号齿盘等组成。信号齿盘由曲轴带动旋转，利用轮齿靠近和离开感应线圈 5 时，通过感应线圈的磁通量变化，从而在线圈中产生感应电动势。信号齿盘不停旋转，在感应线圈中就产生交变电压信号，发动机 ECU 可以从电压交变的变化频率来计算出发动机的转速。另外在信号齿盘上缺两个齿，用于识别曲轴位置（第一缸上止点位置），作为点火正时信号的参考基准。

图 4-44 所示是一种安装在分电器内的电磁感应式曲轴位置传感器。它主要由信号线圈、转子和永久磁铁等组成。曲轴位置传感器转子 2 和转速传感器转子 3 固定在分电器轴 4 上，与分电器轴一起转动，各信号线圈（1、7、5）固定在分电器壳体 6 上。

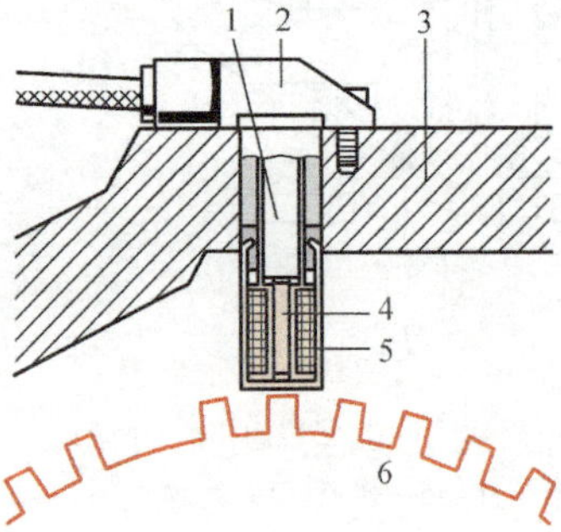

图 4-43 电磁感应式曲轴位置传感器（安装在曲轴上）

1—永久磁铁 2—接头 3—发动机壳体 4—铁心 5—感应线圈 6—信号齿盘

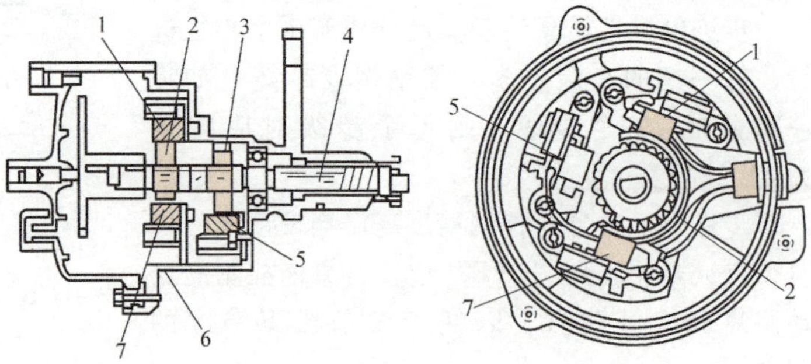

图 4-44 电磁感应式发动机转速和曲轴位置传感器（安装在分电器内）

1、7—曲轴位置信号线圈 2—曲轴位置传感器转子 3—转速传感器转子 4—分电器轴 5—转速信号线圈 6—分电器壳体

当分电器轴转动时，带动只有一个凸齿的曲轴位置传感器转子一起转动，它与两个曲轴位置信号线圈间的间隙不断变化，分电器轴每转一圈，两个信号线圈各产生一个电压脉冲

（图 4-45）。为了精确地检测曲轴转角和发动机转速，设置了凸齿数较多的转速传感器转子（图 4-46a），转子上的凸齿数因车而异。图 4-46a 所示转子上有 24 个凸齿，转速信号波形如图 4-46b 所示。转子每两个齿间隙 15°分电器转角，即 30°曲轴转角。分电器轴转动一周，在转速信号线圈中产生出与凸齿数相等的脉冲电压信号，将这些信号输入发动机 ECU，通过计算单位时间内的脉冲数量，就能确定发动机的转速。

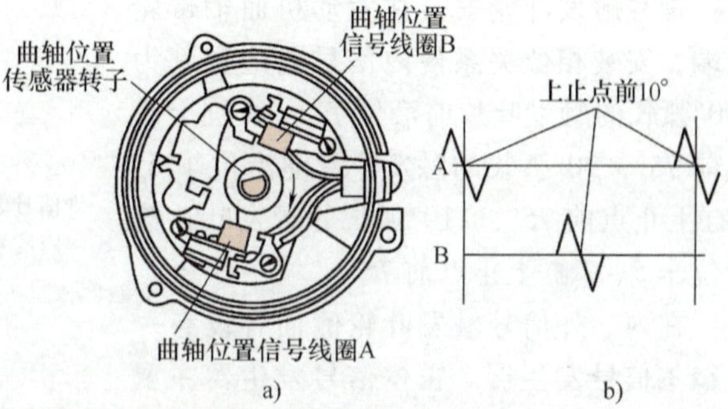

图 4-45 曲轴位置信号发生器的结构及输出信号波形

a）结构 b）输出信号波形

2）霍尔效应式。它是利用霍尔效应原理，产生与曲轴转角相对应的电压脉冲信号进行工作。如图 4-47 所示，当电流 I 通过放在磁场中的半导体基片（霍尔元件）且电流方向与磁场方向垂直时，电荷在洛伦兹力的作用下向一侧偏移，在垂直于电流与磁通的霍尔元件的横向侧面上会产生一个与电流和磁场强度成正比的霍尔电压 U_H。

$$U_H = R_H IB/d \tag{4-2}$$

式中 R_H——霍尔系数，其单位为 m^3/c；

I——电流，其单位为 A；

B——磁感应强度，其单位为 T；

d——基片厚度，其单位为 mm。

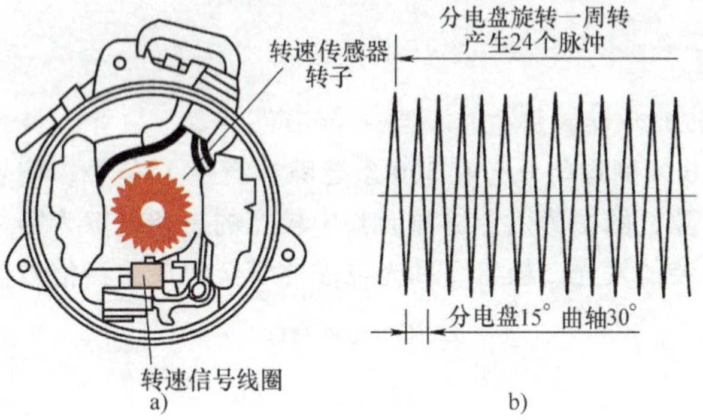

图 4-46 转速传感器信号发生器的结构及输出信号波形

a）结构 b）输出信号波形

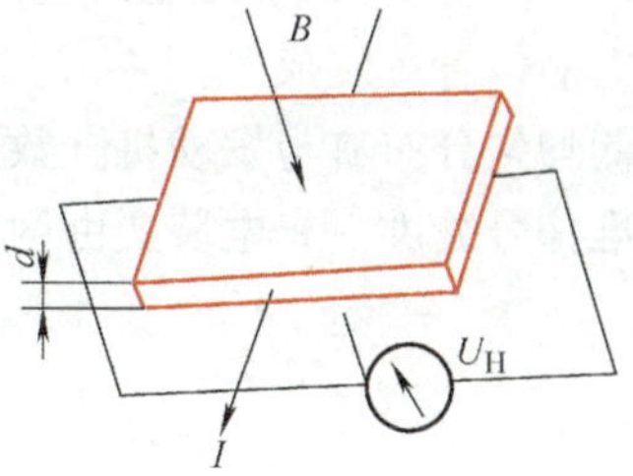

图 4-47 霍尔效应工作原理

由上式可见，当结构一定且电流 I 为定值时，霍尔电压 U_H 与磁感应强度 B 成正比。霍尔效应式曲轴位置传感器就是通过改变霍尔元件的磁感应强度，从而使霍尔元件产生脉冲的电压信号，经放大整形后即为曲轴位置传感器的输出信号。

美国通用公司所采用的一种霍尔效应式曲轴位置传感器的信号触发叶轮结构如图 4-48 所示。它包括内、外两个信号触发叶轮，外信号触发叶轮外缘上均匀分布着 18 个触发叶片和 18 个缺口，每个触发叶片和缺口的宽度均为 10°弧长；内信号触发叶轮外缘上设有 3 个触发叶片和 3 个缺口，3 个触发叶片的宽度不同，分别为 100°、90°和 110°弧长，3 个缺口宽度也不同，分别为 20°、30°和 10°弧长。

信号触发叶轮安装在发动机曲轴带轮前端，安装相位关系使内信号轮上宽度为100°弧长的触发叶片前沿位于1、4缸上止点前75°，90°弧长的触发叶片前沿位于6、3缸上止点前75°，110°弧长的触发叶片前沿位于5、2缸上止点前75°。

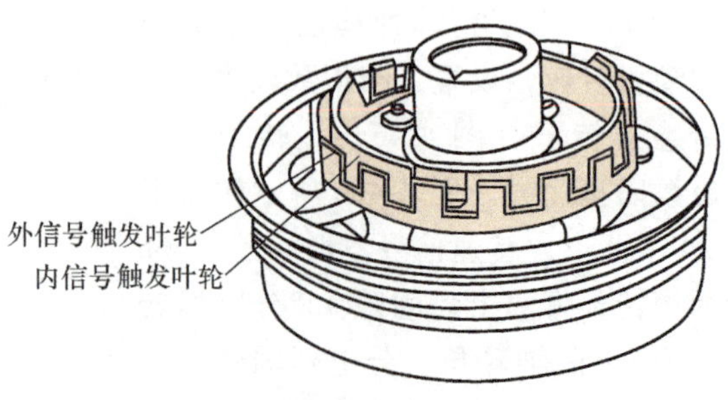

图4-48 霍尔效应式曲轴位置传感器的信号触发叶轮结构

在内、外信号触发叶轮侧面各设有一个霍尔信号发生器。霍尔信号发生器主要由永久磁铁、导磁板和霍尔集成电路等组成。信号触发叶轮转动时，每当叶片进入永久磁铁与霍尔元件之间的空气隙中时，磁场被触发叶片所旁路，霍尔元件不受磁场的作用，此时没有霍尔电压；当触发叶片转过空气隙、缺口对着永久磁铁和霍尔元件时，磁场作用到霍尔元件上，产生霍尔电压。霍尔元件间歇产生的霍尔电压信号，经霍尔集成电路放大整形后，送到ECU作为曲轴转角和曲轴位置信号，如图4-49所示。

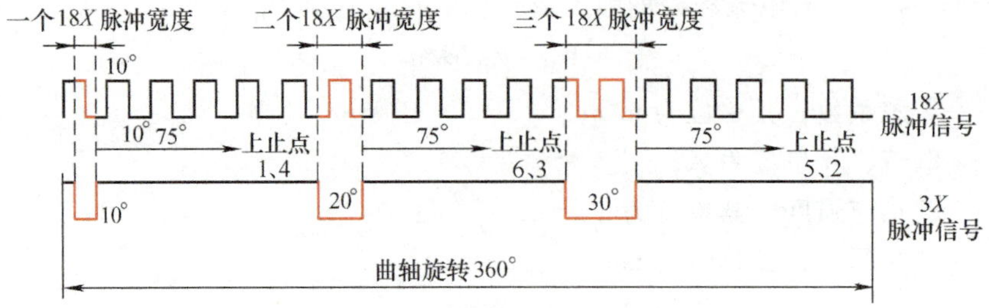

图4-49 霍尔效应式曲轴位置传感器的输出信号

3）光电效应式。光电效应式发动机转速和曲轴位置传感器主要由信号盘、发光二极管和光电晶体管等组成（图4-50）。信号盘6外侧均匀分布有360条缝隙，产生1°信号；信号盘内侧均匀分布有与发动机缸数相同的缝隙，图中为六个缝隙，其中较宽的一条缝隙为第一缸基准信号缝隙。光电装置由两组相对安装的发光二极管3和光电晶体管2组成。当信号盘

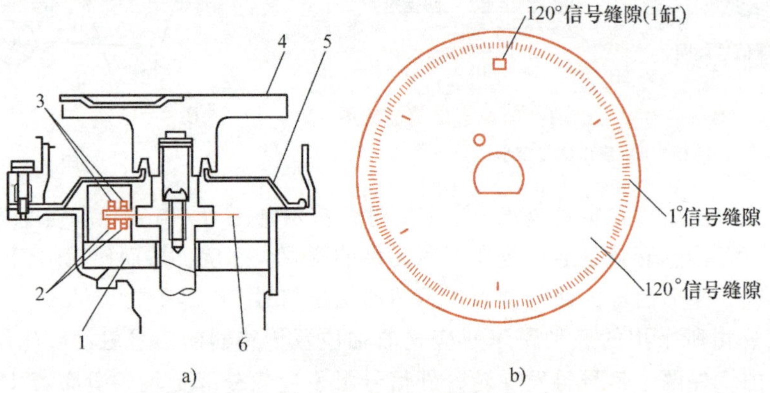

图4-50 光电效应式发动机转速和曲轴位置传感器

a）结构 b）信号盘

1—控制电路 2—光电晶体管 3—发光二极管 4—分火头 5—密封盖 6—信号盘

随分电器轴或曲轴、凸轮轴转动时，转盘从发光二极管和光电晶体管之间穿过。当缝隙对准发光二极管时，光线穿过缝隙照射到光电晶体管上，光电晶体管导通，有电压信号输出给ECU；当缝隙转过发光二极管时，光线被遮挡住，光电晶体管截止，此时没有电压信号输出。转盘转动一圈，外侧缝隙触发外侧光电装置导通和截止360次，该脉冲信号作为发动机转速信号输送给ECU；内侧缝隙触发内侧光电装置导通和截止6次，该信号作为曲轴位置信号输送给ECU，其中较宽的缝隙产生的较宽电压脉冲信号作为第一缸基准位置信号，ECU以此为基准控制点火正时和喷油正时。

（2）冷却液温度传感器 它被用来检测发动机的热状态。其信号输入ECU，用来对基本喷油量进行修正。在怠速时，其信号是ECU控制怠速转速的主要信号源。常见的冷却液温度传感器是半导体热敏电阻式（图4-51）。它是利用半导体材料的电阻随温度变化而变化的特性制成的。其灵敏度高，有负温度特性和正温度特性两种。负温度特性是指温度升高时，电阻值降低；正温度特性是指电阻值随温度升高而增加。

（3）进气温度传感器 进气温度传感器也常采用高灵敏度的热敏电阻，安装在进气歧管处，其外形与安装位置如图4-52所示。进气温度传感器是一个负温度系数（NTC）的热敏电阻，进气温度上升时电阻下降。ECU通过电阻信号识别温度，从而修正喷油量和点火提前角。

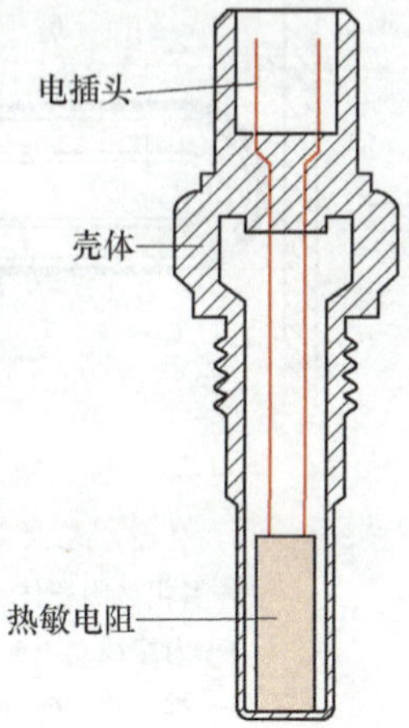

图4-51 半导体热敏电阻式冷却液温度传感器

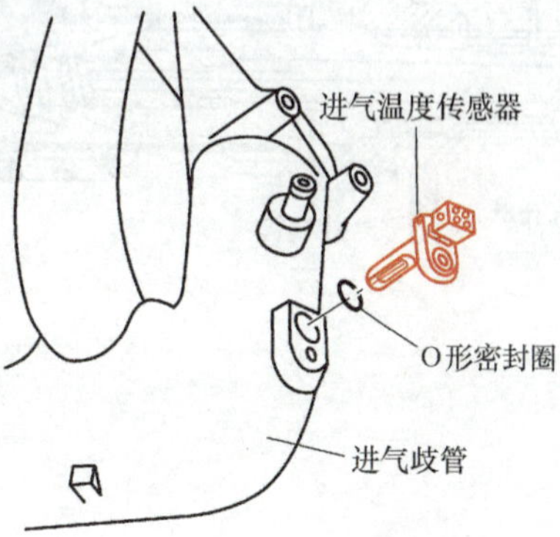

图4-52 进气温度传感器的外形与安装位置

（4）氧传感器 电控燃油喷射发动机上广泛采用三效催化转化器对发动机尾气进行净化处理，三效催化转化器的转化效率与混合气的空燃比有关，只有当空燃比在理论空燃比的附近区域时，三种有害气体的转化效率才同时较高。所以在装有三效催化转化器的发动机上，普遍采用氧传感器进行空燃比闭环控制。氧传感器一般安装在排气管内三效催化转化器之前，用来检测排气中的氧气含量，以确定空燃比是浓还是稀，向发动机ECU发出反馈信号，发动机根据此信号调节喷油量，把空燃比控制在目标空燃比的范围内。有的发动机有两个氧传感器，另一个安装在三效催化转化器后，用以检测其催化转化效率。目前使用的氧传感器主要有氧化锆式和氧化钛式两种。

1）氧化锆式氧传感器（图4-53）。该传感器的基本元件是专用陶瓷体，即氧化锆

（ZrO_2）固体电解质。陶瓷体制成的锆管，固定在带有安装螺纹的固定套中，其内表面与大气相通，外表面与排气接触。锆管内外表面都覆盖着一层多孔性的铂膜作为电极。为了防止排气中的杂质腐蚀铂膜，在锆管外表的铂膜上覆盖有一层多孔的陶瓷层，并且还加装了一个防护套管，套管上开有槽口。氧传感器的接线端有一个金属护套，其上开有一孔，用于锆管内表面与大气相通，导线将锆管内表面铂极经绝缘套从传感器引出。锆管的陶瓷体是多孔的，允许氧渗入该固体电解质内，温度较高时，氧气发生电离。若陶瓷体内（大气）、外（排气）侧氧含量不一致，即存在着浓度差时，在固体电解质内部氧离子从大气一侧向排气一侧扩散，结果，锆管元件成了一个微电池，在锆管两铂极间产生电压（图 4-54）。当混合气稀时，排气中氧含量大，两侧氧浓度差小，只产生小的电压；而当混合气浓时，排气中氧含量小，同时伴有较多的未完全燃烧的产物 CO、HC 等，这些成分在锆管外表面铂的催化作用下，与氧气发生反应，消耗排气中残余的氧，使锆管外表面氧气浓度变成零，这样就使得两侧氧浓度差突然增大，两极间产生的电压便突然增大。因此，氧传感器产生的电压将在过量空气系数 $\phi_a=1$ 时产生突变；$\phi_a>1$ 时，氧传感器输出电压几乎为零；$\phi_a<1$ 时，氧传感器输出电压接近 1V（图 4-55a）。在发动机空燃比闭环控制的过程中，氧传感器相当于一个浓稀开关，根据混合气空燃比的变化向 ECU 输送脉冲宽度变化的电压脉冲信号（图 4-55b）。

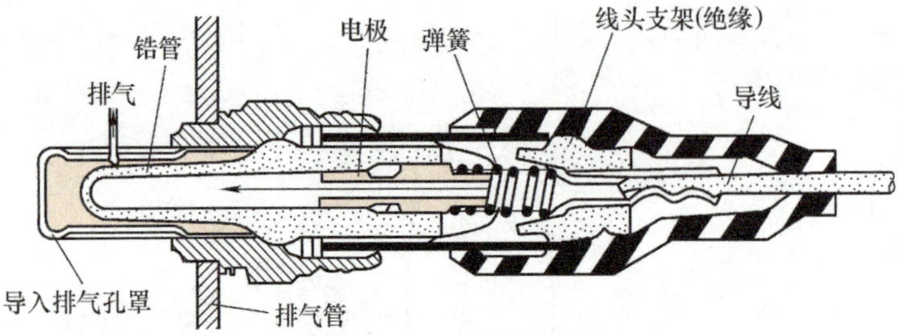

图 4-53　氧化锆式氧传感器的结构

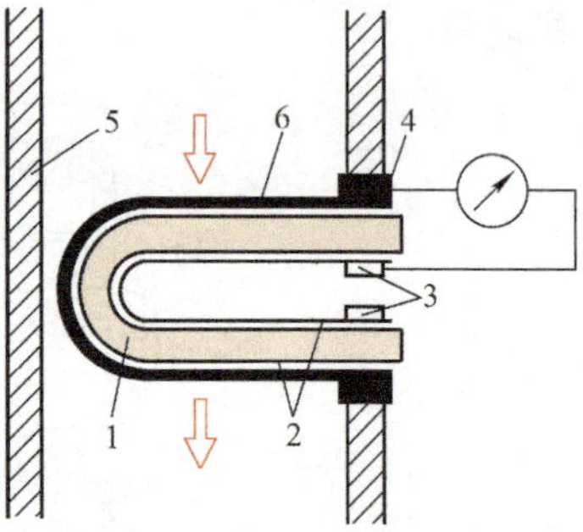

图 4-54　氧化锆式氧传感器在排气管中的安装

1—氧化锆陶瓷体　2—铂电极
3—内接线点　4—外接线点
5—排气管　6—陶瓷防护层

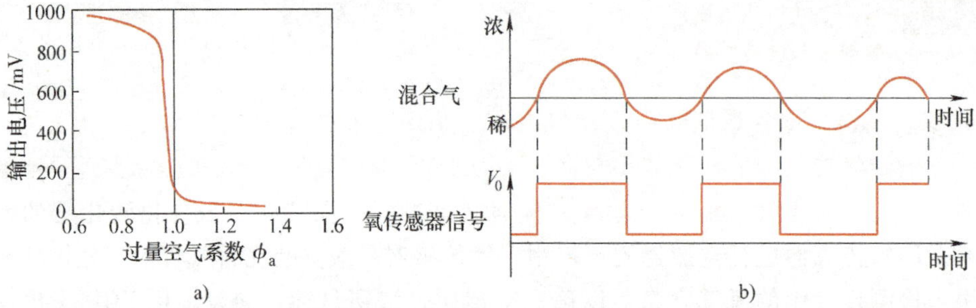

图 4-55　氧化锆式氧传感器输出特性

a）输出特性　b）输出信号波形

2）氧化钛式氧传感器。氧化钛式氧传感器是利用二氧化钛（TiO_2）材料的电阻值随排气中氧含量的变化而变化的特性制成的，故又称为电阻型氧传感器。二氧化钛是在室温下具有很高电阻的半导体。但当排气中氧含量少（混合气浓）时，氧分子将脱离，使其晶体出现缺陷，便有更多的电子可用来传送电流，材料的电阻也随之降低。此种现象与温度和氧含量有关，因此，欲使二氧化钛在300~900℃的排气温度下能连续使用，必须做温度补偿。二氧化钛式氧传感器内部带有一个电加热器，以使二氧化钛氧传感器在发动机工作过程中保持恒定不变的温度。

图4-56所示为氧化钛式氧传感器的结构，它具有两个二氧化钛元件，一个具有多孔性，用来感测排气中氧含量的二氧化钛陶瓷，另一个则为实心二氧化钛陶瓷，用作加热调节、补偿温度的误差。该传感器外端以具有孔槽的金属管作为防护套，一方面让排气可以进出，另一方面防止里面的二氧化钛元件受到外物撞击。传感器接线端以橡胶作为密封材料，防止外界气体渗入。它一般安装于排气歧管或尾管上，同时可借助排气高温将传感器加热至适当的工作温度。

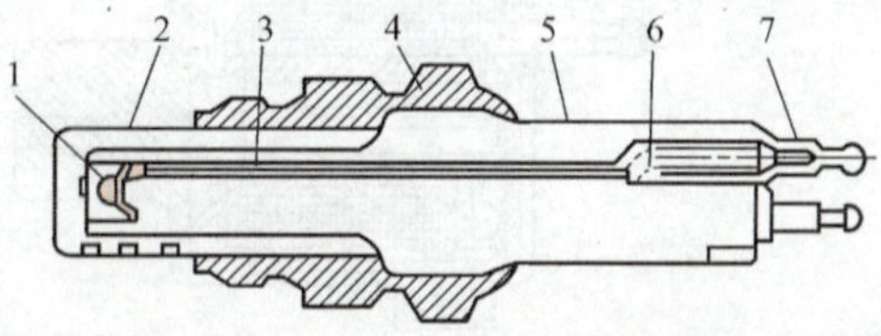

图4-56　氧化钛式氧传感器的结构

1—二氧化钛元件　2—金属保护管　3—导线　4—金属外壳　5—陶瓷绝缘材料　6—陶瓷元件　7—接线头

ECU将恒定的1V电压加在二氧化钛氧传感器的正极，并将传感器负极上的电压降与ECU控制程序中设定的参考电压相比较（图4-57a）。发动机混合气浓度变化时，排气中氧含量也发生变化，氧传感器的电阻随之改变，使得与ECU连接的氧传感器负极上的电压降也产生变化。当氧传感器负极上的电压高于参考电压时，ECU判定混合气过浓，于是就控制喷油器逐渐减少喷油量；当氧传感器负极上的电压低于参考电压时，ECU判定混合气过稀，控制喷油器逐渐增大喷油量。通过这样的反馈控制，使混合气的浓度保持在理论空燃比附近的狭小范围内。

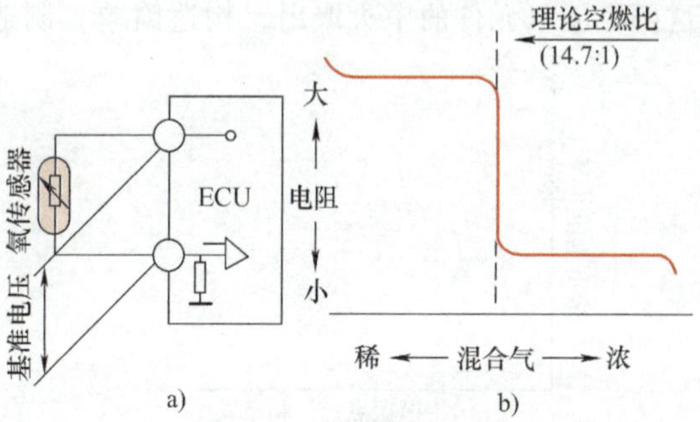

图4-57　氧化钛式氧传感器的工作原理

a）电路　b）氧传感器电阻值与混合气浓度的关系

实际上，在反馈控制过程中，二氧化钛式氧传感器负极输给ECU的电压也是在0.1~0.9V之间不断变化的。电压高，表示混合气较浓；电压低，表示混合气较稀。这一点与氧化锆式氧传感器是相似的（图4-57b）。

（5）爆燃传感器　其功用是检测发动机有无爆燃现象，并将信号送入ECU。

发动机爆燃的检测方法有以下三种：气缸压力法、发动机机体振动法和燃烧噪声法。气缸压力检测法的检测精度最高，但存在着传感器的耐久性差和难以安装的问题。燃烧噪声检测法是非接触式的，其耐久性很好，但检测精度和灵敏度偏低。目前，最常用的方法是检测发动机机体的振动。

采用发动机机体振动检测法的爆燃传感器有磁致伸缩式和压电式两种类型，压电式又分共振型和非共振型的结构。

1）磁致伸缩式爆燃传感器。它一般安装在发动机机体上，图4-58所示是该传感器的结构，由高镍合金组成的磁心3外侧设有永久磁铁5，在其周围缠绕着感应线圈，磁心受振偏移使感应线圈内磁力线发生变化，根据电磁感应原理，通过线圈的磁通变化时，线圈将产生感应电动势，此电动势即为爆燃传感器的输出电压信号。输出电压信号的大小与发动机振动的频率有关，当传感器固有频率与设定爆燃强度时发动机的振动频率产生谐振时，传感器将输出最大电压信号，如图 4-59 所示。

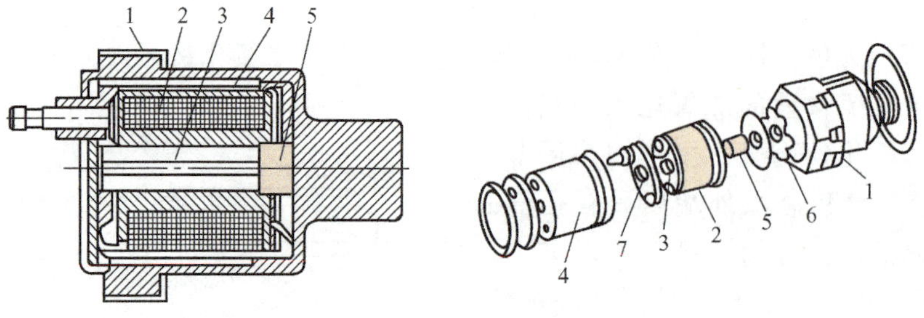

图 4-58 磁致伸缩式爆燃传感器的结构

1—外壳 2—感应线圈 3—磁心 4—网盖

5—永久磁铁 6—弹簧 7—绝缘体

2）非共振型压电式爆燃传感器。非共振型压电式爆燃传感器是以接收加速度信号的形式，来判别爆燃是否产生。这种传感器（图 4-60）由两个压电元件同极性相反对接，配重将加速度变换成作用于压电元件上的压力，所用的配重由一根螺钉固定于壳体上，输出电压由这两个压电元件的中央取出，构造简单，制造时不需调整。

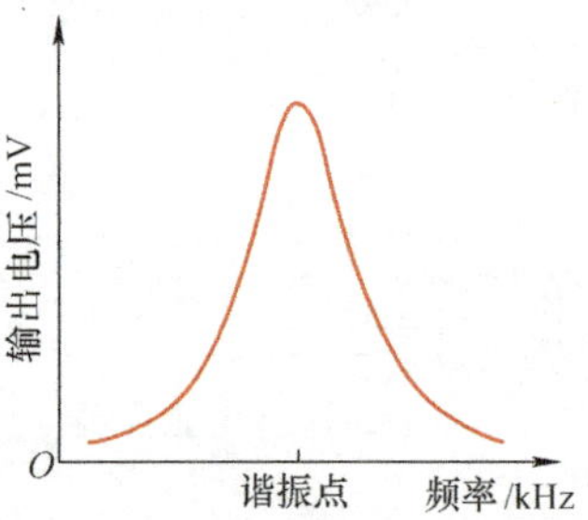

图 4-59 磁致伸缩式爆燃传感器的输出特性

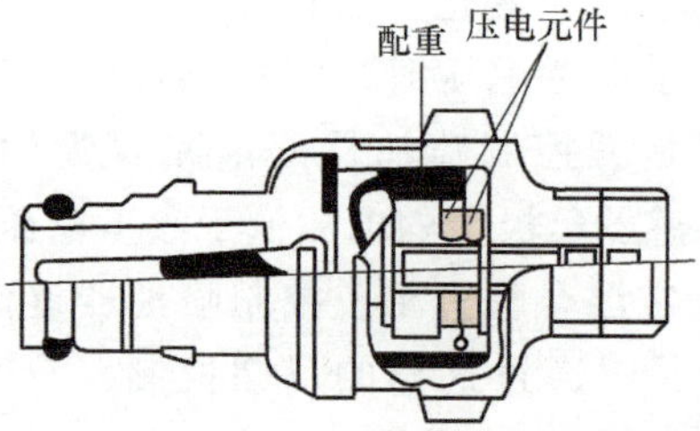

图 4-60 非共振型压电式爆燃传感器的结构

发动机振动时，安装在发动机缸体上的爆燃传感器内部配重因受振动的影响而产生加速度，因此在压电元件上就会受到加速时惯性力的作用而产生电压信号。在爆燃发生时的频率及其附近，此种传感器产生的输出电压不会很大，具有较平稳的输出特性（图 4-61），因此，必须将反应发动机振动频率的输出电压信号送至识别爆燃的滤波器中，判别是否有爆燃信号产生。用于不同发动机上时，只需将滤波器的过滤频率调整即可使用，而不需更换传感器，这是它的突出优点。

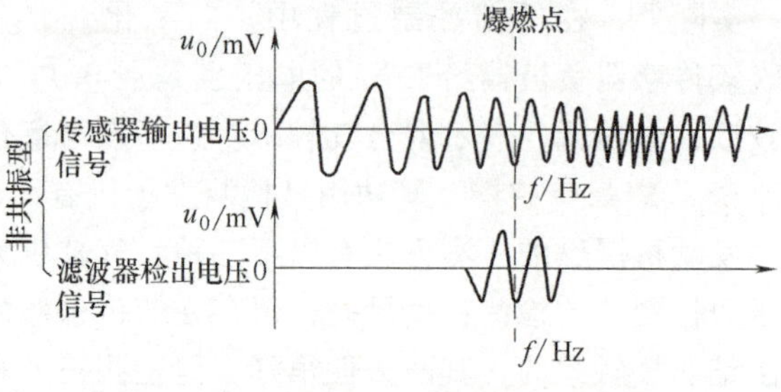

图 4-61 非共振型压电式爆燃传感器输出电压与频率的关系

3）共振型压电式爆燃传感器。它是利用产生爆燃时的发动机振动频率，与传感器本身的固有频率相符合而产生共振现象，来检测爆燃是否发生。该传感器在爆燃时的输出电压比非共振（无爆燃）时的输出电压高得多，因此无须使用滤波器，即可判别有无爆燃发生。

该传感器（图 4-62）的压电元件 8 紧密地贴合在振荡片 7 上，振荡片则固定在传感器的基座 6 上。振荡片随发动机振动而振荡，波及压电元件，使其变形而产生电压信号。当发动机爆燃时的振动频率与振荡片的固有频率相符合时，振荡片产生共振，此时压电元件将产生最大的电压信号（图 4-63）。

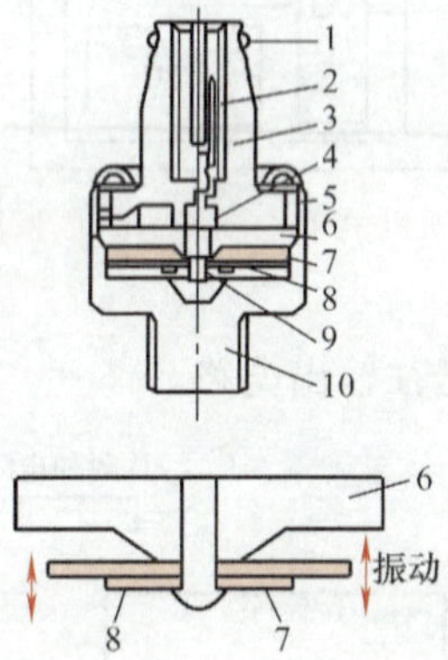

图 4-62　共振型压电式爆燃传感器的结构

1、5—O 形环　2—插头　3—插接器　4—密封剂　6—基座　7—振荡片　8—压电元件　9—引线端子　10—外壳

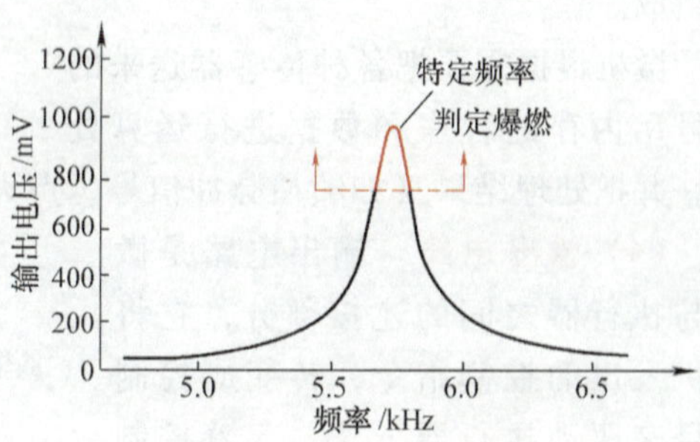

图 4-63　共振型压电式爆燃传感器输出电压与频率的关系

（6）开关信号

1）起动信号。发动机起动时，由于温度低、混合气在进气管内流速慢，燃油雾化差。为了改善起动性能，ECU 依据收到的起动信号，对喷油量进行起动加浓。

2）空档起动开关信号。当自动变速器由 P/N（停车或空档）换入行驶档位时，发动机负荷将有所增加。ECU 根据档位开关信号判别是停车状态还是行驶状态，及时修正喷油量和点火提前角。空档起动开关信号主要用于怠速控制，也作为 ECU 安全控制依据，防止不在 P/N 位时发动机的起动。

3）空调开关信号。ECU 根据空调开关信号来监测空调压缩机是否投入工作。当空调压缩机投入工作时，发电机负荷加大，空调开关向 ECU 输送高电平信号，ECU 以此信号调整喷油量和怠速转速。

4）动力转向开关信号。装有动力转向装置的汽车在转向时，动力转向油泵负荷使发动机负荷加大。此时动力转向开关向 ECU 输入增加负荷信号，ECU 会修正喷油量和点火提前角。

2. 电子控制器（ECU）

电子控制器又称电子控制单元（Electronic Control Unit，ECU）是发动机电控系统的核心。它主要由中央处理器（CPU）、随机存取存储器（RAM）、只读存储器（ROM）、输入和输出接口电路、驱动电路和固化在 ROM 中的发动机控制程序和原始数据等组成（图 4-64）。

（1）输入电路　它对各种输入信号进行预处理，一般包括除去杂波、把正弦波转换成矩形波及电平转换等。

(2) A/D 转换器 数字计算机只能处理数字信号，A/D 转换器将模拟信号转换成数字信号，再输入给微机进行处理。

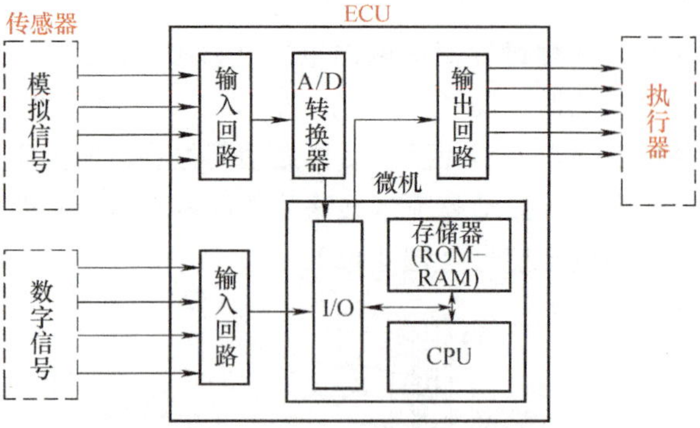

图 4-64 发动机电子控制器的组成框图

(3) 微机 微机是发动机电控系统的神经中枢，它主要由中央处理器（CPU）、随机存储器（RAM）、只读存储器（ROM）、输入/输出接口（I/O）等组成。

微机根据需要把各种传感器送来的信号用内存的程序和数据进行运算处理，并把处理结果（如喷油脉冲信号、点火控制信号等）送往输出电路。

(4) 输出电路 输出电路是微机与执行器之间的连接部分，它将微机发出的控制指令，转变成控制信号来驱动执行器工作，起着控制信号生成和放大等作用。微机输出的是数字信号，而且输出信号很小，用这种信号一般不能直接驱动执行器工作，需要输出电路将其转换成可以驱动执行器工作的控制信号，如喷油器驱动信号、点火控制信号、燃油泵控制信号等。如图 4-65 所示是喷油器驱动信号输出电路示意图。

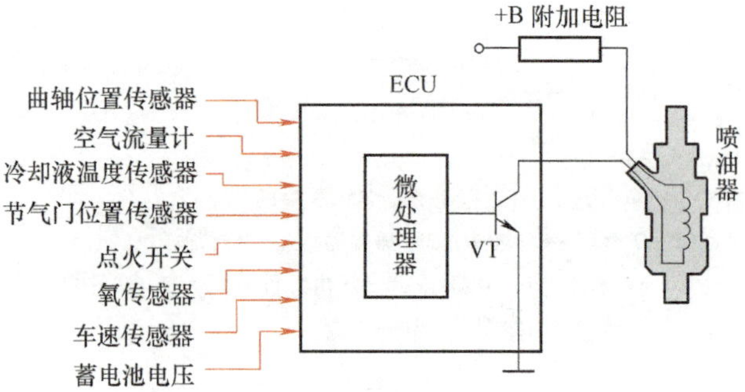

图 4-65 喷油器驱动信号输出电路示意图

3. 发动机电子功率控制系统 EPC

发动机电子功率控制系统（Electronic Power Control，EPC），也称为电子节气门（Electronic Throttle Control，ETC）。在 EPC 系统中，取消以前的节气门拉线而用踏板装置的传感器来取代，发动机控制单元（ECU）根据踏板装置传感器反馈的位置数据，经过计算得到最佳目标节气门开度，并发送一个信号给节气门驱动电机，使节气门旋转到这个角度。

这种方式优于拉线式加速控制，因为 EPC 通过对来自加速踏板位置的输入信号的计算、分析，得知发动机的动力需求，并将这些信息通过各个执行器转变成发动机的转矩。由于安全、燃油消耗等原因，发动机的转速需要调整时，发动机 ECU 可以不通过加速踏板来调节节气门的位置。这种结构的好处是控制单元能根据各种需求来限定节气门的位置。

4. 故障自诊断系统

发动机电子控制系统除了具有控制燃油喷射和点火正时等基本功能外，还有故障自诊断功能。汽车正常运行时，电子控制系统输入和输出信号的电压（或电流）值都有一定的正常变化范围，当控制电路信号的电压（或电流）出现异常且超出了这一范围，且该现象在设定时间内不会消失，ECU 则判定为这一部分出现故障，并把这一故障以代码的形式存入内部随机存储器，同时点亮警告灯，以显示故障信息，为维修人员诊断故障原因提供参考。

一般在仪表板下方或发动机舱内设有一个专用接口，即故障诊断接口，该接口直接与ECU相连。将解码器或检测设备插入此专用接口，便可将故障码或诊断的传感器、执行器等信号的数据流由此读出，以便在控制系统出现故障时，能及时、快速地查找和排除。

早期的故障自诊断系统是各个汽车制造厂商根据车型自行设计的诊断插座和自定义故障码的系统，缺乏统一标准，给故障检修人员带来很多不便。因此，国际自动机工程师学会（SAE）、美国环保署（EPA）和加利福尼亚州大气资源局（CARB）于20世纪80年代末期倡导提出了标准化和规范化的汽车排放控制装置故障诊断系统，采用统一的故障诊断插座及故障码，称为车载自诊断系统（On-Board Diagnostic，OBD）。最初OBD主要是对汽车排放控制装置进行的故障自诊断，现在已扩展到具有对汽车全方位故障诊断信息以及数据流传输等功能。目前广泛应用的是第二代车载自诊断系统OBD-Ⅱ，它对故障诊断测试模式、故障码、诊断接口、诊断仪器等有关诊断系统的内容进行了标准化和规范化。

与以前的随车故障诊断相比，OBD-Ⅱ系统具有以下特点：

1）具有统一的16针故障诊断插座（Data Link Connector，DLC），均安装在驾驶室驾驶人一侧仪表板下方。

2）具有数值分析和资料传输功能。

3）具有统一的故障码含义。需要说明的是，除了SAE规定的故障码外，还允许生产厂商自定义的故障码，但必须与OBD-Ⅱ兼容。

4）具有重新行驶记忆故障码的功能。

5）具有行车记录器功能。

6）具有可由仪器直接消除故障码的功能。

OBD-Ⅱ故障诊断插座的形状及引脚编号如图4-66所示。SAE还对诊断座中每个引脚的功能进行了详细的规定，详见表4-2。

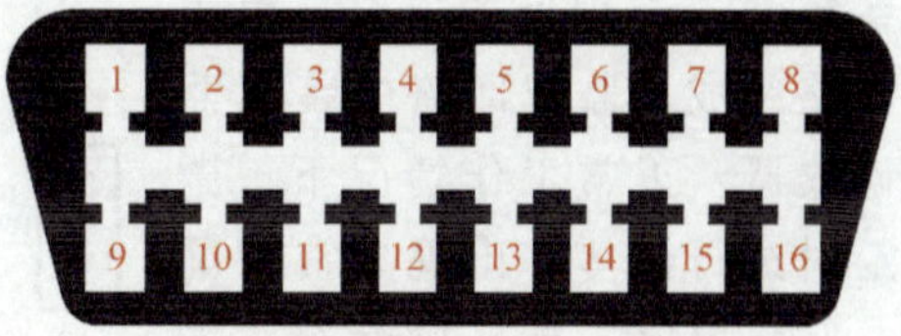

图4-66　OBD-Ⅱ故障诊断插座的形状及引脚编号

表4-2　诊断插座各引脚功能

引脚编号	引脚功能	引脚编号	引脚功能
1	为制造商预留	9	为制造商预留
2	SAE-J1850总线正极	10	SAE-J1850总线负极
3	为制造商预留	11	为制造商预留
4	车身搭铁	12	为制造商预留
5	信号搭铁	13	为制造商预留
6	高速CAN	14	低速CAN
7	ISO-9141-2 K线	15	ISO-9141-2 L线
8	为制造商预留	16	汽车蓄电池正极

5. 安全保险功能和后备系统

（1）安全保险功能　安全保险功能又称为故障保险功能，它是ECU检测出故障后采取的一种保险措施。当某个传感器或执行器出现故障时，如果ECU仍然按照正常方式继续控制发动机运转，就有可能使发动机或有关部件出现更严重的问题。例如冷却液温度传感器信号电路发生断路或短路故障时，则ECU检测出冷却液温度低于-30℃或高于139℃，如果此时误认为冷却液温度传感器的信号正确并继续按照正常方式进行修正，必将引起空燃比太浓或太稀，结果导致发动机失速或工作粗暴，甚至无法正常运转。又如，点火系统中点火器发生故障，当 ECU 接收不到点火器的反馈信号（IGf）时，如果喷油器继续喷油，大量未燃的可燃混合气就会排放到催化转化器，使其温度迅速升高，超过其许用温度，导致其损坏。为了避免上述情况发生，必须具备安全保险功能。具有故障自诊断功能的发动机电控系统一般都同时具有安全保险功能。

安全保险功能主要依靠 ECU 内的软件来实现。当系统诊断出有故障出现时，一方面发出故障警告信号、存储故障码，另一方面 ECU 会自动启用安全保险功能，按照存储器内设定的程序和数据，使控制系统继续工作或强制停机。如系统检测出冷却液温度信号电路出现故障，ECU 会采用预先设置在存储器中的代用值，来代替冷却液温度信号，使发动机继续运行。而当点火器出现故障时，ECU 连续多次检测不到点火反馈信号（IGf），则会采取强制措施，停止喷油器喷油。

（2）后备系统 后备系统又称为后备功能，它是当 ECU 内控制程序出现故障时，ECU 把燃油喷射和点火正时控制在预定水平上，作为一种备用功能使车辆仍能继续慢速行驶，回到修理厂，所以也称为回家（go home）模式。

如图 4-67 所示是发动机 ECU 后备系统的工作原理框图。其后备系统为一专用后备电路，由集成电路组成。监视回路中装有监视计数器，正常工作情况下，微机定时进行清零。出现异常情况时，例行程序不能正常运行。如果这时计数器的定期清零工作不能进行，微机显示溢出。当监视器发现微机溢出，就能检测出异常情况。当监视器监测出微机出现异常情况而满足启用后备系统的条件时，首先点亮“发动机故障灯”，提示驾驶人发动机已出现故障，需要进行维修；与此同时，ECU 自动转换成简易控制的后备功能。

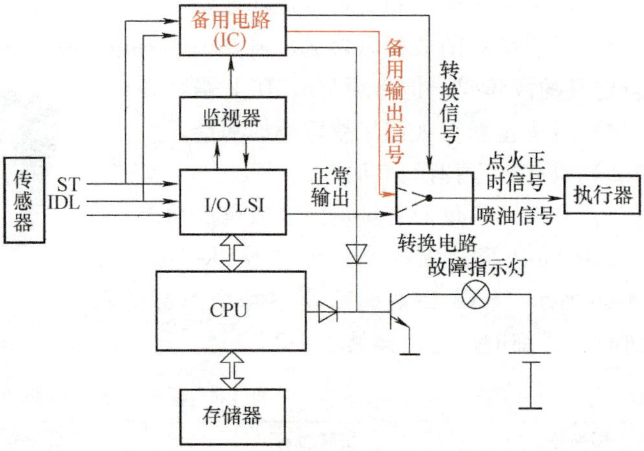

图 4-67 ECU 后备系统工作原理框图

后备系统只是简易控制，只能维持基本功能，使车辆能够慢速行驶，而不能保证发动机运行在最佳状态，不宜在“后备”状态下行驶，应及时检查修理。

想一想

发动机转速的测试可以从哪里提取信号？

【温馨提示】

电控汽油喷射系统传感器结构认识与检测视频请扫教学资源 4.3 对应的二维码进行观看。

4.3 汽油机缸内直喷系统

随着汽车工业的飞速发展以及世界能源的日益枯竭，对汽车节能减排的要求越来越高。如何降低发动机的排放污染，提高其燃油经济性，已成为汽车行业研究的主要课题。采用高压缩比燃烧室、多气门、可变配气正时、燃烧压力控制系统等技术应运而生，近年来，缸内直喷技术得到广泛应用。

知识点 1　汽油机直喷系统概述

GDI（Gasoline Direct-Injection）即汽油直接喷射，其结构如图 4-68 所示。近年来，国外各大汽车厂商都在积极研究开发缸内直喷分层稀薄燃烧技术。德国大众公司于 2000 年向市场投放了 FSI 型缸内直喷汽油机，2001 年标致雪铁龙公司开发了 HPI 缸内直喷系统，丰田公司则推出了 D-4 型直喷式火花点火发动机等。采用缸内直喷分层稀薄燃烧技术的汽油机，中小负荷时，在压缩行程的后期开始喷油，通过与燃烧系统的合理配合，在火花塞附近形成较浓的可燃混合气，在远离火花塞的区域，形成稀薄分层混合气。在发动机大负荷及全负荷时，在早期进气行程中将燃油喷入气缸，使燃油有足够的时间与空气混合，形成完全均质的混合气进行燃烧。另外，也有采用分段喷射技术的分层混合气，即在进气早期开始喷油，使燃油在气缸中均匀分布，在进气后期再次喷油，最终在火花塞附近形成较浓的可燃混合气，将一个循环的喷油量分作两次喷入气缸，可以很好地实现混合气的分层。

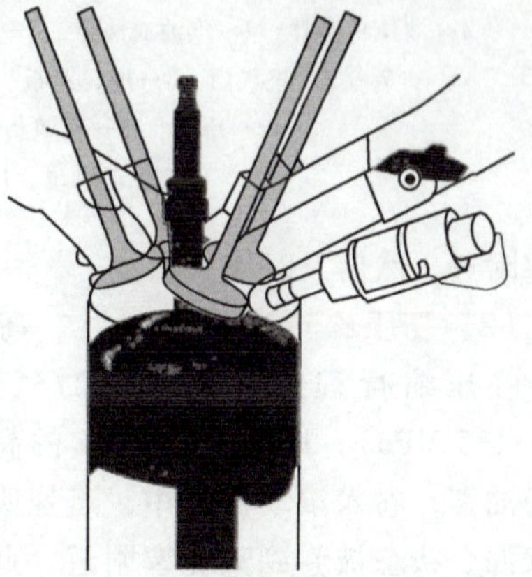

图 4-68　汽油直接喷射发动机（GDI）

如图 4-69 所示为 GDI 发动机的系统布置，图中的控制系统由各种传感器得到所需的实际工况参数，经过 ECU 的运算判断后，通过各种驱动机构对喷油器和火花塞等进行实时控制。

GDI 发动机的优点是在适当的曲轴转角将汽油直接喷入气缸中，因此兼有热效率高和升功率大的优点，同时解决了冷起动时 HC 排放量高的问题，发动机的燃油经济性随之改善。采用分层稀薄燃烧技术的 GDI 发动机虽然大幅度地提高了部分负荷下发动机的燃油经济性，但还存在着中、小负荷时 HC 排放较多、NO_x 排放较高、颗粒排放增加等缺点。

知识点 2　缸内直喷式汽油机的工作原理

缸内直喷式汽油机的工作原理如图 4-70 所示。

（1）气缸内涡流的运动　在进气过程中，通过直立式进气管，在气缸吸力的作用下，产生强大的下降气流，使充气效率得到提高。又在顶面弯曲活塞的作用下，形成比传统汽油机更强大的滚动涡流。这个滚动涡流，将压缩后期喷射出的旋转油雾，带到燃烧室中央的火

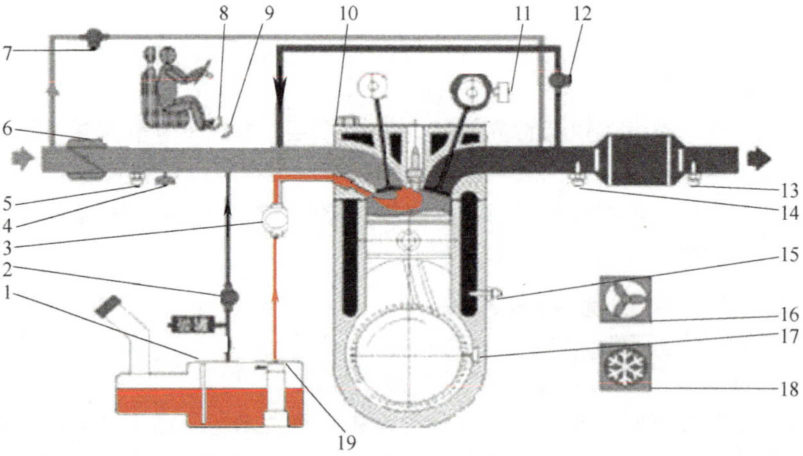

图 4-69 GDI 发动机的系统布置

1—油位传感器 2—汽油滤清器 3—高压泵 4—压力传感器 5—进气温度传感器 6—电动节气门 7—二次进气门 8—加速踏板 9—制动踏板 10—撞击传感器 11—凸轮轴位置传感器 12—EGR 13—前氧传感器 14—后氧传感器 15—冷却液温度传感器 16—冷却风扇 17—曲轴位置传感器 18—空调 19—油泵

花塞附近，然后及时点火燃烧。

（2）高压旋转油雾的产生 高压旋流喷油器，在压缩行程的后期（此时气缸内压力为0.6~1.5 MPa），以5~5.5 MPa的高压喷射出旋转的油雾，卷入滚动涡流中，迅速吸热汽化，以层状混合状态被卷到火花塞附近。此时，火花塞附近为高浓度混合气，极易点燃。气缸内的燃气呈“稀包浓”状态（氧分子包围 HC 分子），形成了一个绝热层，提高了热效率，使功率提高，油耗降低。

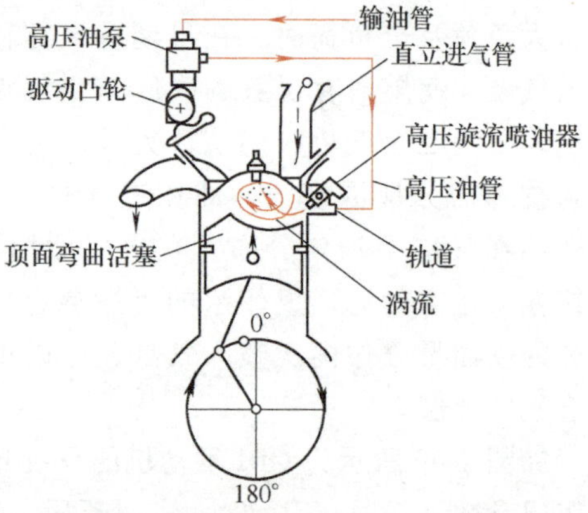

图 4-70 缸内直喷式汽油机工作原理

（3）高速强燃烧涡流的产生 “稀包浓”的强燃烧涡流，因未燃物和已燃物温度、密度和离心力的差异，在旋转中逐层地换位和剥离（未燃物温度低、密度和离心力大，向外移动；已燃物温度高、密度和离心力小，向内移动），并从内向外稳定地、彻底地分层燃烧（图 4-71）。“稀包浓”状态的燃气涡流，与气缸壁间产生绝热层，从而提高了热效率。因高压缩比和高速强涡流及涡流分层高效率燃烧的结果，即进气涡流、压缩涡流、燃烧涡流（图 4-72a、b、c）的综合效果，与传统的电喷汽油机相比，输出功率 P_e 和输出转矩 M_e 提高了10%左

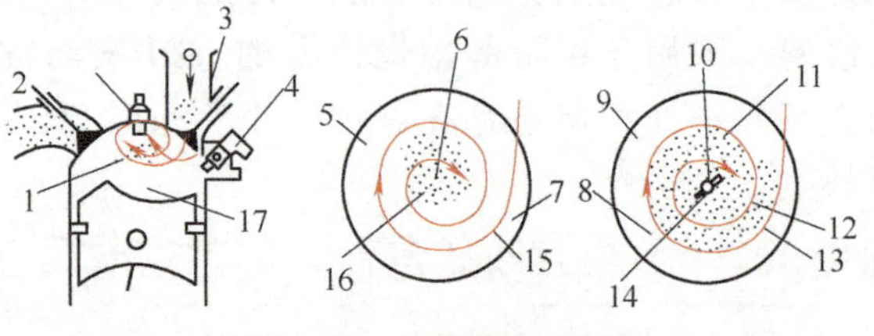

图 4-71 分层燃烧过程

1、14、16—浓区 2—火花塞 3—直立进气管 4—高压旋流传感器 5、9—稀区 6—火花 7、8—绝热层 10—火焰 11—未燃物（离心力大） 12—已燃物（离心力小） 13、15—涡流 17—旋转涡流

右。超稀薄的混合气，空燃比可达30~40，与传统的汽油机相比，因燃烧过程和燃烧温度控制得合理，节油率可达40%，可使排气中的CO、HC、NO_x 等有害物质大幅度降低。

（4）起动性能的提高　因燃油直接喷入气缸，无燃油的黏结损耗，又因火花塞处为高浓度混合气，与传统的均质混合方式相比，起动性能得到提高，发动机在一两个循环即可起动运转。而传统的均质混合发动机，需要十几个循环才能起动运转。

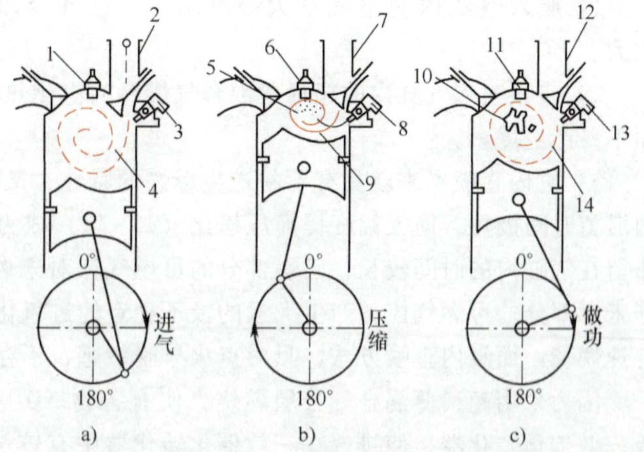

图 4-72　三种涡流的产生

a）进气涡流　b）压缩涡流　c）燃烧涡流

1、6、11—火花塞　2、7、12—直立进气管　3、8、13—高压旋流喷油器　4—进气涡流　5—浓区　9—压缩涡流　10—火焰　14—燃烧涡流

（5）中小负荷工况时的喷油特点　乘用车在市内行驶占有的时间为75%~85%，多在中、小负荷工况下工作，应在压缩行程后期喷油，以经济超稀薄混合气成分为主，为分层燃烧的混合气。

（6）大负荷工况时的喷油特点　为了获得大负荷时的功率值（包括其他工况），应加浓可燃混合气，以动力性为主，采用两次喷油方式（图4-73）。第1次是在进气行程，喷入适量燃油，形成均质燃烧混合气，此为补救功能。此时，还可利用燃油的汽化热，来降低进气温度，提高充气效率。

第2次是在压缩行程的后期喷油，形成浓稀不均的层状混合气，再点火燃烧。因此，在大负荷工况时，一个工作循环中喷油器发生两次脉冲信号，脉冲宽度各不相同。注意两次喷油的功能也会在起动工况、急加速工况时出现，用来调节空燃比的大小（图4-74），改善使用性能。

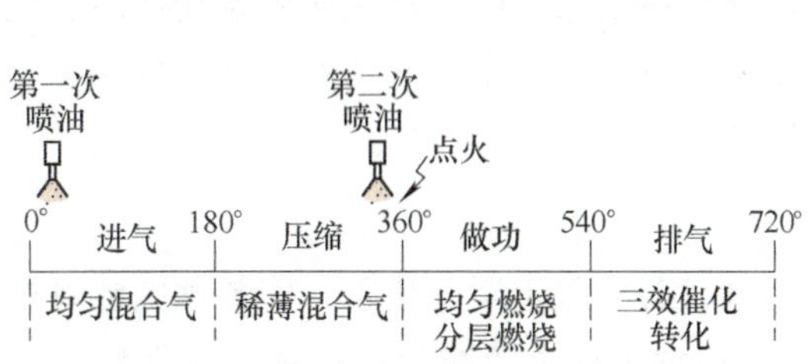

图 4-73　两次喷油方式

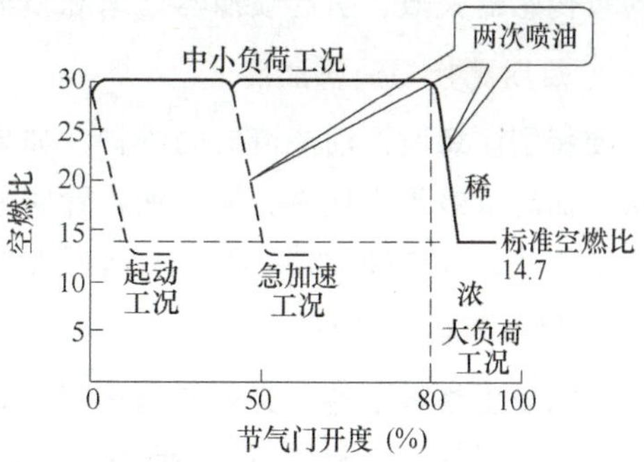

图 4-74　空燃比（A/F）变化特性

（7）高压缩比的实现　要提高汽油机的功率输出，一是加大进气量，二是提高压缩比，三是控制燃烧过程。传统的电控喷射系统，因燃油质量的制约，压缩比已难突破10∶1的大关，还需要使用97号汽油。而缸内直喷式汽油机却能突破这个界限值，使压缩比提高到12~13，对汽油的辛烷值无过高要求，究其原因如下：

1）吸入气缸内的空气量大幅度增加，进气冷却效果较好，因而对爆燃的抑制作用加大。

2）直接喷入气缸内的超稀薄混合气燃料的汽化热可降低气体温度和增大空气密度，因而不易产生爆燃。

3）缸内直喷本来就具有不易产生爆燃的特性，又在压缩行程后期喷油，燃油在燃烧室内滞留时间极短，使大幅度提高压缩比（12~13）成为可能。传统汽油机爆燃的产生是燃油滞留在气缸内的时间较长，已燃部分的可燃气体对未燃部分的可燃气体挤压和辐射造成的，即未燃部分的可燃气体，产生大量的极不稳定的过氧化物，不等火焰传到，即自行不正常地急速燃烧。而缸内直喷方式，只对点火早晚敏感，不存在过氧化物的问题。

因为采用超稀薄混合气分层燃烧，使有害物 NO_x 生成量加大，故净化应使用存储式双级三效催化转化器，使排气在三效催化转化器中有较长的滞留时间（2s），从而使排气中的 CO、HC、NO_x 转化还原为无害气体 CO_2、H_2O、N_2，并加装温度传感器进行监控。在中小负荷工况，使 EGR 系统投入工作，并采用较大的 EGR 率（传统式电控系统为 5%~15%，而 GDI 系统为 20%），再加上专门的存储式双级三效催化转化器，进行废气净化处理。

增装废气涡轮增压系统（如奥迪 A6L 2.0T FSI 等乘用车），充气效率将进一步提高，空气密度加大，氧含量提高，燃烧条件进一步改善，动力性、经济性和净化性将明显提高。

4.4 电控汽油喷射系统的使用维护与常见故障

知识点 1　电控汽油喷射系统的使用维护

1. 使用清洁的汽油

电控汽油喷射系统的发动机对汽油的清洁度要求比化油器高，应正确选用规定标号的汽油，使用牌号和质量符合要求的无铅汽油。一旦使用含铅汽油，会导致安装在发动机排气管上的氧传感器失效，引起喷油器堵塞和喷油不畅等诸多问题，造成发动机工作性能下降。

2. 定期更换燃油滤清器

要特别注意对汽油滤清器的维护，如果滤清器堵塞或油路不畅，将直接影响喷油的雾化质量。而滤清效果不佳将会使喷油器针阀卡死，使发动机工作失常。汽油滤清器应按保养手册定期更换，以防喷油器堵塞和氧传感器的工作性能丧失。

3. 更换蓄电池需断电

若需要更换蓄电池，必须使点火开关和其他用电设备均置于断开位置，安装蓄电池时极性必须判断无误（负极搭铁）。使用中不轻易拆下蓄电池上的电源线和搭铁线，以免 ECU 因突然断电而丢失所记录的故障信息。

电控汽油喷射系统汽车的点火开关打开时，不论发动机是否运转，都不能断开任何用电器，禁止随意拆、拔熔丝，因为此时任何一个线圈的自感作用都会产生很高的瞬间电压，使 ECU 或传感器损坏。发动机的蓄电池负极搭铁不能搞错，检修燃料系统时，应先拆下蓄电池搭铁线。

4. 燃油过少应及时加油

电喷发动机的汽油泵一般都安装在汽油箱内，它是靠浸在汽油里冷却的，因此，要求油箱的油量只剩下 1/4 时，就要添加汽油，否则汽油泵露出油面，冷却不良容易引起故障。汽车在行驶中，如发现燃油警告灯点亮，应尽快加油，以免因油箱内汽油过少而损坏电动汽油泵。不可用水冲洗发动机，由于 EFI 系统许多电控单元分布在发动机的不同部位，电子元件最忌受潮和接口处进水，很容易引发故障。

知识点 2 电控汽油喷射系统的常见故障

电控汽油喷射系统的常见故障见表 4-3。

表 4-3 电控汽油喷射系统的常见故障

故障名称	故障征象	故障原因
电动燃油泵工作不良	汽车起动困难、加速性能不良	电动燃油泵磨损或损坏；空气流量传感器上的微动开关工作不良
进气管路漏气	发动机起动困难，怠速不稳，运转无力	进气管路密封不严
电动喷油嘴故障	汽车动力性降低	电磁线圈工作不良或喷油器针阀卡死
电压调节器故障	发动机喷油不良，动力性不良	真空膜片损坏，真空管漏气
传感器故障	故障指示灯亮，发动机工作不良	传感器损坏、信号失准

知识拓展

传统发动机的供油系统有两种，一种是进气歧管喷射，一种是缸内直喷。不管哪种都有各自的弊端。混合喷射是指将燃油喷射系统由缸内直喷和进气歧管喷射组合而成的喷射系统，取长补短。不仅可以提高发动机的工作效率，还避免了直喷发动机在低负荷工况下因氧气过量导致的排放问题。

在空燃比大于 18∶1 时，将气缸内的燃烧状态称之为稀薄燃烧。稀薄燃烧的最大特点就是燃烧效率高，经济的同时还可以提升发动机的功率输出。然而稀薄燃烧也存在一定的缺陷。在稀薄燃烧的情况下，排气中会有很多残留的氧气，同时排气的温度也较低，这两方面的原因使得三效催化转化器对氮氧化物的转化率不高，从而增加了氮氧化物的排放。

缸内直喷是实现稀薄燃烧最好的方法。缸内直喷发动机在低负荷时，就处于稀薄燃烧的状态，在高效节能的同时，也排放了更多的氮氧化物。同时，在微粒排放方面，由于油气混合时间较短，形成局部过浓区域可能性更大，所以直喷发动机的微粒排放要多于进气歧管喷射发动机。

混合喷射就是将进气歧管喷射加入到了直喷发动机之中，形成了一套混合喷射系统。低负荷工况时，进气歧管喷油器在气缸进气行程时喷油，混合气进入气缸，再配合压缩行程时气缸内喷油器喷油，从而实现分层燃烧；高负荷工况时，只在压缩行程进行缸内直喷。这样一来，不仅可以提高发动机的工作效率，还避免了上面提到的在低负荷工况下因氧气过量导致的排放问题。

混合喷射方式的作用意在结合进气歧管喷射和缸内直喷技术的优点，以解决传统缸内直喷技术存在的问题。由于进气歧管喷射的介入，有助于减缓传统缸内直喷发动机在进气道和进气门上积炭较多等现象。

对于混合喷射技术今后发展动向这一问题，许多行业专家认为，成本或是制约其普遍使用的一大因素。需要承认的是，混合喷射技术虽然能解决目前传统缸内直喷发动机所存在的问题，但其在成本上并不具备明显优势。

首先，由于两套系统的喷射压力相差悬殊，这就需要为两套喷射方式分别配装油泵和供油管路，在成本上势必要高于采用一种喷射方式的发动机。其次，喷射方式的转换需要重新对控制系统的策略进行更改，随之而来的便是重新进行标定工作，这又会带来成本的增加。

节能减排的实质并不能局限于理论数据，要注重实际表现。混合喷射模式并非一项新技术，可看作是当前解决传统缸内直喷发动机弊端的一种技术手段。在目前“超级爆燃”现象没有明确解决方案的情况下不失为一种技术路径，如果这一问题能够得以解决，是否仍需采用混合喷射模式仍有待时间检验。

本章小结

1. 电控汽油喷射系统由汽油供给、空气供给和电子控制三部分组成。

2. 汽油供给系统由汽油箱、电动汽油泵、汽油滤清器、汽油分配管组件、喷油器等组成。

3. 空气供给系统由空气滤清器、空气流量计或进气歧管绝对压力传感器、节气门、进气总管、进气歧管和怠速空气控制系统等组成。

4. 电子控制系统由传感器、控制器和执行器组成。传感器将发动机的工作状态信息转变为电信号，输送给控制器（ECU），控制器对传感器信号进行分析、处理、运算和判断后，向执行器发出控制指令，实现对发动机运行的最佳控制。

5. 发动机常用的传感器有转速与曲轴位置传感器（电磁感应式、霍尔效应式、光电效应式）、冷却液温度传感器、进气温度传感器、氧传感器（氧化锆式、氧化钛式）、爆燃传感器、节气门位置传感器等。

6. 电控汽油喷射发动机一般都设有故障自诊断系统，具有安全保险功能和后备系统，以备发动机故障的自检测诊断和应急处理。

7. 汽油缸内直喷系统兼有热效率和升功率大的优点，对改善汽油机的燃油经济性和排放性能有较好的作用。

思考题

1. 名词解释：单点汽油喷射、多点汽油喷射、同时喷射、顺序喷射、分组喷射、故障自诊断、安全保险功能。

2. 电控汽油喷射系统有哪些类型？

3. 试说明电控汽油喷射系统的组成、作用及工作原理。

4. 电控汽油喷射系统的空气供给系统主要由哪些部件组成？

5. 空气流量计主要有哪些类型？简述热线式空气流量计的工作原理。

6. 发动机怠速控制装置主要有哪几种？步进电机式怠速控制装置是如何工作的？

7. 电控汽油喷射系统的汽油供给系统主要由哪些部件组成？

8. 简述汽油压力调节器的功用和工作原理。

9. 简述电磁式喷油器的基本结构与工作原理。

10. 发动机转速与曲轴位置传感器的作用是什么？常见的类型有哪些？

11. 冷却液温度传感器的作用是什么？简述其基本结构与工作原理。

12. 氧传感器的作用是什么？简述氧化锆（或氧化钛）式的氧传感器的结构与工作原理及对空燃比控制系统的影响。

13. 爆燃传感器的作用是什么？有几种类型？简述其基本工作原理。

14. ECU 由哪几部分组成，各起什么作用？

15. 故障自诊断系统、安全保险功能和后备系统的功用各是什么？

16. 简述缸内直喷汽油发动机的工作原理。

第5章　柴油机燃料供给系统

【本章内容架构】

- 第5章　柴油机燃料供给系统
  - 5.1电控柴油喷射系统
    1. 电控柴油喷射系统概述
    2. 电控柴油喷射系统总体组成与原理
  - 5.2 柴油机混合气的形成与燃烧
    1. 柴油机混合气的形成
    2. 柴油机燃烧室
    3. 柴油机的燃油喷射
    4. 柴油机的燃烧过程
    5. 影响柴油机燃烧过程的使用因素分析
  - 5.3 柴油燃料供给系统的使用维护与常见故障
    1. 柴油的选用
    2. 柴油燃料供给系统的常见故障

【学习目标要求、重点与难点】

序号	学习目标要求	学习重点	学习难点
1	理解柴油机混合气的形成、燃烧室与燃烧过程	√	
2	掌握电控柴油喷射系统总体组成与原理	√	
3	掌握电控柴油机燃油系统的组成与工作原理	√	√
4	掌握电控柴油机控制系统的组成与工作原理	√	√
5	能够识别不同类型的柴油喷射装置及其零部件	√	

【引入案例】

一辆装有电控柴油喷射发动机的载货汽车，在行驶过程中，发动机怠速不稳定，转速忽高忽低，高速运行时基本正常；最终行驶一段距离之后，发动机突然熄火，不能起动。请分析故障可能的原因。

5.1 电控柴油喷射系统

知识点1　电控柴油喷射系统概述

柴油机电控燃油喷射系统的研究开发始于20世纪70年代，20世纪80年代进入应用阶段，20世纪90年代得到迅速发展。历经位置控制、时间控制、高压共轨综合控制三代变化，它对提高柴油机的动力性能、经济性能、运转性能和排放性能都产生了极大的影响。

传统的柴油喷射系统是采用机械方式进行喷油量和喷油时间调节和控制，由于机械运动的滞后性，调节时间长，精度差，喷油速率、喷油压力和喷油时间难于准确控制，导致柴油机动力经济性能不能充分发挥，排放超标。与传统的机械方式比较，电控柴油喷射系统具有如下优点：

1）对喷油定时的控制精度高（高于0.5°曲轴转角），反应速度快。

2）对喷油量的控制精确、灵活、快速，喷油量可随意调节，可实现预喷射和后喷射，改变喷油规律。

3）喷油压力高（高压共轨电控喷油系统高达200MPa），不受发动机转速影响，优化了燃烧过程。

4）无零部件磨损，长期工作稳定性好。

5）结构简单，可靠性好，适用性强，可以在新老发动机上应用。

知识点2　电控柴油喷射系统总体组成与原理

以高压共轨电控柴油喷射系统为例，其总体组成如图5-1所示，它主要由燃油供给系统和电子控制系统两大部分组成。

【温馨提示】

高压共轨柴油喷射系统总体结构认识视频请扫教学资源5.1对应的二维码进行观看。

1. 燃油供给系统

燃油供给系统由低压油路和高压油路两部分组成。

（1）低压油路　低压油路由油箱20、电动输油泵19、机械输油泵4和柴油滤清器18等组成，其作用是产生低压柴油，输往高压泵。它的油箱、电动输油泵与汽油机燃料系统类似，不再赘述。

1）机械输油泵。机械输油泵的作用是将柴油从油箱中吸出。它安装在高压泵外侧，基

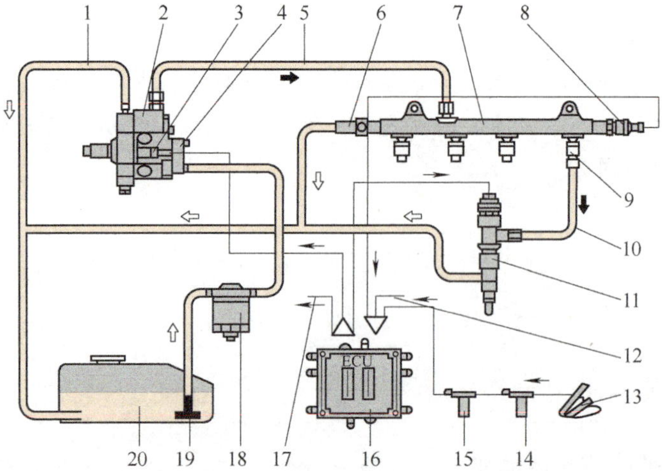

图 5-1 高压共轨电控柴油喷射系统的总体组成

1—回油管 2—高压泵 3—电磁阀 4—机械输油泵 5、10—高压油管 6—调压阀 7—高压存储器（共轨管） 8—共轨压力传感器 9—流量限制器 11—电控喷油器 12—其他传感器 13—加速踏板传感器 14—凸轮轴位置传感器 15—曲轴转速传感器 16—ECU 17—其他执行器 18—柴油滤清器 19—电动输油泵 20—油箱

本构件是 2 个互相啮合反向转动的齿轮（图 5-2），驱动齿轮由油泵凸轮轴驱动，带动另一齿轮转动，将柴油从吸油端送往压油端，其输油量与发动机转速成正比，输油量的调节借助于吸油端的节流调节阀或压油端的溢流阀进行。

2）柴油滤清器。柴油滤清器将进入高压泵前的柴油滤清净化并排除柴油中的水分，从而防止高压泵和喷油器等精密零部件过早磨损、损坏。

柴油滤清器结构如图 5-3 所示。工作时柴油从进油口 2 进入，经纸质滤芯 3 过滤，干净的柴油从出油口 7 流出。

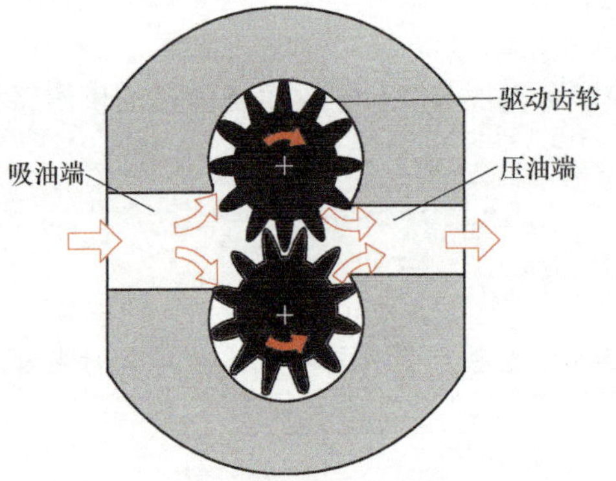

图 5-2 齿轮泵结构与工作原理

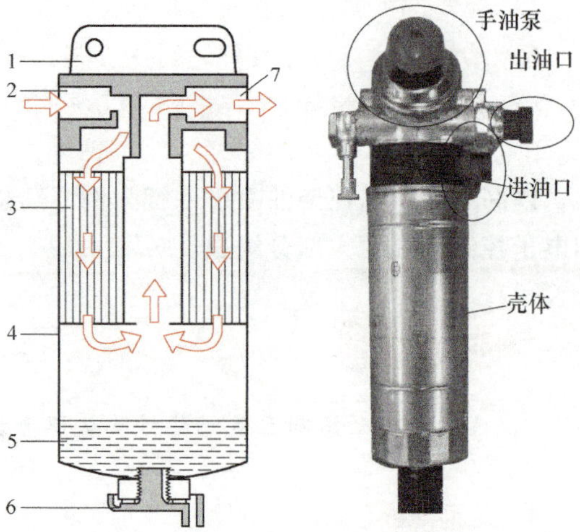

图 5-3 柴油滤清器

1—滤清器盖 2—进油口 3—纸质滤芯 4—外壳 5—集水槽 6—放水螺塞 7—出油口

如果柴油中有水，由于水的密度比油大，在流经滤清器时，水会沉入底部集水槽 5 中，打开放水螺塞 6 即可将水放掉。现代汽车大部分设有自动水报警装置，当滤清器内的水到一

定高度时，警告灯就会闪亮，提醒驾驶人及时将水排出。

（2）高压油路　高压油路由高压泵2、高压油管10、高压存储器（共轨管）7和电控喷油器11等组成（图5-1），其基本作用是产生高压柴油。

1）高压泵（图5-4）。其作用是产生高压油。它采用三个径向布置的柱塞泵油元件9，相互错开120°，由偏心凸轮8驱动。

工作时，从输油泵来的柴油流过单向阀5，一部分经节流小孔流向偏心凸轮室供润滑冷却用，另一部分经低压油路6进入柱塞室10。当偏心凸轮8转动导致柱塞泵油元件9下行时，进油阀11打开，柴油被吸入柱塞室10；当偏心凸轮被顶起时，进油阀11关闭，柴油被压缩，压力剧增，达到共轨压力时，顶开出油阀1，高压油被送去共轨管。

在怠速或小负荷时，输出油量有剩余，可以经调压阀3流回油箱。还可以通过控制电路使电磁阀12通电，使电枢上的销子下移，顶开进油阀11，切断某缸柱塞供油，以减少供油量和功率损耗。

【温馨提示】

电控柴油机高压泵工作原理视频请扫教学资源5.2对应的二维码进行观看。

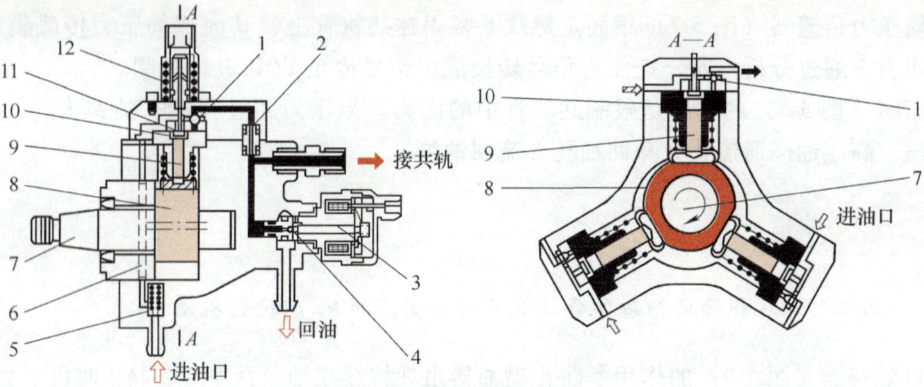

图5-4　高压泵

1—出油阀　2—密封件　3—调压阀　4—球阀　5—单向阀　6—低压油路　7—驱动轴　8—偏心凸轮　9—柱塞泵油元件　10—柱塞室　11—进油阀　12—电磁阀

2）调压阀（图5-5）。它被安装在高压泵旁边或共轨管上。其作用是根据发动机负荷状况调整和保持共轨管中的压力。

当调压阀不工作时，电磁线圈4不带电，高压泵出口压力大于弹簧2的弹力，阀门6被顶开。根据输油量的不同，调节阀门打开的程度。

当需要提高共轨管中的压力时，电磁线圈4带电，给电枢3一个附加作用力，压紧阀门6，使共轨管中的压力升高到与其平衡为止，然后调节阀门停留在一定开启位置，保持压力不变。

【温馨提示】

调压阀工作原理视频请扫教学资源5.3对应的二维码进行观看。

3）高压存储器（共轨管）。其作用是存储高压油，保持压力稳定。其结构如图 5-6 所示，共轨管上安装有共轨压力传感器 2、限压阀 3 和流量限制器 4。

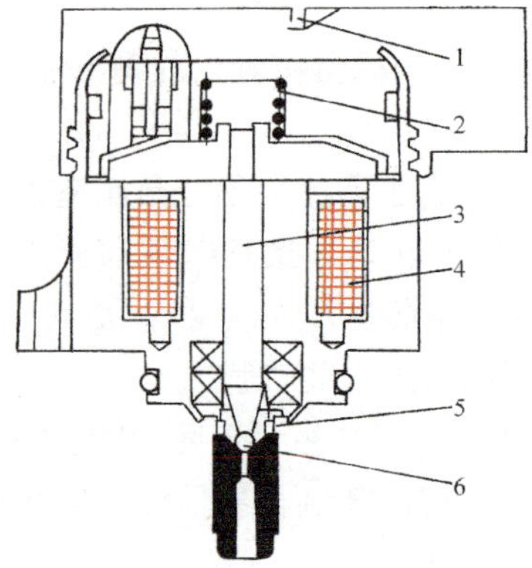

图 5-5 调压阀

1—电气插头 2—弹簧 3—电枢

4—电磁线圈 5—回油孔 6—阀门

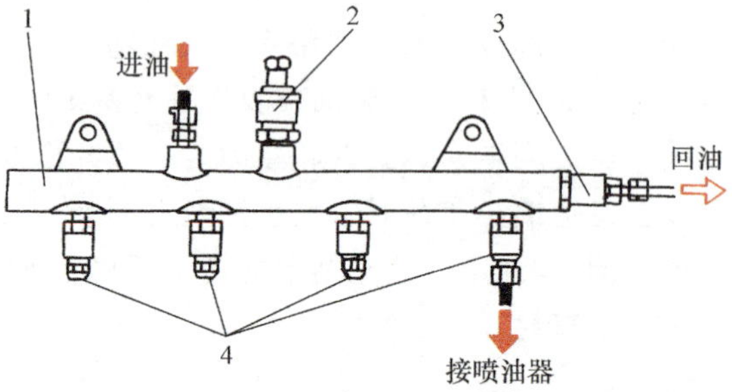

图 5-6 高压存储器（共轨管）结构

1—共轨管 2—共轨压力传感器

3—限压阀 4—流量限制器

共轨压力传感器（图 5-7）用固定螺纹 6 紧固在共轨管上，其内部的压力传感膜片 4 感受共轨压力，通过分析电路，把压力信号转换成电信号传至 ECU 进行控制。

限压阀（图 5-8）的作用是限制共轨管中的压力。当压力超过弹簧 5 的弹力时，阀门 2 打开卸压，高压油经通流孔 3 和回油孔 8 流回油箱。

【温馨提示】

限压阀工作原理视频请扫教学资源 5.4 对应的二维码进行观看。

流量限制器（图 5-9）的作用是防止喷油器出现持续喷油。活塞 2 在静止时由于受弹簧 4

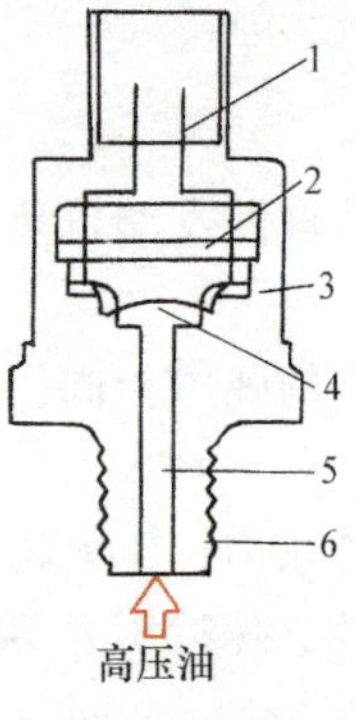

图 5-7 共轨压力传感器

1—电气插头 2—分析电路

3—外壳 4—压力传感膜片

5—油道 6—固定螺纹

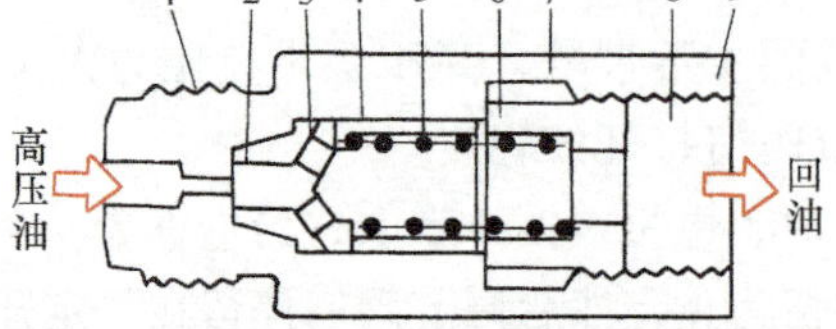

图 5-8 限压阀

1—固定螺纹 2—阀门 3—通流孔

4—活塞 5—弹簧 6—限位件 7—阀座

8—回油孔 9—外壳

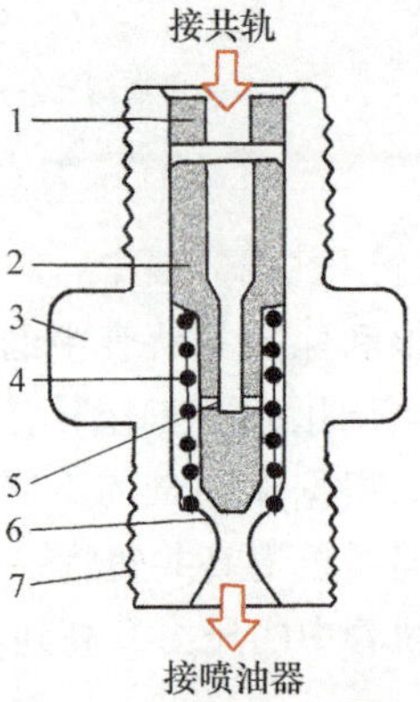

图 5-9 流量限制器

1—堵头 2—活塞 3—外壳

4—弹簧 5—节流孔

6—密封座面 7—螺纹

的作用力，总是靠在堵头 1 端。在一次喷油后，喷油器端压力下降，活塞在共轨压力作用下向喷油器端移动，但并不关闭密封座面 6。只有在喷油器出现持续喷油，导致活塞下移量大时，才封闭通往喷油器的通道，切断供油。

【温馨提示】

流量限制器工作原理视频请扫教学资源 5.5 对应的二维码进行观看。

4）电控喷油器。电控喷油器是共轨柴油喷射系统的核心部件，其作用是准确控制向气缸的喷油时间、喷油量和喷油规律。

电控喷油器的结构如图 5-10 所示，主要由喷油嘴偶件和电磁阀等组成。

由共轨管来的高压油进入喷油器体 6 内部油道，有一部分高压油经节流孔 4 作用在顶杠 3 上，压向喷油嘴偶件的针阀 14，使其压紧在针阀座 15 的密封锥面上，停止喷油；另有一部分高压油经喷油器体的斜油道进入环形油腔 13，力图顶开针阀喷油。

在电磁线圈不通电时，针阀处于关闭状态，喷油停止。

当电磁线圈通电时，衔铁 8 受电磁力的作用上升，球阀 7 打开，顶杠 3 上方的高压油从泄油孔 5 排出，使顶杠上方的液压力小于喷油器针阀承压锥面的向上分力，使针阀 14 升起，喷油器喷油。喷油量的大小取决于喷油嘴开启的持续时间（即 ECU 输出脉宽）、喷油压力及针阀升程等。

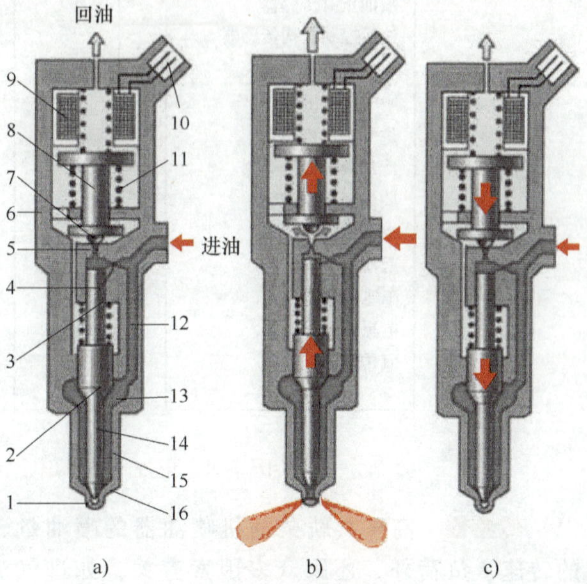

图 5-10　电控喷油器的结构

a）蓄压　b）喷油　c）结束

1—喷嘴　2—针阀锥面　3—顶杠　4—节流孔　5—泄油孔　6—喷油器体　7—球阀　8—衔铁　9—电磁线圈　10—电插头　11—弹簧　12—进油道　13—环形油腔　14—针阀　15—针阀座　16—喷油嘴

找一找　检索资料，查看电控柴油机喷油器是否有其他形式？

【温馨提示】

电控柴油喷油器结构原理视频请扫教学资源 5.6 对应的二维码进行观看。

2. 电子控制系统

电子控制系统由传感器、电子控制单元（ECU）和执行机构三部分组成（图 5-11）。

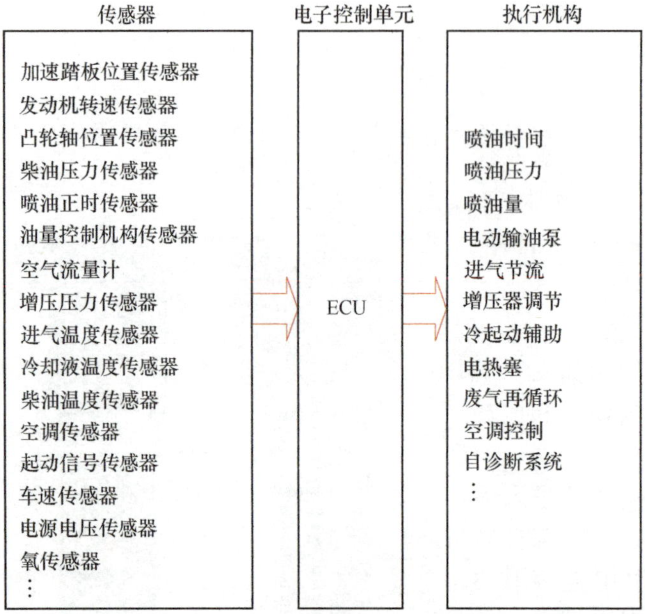

图 5-11　电控柴油机电子控制系统

(1) 传感器　高压共轨柴油机喷油器的喷油量、喷油时间和喷油规律除了取决于柴油机的转速、负荷外，还跟众多因素有关，如进气流量、进气温度、冷却液温度、燃油温度、增压压力、电源电压、凸轮轴位置、排气排放等，所以必须采用相应传感器，采集相关数据。有关传感器的结构和工作原理与汽油机的电控汽油喷射系统的传感器基本相同。

(2) 电子控制单元（ECU）　由各种传感器采集的数据都被送入 ECU，并与存储在里面的大量经过试验得到的最佳喷油量、喷油时间和喷油规律的数据进行比较、分析，计算出当前状态的最佳参数，其运算速度达 2000 万次/s。

(3) 执行机构　通过 ECU 计算出的最佳参数，再返回去通过执行机构（电磁阀等），控制电控喷油器、高压油泵等机构工作，使喷油器按最佳的喷油量、喷油时间、喷雾特性和喷油规律进行喷油。

5.2 柴油机混合气的形成与燃烧

知识点 1　柴油机混合气的形成

1. 混合气的形成特点

柴油机使用的燃料是柴油，由于其蒸发性和流动性比汽油差，而自燃点又比汽油低，所以只能采用在压缩上止点前直接喷入气缸，靠压缩着火燃烧。

由于柴油机混合气形成时间极短，只占15°~35°曲轴转角（按发动机转速3000r/min计，只占8.3×10^{-4}~1.9×10^{-3}s），可燃混合气形成十分困难；而且边燃烧边喷油，气缸内各处混合气浓度很不均匀，极易造成燃烧不完全，排气冒黑烟，动力经济性能下降等不良后果。

为此，现代柴油机除采用前面所述的高压燃油喷射外，还需要组织空气在气缸中高速流动，同时设计出各种燃烧室，促进可燃混合气的形成和快速燃烧。

2. 柴油机混合气的形成方式

根据柴油机混合气的形成特点，可以分为空间雾化混合和油膜蒸发混合两种基本方式。

空间雾化混合是将柴油高压喷向燃烧室空间，形成雾状，与空气进行混合。为了使混合均匀，要求喷出的燃油与燃烧室形状相配合，并充分利用燃烧室中空气的运动。

油膜蒸发混合是将大部分柴油喷射到燃烧室壁面上，形成一层油膜，受热蒸发，在燃烧室中强烈的旋转气流作用下，燃料蒸气与空气形成均匀的可燃混合气。

在柴油实际喷射中，很难保证燃料完全喷到燃烧室空间或燃烧室壁面，所以两种混合方式都兼有，只是多少、主次有所不同。

为了促进柴油与空气更好地混合，一般都要组织适当的空气涡流，常见的有以下三种：

（1）进气涡流　进气涡流是指在进气行程中，使进入气缸的空气形成绕气缸中心高速旋转的气流。它一直持续到燃烧膨胀过程。

产生进气涡流的方法一般是将进气道设计成螺旋形进气道（图5-12a）或切向进气道（图5-12b）。切向进气道在气门座前强烈收缩，引导气流以单边切线方向进入气缸，造成进气涡流。螺旋形进气道是在气门座上方的气门腔里制成螺旋形，使气流在螺旋气道内就形成一定强度的旋转，造成较强的进气涡流，涡流速度可以达到曲轴转速的6~10倍。

（2）挤压涡流　挤压涡流（挤流）是指在压缩过程中形成的空气运动。当活塞接近压缩上止点时，活塞顶上部的环形空间中的气体被挤入活塞顶部的凹坑内（图5-13a），形成了气体的运动。当活塞下行时，活塞顶部凹坑内的气体向外流到环形空间（图5-13b），称为逆挤流。挤压涡流的产生与活塞顶凹坑（燃烧室）的设计有很大关系，柴油机活塞顶凹坑形状很多，目的都是促进燃油与空气的混合与燃烧。

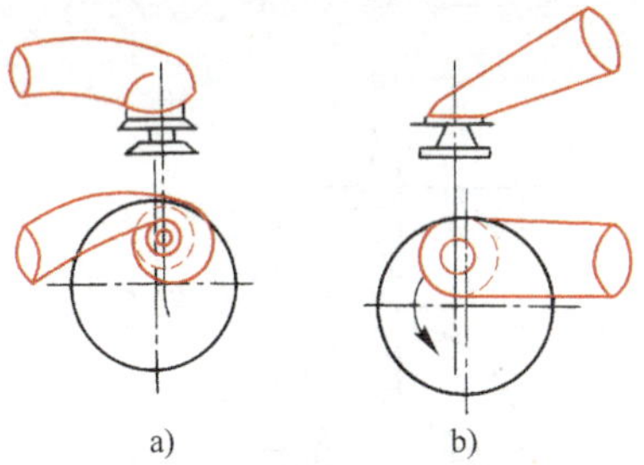

图5-12　螺旋形进气道和切向进气道

a）螺旋形进气道　b）切向进气道

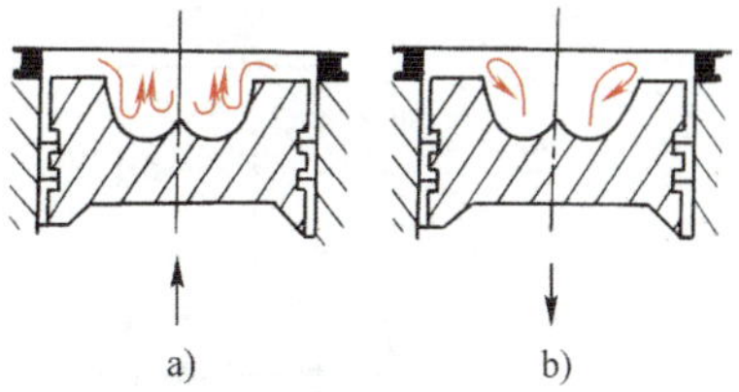

图5-13　挤压涡流

a）挤流　b）逆挤流

（3）燃烧涡紊流　燃烧涡紊流是指利用柴油燃烧的能量，冲击未燃的混合气，造成混合气涡流或紊流。其目的也是进一步促进燃油与空气的混合与燃烧。燃烧涡紊流的程度与柴油机燃烧室的形状密切相关。

知识点 2 柴油机燃烧室

燃烧室是柴油机的燃烧场所。燃烧室的形状直接影响可燃混合气形成的方式、速度、质量及燃烧过程的进行。其结构形状很多，根据燃烧室容积的分布情况，柴油机上常用的燃烧室基本分为直喷式燃烧室和分隔式燃烧室两大类（图 5-14）。

1. 直喷式燃烧室

直喷式燃烧室的结构特点是只有一个燃烧室，位于活塞顶面和气缸盖底平面之间，燃料直接喷入该燃烧室中与空气进行混合燃烧。

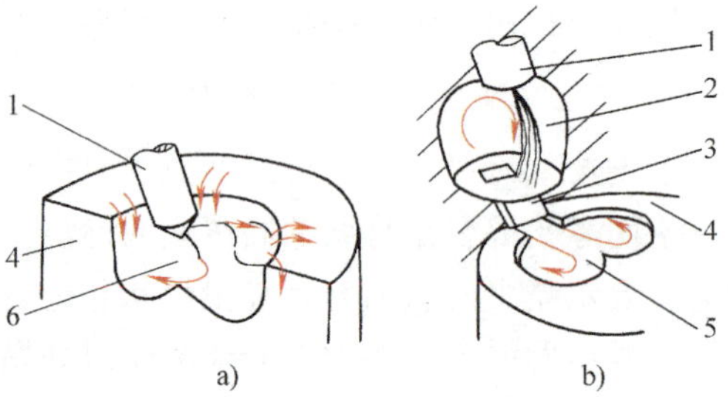

图 5-14 柴油机燃烧室

a）直喷式燃烧室 b）分隔式燃烧室

1—喷油器 2—副燃烧室 3—连接通道 4—活塞 5—双涡流凹坑 6—凹坑

直喷式燃烧室的活塞顶设计极具独创性，不同的涡流凹坑（图 5-15），产生不同的气体运动，混合气形成也不同，导致发动机性能的差异。

如图 5-15a 所示的浅盆形燃烧室凹坑较浅、底部较平、空气压缩涡流小，主要靠喷油器高压喷油到燃烧室空间与空气混合，属于空间雾化混合方式。这种燃烧室结构简单、紧凑，由于空间小，传热少，动力性、经济性与起动性都较好。但对喷油系统要求高，需要较高的喷油压力，喷油器的喷孔也要求小而多，工作起来也比较粗暴。

如图 5-15c 所示的球形燃烧室凹坑呈球状、较深、空气涡流较强，喷油器顺气流喷射，

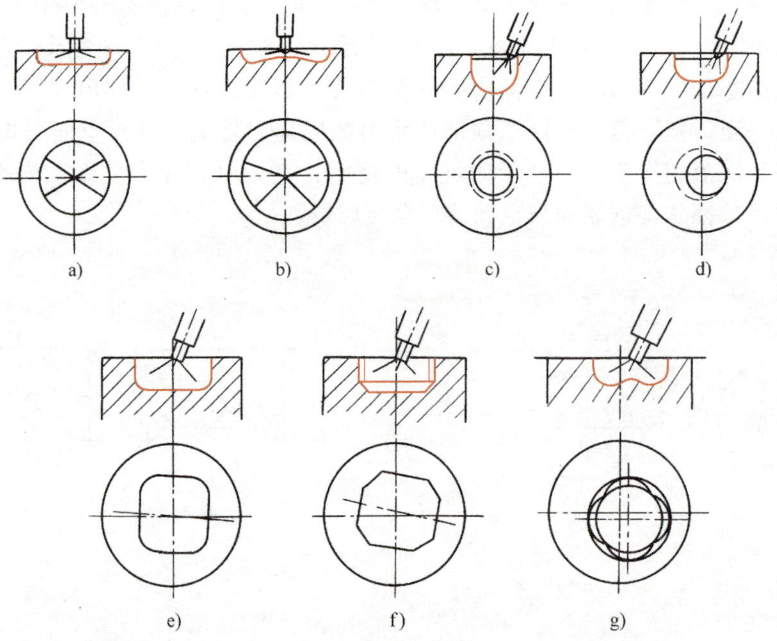

图 5-15 直喷式燃烧室

a）浅盆形燃烧室 b）浅 ω 形燃烧室 c）球形燃烧室 d）U 形燃烧室

e）四角形燃烧室 f）八角形燃烧室 g）花瓣形燃烧室

在强涡流气流的带动下，燃油被涂布到球形燃烧室壁面上，形成一层油膜。只有一小部分从油束中分散出来的燃油以油雾分散在燃烧室空间，在炽热的空气中，首先完成着火准备，形成火源。然后靠此火源点燃从壁面已蒸发出来并和空气混合的可燃混合气。随着燃烧进行，产生大量热量，辐射在油膜上，又使油膜加速蒸发，不断地和室壁附近高速旋转的气流混合，达到迅速燃烧。所以这种燃烧方式属于油膜蒸发混合方式。由于空气的强烈涡流，空气利用率较高；燃料燃烧是逐层蒸发燃烧，所以工作起来比较柔和。它对燃油系统要求不高，可以使用单喷孔喷油器，喷油压力也较低。但它的起动性能不好，因为起动时机体温度低，油膜较难蒸发燃烧，低速性能也不好。

2. 分隔式燃烧室

分隔式燃烧室的结构特点是燃烧室被分隔为主、副两个燃烧室，二者用一个或数个通道相通。副燃烧室在气缸盖内，容积占总压缩容积的50%~80%，主燃烧室在缸盖底平面与活塞顶面之间。燃料先喷入气缸盖中的副燃烧室进行预燃烧，再经过通道喷到活塞顶上的主燃烧室进一步燃烧。

分隔式燃烧室根据结构的不同分为涡流室式和预燃室式两种。涡流室式燃烧室的副燃烧室有球形（图 5-16a）、吊钟形（图 5-16b）和组合型（图 5-16c 由一段球形、一段柱形和一段锥形组成）等形状，主燃烧室的活塞顶也有不同凹坑，如双涡流凹坑（图 5-17a）、铲击形凹坑（图 5-17b）等。

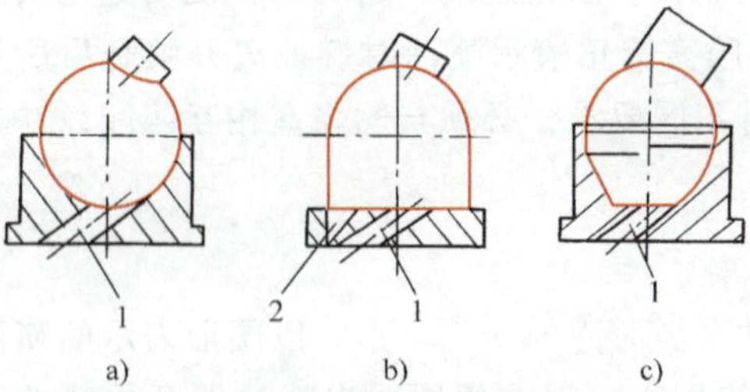

图 5-16 涡流室式燃烧室的副燃烧室

a）球形 b）吊钟形 c）组合型

1—主通道 2—副喷孔

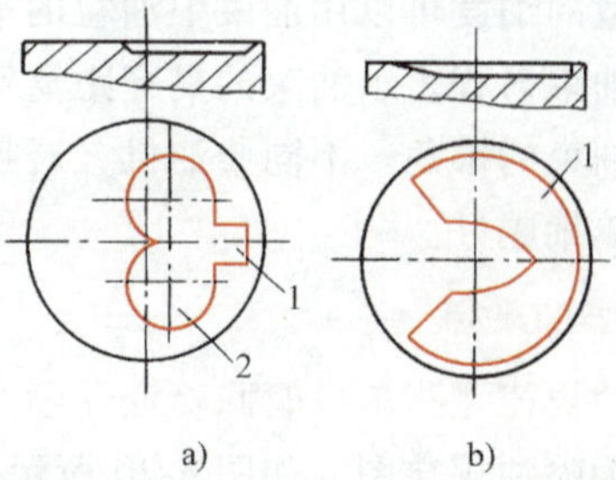

图 5-17 涡流室式燃烧室的主燃烧室

a）双涡流凹坑 b）铲击形凹坑

1—导流槽 2—双涡流凹坑

不同的燃烧室结构，其工作情况也不同。如图 5-16c 所示为组合型副燃烧室，在压缩过程中，气缸中的空气被活塞挤压，经过通道流入涡流室形成有组织的强烈涡流。接近压缩上止点时，喷油器开始顺气流喷油，在强涡流气流带动下，燃油被涂布到燃烧室壁面上，形成油膜。同时，有少部分油雾分散在燃烧室空间，着火形成火源，并点燃从壁面蒸发出来的可燃混合气，迅速燃烧，使副燃烧室内的温度和压力迅速升高，高温、高压气体经通道喷入主燃烧室。若主燃烧室活塞顶上的凹坑是双涡流凹坑（图 5-17a），则喷入主燃烧室的混合气就会形成二次涡流，与主燃烧室内的空气进一步混合燃烧。这种燃烧室由于采取强烈有组织的气体二次涡流，空气利用率高，对喷雾质量要求不高，可采用单喷孔喷油器，喷油压力较低，喷油器故障少，调整方便，同时由于燃烧先在副燃烧室内进行，使主燃烧室压力升高趋缓，工作比较柔和。缺点是副燃烧室相对散热面积大，又直接与冷却液接触，加上主、副燃烧室之间的通道节流，使热利用率减低，经济性较差，起动也较困难。

为了改善起动性能，有的增加了副喷孔（起动喷孔），使得在起动时由于空气涡流不强，从喷油器喷出的燃油可通过副喷孔，直接喷入活塞顶的主燃烧室温度较高处，燃料容易着火燃烧。

预燃室式燃烧室（图 5-18）的副燃烧室与主燃烧室的通道截面较小，而且方向与喷油方向相对。压缩时，空气经通道被压向副燃烧室，形成强烈的紊流，燃料逆气流方向喷射，与空气相撞混合，并着火预燃烧，所以副燃烧室也称预燃室。随后不完全燃烧的混合气经通道到主燃烧室，与主燃烧室内的空气进一步混合燃烧。这种燃烧室工作比涡流室式燃烧室更柔和，而且可以燃用多种燃料，但它的节流损失比涡流室式更大，所以经济性能较差。

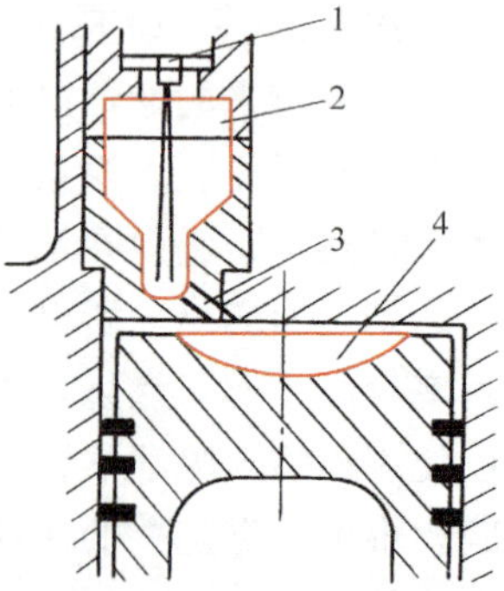

图 5-18 预燃室式燃烧室

1—喷油器 2—副燃烧室 3—通道 4—主燃烧室

知识点 3 柴油机的燃油喷射

1. 喷雾特性

喷雾特性是指与燃料喷散雾化有关的特性，一般以燃油喷散的细度、均匀度、油束射程、偏转角和喷雾锥角等来表示。

喷散的细度可以用油束中油粒的平均直径来表示，喷散得越细、越均匀，说明雾化质量越好；油束射程表示油束的贯穿距离（图 5-19）；喷雾锥角表示喷油时燃油离开喷孔后所形成的燃油束的锥角。不同柴油机，对喷雾特性都有不同要求，必须与燃烧室相互匹配，并非喷散得越细越好。

2. 喷油规律

喷油规律是指单位时间喷油器喷入燃烧室的油量随时间的变化关系。以图形表示的喷油规律称为喷油规律图，如图 5-20 所示。从喷油规律图中可以方便地看出喷油器开始喷油和结束喷油的时间以及喷油量变化的情况，可以检查喷油器是否有不正常喷射。

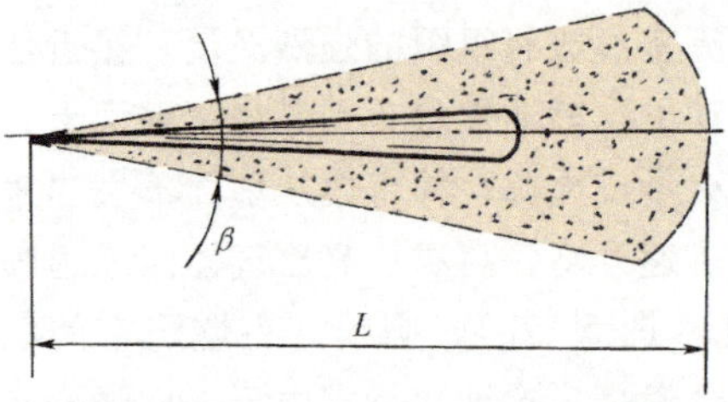

图 5-19 喷油油束

L—油束射程 β—喷雾锥角

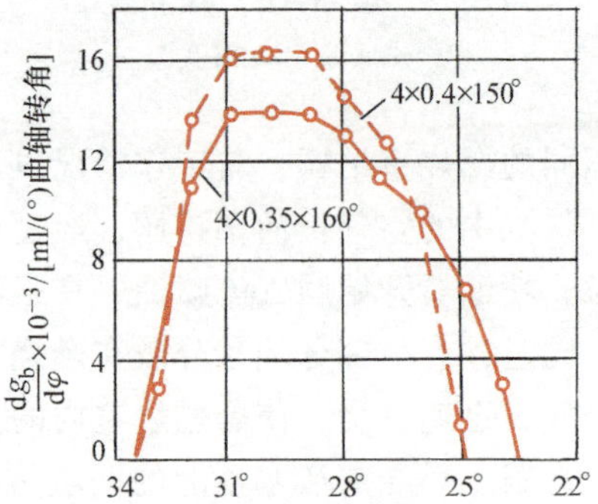

图 5-20 喷油规律图

在传统的机械式喷油系统中，只有主喷射而没有预喷射和后喷射，而在高压共轨喷油系统中，可实现主喷射、预喷射和后喷射。

有预喷射时，少量燃油（1~4mm^3）喷入气缸，促使燃烧室产生“预调节”，从而改善燃烧效率。压缩压力由于预反应或局部燃烧而略有提高，因此缩短了主喷油量的着火延迟期，降低了燃烧压力上升幅度和燃烧压力峰值，燃烧较为柔和。这种效果减小了燃烧噪声和燃油消耗，许多情况下还降低了排放。有预喷射的压力特性曲线（图5-21）中，在上止点前范围内，压力值略高，但燃烧压力的上升变缓。

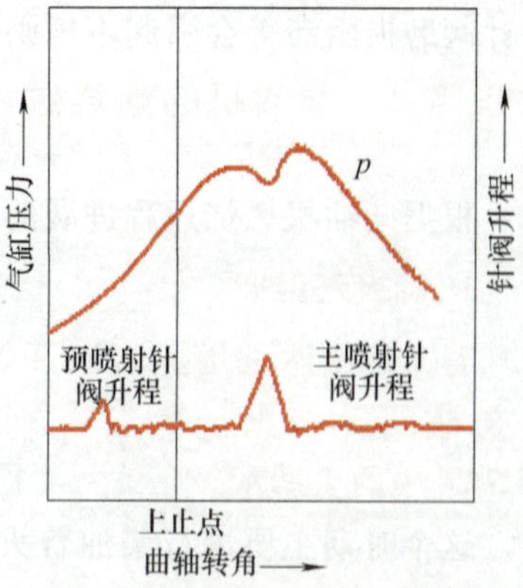

图5-21　有预喷射的喷油器针阀升程和压力特性曲线

与预喷射和主喷射不同，后喷射在主喷射之后的做功行程或排气行程中进行，燃油在气缸中不会燃烧，而是在排气剩余热量的作用下蒸发，带入NO_x催化器中作为NO_x的还原剂，以降低排气中NO_x的含量。

后喷可分为早后喷和次后喷（图5-22）。早后喷非常靠近主喷，可燃烧并能产生转矩，主要用于燃烧掉燃烧室残余的碳烟颗粒，碳烟排放可因此进一步减少20%~70%。次后喷则相对远离主喷，一般在上止点后20°曲轴转角范围内喷射，喷出的燃油不燃烧（即不产生转矩），但会被排气余热蒸发，主要用于为柴油机氧化催化器提供HC，被氧化后发生放热反应以增加排温；亦可用于后处理系统中的再生反应，如颗粒捕集器（DPF）和NO储存催化器（NSC）。

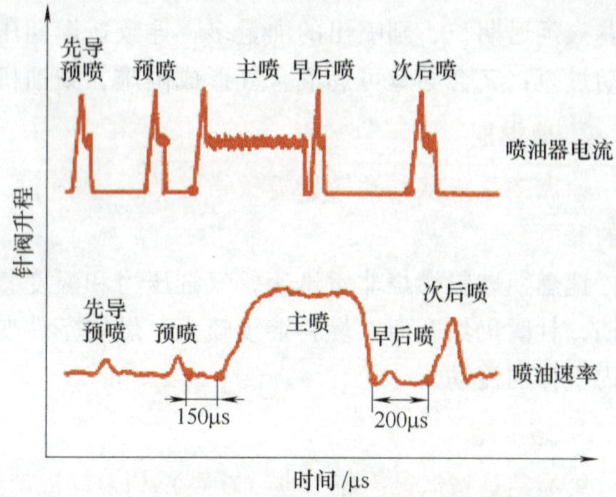

图5-22　多次喷射电流与喷油规律

3. 不正常喷射

常见的不正常喷射有二次喷射、隔次喷射和其他不规则喷射。

二次喷射是指喷油器下一个工作循环开始之前又出现一次不需要的燃油喷射现象，其针阀升程如图5-23a所示。二次喷射将使整个喷射延续期拉长，后燃现象严重，柴油机经济性能下降，热负荷增加。不正确换用高压油管等将导致二次喷射。

隔次喷射是指喷油泵两次供油喷油器才有一次喷射的现象（图5-23b）。当喷油嘴偶件磨损严重时，常会引起隔次喷射。

不规则喷射是指喷油时间、喷油压力、喷油量不断变化的喷射（图5-23c）。喷油嘴偶

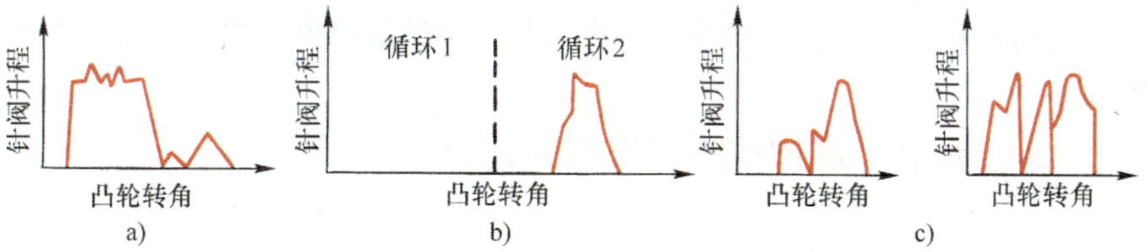

图5-23　不正常喷射

a）二次喷射　b）隔次喷射　c）不规则喷射

件针阀磨损阻滞等会引起不规则喷射。

知识点 4　柴油机的燃烧过程

根据柴油机燃烧过程进展的实际特征，可以将其分为以下四个阶段：

1. 着火延迟期

着火延迟期是指从喷油开始（*A* 点）到柴油开始着火（*B* 点）的时期，如图 5-24 中的Ⅰ所示。

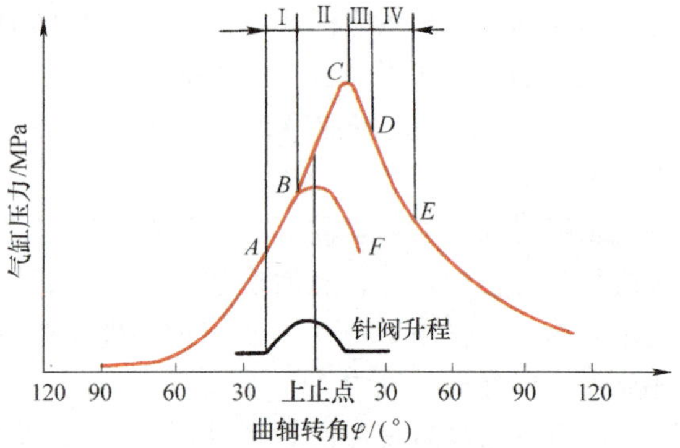

图 5-24　柴油机燃烧过程

这个时期主要进行柴油着火前的物理化学准备过程（雾化、吸热、扩散、蒸发、氧化、分解）；同时，燃料不断喷入，占循环喷油量的 30%～40%。

着火延迟期时间虽短（约 0.0007～0.003s），但对整个燃烧过程影响很大。若着火延迟期长，则喷出的油量多，导致速燃期压力急剧升高，柴油机工作粗暴；但着火延迟期过短，又会导致可燃混合气形成困难，柴油机动力性及经济性能恶化。

2. 速燃期

速燃期是指从柴油开始着火（*B* 点）到气缸内最高压力点（*C* 点）的时期，如图 5-24 中的Ⅱ所示。

速燃期燃料燃烧非常迅速，气缸压力和温度急剧增加，是对外做功的关键时期；在这个时期，针阀仍然开启，燃料继续喷入，燃烧条件变差，所以要控制该时期的喷油量和加强气缸内气体的流动。

3. 缓燃期

缓燃期是指从最高压力点（*C* 点）到最高温度点（*D* 点）的时期，如图 5-24 中的Ⅲ所示。

缓燃期由于活塞下行，气缸容积变大，氧气变少，废气增多，所以混合气燃烧速度减缓，气缸内压力增加不显著，而温度却继续上升；若此时喷油还在继续，则会由于燃烧恶化，燃料易裂解成黑烟排出。

4. 后燃期

后燃期是指从缓燃期终点（*D* 点）到燃料基本燃烧完为止（*E* 点）的时期，如图 5-24 中的Ⅳ所示。

后燃期气缸内未燃的油料继续燃烧，由于燃烧条件恶化，使燃烧不完全，排气冒黑烟，放出的热无法做功而传给机体，使发动机过热，所以应尽量减少后燃，并加强这个时期气缸内气体的流动。

知识点 5　影响柴油机燃烧过程的使用因素分析

1. 燃料对柴油机燃烧过程的影响

柴油汽车使用的柴油为轻柴油，我国按其质量分为优等品、一等品和合格品三个等级，每个等级又按柴油的凝点分为 10、0、-10、-20、-35 和-50 六个牌号，其主要指标如下：

(1) 十六烷值（$C_{16}H_{34}$） 它是评价柴油着火难易的一个重要指标。十六烷值小，着火变难，着火延迟期变长，柴油机工作粗暴。汽车柴油机要求柴油十六烷值不小于 45。

(2) 凝点 凝点是指柴油失去流动性开始凝固时的温度。汽车轻柴油的牌号就是按凝点分为各种牌号。选用柴油时，应该根据当时当地的气温确定，要求柴油的凝点低于气温 5℃以上。

(3) 馏程 馏程是表征柴油蒸发性能的一个指标。以某一馏出体积百分数下的温度表示。50%馏程表征了柴油的平均蒸发性能，该温度越低，说明柴油蒸发性越好。

(4) 黏度 黏度是表征柴油稀稠的一项指标。黏度过大，柴油喷雾困难，雾化质量变差，影响燃烧过程；而黏度过小，喷油泵及喷油器中的精密偶件润滑不良，容易磨损。

(5) 机械杂质和水分 机械杂质会引起喷油嘴的喷孔堵塞，加剧喷油泵、喷油嘴精密偶件磨损；而水分会使燃烧恶化，都应严格控制。尤其是柴油的输运和添加等环节，注意防止外界灰尘、杂质及水分混入，应进行沉淀和严格过滤。

除此之外，对柴油的化学安定性、防腐性等也都有要求。

2. 供油提前角对燃烧过程的影响

供油提前角是指喷油泵开始供油瞬时到活塞行至上止点所转过的曲轴转角。它是影响柴油机动力性能、经济性能、运转性能和排放性能的一个重要而且敏感的因素。

若供油提前角过大，则此时气缸温度较低，导致燃烧的着火延迟期长，柴油机工作粗暴，常出现“敲缸”现象。同时还使上行的活塞受阻，起动困难，压缩负功增加，动力性及经济性能下降。

相反，若供油提前角过小，燃料不能在上止点附近迅速燃烧完全，后燃期延长，导致柴油机排气冒黑烟，冷却液温度过高，机体过热，动力性及经济性能下降。

柴油机在使用中，由于传感器、电控喷油器及其控制电路等部件、线路故障，都会使供油提前角产生变化，应经常进行检查调整。

5.3 柴油燃料供给系统的使用维护与常见故障

知识点 1 柴油的选用

选用柴油时，应该根据当时当地的气温确定，要求柴油的凝点低于当地气温 5℃以上。温度在 4℃以上时选用 0 号柴油；温度在-5～4℃时选用-10 号柴油；温度在-14～-5℃时选用-20 号柴油；温度在-29～-14℃时选用-35 号柴油；温度在-44～-29℃时选用-50 号柴油。

如果使用温度低于所选用的柴油的牌号，发动机中的燃油系统就可能结蜡堵塞油路，影响发动机的正常工作，因此为了保险起见，常选择较低凝点的柴油，这样虽然可以保证发动机正常工作，但不利于合理使用能源。

知识点 2 柴油燃料供给系统的常见故障

柴油燃料供给系统的常见故障见表 5-1。

表 5-1 柴油燃料供给系统的常见故障

故障名称	故障征象	故障原因
发动机起动困难	起动机和发动机均有正常起动转速，但不着火；或者有时经过多次长时间的起动方可着火	轨压无法建立，燃油管路有空气，柴油滤清器堵塞
发动机起动困难	起动机和发动机均有正常起动转速，但不着火	柴油管路或油水分离器堵塞；ECU 存在故障码；发动机线束损坏或接插件接触不良
发动机不起动	起动机不工作	空档开关位置不正确、起动继电器故障、蓄电池电压过低等
柴油机功率不足	发动机动力不足	喷油器故障，冷却液温度、进油温度、进气温度过高；燃油管路泄漏引起轨压异常波动；传感器故障；涡轮增压器故障等
怠速不稳	怠速工作粗暴	有故障码；柴油机温度过低；怠速负荷过大；配气正时不正确；传感器故障；机械故障等

知识拓展

燃烧室的结构参数和气体流动对柴油的燃烧有很大的影响，尤其是现代柴油机多采用高压喷射系统，对燃烧室提出了更高的要求。一方面，高喷射压力使油束的贯穿距离增加。首先，应增大燃烧室口径，大口径燃烧室能给油束提供较长行程，使油气良好混合。其次，还要增大油束落点处的燃烧室直径，使油束碰壁量合适，减少油滴的碰壁量。再次，要求减小燃烧室中心部位的空气流动，剧烈的气流运动会加速混合气的形成，造成喷嘴处温度过高。另一方面，高喷射压力使油束有很高的能量，提高了油分子的动能，在高密度压缩空气中，油束雾化质量提高，增强油气混合效果，要求燃烧室内空气涡流强度降低，有利于减小油束的变形。

为满足燃烧性能的要求，燃烧室形状在以上基本形的基础上有很多不同的参数配置，如浅 ω 形燃烧室适用于直喷柴油机，缩口浅 ω 形燃烧室能较好地产生涡流和挤流，有利于形成油气混合，即有利于保持柴油机的动力性、经济性，而且加强缸内后期燃烧的气流运动，促进了后期燃烧的进行，有利于碳烟氧化，降低排气烟度。同时，借助高压喷射系统的延迟喷油或多次喷射功能，有效降低了氮氧化合物。

本章小结

1. 柴油机可燃混合气是在气缸内以极短的时间形成的，需要通过柴油的高压喷射和组织空气的适度涡流，并配以合适的燃烧室来完成。混合气形成分空间雾化混合和油膜蒸发混合两种基本方式。燃烧室分直喷式燃烧室和分隔式燃烧室两大类。两者相互匹配，可以有效提高柴油机的动力性、经济性和排放性能。

2. 柴油机燃烧过程分着火延迟期、速燃期、缓燃期和后燃期4个阶段。燃料的性质、供油提前角及喷油规律都对燃烧过程有重要影响。

3. 我国柴油按质量分为优等品、一等品和合格品3个等级，每个等级又按柴油的凝点分为10、0、-10、-20、-35和-50六个牌号。选用柴油时，要求柴油的凝点至少低于当时当地气温5℃。

4. 供油提前角是指喷油泵开始供油瞬时到活塞行至上止点时所转过的曲轴转角，它是影响柴油机工作性能重要而敏感的因素。

5. 电控柴油喷射系统主要由燃油供给系统和电子控制系统两大部分组成。燃油供给系统由低压油路（油箱、柴油滤清器、输油泵等）和高压油路（高压泵、高压油管、高压存储器和电控喷油器等）组成。电子控制系统由传感器、ECU和执行机构3部分组成，各种传感器采集柴油机的各种信息，输入ECU并由ECU进行比较、运算，确定最佳运行参数，再通过电控喷油器、高压泵等执行机构对喷油压力、喷油量、喷油时间、喷油规律等进行控制，使柴油机工作状态达到最佳。

思考题

1. 名词解译：喷雾特性、喷油规律、二次喷射、隔次喷射、不规则喷射、进气涡流、挤压涡流、燃烧涡紊流、空间雾化混合、油膜蒸发混合、直喷式燃烧室、分隔式燃烧室、供油提前角、喷油提前角。

2. 叙述高压共轨燃油供给系统的基本组成与工作原理。

3. 叙述电控喷油器（电磁式）的结构与工作原理。

4. 分析柴油机的供油提前角对柴油机燃烧和工作的影响。

5. 简述如何选择车用柴油。

第6章　汽油机点火系统

【本章内容架构】

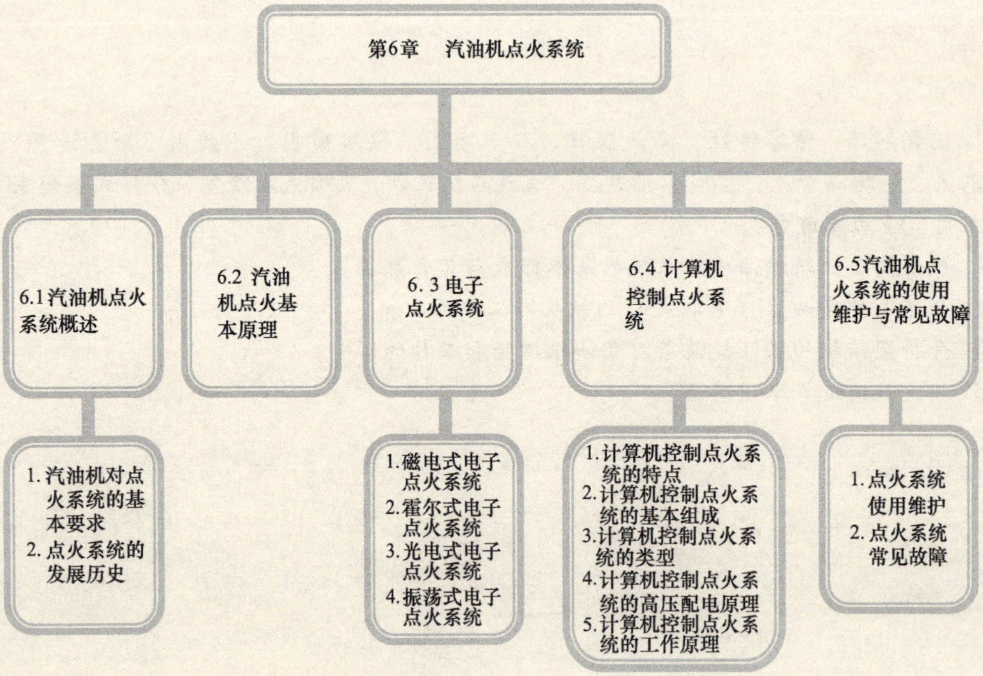

【学习目标要求、重点与难点】

序号	学习目标要求	学习重点	学习难点
1	掌握点火系统的功能和类型	√	
2	掌握汽油机最佳点火提前角及其对发动机性能的影响	√	√
3	掌握电子点火系统的分类、组成、结构与工作原理	√	
4	理解有触点式电子点火系统的构造与工作原理		√
5	理解无触点式电子点火系统的构造与工作原理	√	
6	掌握计算机控制电子点火系统的特点、组成与工作原理	√	√
7	理解计算机控制点火系统的点火提前角控制	√	√
8	理解计算机控制点火系统的闭合角控制和爆燃控制	√	

【引入案例】

一款装有汽油机的凯美瑞轿车最近起动困难、起动后怠速不稳定。请分析故障可能的原因。

6.1 汽油机点火系统概述

知识点1　汽油机对点火系统的基本要求

1. 能产生足够高的击穿电压

点火系统通过火花塞电极之间的气体电离产生电弧放电（跳火），使火花塞电极跳火所需的电压称之为击穿电压（或称点火电压），击穿电压的高低与发动机工况及火花塞的状况有关，一般应大于15kV。

2. 要有足够的点火能量

点火能量是电流和电压的函数。点火能量小，火花弱，不能可靠点燃混合气，尤其是燃用稀混合气，有时会产生断火现象。

点火能量对汽油机的动力性能、经济性能和排放性能也有重要影响，如图6-1所示是单缸试验机在低速、部分负荷常用工况时点火能量变化对燃料消耗的影响，可见点火能量太小，燃料消耗显著升高；随着点火能量的增大，燃料消耗下降。

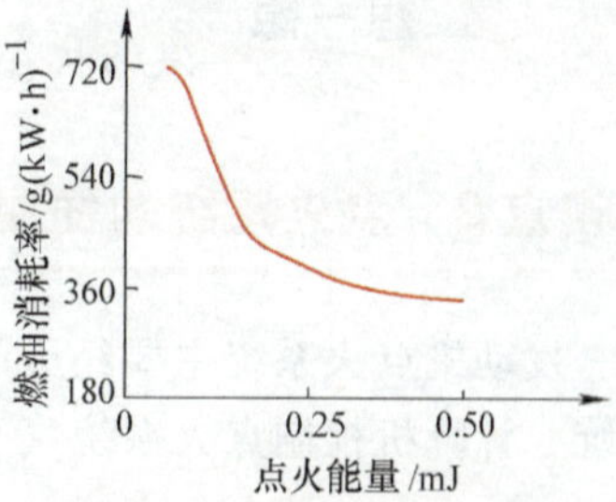

图6-1　点火能量变化对汽油机燃料消耗的影响

点火能量与火花塞间隙、点火系统各零部件结构参数、发动机运行状况与火花塞积炭等使用因素有关。试验表明，保证发动机在任何恶劣的条件下可靠点火时初级线圈储能应在40mJ以上。

想一想

如何根据火花的颜色来判断点火能量的大小？

3. 要有适当的点火时间

为使发动机气缸内的燃烧最高压力出现在上止点后10°～15°曲轴转角，使混合气的燃烧功率达到最大，就必须在压缩终了前的某个适当时刻点火。某缸火花塞开始跳火到活塞运行至压缩终了上止点的曲轴转角称之为点火提前角。点火提前角过大，压缩行程活塞上行的阻力增大，导致发动机功率下降、油耗增加，且发动机容易产生爆燃；点火提前角过小，混合气燃烧产生的最高压力和温度下降，也会导致发动机功率下降、油耗增加，且容易引起发动机过热、排气管“放炮”等故障。一般认为，对应于发动机功率最大、油耗最低的点火提前角称为最佳点火提前角。试验证明，最佳点火提前角应能够使汽油机的燃烧临近爆燃（但不产生爆燃）的时刻。对于特殊要求的汽油机，其追求的目标不同，最佳点火提前角也不同，它反映了设计者的一种思想和理念。

最佳点火提前角受众多因素影响，当发动机结构和使用燃料一定的条件下，主要受转速和负荷影响（图 6-2）。由于发动机每一工况点的最佳点火提前角不同，所以显示出弯曲不平的复杂曲面。

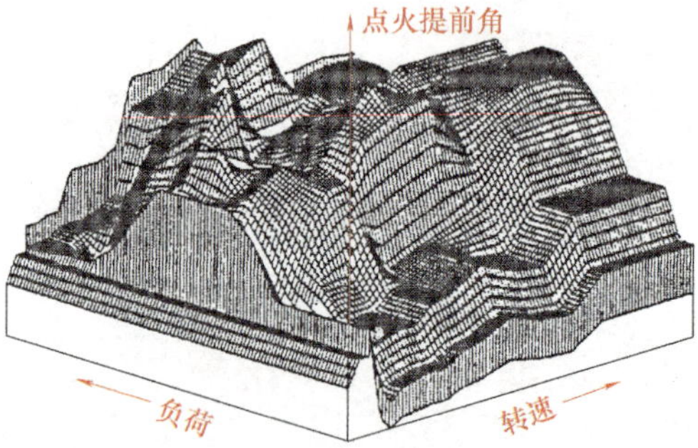

图 6-2 点火提前角与转速和负荷的关系

当汽油机转速升高（节气门开度等其他条件不变）时，由于单位时间转过的曲轴转角增大，燃烧的延续角变大，后燃增加，就必须把最佳点火提前角加大。

除此之外，最佳点火提前角还与负荷、混合气浓度、气缸内气流运动、进气温度、冷却液温度、气缸磨损状况、蓄电池存电情况、是否有爆燃产生等众多因素有关，是个复杂的多因素非线性函数关系，应该综合考虑。

想一想

汽油机在不同工况下的最佳点火提前角应该如何变化？

知识点 2　点火系统的发展历史

发动机点火系统主要经历了传统触点式点火系统、半导体辅助点火系统、普通电子点火系统、计算机控制点火系统（全电子点火系统）等发展阶段。

1. 传统触点式点火系统阶段

传统触点式点火系统是以蓄电池和发电机为电源的点火系统。它的优点是结构简单、更换方便，但存在较多问题：没有点火能量调节装置，存在高速失火和低速点火线圈过热隐患；真空和离心点火提前角机械调整装置反应速度慢、控制精度低；初级电流不能太大（≤4A），否则会烧蚀铂金触点，同时触点反应慢，影响了次级点火电压的提升（≤15kV）。以上问题导致汽油燃烧不充分，引发低温起动困难、排污大、输出动力小、油耗大和怠速偏高等一系列问题；另一方面，触点容易烧蚀，需要经常维护和更换；分电器凸轮磨损严重，工作寿命受到限制。因此，触点式点火机械装置已不能适应现代发动机向高速、大动力化发展和汽车排污净化严格的要求。传统触点式点火系统的组成，如图 6-3 所示。

2. 半导体辅助点火系统阶段

20 世纪 60 年代出现了半导体辅助点火系统。该系统是基于铂金触点式点火系统的上述缺陷而设计出的，是最早机电相结合的典型代表之一。这种系统保留了原分电器中的铂金触点，但增加了包含大功率开关晶体管在内的电子驱动电路，其优点是：通过线圈的初级电流被晶体管放大了，这样当晶体管截止时，初级绕组的断开电流大、相应次级绕组的电压提高了；通过铂金触点的电流明显减小（约为初级电流的 1/20~1/10），因而消除了触点严重烧蚀的现象，延长了触点的使用寿命；安装时无须对原车点火系统做重大改动，且成本低。其问题是仍然采用离心和真空点火提前角调整装置，没有点火能量调节功能，还存在机械触点。

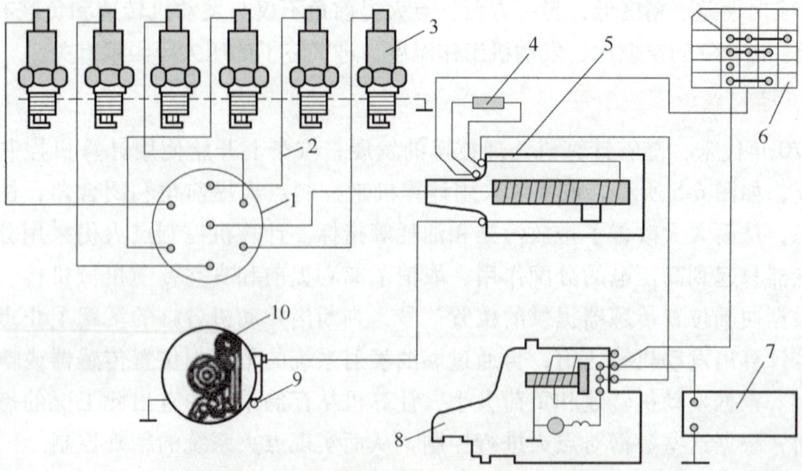

图 6-3　传统触点式点火系统的组成

1—分电器　2—高压导线　3—火花塞　4—附加电阻　5—点火线圈　6—点火开关

7—蓄电池　8—起动机　9—电容器　10—断电器

3. 普通电子点火系统阶段

20 世纪 70 年代初出现了普通电子点火系统，如图 6-4 所示。该系统因不用铂金触点装置而不存在机械触点，故又称无触点电子点火系统，系统根据采用的曲轴传感器类型不同而又分为磁电式（如解放 CA1092）、光电式（如伏尔加 A3-21）、霍尔式（如桑塔纳）及电磁振荡式（如神龙富康）。该系统除了点火提前角还不能实现准确控制之外，基本上克服了触点式的诸多缺陷，其优点有：无触点、无机械磨损，工作寿命长，点火线圈初级电路的通断响应快，再加上初级电流可达 6A 以上，在次级线圈激发出较高的点火电压（≥30kV），提高了输出动力，降低了油耗和排放污染；能够根据转速和低值采样电阻实现闭合角控制，避免了高速失火和低速点火线圈过热现象。目前，这种系统使用广泛。

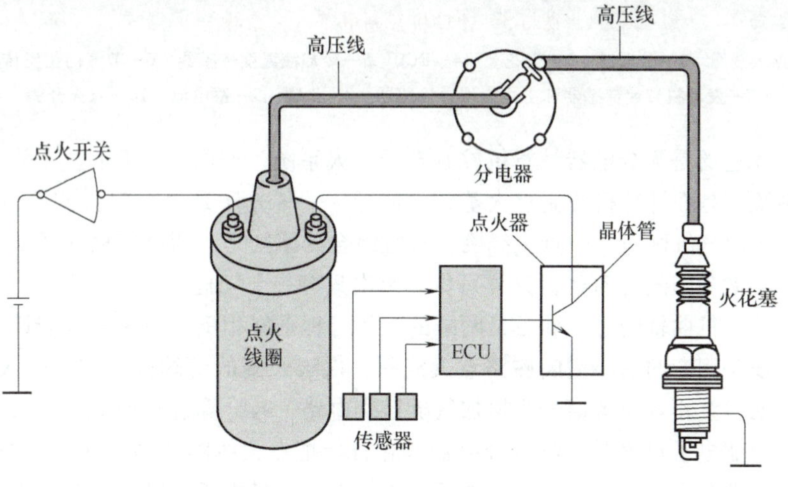

图 6-4　普通电子点火系统

由于以上点火系统均采用离心提前与真空提前点火机构，点火正时不够理想。一方面，机械装置反应慢，实时性差、精度低；另一方面，点火提前角不仅与发动机转速和负载有关，还与汽油的抗爆性能、混合气的空燃比、发动机工作温度、进气终了的压力等因素有关。

4. 计算机控制点火系统阶段

20 世纪 70 年代末，随着计算机处理技术的发展，汽车上开始使用计算机控制点火时刻的电子点火系统，如图 6-5 所示。该系统采用计算机来控制点火提前角和闭合角，使发动机处于最佳点火状态，从而大大改善了排放污染和油耗等指标。计算机控制点火仍采用分电器，但在系统中，分电器只起到高压电的分配作用，取消了离心提前和真空提前机械机构。计算机控制的点火系统根据曲轴位置传感器提供的位置信号，判断出发动机各缸的活塞上止点位置，并由这些脉冲信号计算出发动机转速值，再通过燃油喷射系统的节气门位置传感器或空气流量计确定出负载大小。根据发动机转速和负荷大小，计算机从存储单元中查出此工况的点火提前角和初级导通时间，根据这些数据对点火进行控制，从而实现点火系统的精确控制。

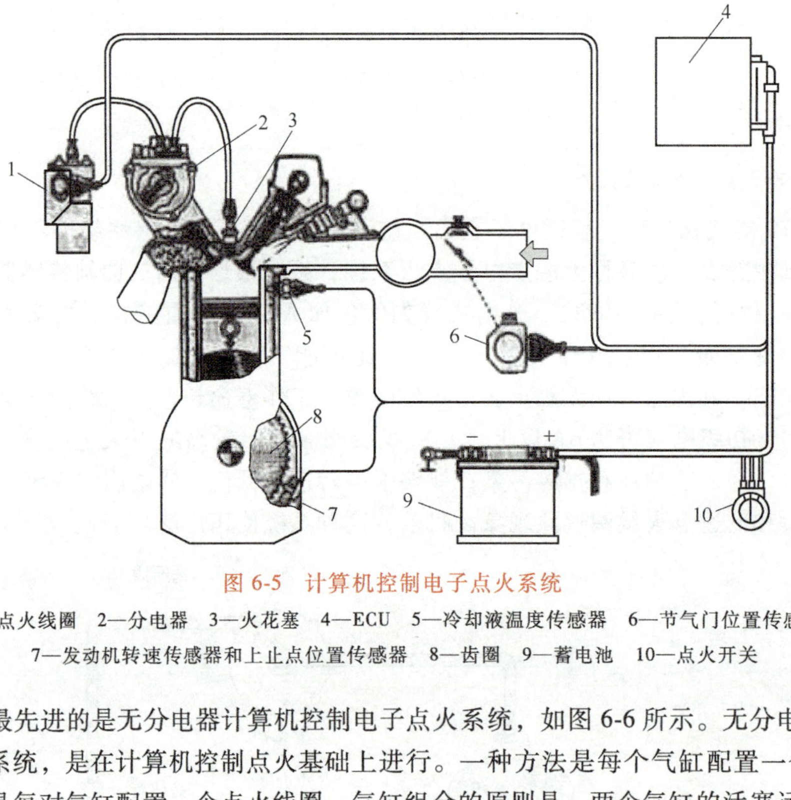

图 6-5 计算机控制电子点火系统

1—点火线圈 2—分电器 3—火花塞 4—ECU 5—冷却液温度传感器 6—节气门位置传感器 7—发动机转速传感器和上止点位置传感器 8—齿圈 9—蓄电池 10—点火开关

目前，最先进的是无分电器计算机控制电子点火系统，如图 6-6 所示。无分电器计算机控制电子点火系统，是在计算机控制点火基础上进行。一种方法是每个气缸配置一个点火线圈。另一种方法是每对气缸配置一个点火线圈，气缸组合的原则是：两个气缸的活塞运动位置为同一曲轴转角，而做功间隔为 360°。这样可保证每次只有一个气缸处于点火上止点，而另一个为排气上止点，发动机曲轴转过一周后，两缸的工作行程正好相反。在无分电器计算机控制电子点火系统中需要采用专门的小型闭磁路点火线圈，次级线圈的两端分别与两个火花塞相连接，同时需要获得活塞上止点位置信号和增加气缸辨别电路。与计算机控制电子点火系统相比，无分电器计算机控制电子点火系统没有分电器，它直接把点火线圈的高压送到火花塞进行点火，因此减少了分电器分火头与旁电极这一中间跳火间隙的能量损耗，以及由此产生的电磁波对无线电的干扰。这种形式的点火系统是未来发动机点火系统的发展趋势。

传统点火系统由于性能落后，已经基本淘汰，本章主要介绍广泛应用的普通电子点火系

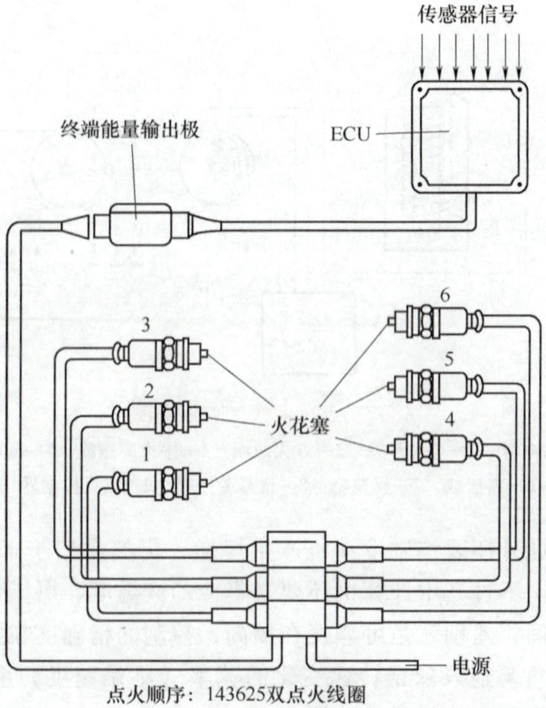

图 6-6　无分电器计算机控制电子点火系统

统和计算机控制电子点火系统。

想一想　比较各种点火系统的特点并讨论现代汽车汽油发动机点火系统的发展趋势？

6.2　汽油机点火基本原理

汽油机内的可燃混合气是靠火花塞产生的电火花点燃的。为了产生电火花，需要供给高压电。点火系统的作用是将汽车电源供给的低压电转变为高压电，并按照发动机的做功顺序与点火时刻的要求，适时准确地将高压电送至各缸的火花塞，使火花塞跳火，点燃气缸内的混合气。点火系统工作原理如图 6-7 所示。

汽车的点火系统主要由蓄电池、点火开关、点火线圈、点火控制器、信号发生器、配电器、火花塞以及高压线和附加电阻等组成。

从蓄电池或发电机来的低压电流经过点火线圈，电压骤然升高到 1 万 V 左右，再经过分电器将高压电分配给每个气缸的火花塞。此时，在火花之间的隙缝产生电火花，按照发动机气缸的工作要求按时将各缸的可燃混合气点燃。

传统的点火系统由机械断电器控制点火线圈初级线路的负极断开产生高压；而电子点火系统，也叫作半导体点火系统，是利用霍尔式传感器或磁电式传感器将发动机曲轴信号传输到半导体电路（即点火模块），由点火模块里的功率晶体管来控制点火线圈；计算机控制点火系统是利用发动机 ECU 以传感器的信号为依据，计算出合适的点火提前角、点火闭合角

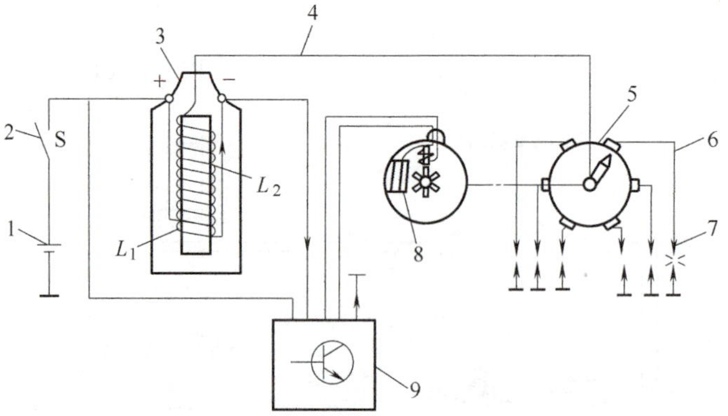

图 6-7 点火系统工作原理图

1—蓄电池 2—点火开关 3—点火线圈 4—中央高压线 5—配电器
6—高压线 7—火花塞 8—信号发生器 9—点火控制器

从而去控制点火线圈。此外还要控制发动机产生爆燃，仍然类似于半导体点火，原理一样，还是用功率晶体管控制。不过其中计算机还要采集冷却液温度、爆燃信号、节气门开启速度等信号用以修正点火时间，差别就是可靠度在提高，控制的精确度在提高。传统的点火系统和电子点火系统的提前角调整只依据转速变化的速率（不是速度）和真空度的变化，而计算机控制点火系统是依据各个传感器的数据。

传统点火系统以蓄电池和发电机为电源，借点火线圈和断电器的作用，将电源提供的6V、12V或24V的低压直流电转变为高压电，再通过分电器分配到各缸火花塞，使火花塞两电极之间产生电火花，点燃可燃混合气。

电子点火系统即半导体点火系统，以蓄电池和发电机为电源，借点火线圈和由半导体器件（晶体管）组成的点火控制器将电源提供的低压电转变为高压电，再通过分电器分配到各缸火花塞，使火花塞两电极之间产生电火花，点燃可燃混合气。

计算机控制点火系统与上述两种点火系统相同，也以蓄电池和发电机为电源，借点火线圈将电源的低压电转变为高压电，再由分电器将高压电分配到各缸火花塞，并由计算机控制系统根据各种传感器提供的反映发动机工况的信息，发出点火控制信号，控制点火时刻，点燃可燃混合气。

6.3 电子点火系统

普通电子点火系统按点火提前角的控制方法分为触点式和无触点式两类。触点式由于触点间隙的不断变化，影响点火正时，需要经常调整，现已很少使用。本节主要介绍无触点式。无触点式电子点火系统根据信号发生器形式不同，分为磁电式、霍尔式、光电式和振荡式几种。

知识点1 磁电式电子点火系统

磁电式电子点火系统主要由电源、点火线圈、火花塞、分电器、磁电式信号发生器和点火控制器等组成（图6-8）。

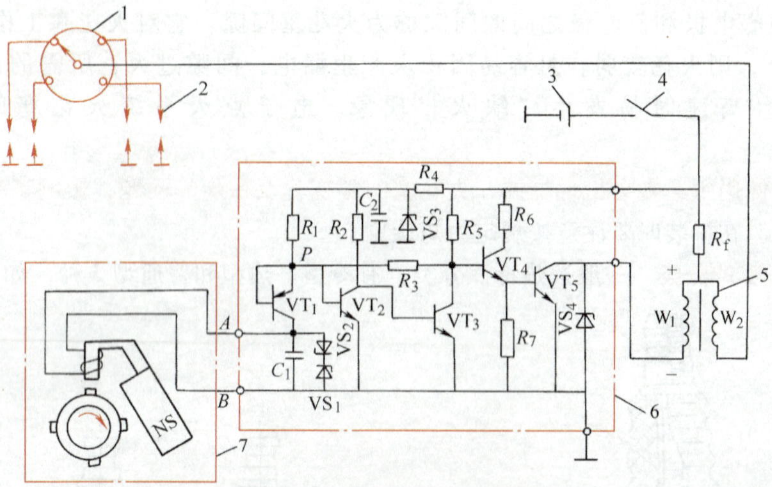

图 6-8 磁电式电子点火系统

1—分电器 2—火花塞 3—蓄电池 4—点火开关 5—点火线圈

6—点火控制器 7—磁电式信号发生器

1. 电源

电源提供点火所需的能量，由蓄电池和发电机两个电源并联向点火系统供电。

2. 点火线圈

点火线圈相当于一个自耦变压器，能将12V的低压直流电变换成15~20kV的高压直流电。按磁路的结构形式不同，点火线圈可以分为开磁路式和闭磁路式两种。电子点火系统中广泛采用闭磁路式。

闭磁路式点火线圈（图6-9）采用“日”字形铁心，初级线圈绕在里面，次级线圈绕在初级线圈的外面，其磁路如图6-10所示，磁力线经铁心形成闭合磁路（为了减小磁滞现象，常设有一个很微小的间隙）。

3. 火花塞

(1) 火花塞的作用 用来将高压电引入燃烧室，产生电火花，点燃混合气。

(2) 火花塞的结构 火花塞由中心电极、侧电极、接线螺杆、绝缘体、壳体等组成。它有多种形式，普通型火花塞结构如图6-11所示。

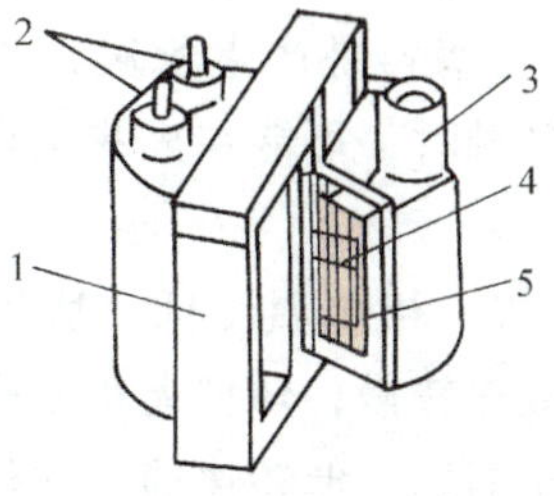

图 6-9 闭磁路式点火线圈

1—“日”字形铁心 2—初级线圈接线柱

3—高压接线柱 4—初级线圈 5—次级线圈

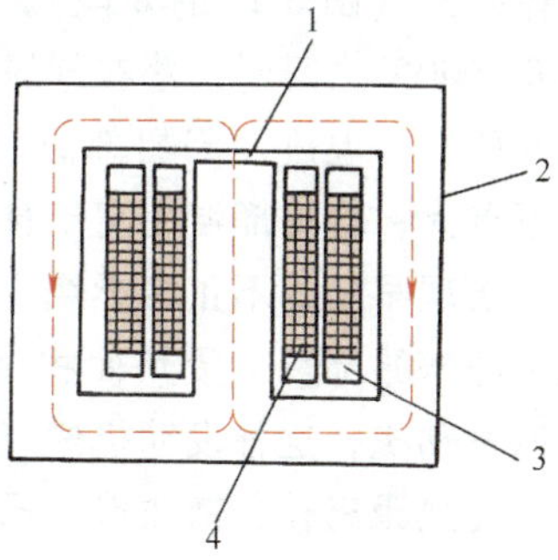

图 6-10 闭磁路式点火线圈的磁路

1—空气隙 2—“日”字形铁心

3—初级线圈 4—次级线圈

火花塞中心电极和侧电极之间的间隙称为火花塞间隙。它对火花塞工作有很大的影响。间隙太小，则火花较弱，且容易因积炭产生漏电；间隙过大，所需的击穿电压高，起动困难，且高速时易发生“缺火”现象。电子点火系统火花塞间隙一般为1.0~1.2mm。

火花塞在使用中经常会出现烧蚀、火花塞间隙变化及积炭等问题，影响正常点火，应注意检查和维护。在拆装时要注意按规定力矩旋紧。

（3）火花塞的分类 一般按热特性分类，有冷型、热型和普通型3种，如图6-12所示。

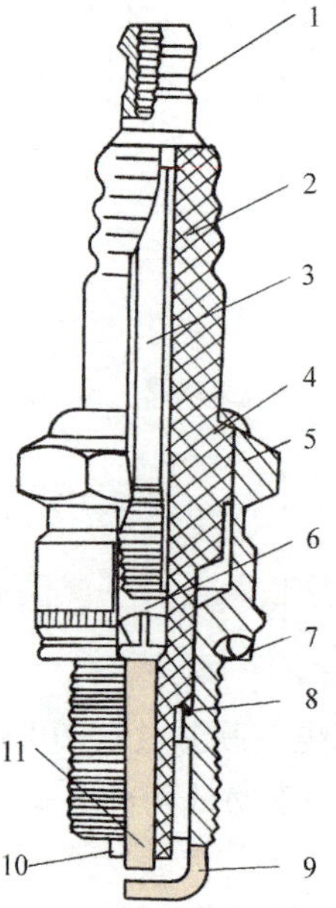

图6-11 普通型火花塞

1—接线螺母 2—绝缘体 3—接线螺杆 4—垫圈 5—壳体 6—密封剂 7—密封垫圈 8—纯铜垫圈 9—侧电极 10—绝缘体裙部 11—中心电极

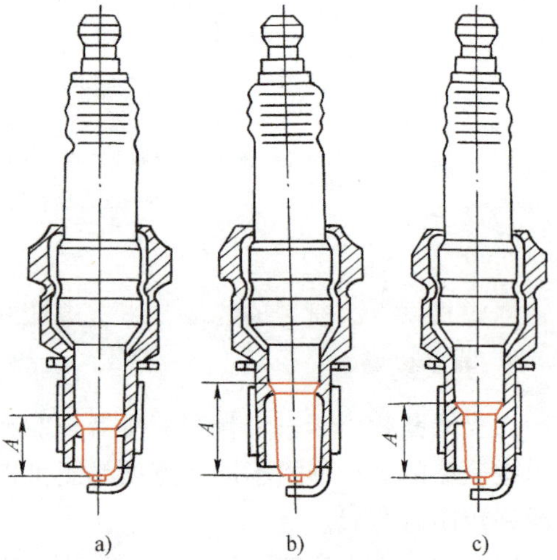

图6-12 火花塞的类型

a）冷型 b）热型 c）普通型

所谓热特性是指火花塞的发火部位吸热并向发动机冷却系统散发的性能。火花塞的热特性主要取决于绝缘体裙部的长度。火花塞绝缘体纯铜垫圈8（图6-11）以下的锥形部分10称为绝缘体裙部（图6-12的*A*段）。试验表明，发动机工作时，火花塞绝缘体裙部的温度若保持在500~600℃之间时，落在绝缘体上的油粒能立即被烧掉，不会产生积炭，这个温度称之为火花塞的自净温度。当裙部温度低于自净温度时，火花塞容易产生积炭，使点火不可靠，甚至不点火；若裙部温度高于自净温度，混合气与其接触时，可能在火花塞点火之前就自行着火，出现早燃等不正常燃烧现象。

冷型火花塞裙部短，吸热面积小，传热距离短，散热快，裙部温度低，适用于高压缩比、高转速发动机，这种发动机燃烧过程中气缸温度高，散热较慢；热型火花塞裙部长，受热面积大，传热距离长，散热慢，裙部温度高，适用于低压缩比、低转速的发动机；普通型火花塞性能介于两者之间。

我国以火花塞绝缘体裙部的长度来标定热特性，并分别用热值1~11来表示。1、2、3为低热值火花塞；4、5、6为中热值火花塞；7以上为高热值火花塞。

找一找

请找出几种常见的火花塞品牌。

多极型火花塞（图 6-13a、b）：侧电极一般为两个或两个以上，优点是点火可靠，间隙不需经常调整，故在电极容易烧蚀和火花塞间隙不能经常调节的一些汽油机上常常采用。单极火花塞在发动机低转速时，气缸内空气流速慢，电极间空气比较容易被击穿，产生较大的电弧，适合发动机低转矩输出，当发动机高速运转时，气缸内空气流速变快，击穿空气产生电弧的概率会降低。这种没有成功产生电弧的概率称为失火率。间隙较大的火花塞失火率较高，从而影响发动机高速动力的输出，反之，较小的电极间隙，高速时失火率低，低速时点火能量低。多极火花塞通过侧电极的增多，增加了电极间的相对接触面积，从而可以减少中心电极与侧电极之间的间隙，这样发动机低速点火所需能量低，高速点火失火率低，点火更稳定。

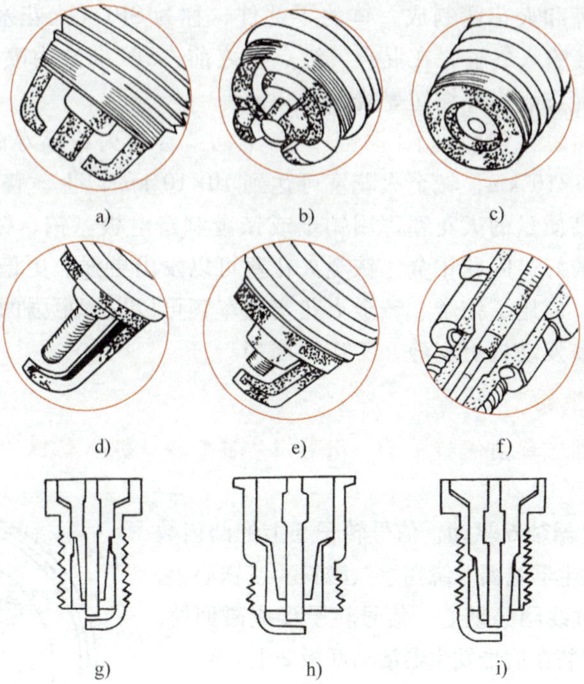

图 6-13　火花塞的构造形式

a）多极型（2 极）　b）多极型（4 极）　c）沿面跳火型　d）绝缘体突出型
e）U 形槽型　f）电阻型　g）锥座型　h）标准型　i）细电极型

沿面跳火型火花塞（图 6-13c）：是一种最冷型的火花塞，其中心电极与壳体端面之间的间隙是同心的。它必须与点火能量大、电压上升率快的电容放电型点火系统配合使用，可完全避免火花塞“炽热点火”及电极“跨连”现象，而且电极即使在油污情况下也能正常发火。其缺点是可燃气体不易接近电极，故在稀混合气的情况下，不能充分发挥汽油机的功能。另外，由于点火能量增大，中心电极容易烧蚀。

绝缘体突出型火花塞（图 6-13d）：绝缘体裙部较长，突出于壳体端面以外。它具有吸热量大、抗污能力好等优点，且能直接受到进气的冷却而降低温度，因而也不易引起炽热点火，故热适应范围宽。

U形槽型火花塞（图 6-13e）：其侧电极开有U形槽，改变了电极表面电场的分布，使局部的电场密度增强，空气容易被击穿，提高火花塞的点火可靠性。

锥座型火花塞（图 6-13g）：其壳体和旋入螺纹制成锥形，因此不用垫圈即可保持良好密封，从而缩小了火花塞体积，对发动机的设计更为有利。

标准型火花塞（图 6-13h）：其绝缘体裙部略缩入壳体端面，侧电极在壳体端面以外，是使用最广泛的一种火花塞。

细电极型火花塞（图 6-13i）：其电极很细，特点是火花强烈，点火能力好，在严寒季节也能保证发动机迅速可靠地起动，热范围较宽，能满足多种用途。

此外，为了抑制汽车点火系统对无线电的干扰，又出现了电阻型和屏蔽型火花塞。电阻型火花塞（图 6-13f）是在火花塞内装有一定阻值的电阻；屏蔽型火花塞是利用金属壳体把整个火花塞屏蔽密封起来。不仅可以防止无线电干扰，还可用于防水、防爆的场合。

还有一种将喷油嘴和火花塞制成一体的零部件，称为 SPI（火花塞喷嘴）。汽油在压缩空气协助下经 SPI 直接喷入气缸，在混合气被点燃之前，SPI 向缸内喷入一股压缩空气，使缸内形成涡流，可以促进燃烧并缩短燃烧的时间。

火花塞的电极材料也有多种，不同材料寿命不同，普通火花塞寿命约为 3×10^4km 行驶里程，铂金火花塞约 6×10^4km，铱金火花塞可达到 10×10^4km 以上。普通火花塞的电极材料通常是镍合金制成，高质量的火花塞都用铂金或铱金制造电极。铂、铱金属的熔点比较高，耐高温、高压，质量较好，因此铂金、铱金火花塞可以发出更强、更稳定的火花。在发动机高转速的行驶条件下，使用了铂金、铱金火花塞的车辆可以发挥更强的动力性能，而其高温稳定性的优势也可以使发动机更安静，工作更顺畅。

4. 磁电式信号发生器

磁电式信号发生器主要由信号转子、信号发生器线圈、永久磁铁等组成，一般安装在分电器内（图 6-14）。

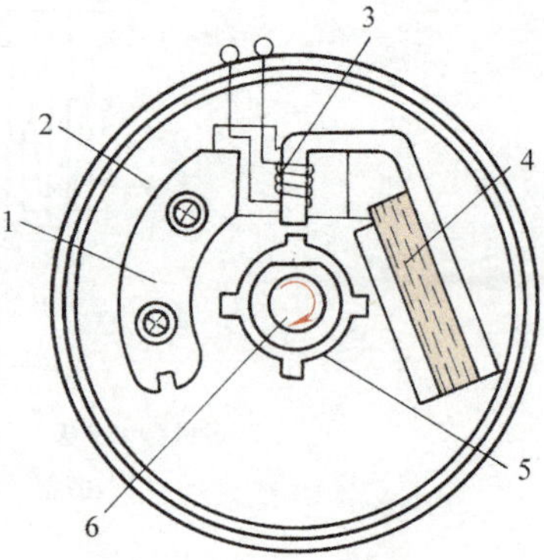

图 6-14 磁电式信号发生器

1—底板 2—活动底板 3—信号发生器线圈 4—永久磁铁 5—信号转子 6—分电器轴

信号转子5由分电器轴6驱动，信号转子5上的凸齿数与气缸数相等。信号发生器线圈3绕在永久磁铁4或铁心上，永久磁铁的磁力线穿过线圈经铁心、信号转子形成磁回路。信号发生器线圈总成安装在信号发生器活动底板2上。

发动机运转时，信号转子旋转。当凸齿与铁心正对时，磁通量最大；当铁心位于两凸齿之间时，磁通量最小。根据电磁感应原理，当磁通量变化时，位于磁场中的线圈产生感应电动势，感应电动势的大小与磁通量变化率成正比（图 6-15）。当磁通量为最大或最小时，其变化率为零，线圈中的感应电动势为零。磁通量变化率最大时（图中 a、c 点），线圈产生的感应电动势最大。由于磁通方向的变化，感应电动势的方向也不同，有正、负半波之分。

5. 点火控制器（图 6-8）

点火控制器中有5个晶体管，其中 VT_1 发射极与基极相连，相当于一个二极管，主要起温度补偿作用，VT_2 为触发管，VT_3 和 VT_4 起放大作用，VT_5 是大功率开关管，它与点火线圈初级线圈串联，可以迅速接通和切断点火线圈的初级回路。

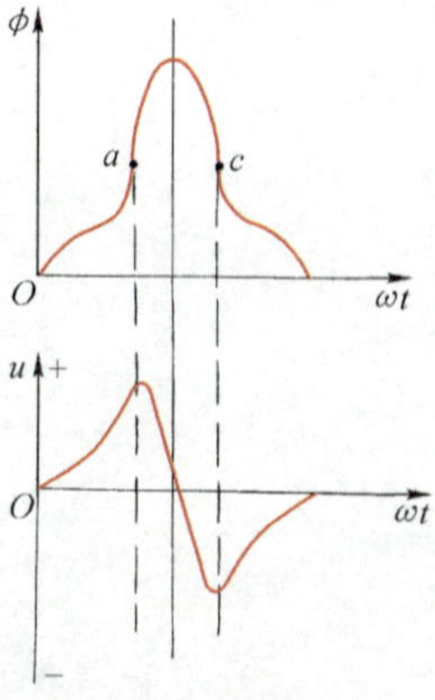

图 6-15　磁通量与输出信号的波形

当点火开关接通，发动机没有工作时，信号发生器转子不转，信号发生器无信号输出。此时，蓄电池的电流从其正极通过 R_4、R_1、VT_1 和传感器线圈到蓄电池负极（搭铁）形成回路，电路中 P 点电位较高，使 VT_2 的发射极加正向电压而导通，故其集电极电位降低到约等于零，使 VT_3 无基极电流而截止，VT_4 和 VT_5 获得正向偏压而导通，这样电流便从蓄电池正极经点火开关 S、电阻 R_f、点火线圈初级线圈 W_1、VT_5 和搭铁流回蓄电池负极。

发动机工作时，信号发生器就有信号输出。当信号发生器输出正脉冲信号时，A 点为正，B 点为负，VT_1 受反向偏置电压而截止，P 点仍保持较高的电位。这样 VT_2 导通，VT_3 截止，VT_4 和 VT_5 导通，点火线圈初级线圈有电流通过。

当信号发生器输出负脉冲信号时，A 点为负，B 点为正，VT_1 受正向电压而导通，P 点电位降低，使 VT_2 截止，VT_3 导通，VT_4 和 VT_5 迅速截止，点火线圈初级电路被切断，在点火线圈次级线圈 W_2 中感应产生瞬时高电压，高电压经分电器送到火花塞，产生电火花，点燃混合气。当信号发生器转子转动一周时，各缸按点火顺序依次点火。

知识点 2　霍尔式电子点火系统

霍尔式电子点火系统的结构特点是采用霍尔式信号发生器产生信号，由集成电路点火控制器控制点火。

1. 霍尔式信号发生器

它一般安装在分电器中（图 6-16），主要由与分火头连成一体的触发叶轮 8、带导磁板的永久磁铁 1、霍尔集成块 3 等组成。触发叶轮由分电器轴驱动，其叶片数与气缸数相等。霍尔集成块包括霍尔元件、放大及整形集成电路。

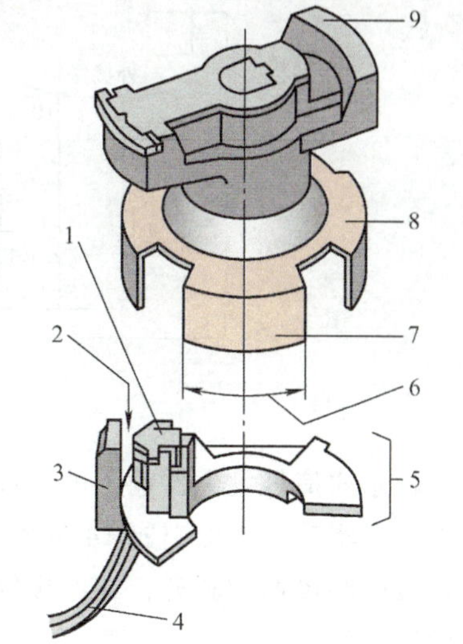

图 6-16　霍尔式信号发生器

1—永久磁铁（带导磁板）　2—空气隙　3—霍尔集成块　4—连接导线　5—霍尔信号发生器模块　6—叶片宽度　7—叶片　8—触发叶轮　9—分火头

当触发叶轮转动时，每当叶片进入永久磁铁与霍尔元件之间的空气隙时（图 6-17a），磁场被触发叶轮的叶片旁路，霍尔元件不受磁场的作用，不产生霍尔电压。当触发叶轮的叶片离开永久磁铁与霍尔元件对之间的空气隙时（图 6-17b），永久磁铁的磁通便通过导磁板作用于霍尔元件上，在霍尔元件上产生霍尔电压。

由于霍尔元件产生的霍尔电压较弱，需要对其进行放大、整形转换成方波信号才能作为点火器控制信号。这项工作由霍尔式信号发生器内的集成电路来完成。

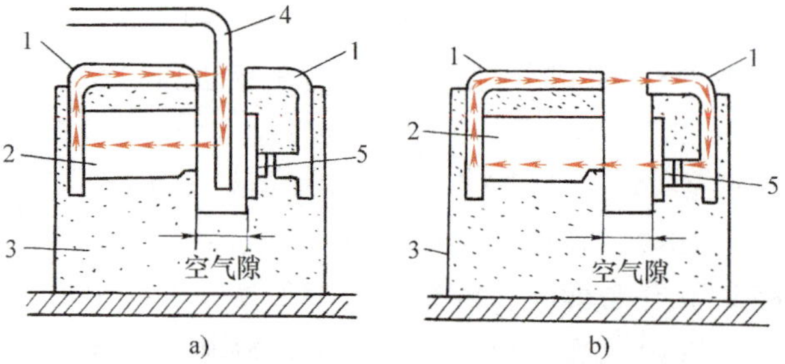

图 6-17 霍尔式信号发生器的工作原理

a）触发叶轮的叶片进入空气隙 b）触发叶轮的叶片离开空气隙

1—导磁板 2—永久磁铁 3—触发开关板 4—触发叶轮的叶片 5—霍尔元件

2. 点火控制器

它采用多功能专用点火集成电路模块，功能强、性能优越、工作可靠、价格低。图 6-18 所示是以 L497 专用点火集成电路模块为核心组成的电子点火控制器电路。它除了具有点火控制功能外，还具有点火线圈限流保护功能、闭合角控制功能、停车断电保护功能、电流上升率控制功能、过电压保护功能等。

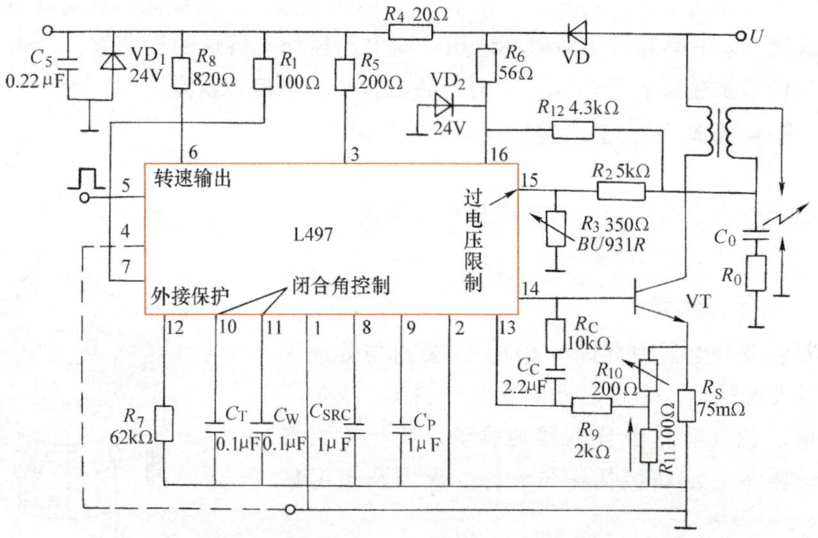

图 6-18 电子点火控制器电路（L497 集成块）

霍尔式信号发生器输出的方波脉冲信号输入给 L497 集成块的引脚 5，经过其内部电路的放大，驱动电流由引脚 14 输出，用来控制功率晶体管 VT 的导通和截止，从而使点火线圈初级电路接通和断开，在次级线圈中不断产生高压电，高压电经分电器送到各缸火花塞，点燃混合气。

与磁电式电子点火系统相比，霍尔式电子点火系统的点火信号发生器输出的点火信号幅值、波形不受发动机转速的影响，即使发动机转速很低时，也能输出稳定的点火信号，因此低速点火性能好，有利于发动机起动。此外，发动机在各种工况下，霍尔式点火信号发生器均能输出高低电平时间比一定的方波信号，所以点火正时精度易于控制。霍尔式点火信号发生器无须调整，不受灰尘、油污等影响，使其工作可靠性高、使用寿命长。

知识点 3　光电式电子点火系统

光电式电子点火系统的结构特点是采用光电式信号发生器产生点火信号，由点火控制器等元件控制点火。

1. 光电式信号发生器

它由光源、光接收器、遮光盘、集成电路等组成（图 6-19）。光源为砷化镓发光二极管，通电时发出红外线光束。为增强光线强度，采用一近似半球形的透镜聚集。发光二极管耐振、耐高温，当环境温度达 150°C 时仍可正常工作，具有性能可靠、使用寿命长等优点。

光电晶体管与发光二极管上下相对安装，二者之间有一定距离，以使遮光盘在二者之间运转。光电晶体管只有集电极和发射极两只脚，基极电流由光照射产生。光源与光接收器均固定在光接收器底板上。遮光盘 1 用金属或塑料制成，安装在分火头驱动轴上，由分电器轴通过离心提前机构驱动。遮光盘开有与发动机气缸数相等的缺口。

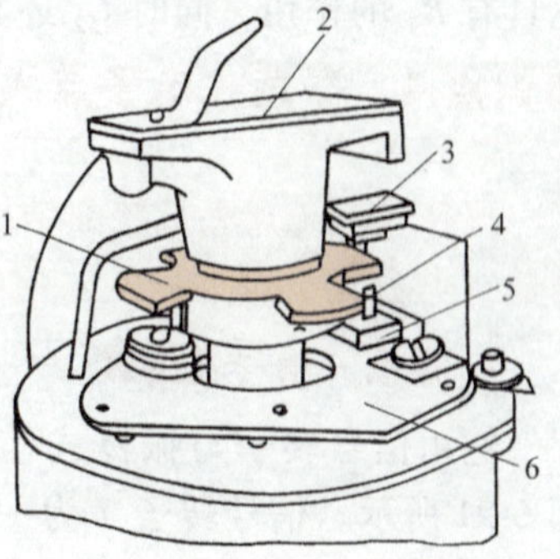

图 6-19　光电式信号发生器

1—遮光盘　2—分火头　3—发光二极管　4—光电晶体管　5—集成电路　6—活动底板

发动机运转时，信号发生器的遮光盘随分电器轴旋转。当遮光盘的缺口处于光源与光接收器之间时，发光二极管的红外线光束照射到光电晶体管基极上，光电晶体管导通；当遮光盘的缺口离开光源与光接收器后，发光二极管的红外线光束被遮光盘遮住，光电晶体管基极失电，由导通转为截止。分电器旋转一圈，光电晶体管导通、截止各 N 次（N 为发动机气缸数）。集成电路将光电晶体管输出的开关信号进行放大等处理。

2. 点火控制器

点火控制器将光电式信号发生器送来的信号进行放大，通过功率晶体管控制点火线圈初级电流的通、断，使点火线圈次级线圈产生高压电（图 6-20）。

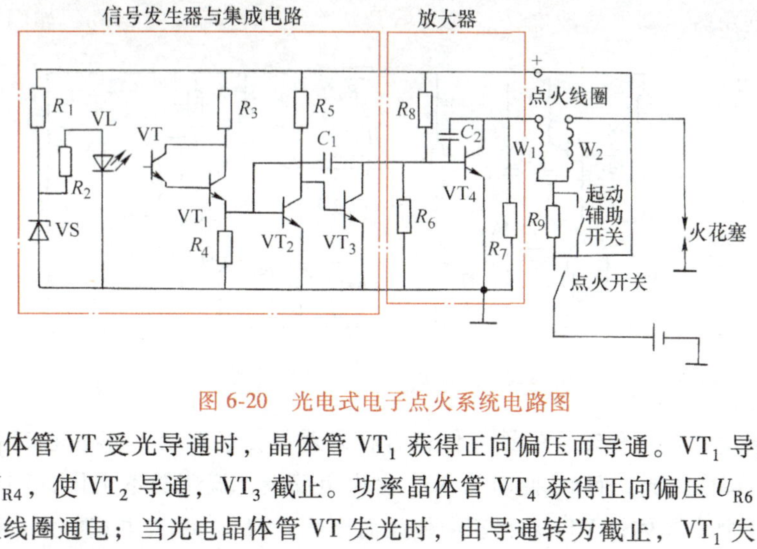

图 6-20　光电式电子点火系统电路图

当光电晶体管 VT 受光导通时，晶体管 VT_1 获得正向偏压而导通。VT_1 导通后为 VT_2 提供正向偏压 U_{R4}，使 VT_2 导通，VT_3 截止。功率晶体管 VT_4 获得正向偏压 U_{R6} 导通，从而使点火线圈初级线圈通电；当光电晶体管 VT 失光时，由导通转为截止，VT_1 失去基极电流由点火开关（S）→控制器接柱→R_9→R_6→R_7→VT_3 基极→发射极→R_8→搭铁→蓄电池负极。

当 VT_3 导通后，为功率晶体管 VT_4 提供正向偏压 U_{R8}，使 VT_4 导通。R_8 的电流电路：蓄电池正极→点火开关→控制器接线柱→R_{10}→复合晶体管 VT_3 集电极→发射极→R_8→搭铁→蓄电池负极。VT_4 导通后，点火线圈初级线圈 W_1 通电。

当信号转子的铁氧体耦合杆对准传感器的 E 形铁心时，磁路磁阻减小，L_2 与 L_3 的耦合增强，为 VT_1 的基极提供正反馈，使振荡器工作，产生 300~400kHz 的高频振荡，通过 R_4、C_4 使 VT_2 获得正向偏压 U_{R5}，VT_2 由截止转为导通。由于 VT_2 导通后其内阻极小，VT_3 失去正向偏压由导通转为截止，进而使 VT_4 又失去正向偏压，由导通转为截止，点火线圈初级线圈 W_1 断电，次级线圈 W_2 产生次级高压，经配电器分配至各气缸火花塞。

以四缸发动机为例，信号转子每旋转一圈，信号转子上的铁氧体耦合杆（4 个）将对准 E 形铁心 4 次，振荡器产生 4 次高频振荡，使点火线圈产生 4 次高压电，分别给各缸点火一次。

附加元件的作用：电容 C 为电源滤波电容，电容 C_1 为反馈耦合电容；电容 C_5 用来减小无线电干扰；稳压二极管 VS_2 用来保护 VT_3；稳压二极管 VS_3 用来保护 VT_4。当 VT_4 由导通转为截止时，点火线圈初级线圈 W_1 产生的 300V 左右的自感电动势，可经 VS_3 构成回路，从而避免 VT_4 被击穿损坏。

6.4 计算机控制点火系统

计算机控制点火系统是 20 世纪 70 年代末开始使用无触点式点火装置后的又一重大进展，其最大的成功在于实现了点火提前角的自动控制。

知识点 1 计算机控制点火系统的特点

1）控制精度高、控制工况全面。在各种工况及环境条件下，均可获得最佳点火提前角，从而使发动机在动力性、经济性、排放性及工作稳定性等方面均处于最理想的情况。

2）通过采用爆燃传感器闭环控制技术。可使各缸点火提前角控制在刚好不发生爆燃的临界状态，从而获得较高的燃烧效率，有利于提高发动机的动力性和经济性。

3）在全部工作范围内，可对点火线圈的导通时间进行控制，从而使线圈中存储的点火能量保持恒定，提高点火的可靠性，有效地防止点火线圈过热，减少能源消耗。此外，该系统很容易在全部工作范围内提供稀薄燃烧所需的恒定点火能量。

4）减小了点火能量损失（配电器分火头在旁电极之间跳火会损失部分点火能量）。由于增加了点火线圈数量，每个线圈通电时间延长，保证了发动机在高速时有足够的次级电压和点火能量。

5）具有故障自诊断功能。当 ECU 监测到点火信号 3 次以上没有反馈时，将强制切断燃油喷射，并显示点火系统有故障。

知识点 2 计算机控制点火系统的基本组成

计算机控制的电子点火系统由监测发动机运行状况的传感器、处理信号和发出点火指令的电子控制单元（ECU）和对点火指令作出响应的执行器（点火控制器、点火线圈、火花塞）等组成，如图 6-23 所示。

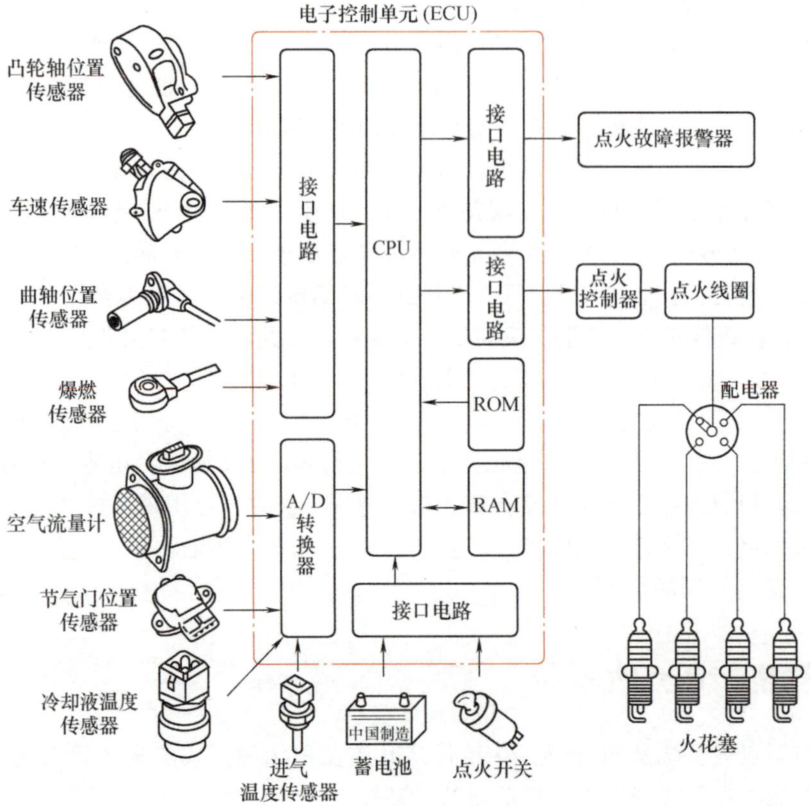

图 6-23 计算机控制点火系统的组成

1. 传感器

传感器用来检测与点火有关的发动机工况信息，并将检测结果输入 ECU，作为计算和控制点火时刻的依据。虽然各型汽车电子控制点火系统采用的传感器类型、数量、结构和安装位置不尽相同，但主要有曲轴位置传感器、凸轮轴位置传感器、空气流量计、节气门位置传感器、冷却液温度传感器、爆燃传感器等（各种传感器的结构与工作原理见第 4 章）。这些传感器大多与燃油喷射系统、怠速控制系统等电子控制系统共用，而且都由一个 ECU 集中控制。

2. 电子控制单元（ECU）

现代汽车发动机大多数都采用集中控制系统，ECU 既是汽油喷射系统的控制核心，也是点火系统的控制核心。其作用是根据各种传感器和开关输入的信号，按预先编制的程序进行计算与分析，以判断当前发动机所处的工况与状态，输出最佳点火提前角和点火线圈初级电路导通时间的控制信号，通过执行机构实现发动机的最佳点火时间控制。在 ECU 的只读存储器（ROM）中，除存储有监控和自检等程序之外，还存储有由台架试验测定的该型发动机在各种工况下的最佳点火提前角。随机存储器（RAM）用来存储微机工作时暂时需要存储的数据，如输入或输出数据、单片机运算得出的结果、故障码、点火提前角修正数据等，这些数据根据需要可随时调用或被新的数据改写。

ECU 由中央处理器（CPU）、存储器（RAM、ROM）、输入输出接口（I/O）、模/数和数/模转换器（A/D、D/A）以及整形、驱动电路等组成，如图 6-23 所示。

在 ECU 中，CPU 是核心部分，它具有运算和控制功能。发动机运行时，CPU 采集各种传感器的信号，进行运算处理，根据运算结果发出控制信号，控制执行器（如点火控制器模块）。存储器用来存放控制过程的各种程序、运算的中间结果及通过大量试验获得的原始数据，如发动机在各种转速和负荷下的最佳点火提前角。输入输出接口用来连接 CPU 与外部设备。A/D、D/A 转换器将传感器输入的模拟信号转换成计算机能够处理的数字信号，或者把计算机发出的数字控制信号转换成模拟信号，用于控制被控对象。整形电路将传感器的输入信号转变成理想的波形，驱动电路对计算机发出的控制信号进行放大，使其能够驱动执行器。

3. 执行器

执行器主要包括点火控制器、点火线圈、分电器（有分电器计算机控制电子点火系统）及火花塞等。

（1）点火控制器 点火控制器又称为点火器、点火控制单元、点火模块、点火电子组件或功率放大器，连接于 ECU 与点火线圈之间，是计算机控制电子点火系统的功率输出极，它接收 ECU 输出的点火控制信号并控制点火线圈初级线圈搭铁端的通断，同时进行功率放大，驱动高压点火线圈工作。同时，还具有恒电流控制功能、停车断电保护功能、点火时间低速延迟功能和超压保护功能。

点火控制器的电路、功能与结构因车型的不同差别较大。在普通电子点火电路中，点火顺序和点火正时是由点火控制器直接控制的。即使在计算机控制的电子点火电路中，有的车型仍设有独立的（非集成在 ECU 内部）、受发动机 ECU 控制的点火控制器（点火电路），作为 ECU 的一个执行机构用线束与 ECU 相连，如图 6-24 所示。由于无分电器电子控制点火系统有两个或多个点火线圈或点火线圈初级线圈，所以点火控制器一般除了具有自动断电功能、导通角控制电路和恒流控制电路外，还有气缸判别电路、多个大功率晶体管和相应的控制电路。由于大功率晶体管工作电流大、温度高，所以故障率相对较高，为了便于散热、检

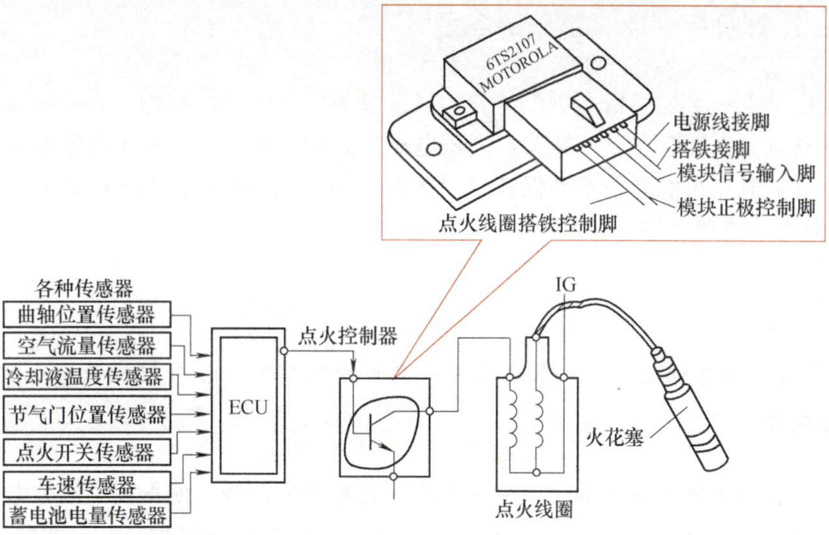

图 6-24 点火控制器

修，许多无分电器点火系统将点火控制器分为控制电路和大功率晶体管输出电路两部分，控制电路直接合入 ECU，大功率晶体管输出电路则成为结构单一的点火控制器或与点火线圈集成在一起。

（2）点火线圈 带分电器的计算机控制电子点火系统，其点火线圈的结构与普通电子点火系统的点火线圈并无差别，而无分电器的计算机控制电子点火系统的点火线圈则有多种结构形式，按高压配电方式的不同可分为二极管分配方式的点火线圈、点火线圈分配方式的点火线圈、独立点火方式的点火线圈 3 种。由于无分电器的计算机控制电子点火系统有两个或多个点火线圈初级线圈，发动机的一个工作循环，每个点火线圈初级线圈只通断一次（独立点火）或两次（同时点火），所以点火线圈初级线圈能够有较长的通电时间，点火线圈可以采用完全的闭磁路结构以提高能量利用率，其结构及磁路如图 6-25 所示。

闭磁路点火线圈、分电器及高压线的结构原理与普通电子点火系统基本相同，不再赘述。

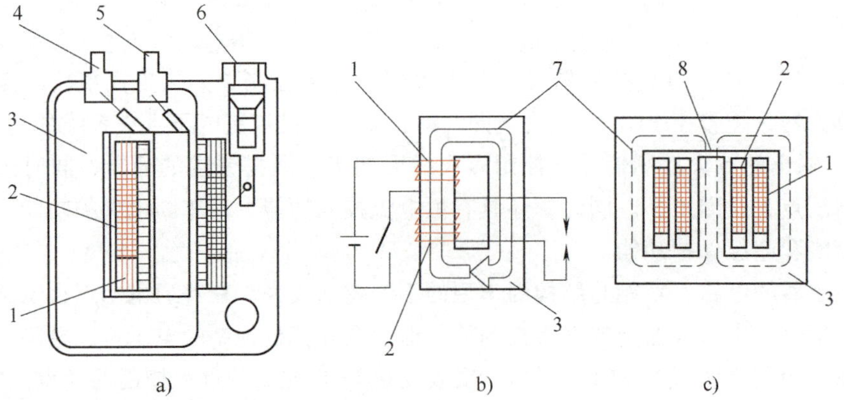

图 6-25 闭磁路点火线圈的结构及磁路

a）闭磁路点火线圈 b）口字形铁心磁路 c）日字形铁心磁路

1—初级线圈 2—次级线圈 3—铁心 4—低压接线柱（+） 5—低压接线柱（-） 6—高压接线柱 7—磁路 8—空气隙

知识点 3 计算机控制点火系统的类型

计算机控制点火系统根据高压配电方式可以分为有分电器式（图 6-26）和无分电器式。

有分电器点火系统存在以下缺陷：高压电经分火头、旁电极、高压线等点火，能量损失大；高速、多缸时点火能量得不到保证（受闭合角限制）；点火正时误差大（由于机械传动误差）；无线电干扰严重等。

【温馨提示】

带分电器的计算机控制点火系统结构认识与检测视频请扫教学资源 6.1 对应的二维码进行观看。

为了消除分电器的上述缺陷，进一步提高点火系统的性能，便出现了无分电器式计算机控制点火系统（Distributorless Ignition System，DIS）。它主要有两种方式：单缸独立点火方式（图 6-27）和双缸同时点火方式（图 6-28）。

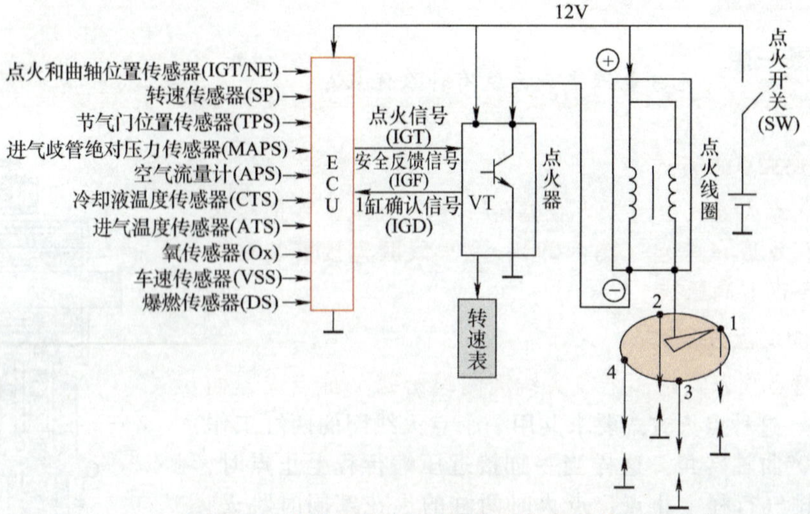

图 6-26　有分电器式计算机控制点火系统

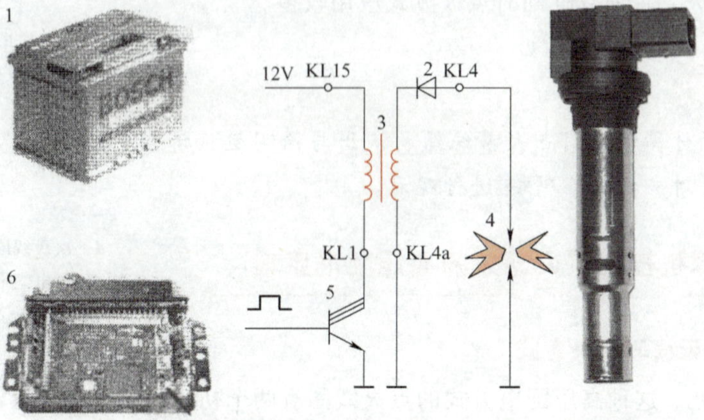

图 6-27　无分电器式计算机控制点火系统（单缸独立点火方式）

1—蓄电池　2—二极管　3—点火线圈

4—火花塞（点火线圈和火花塞集成在一起）　5—晶体管　6—控制模块

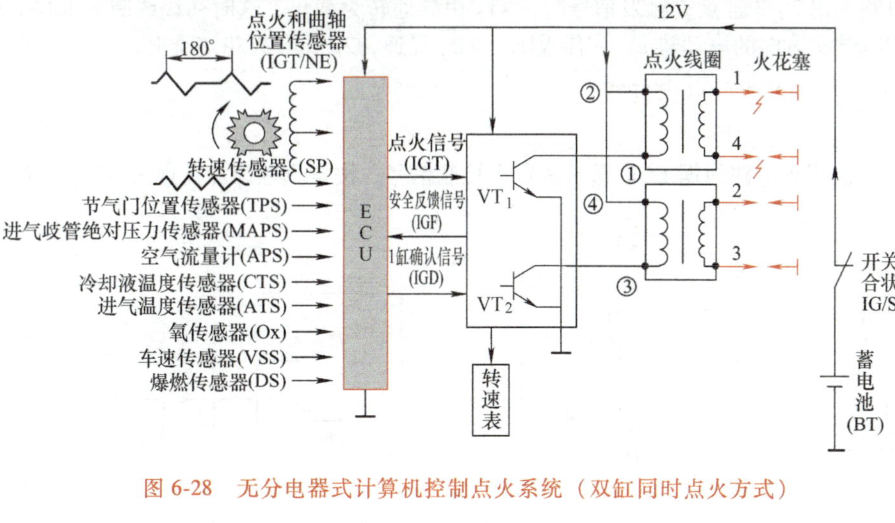

图 6-28　无分电器式计算机控制点火系统（双缸同时点火方式）

导通转为截止，VT_2 也截止，VT_3 因获得正向偏压由截止转为导通。VT 失去正向偏压 U_{R6} 则由导通转为截止，点火线圈初级线圈断电，在点火线圈次级线圈产生高压，经配电器分送至各缸火花塞。

稳压二极管 VS 用以保证发光二极管 VL 获得稳定的工作电压。电容 C_1 为正反馈电路，用以提高功率晶体管 VT_4 的翻转速度，减少功率损耗，防止发热。电阻 R_7 用以保护功率晶体管 VT_4。当 VT_4 由导通转为截止时，在次级线圈 W_2 产生次级电压的同时，初级线圈也产生 300V 左右的自感电动势，R_7 可为其提供回路，防止 VT_4 被击穿损坏。电阻 R_8 与电容 C_2 也具有 R_7 的作用，同时 C_2 还具有滤波功能。电阻 R_9 为点火线圈的附加电阻。

知识点 4　振荡式电子点火系统

振荡式电子点火系统的结构特点是采用振荡式信号发生器产生点火信号，并利用点火控制器（与分火头合为一体）控制点火。

1. 振荡式信号发生器

它由信号转子与振荡式信号发生装置等组成，如图 6-21 所示。信号转子 7 为一塑料圆鼓，在其周围嵌入与气缸数相等的铁氧体耦合杆 8。信号转子安装在分火头 6 驱动轴上，通过离心提前机构由分电器轴驱动。

振荡式信号发生装置由 E 形铁心 4 与负反馈线圈 L_1、正反馈线圈 L_2、振荡线圈 L_3 组成。负反馈线圈与正反馈线圈分别绕在铁心的上、下两臂上，振荡线圈绕在铁心的中臂上。L_1 的匝数多于 L_2，L_1 与 L_2 的绕向应使它们通电时在中臂上产生方向相反的磁通。传感器固定在分电器底板上，相当于传统分电器断电器的位置。

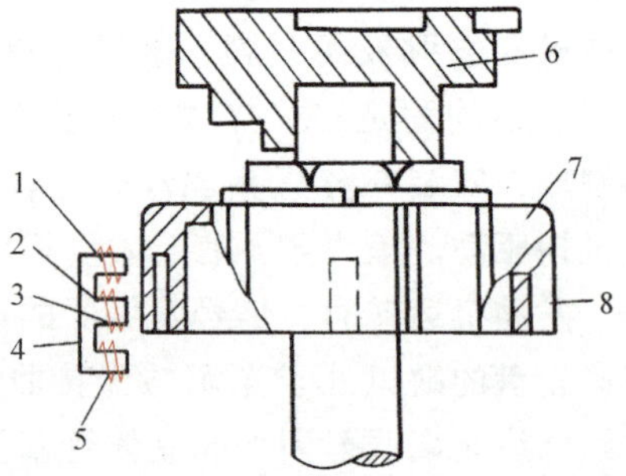

图 6-21　振荡式信号发生器

1—正反馈线圈（L_2）　2—振荡线圈（L_3）　3—铁氧体　4—E 形铁心　5—负反馈线圈（L_1）　6—分火头　7—信号转子　8—铁氧体耦合杆

2. 点火控制器

点火控制器由振荡器、滤波电路、放大器及功率晶体管 VT_4 等组成，如图 6-22 所示。

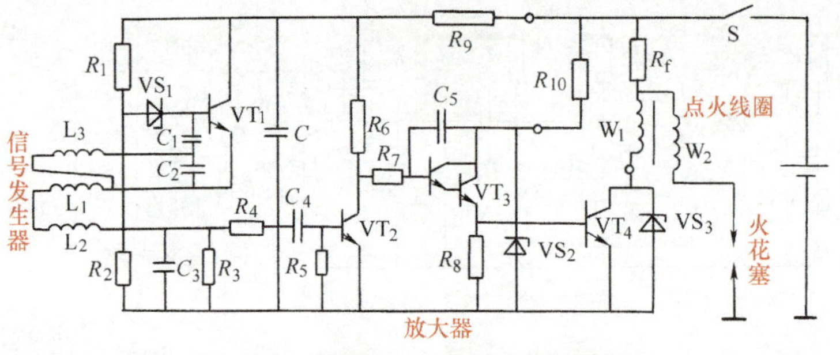

图 6-22　振荡式电子点火系统电路图

发动机运转时，当信号转子的铁氧体耦合杆未对准传感器的 E 形铁心时，磁路的磁阻大，L_2 与 L_3 的耦合很弱，而 L_1 此时为 VT_1 提供负反馈，振荡器不工作，VT_2 无正向偏压处于截止状态。复合晶体管 VT_3 获得正向偏压而导通。VT_3 的基极电流电路：蓄电池正极→

想一想

无分电器点火系统有什么优点？

1. 单缸独立点火方式

单缸独立点火方式是一个火花塞配一个点火线圈并把点火线圈与火花塞集成在一起（图 6-29），点火线圈直接安装在火花塞顶上，不需要高压线。

2. 双缸同时点火方式

双缸同时点火方式是一个点火线圈同时给两个缸点火，如图 6-28 所示。这种点火方式要求共用一个点火线圈的两缸工作相位相差 360°曲轴转角。这样当一缸接近压缩行程上止点时，另一缸接近排气行程上止点，点火时两缸的火花塞同时跳火，处于排气行程的气缸的点火是无效点火，处于压缩行程的气缸的点火是有效点火。目前双缸同时点火方式应用较多。

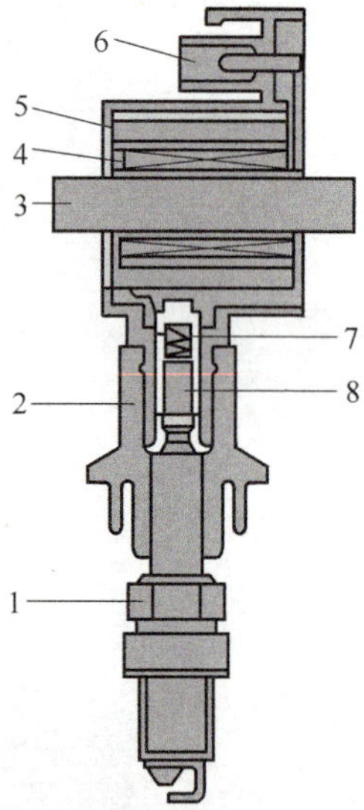

图 6-29　一体化点火线圈-火花塞

1—火花塞　2—外壳　3—铁芯　4—次级线圈　5—初级线圈　6—电气插头　7—弹簧　8—高压端子

【温馨提示】

无分电器的计算机控制点火系统结构认识与检测视频请扫教学资源 6.2 对应的二维码进行观看。

知识点 4　计算机控制点火系统的高压配电原理

1. 二极管分配同时点火方式

如图 6-30 所示，这种高压配电方式的点火线圈有两个初级线圈，各由驱动电路中的 VT_1、VT_2 控制其通断，气缸识别电路按照点火顺序交替触发 VT_1、VT_2 的导通和截止。当气缸识别电路输出 1、4 缸点火触发信号时，VT_1 由导通转为截止，初级线圈 A 断电，次级线圈便产生实线箭头方向的电动势 e。e 使 VD_1、VD_4 正向导通，1、4 缸火花塞电极电压迅速升高直至跳火，当气缸识别电路输出 2、3 缸点火触发信号时，VT_2 由导通转为截止，这时初级线圈 B 断电，使次级线圈产生虚线箭头方向的电动势 e'，e'使 VD_2、VD_3 导通，2、3 缸火花塞跳火。

2. 点火线圈分配同时点火方式

点火线圈分配是采用一个点火线圈直接供给成对的两缸火花塞点火的高压分配方式（图 6-31）。气缸识别电路根据 ECU 送入的点火控制信号，按点火顺序轮流触发 VT_1、VT_2 导通和

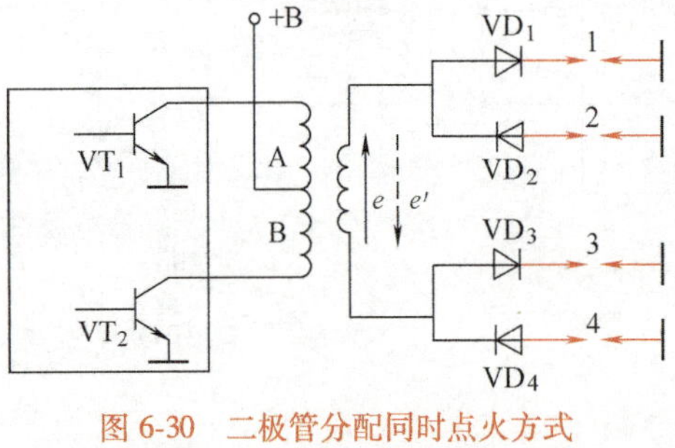

图 6-30　二极管分配同时点火方式

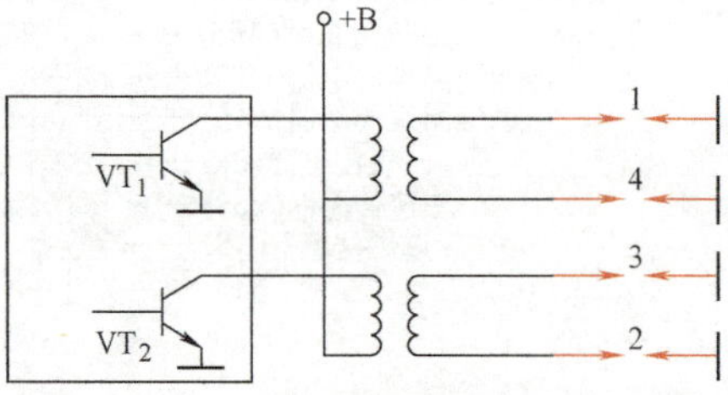

图 6-31　点火线圈分配同时点火方式

截止，控制各个点火线圈轮流产生高压，通过高压导线直接输送给成对的两缸火花塞。

3. 独立点火方式

独立点火方式为每一个气缸的火花塞单独配一个点火线圈（图 6-32），点火线圈一般直接安装在火花塞的上方。气缸识别电路根据 ECU 送入的点火控制信号，按点火顺序轮流触发 VT_1、VT_2、VT_3、VT_4 导通和截止，控制各个点火线圈轮流产生高压，并直接输送给与之连接的火花塞。

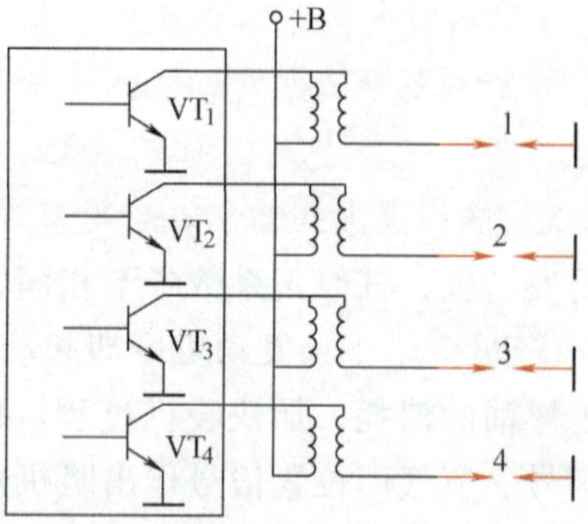

图 6-32 独立点火方式

知识点 5 计算机控制点火系统的工作原理

1. 基本工作原理

发动机运行时，ECU 不断地采集发动机的转速、负荷、冷却液温度、进气温度等信号，并根据 ROM 中存储的有关程序与数据，确定该工况下的最佳点火提前角和初级电路的最佳导通角，并以此向点火控制模块发出控制指令。

点火控制模块根据 ECU 的点火指令，控制点火线圈初级电路的导通和截止。当电路导通时，有电流从点火线圈中的初级线圈通过，点火线圈此时将点火能量以磁场的形式储存起来。当初级线圈中的电流被切断时，在其次级线圈中将产生很高的感应电动势（15～20kV），经配电器送至工作气缸的火花塞，点火能量被瞬间释放，并迅速点燃气缸内的可燃混合气，发动机完成做功过程。

此外，在带有爆燃传感器的点火提前角闭环控制系统中，ECU 还可根据爆燃传感器的输入信号来判断发动机的爆燃程度，并将点火提前角控制在轻微爆燃的范围内，使发动机能获得较高的燃烧效率。

2. 点火控制功能

点火控制功能主要有 3 个方面：点火提前角控制、闭合角控制和爆燃控制。

（1）点火提前角控制 点火提前角控制由初始点火提前角、基本点火提前角和修正点火提前角三部分的控制组成。

1）初始点火提前角。初始点火提前角又称为固定点火提前角，其值大小取决于发动机形式，并由曲轴位置传感器的初始位置决定，一般为上止点前 6°～12°曲轴转角。在下列情况时，实际点火提前角等于初始点火提前角：发动机起动时；发动机转速低于 400r/min 时；检查初始点火提前角时，诊断插座测试端子短路，怠速触点 IDL 闭合，车速低于 2km/h。

2）基本点火提前角。基本点火提前角是发动机最主要的点火提前角，是设计微机控制点火系统时确定的点火提前角。由于发动机本身的结构复杂，影响点火的因素较多，理论推导基本点火提前角的数学模型比较困难，而且很难适应发动机的运行状态。因此国内外普遍采用台架试验方法，利用发动机最佳运行状态下的试验数据确定基本点火提前角。

怠速时的基本点火提前角指节气门位置传感器的怠速触点闭合时对应的基本点火提前角，其值根据空调系统是否工作及发动机的怠速转速的不同略有不同，如图 6-33 所示。如空调系统工作时，随着发动机怠速的目标转速提高，应适当地增加点火提前角，有利于发动机运转速度的稳定，此时怠速基本点火提前角定为 8°曲轴转角。空调系统不工作时，怠速基本点火提前角定为 4°曲轴转角。

正常行驶时的基本点火提前角指节气门位置传感器怠速触点打开时对应的基本点火提前角。该值主要是依据发动机的转速和负荷（用进气量表示）而定。ECU 根据传感器的输出信号，利用查表法从 CPU 的 ROM 中找出基本点火提前角的最佳值，如图 6-34 所示。

3）修正点火提前角。它是基本点火提前角乘以适当的系数得到的点火提前角。不同型号的发动机，其修正系数各不相同，所修正的项目也不尽相同。

① 暖机修正：发动机冷却起动后，其温度还很低，因此要求适当增大点火提前角，以改善燃油的消耗，加快暖机过程。ECU 根据发动机冷却液温度信号、进气压力信号或进气流信号、节气门位置信号作出暖机点火提前角修正。暖机修正点火提前角随发动机的冷却液的温度上升而减小（图 6-35），不同车型其暖机修正特性曲线的形状有所不同。

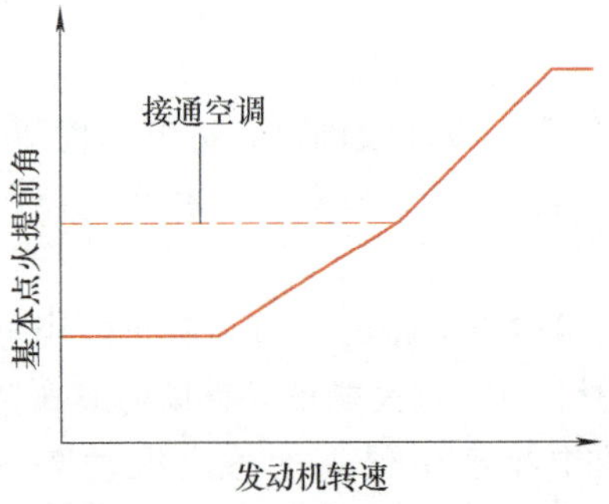

图 6-33　怠速时的基本点火提前角

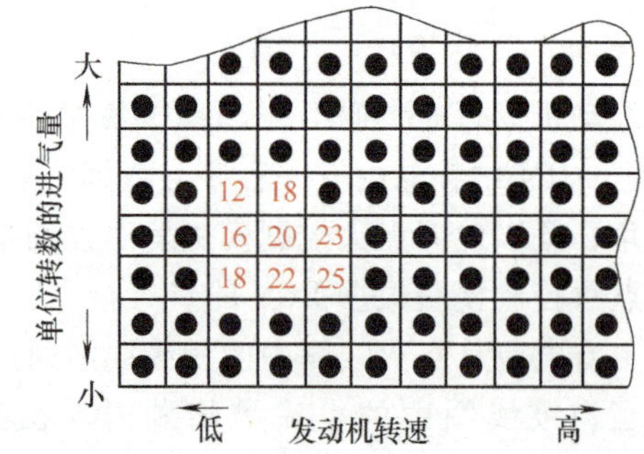

图 6-34　正常行驶时的基本点火提前角

② 怠速稳定修正：发动机在怠速运行期间，因负荷变化而出现转速波动，怠速不稳。当转速低于所设定的目标转速时，计算机根据其目标转速的差值大小适当增大点火提前角；当发动机的转速高于设定的目标转速时，则适当减小点火提前角。ECU 根据发动机的转速信号、节气门位置信号、车速信号、空调开关信号等作出怠速稳定点火提前角修正，修正特性如图 6-36 所示。

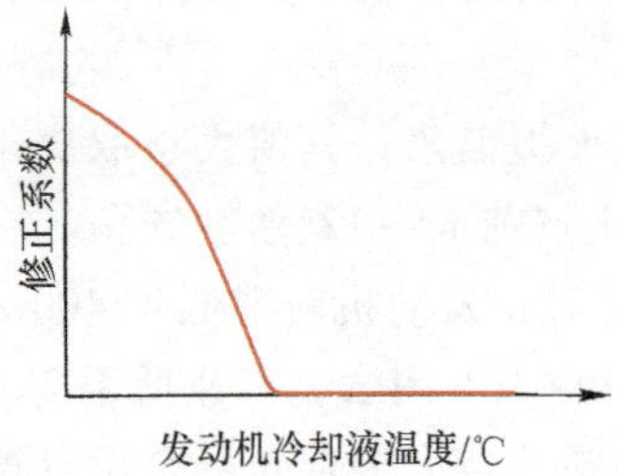

图 6-35　暖机点火提前角修正特性

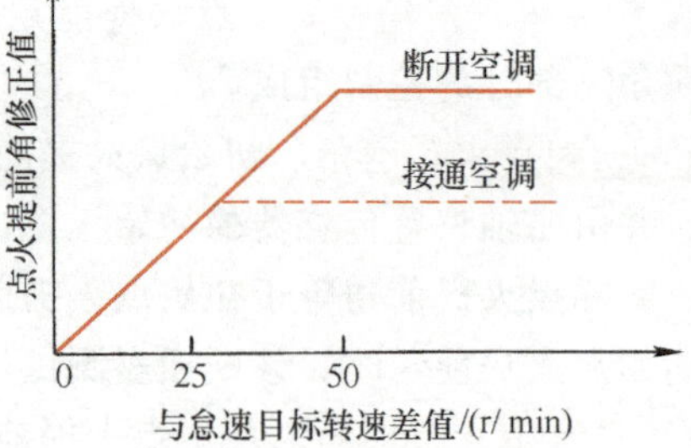

图 6-36　怠速稳定点火提前角修正特性

③ 空燃比反馈修正：装有氧传感器的发动机，当 ECU 根据氧传感器的空燃比反馈信号进行修正时，随着喷油量的增加或减少，会引起发动机转速在一定范围内波动，为了提高发动机转速稳定性，控制器在控制喷油量减少的同时，适当地增大点火提前角。ECU 根据氧传感器反馈信号、节气门位置信号、发动机冷却液温度信号、车速信号作出空燃比反馈点火提前角修正（图 6-37）。

④ 过热点火提前角修正：当发动机的温度过高时，为使发动机能保持正常工作而对点火提前角作适当的修正。具体分两种情况。

在发动机正常运行工况下，如果发动机温度过高则易产生爆燃。为避免这种情况发生，应适当减小点火提前角。

在发动机怠速运行工况时，如果发动机温度过高，则应适当增大点火提前角，以避免发动机长时间过热。

ECU 根据发动机冷却液温度信号、节气门位置信号作出过热点火提前角修正，其修正特性如图 6-38 所示。

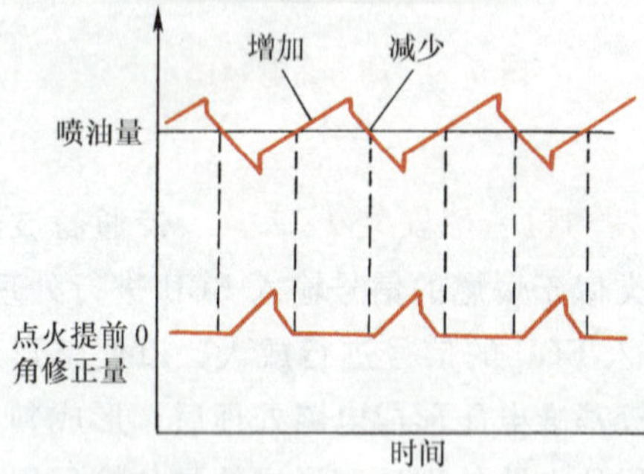

图 6-37　空燃比反馈点火提前角修正

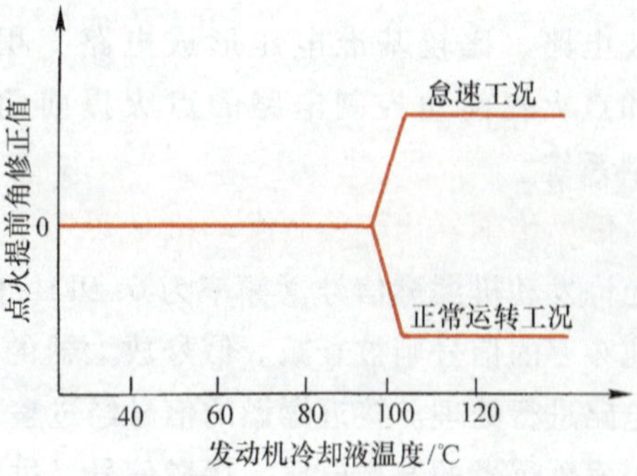

图 6-38　发动机过热点火提前角修正特性

⑤ 发动机爆燃修正：当发动机产生爆燃时，对基本点火提前角进行适当修正（减小点火提前角），以迅速消除爆燃。

⑥ 最大提前和推迟控制：发动机工作时的实际点火提前角是初始点火提前角、基本点火提前角、修正点火提前角之和。如果根据发动机实际工况和状态计算得到的实际点火提前角过大或过小，会导致发动机工作不正常。因此，计算机点火时刻控制系统设定了一个实际点火提前角的数值范围，以控制发动机工作时其点火提前角不会超出正常工作极限值。

不同发动机，其设定的点火提前角的最大和最小极限值不同，一般其最大值和最小值范围如下：

最大点火提前角：35°~45°CA，最小点火提前角：-10°~0°CA。

（2）闭合角控制　闭合角控制是指对点火线圈初级电路通电时间的控制。一方面，当点火线圈的初级电路被接通后，只有通电时间达到一定长度，初级电流才能达到饱和值，才能保证在断开初级电路时，能产生足够的次级电压和点火能量。另一方面，当发动机低速运转时，如果通电时间过长，点火线圈由于过热而易损坏。因此需要对点火线圈初级电路的通电时间即闭合角进行控制。

影响闭合角的因素有蓄电池电压和发动机转速。计算机控制的电子点火系统把闭合角随发动机转速、蓄电池电压变化的脉谱图（图 6-39）以数据形式存储到 ECU 的 ROM 中，供发动机工作时调用。

（3）爆燃控制　在爆燃控制中采用爆燃传感器检测发动机是否产生爆燃，如果有爆燃，ECU 减小点火提前角，直到爆燃消失；当爆燃消失后，ECU 又逐渐加大点火提前角，这样使发动机工作在爆燃的边缘，而又不发生爆燃，此时发动机热效率最高，动力性、经济性最好。

要使点火系统达到这样的性能要求，除了必须采用电子控制的点火系统外，对点火提前角还必须采用爆燃控制。

在发动机电子控制系统中，点火时刻采用闭环控制能有效地抑制发动机爆燃，提高动力性。如图 6-40 所示，发动机爆燃控制系统是在点火控制系统的基础上，增加了爆燃传感器、带通滤波器、信号放大电路、整形滤波电路、比较基准电压形成电路、积分电路和点火提前角控制电路的点火提前角闭环控制系统。

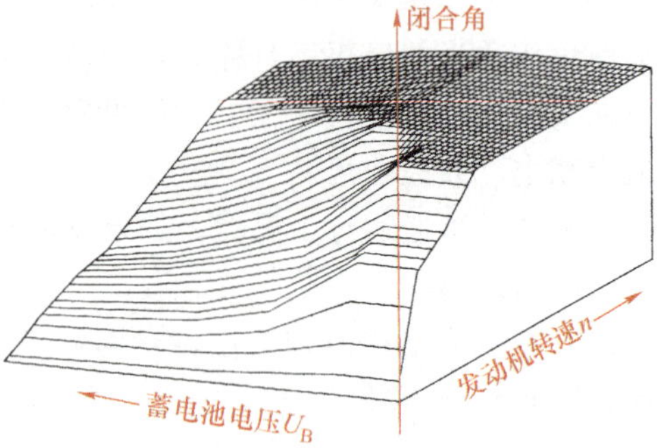

图 6-39 闭合角脉谱图

爆燃传感器用于检测发动机是否发生爆燃，每台发动机一般安装 1~2 只。带通滤波器只允许发动机爆燃信号（频率为 6~9kHz 的信号）或类似于爆燃的信号输入 ECU 进行处理，其他频率的信号则被衰减。信号放大器的作用是对输入 ECU 的信号进行放大，以便整形滤波电路进行处理。接近爆燃的信号经过整形滤波和比较基准电压形成电路处理后，形成判定是否发生爆燃的基准电压。爆燃信号经过整形滤波和积分电路处理后，形成的积分信号用于判定爆燃强度。

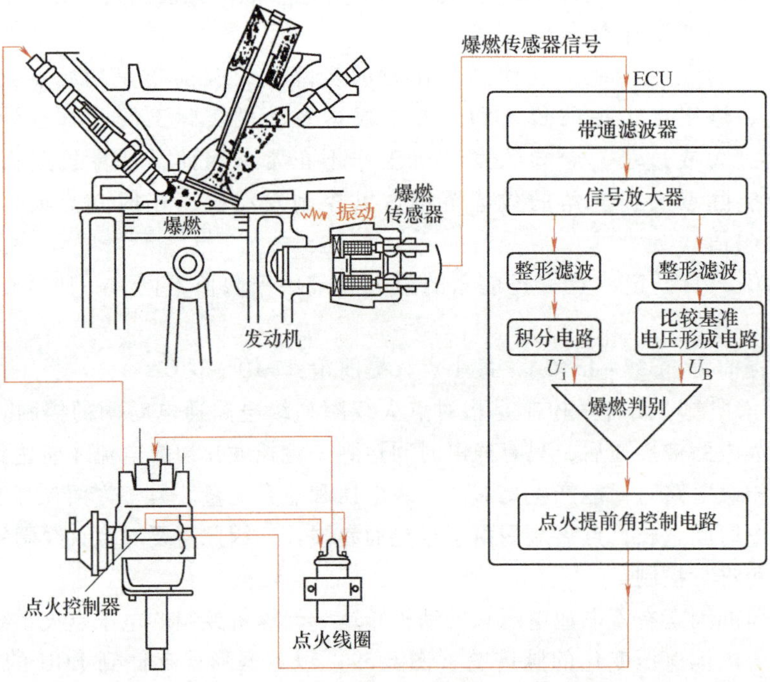

图 6-40 爆炸控制系统的组成

利用爆燃传感器对点火提前角进行闭环控制，可以降低对各传感器精度的要求。

6.5 汽油机点火系统的使用维护与常见故障

知识点 1　点火系统使用维护

1. 使用注意事项

1）发动机在运转过程中，严禁拆卸蓄电池，也不可用刮火的方法试电，以免损坏点火器。

2）高压线必须连接牢靠，如果连接不牢，容易造成系统电压过高而损坏高压系统的绝缘。

3）当需要拆卸点火系统的连接导线或安装测试仪器时，应先关断点火开关或拆下蓄电池的负极导线。

2. 火花塞的检查维护

（1）就车检查法

1）触摸法。起动发动机，使其怠速运转，用手触摸火花塞绝缘陶瓷部位，如温度上升得很快很高，表明火花塞正常，反之为不正常。

2）跳火法。旋下火花塞，放在气缸体上，用高压线试火，若无火花或火花软弱，表明火花塞漏电或不工作。

（2）观色法

1）拆下火花塞观察，如为赤褐色或铁锈色，表明火花塞正常。

2）如为油渍状，表明火花塞间隙失调或供油过多，高压线短路或断路。

3）如为烟熏之黑色，表明火花塞冷热型选错或混合气浓度过大，机油上蹿。

4）如顶端与电极间有沉积物，当为油性沉积物时，说明气缸窜机油与火花塞无关；当为黑色沉积物时，说明火花塞积炭而旁路；当为灰色沉积物时，则是汽油中添加剂覆盖电极导致缺火。

5）若严重烧蚀，如顶端起疤、有黑色花纹破裂、电极熔化，则表明火花塞损坏。

（3）火花塞清洁

如火花塞上有积炭、积油等时，可使用火花塞清洁器进行清洁（图 6-41），空气压力应低于 588kPa，时间不大于 20s。

图 6-41　火花塞清洁器

3. 点火线圈检查维护

点火线圈的检查主要包括外部检查、初次级线圈断路、短路搭铁检查以及发火强度检查。

（1）外部检查　检查点火线圈的外表，若绝缘盖破裂或外壳碰裂，因容易受潮而失去点火能力，应予以更换。

（2）初次级线圈断路、短路、搭铁检查　用万用表测量点火线圈的初级线圈、次级线圈以及附加电阻的电阻，应符合技术标准，否则说明有故障，应予以更换。

知识点 2　点火系统常见故障

汽油机点火系统的常见故障见表 6-1。

表 6-1　汽油机点火系统的常见故障

故障名称	故障征象	故障原因
火花塞积炭	火花塞上有松软、乌黑的沉积物，表明有积炭	可燃混合气比例不正确、空气滤清器堵塞等造成的混合气过浓；燃油质量太低或变质，燃烧不正常
火花塞机油油污	火花塞电极和内部出现油性沉积物	个别火花塞上有油性沉积物，可能是气门杆油封损坏造成的；各个缸体的火花塞都粘有这种沉积物，则说明气缸窜油；空气滤清器和通风装置堵塞等
发动机运转不稳定	发动机转速不稳定	点火正时不正确；个别缸失火
发动机动力不足，油耗增加	发动机功率下降，加速不良，油耗增大	点火正时调整不当
个别缸不点火	发动机不易起动，功率不足，发动机抖动	火花塞故障；点火线圈故障；点火正时调整不当
停车时发动机抖动	停车时发动机抖动，提高转速，运转趋于平稳	点火正时调整不当

知识拓展

为了提高汽油机的动力性，一些发动机采用双火花塞点火，追求速燃和稀燃，使混合气形成更加合理。其优点是：缩短火焰传播的行程，提高可燃混合气的燃烧速度，改善动力性指标，降低油耗，提高热量利用率和点火速度；能适应工况需要，可实现分层燃烧，改善净化指标和降低油耗；能改善燃烧条件，消除爆燃危害，延长相关部件的使用寿命；提高点火系统的可靠性和着火概率，不易出现“缺缸”故障；与双点火线圈同时使用，使同样转速下，单位时间内通过点火线圈的电流小，点火线圈不易发热，可以加大点火线圈初级电流和导通时间，能在高转速下提供足够的点火能量。

双火花塞点火系统是在半球形燃烧室两侧对称布置两个同型号火花塞，这两个火花塞与燃烧室中心的距离相等，发动机怠速或低速运行时仍采用单火花塞点火；正常工作后，两个火花塞同时点火，不仅火焰传播距离缩短了一半，两个火花塞还可同时着火爆炸燃烧，急速形成较强烈的涡流，大幅度加快了火焰的传播速度。

双火花塞点火系统缩短了燃烧室火焰传播距离，也称为“双火花塞点火急速燃烧法”。

本章小结

1. 汽油机要求点火系按发动机转速、负荷、温度等运转工况的变化自动准确调节点火提前角，提供足够的点火能量，可靠点燃混合气。

2. 点火系统分为传统点火系统、电子点火系统、计算机控制点火系统等几种。

3. 电子点火系统由电子点火器、分电器、点火信号发生器、点火线圈、火花塞、高压导线等组成。点火信号发生器有磁电式、霍尔式、光电式和振荡式等种类。

4. 计算机控制点火系统由传感器（转速传感器、曲轴位置传感器、爆燃传感器、节气门位置传感器、温度传感器等）、电子控制单元（ECU）、执行器等组成。它具有控制精度高、考虑因素全面、点火能量大、高速适应性好、故障自诊断等优点，可有效提高汽油机的动力性能、经济性能和排放性能。

思考题

1. 名词解释：火花塞间隙、击穿电压、火花塞热特性、热型火花塞、冷型火花塞、普通型火花塞、高压配电方式。

2. 汽油机对点火系统有哪些要求？

3. 无触点电子点火系统中传感器的作用是什么？常用哪些类型的传感器？说明它们的结构和工作原理。

4. 简述磁电式电子点火装置的工作原理。

5. 简述光电式电子点火装置的工作原理。

6. 简述霍尔式电子点火装置的工作原理。

7. 简述计算机控制点火系统的基本组成、工作原理及特点。

8. 简述计算机控制点火系统的高压配电方式。

第7章　发动机排气污染控制系统

【本章内容架构】

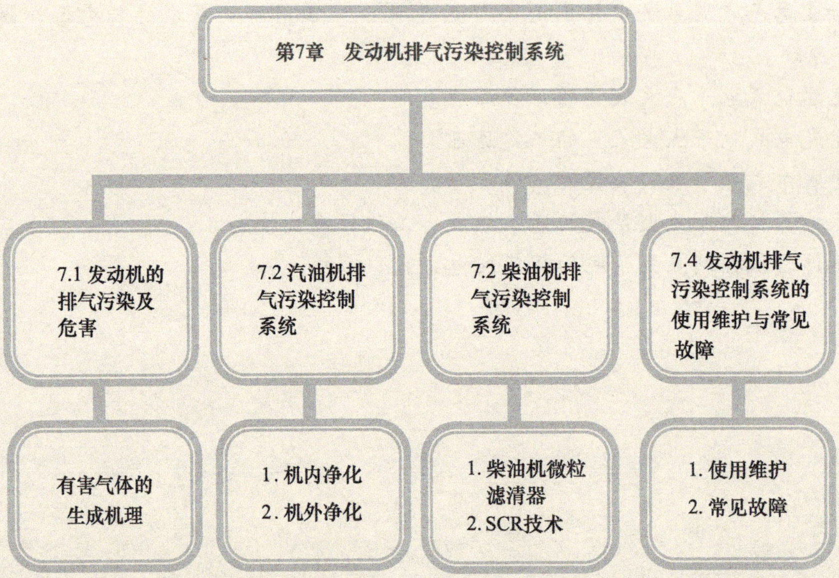

【学习目标要求、重点与难点】

序号	学习目标要求	学习重点	学习难点
1	掌握发动机有害排放气体 CO、HC、NO_x 形成的基本原因	√	
2	掌握发动机排气污染机内净化和机外净化的基本途径	√	
3	理解废气再循环装置的基本结构与工作原理		√
4	理解催化转化器的基本结构与工作原理	√	√
5	了解汽油蒸发控制系统的基本结构与工作原理		√
6	了解柴油机尾气后处理装置（SCR）的基本结构与工作原理	√	√
7	能够识别发动机上的排气净化装置	√	

【引入案例】

一款装有柴油机的沃尔沃载货汽车，行驶里程3万km，最近在高转速、大负荷状态下出现排气管冒黑烟的情况。请分析故障可能的原因。

汽车作为现代交通工具，给人们的工作与生活带来方便的同时，它的尾气排放也给大气环境造成了严重的污染。汽油发动机排入大气中的有害成分主要是CO、HC、NO_x等，柴油机则主要是碳烟。对汽车发动机排放的控制和净化，各国都进行了大量的研究工作，除了对发动机本身的改进之外，现代汽车多采用污染控制系统来减少汽车的排气污染。

污染控制系统主要包括燃油蒸发排放控制系统、燃油供给控制系统、废气再循环（EGR）控制系统、三效催化转化控制系统及二次空气喷射控制系统等。

7.1 发动机的排气污染及危害

汽车发动机燃料主要是汽油或柴油，它们是多种碳氢化合物的混合物。在发动机气缸内，与空气混合并燃烧，大部分生成CO_2和H_2O。依据燃烧条件，也有一部分由于不完全燃烧而生成CO和HC。此外当燃烧温度很高时，空气中的氮与未燃的氧反应，生成NO_x，这些所有的CO、HC、NO_x、SO_2及碳烟、微粒、光化学烟雾等对人类和环境都会造成很大危害。为此，各国都制定了相应的汽车排放标准，并投入大量资金进行研究和防治。由于CO、HC、NO_x是主要的污染物质，因此也是汽车排放标准和防治措施的主要对象。

找一找　目前国内外汽车排放标准的制定和实施有哪些不同？

知识点　有害气体的生成机理

1. CO的生成机理

CO是烃燃料在局部缺氧或低温下不完全燃烧的产物。

理论上，燃料完全燃烧时将生成CO_2和H_2O。而当氧气不足时，则有部分燃料不完全燃烧而生成CO。

然而，在实际汽油发动机中，不仅空气（氧气）不足时燃烧生成物中有CO，在空气充足时燃烧产物中也含有CO，其主要是由于混合气的形成与分配不均造成的。另外在使用稀混合气时，排气中CO浓度并不为零，这是因为在高温下，燃烧生成的CO_2和H_2O也可能有一小部分经过转化生成CO。

所以，在发动机排气中，总会有CO存在。尽管如此，排气中CO的浓度，基本上取决于空燃比。

2. HC的生成机理

碳氢化合物（HC）中含有多种成分，但主要是未燃的燃料，另外还有一些不完全燃烧或裂解反应的碳氢化合物及少量的氧化反应的中间产物（如醛、酮等）。在汽油机中，缸壁

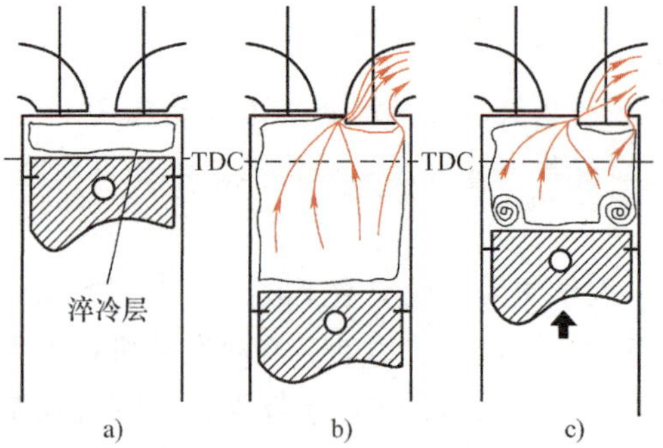

图 7-1 HC 的排放原理
a）淬冷层的形成 b）排气初期 c）排气后期

淬冷也是排气中 HC 的主要来源。如图 7-1 所示，当火焰传播到接近气缸壁面附近时，由于壁面的冷却作用，火焰不能完全传播到缸壁表面，使 0.05~0.4mm 厚度上的混合气烧不着，通常把这层烧不着的混合气称为淬冷层。另外，气缸体和气缸盖接合面之间的缝隙、活塞顶部与第一道气环之间的空隙、火花塞磁心周围的空隙等，火焰也不能传播过去。上述淬冷层和气隙中的混合气没有燃烧就随排气排出。在排气初期，靠近排气门附近的那一部分淬冷层中的未燃气体首先随排气排出，在排气后期，活塞把气缸壁面的淬冷层也卷进排气中，使 HC 的排放浓度大大增加。

发动机工作时，如果混合气过浓，由于空气不足，燃烧不完全，未燃燃料或燃烧过程中生成的 HC 增多，HC 的排放浓度增加。而当混合气过稀或缸内废气过多时，则可能引起火焰不充分甚至完全断火，致使排气中的 HC 浓度显著增加。

3. NO_x 的生成机理

NO_x 是空气在燃烧室的高温条件下，由氧和氮的反应所形成的，它和其他废气成分不同，不是来自燃料。发动机所排出的 NO_x，虽含有少量的 NO_2，但大部分是 NO。排气中的 NO 在大气中氧化成 NO_2，通常把 NO_2 和 NO 统称为 NO_x（氮氧化合物）。

在发动机工作中，无论是进行完全燃烧反应，还是不完全燃烧反应，其最初燃烧反应所产生的热必将使空气中的氧分子裂解为氧原子，并与空气中的氮分子发生反应而生成 NO 和氮原子，而氮原子又与空气中氧分子发生反应生成 NO 和氧原子，这部分氧原子又可与空气中氮分子重新反应，产生 NO，其反应式为

$$O_2 = 2O$$

$$N_2 + O = NO + N$$

$$N + O_2 = NO + O$$

在发动机工作中，燃烧温度越高，燃烧过程中氧气浓度越大，高温下的持续时间越长，NO 的生成量就越多。

4. 光化学烟雾的生成机理

根据加利福尼亚大学哈根·斯密特博士提出的光化学烟雾理论，汽车排放尾气中的 NO_x、HC 是在强太阳光作用下，发生光化学反应而形成的。

引起光化学烟雾的 NO_2 气体可吸收 290~430nm 波长的光，按下式进行解离：

$$NO_2 + h\nu(290 \sim 430\text{nm}) \rightarrow NO + O(^3P)$$

$$O_3 + NO \rightarrow NO_2 + O_2$$

生成的基态氧原子 O（^3P），很快又与大气中的氧分子反应生成臭氧（O_3）：

$$O(^3P) + O_2 + M \rightarrow O_3 + M$$

生成的臭氧（O_3）再与 NO 反应，生成 NO_2 和氧分子，式中 M 表示其他分子。

想一想

发动机其他有害排放物的形成机理。

7.2 汽油机排气污染控制系统

发动机排气污染的控制方法可分为机内净化和机外净化。机内净化是指从有害物排放的生成机理及影响因素出发，通过改善可燃混合气的品质和燃烧状况，抑制有害气体的产生，使排气中的有害气体成分减至最少，机内净化是治理车用汽油机排气污染的根本方法。发动机机内净化，改善了排气污染，但不同程度地对汽车的动力性能和经济性能带来一些负面影响。因此，在进行汽车发动机排气污染防治时，往往是机内、机外净化兼而有之，使发动机排放性能提高的同时，又不影响其动力性能和经济性能。用设置在发动机外部的附加装置使排出的废气净化后再排入大气，这种措施称为机外净化。

知识点 1　机内净化

1. 改善混合气的燃烧

混合气的燃烧状况对汽油机排放污染有很大的影响，通过配气正时、点火时刻等的优化调整和燃烧室、火花塞等的优化设计配置可有效改善发动机的排放。

配气正时特别是气门重叠时间对 NO_x、HC 排放量的影响很大。试验表明，气门重叠时间长时，因排气彻底，进气充足，气缸内温度低，NO_x 排放量将减少，而 HC 的增加量并不多；当气门重叠时间短时，HC 将减少，而 NO_x 却增加较多。

延迟点火时刻可降低燃烧最高温度，因而 NO_x 的排放量减少；同时，由于燃烧持续时间较长，促进氧化作用，使 HC 减少。但应注意减小点火提前角会使冷却系统热负荷加大，功率下降，油耗有所上升，因此在净化的同时必须采用折中的办法，兼顾热效率等其他方面的要求。

减小燃烧室的表面积和容积之比（面容比）可以减少 HC 的排放量，因为当活塞处于上止点时，燃烧室壁面附近形成的淬冷层不能进行充分的燃烧，而使未燃 HC 随废气排出。面容比按浴盆形、盆形、楔形、半球形的燃烧室结构顺序逐渐减小。改变燃烧室设计、加强气体的涡紊流、优化火花塞配置，都可对发动机排放产生影响。

从有害气体的生成机理中发现，降低 NO_x 和降低 HC、CO 所采取的措施往往是相互矛盾的，因而要针对不同机型的主要矛盾，提出适当的治理措施。一般来讲，在汽油机上采取的措施，要兼顾各种有害成分的全面净化和发动机的性能。

混合气的品质受进气温度的影响，采用恒温进气空气滤清器可以在发动机冷起动之后，向发动机供给热空气，从而既减少了 CO 和 HC 的排放，又改善了发动机低温运转性能。

2. 废气再循环

NO_x 是空气中的氮气与氧气在高温、高压条件下形成的。废气再循环是减少 NO_x 排放的主要方法，是将5%～20%的排气（此部分气体称为废气）再引入进气管，与新鲜混合气共同进入燃烧室。由于废气中含有大量的CO_2，而CO_2不能燃烧却吸收大量的热，使气缸中混合气的燃烧温度下降，从而减少NO_x的排放量。

在新鲜的混合气中掺入废气之后，混合气的热值降低，致使发动机的有效功率下降。为保证发动机正常工作和性能不受过多影响，做到既能减少NO_x的排放，又能保持发动机的动力性，必须根据发动机工况的变化控制废气再循环量，即根据发动机的进气温度及负荷适当地控制进入进气歧管的废气量。NO_x的生成量随发动机负荷的增大而增多，因此，再循环的废气量也应随负荷而增加。当发动机冷却液温度较低或处于怠速及小负荷运转时，NO_x的生成量少，为了保持发动机运转的稳定性，不进行废气再循环；发动机已达到正常工作温度，而且处于大负荷运转工况时，NO_x的生成量较多，此时应引入废气，并随发动机负荷的增大相应地增加引入的废气量。在全负荷或高转速下工作时，为了使发动机有足够的动力性，也不进行废气再循环。

再循环的废气量由EGR阀自动控制。EGR阀安装在废气再循环通道上，如图7-2所示，废气再循环通道的一端通排气门，另一端连接进气歧管。当EGR阀开启时，部分废气从排气门经废气再循环通道进入进气歧管，进行废气再循环。EGR阀一旦关闭，废气再循环随即终止。

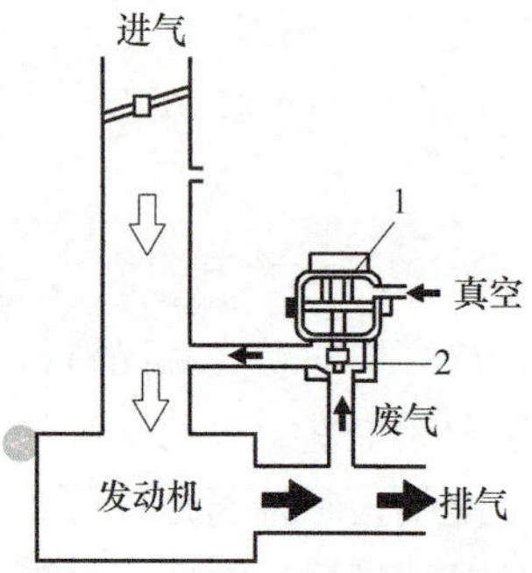

图7-2 EGR阀及其安装位置

1—膜片 2—EGR阀

图7-3所示是现代汽车广泛使用的电子控制EGR（废气再循环）装置。

EGR阀1膜片的下部通大气，装有弹簧的另一边为真空室，其真空度由EGR电磁阀2控制。增大真空室的真空度，使膜片克服弹簧力上拱，阀的开度增大，废气再循环量增大。当上部失去真空度时，膜片在弹簧力的作用下向下拱而使阀关闭，阻断废气再循环。EGR电磁阀有3个通气口（图7-4），不通电时，弹簧将阀体向上压紧，ECU根据各有关传感器的信号确定废气再循环流量后，通过输出相应的占空比脉冲信号，控制EGR电磁阀在相应的占空比下工作，将EGR阀的真空室的压力调节在相应的值，使EGR阀有相应的开度。

当需要增大废气再循环流量时，ECU输出的占空比减小，EGR电磁阀相对的通电时间减小，EGR阀真空室通进气管的相对时间增大，其真空度增大而使阀开度增大，使废气再循环流量相应增加。

当ECU输出占空比为0的信号（持续低电平）时，EGR电磁阀断电。这时，EGR阀真空室与进气管持续相通，其真空度达到最大（直接取决于进气管的真空度），阀的开度最大，废气的再循环流量也达到最大。

当不需要废气再循环时，ECU输出占空比为100%的信号（持续高电平），使EGR电磁阀常通电，EGR阀真空室与大气常通，阀关闭，阻断了废气再循环。发动机工况不同，对EGR量的要求也不同，一般的，废气再循环量随负荷的增加而增加，但是在怠速和小负荷、大负荷、高速、停机等工况时不进行废气再循环。

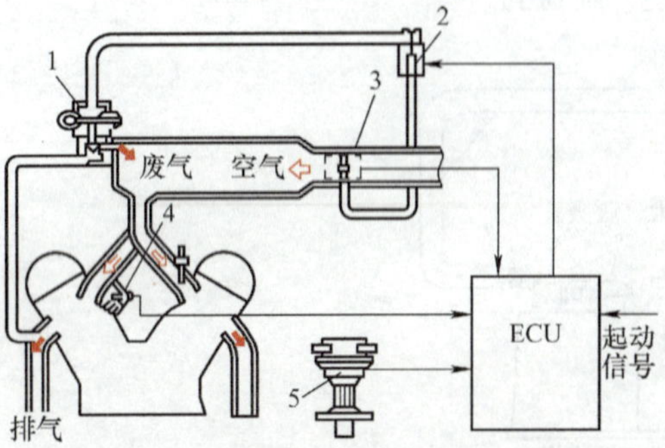

图 7-3　电子控制的废气再循环装置

1—EGR 阀　2—EGR 电磁阀　3—节气门
4—冷却液温度传感器　5—曲轴位置传感器

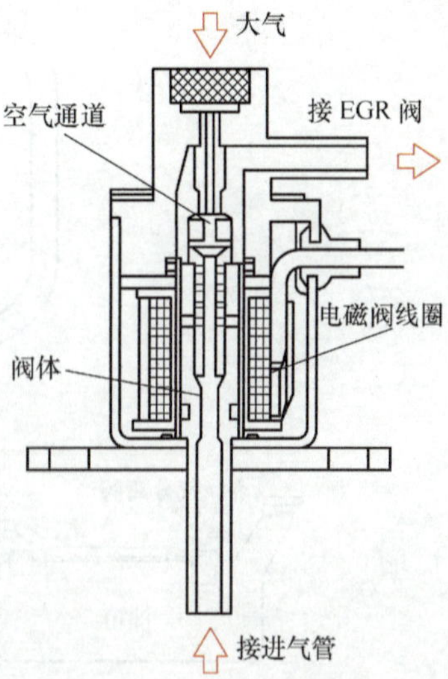

图 7-4　EGR 电磁阀

【温馨提示】

电子控制的废气再循环装置的组成与结构原理视频请扫教学资源 7.1 对应的二维码进行观看。

知识点 2　机外净化

机外净化的方法有很多种，比如，将新鲜空气喷射到排气门附近，使高温排气和空气接触混合，以使未燃 HC、CO 进一步燃烧，达到排气净化的目的，这种方法称为二次空气喷射。再如，在发动机排气道的出口处安装热反应器，空气与排气混合初步氧化燃烧后，进入热反应器内部，使其利用本身余热而保持反应所需要的高温。足够大的反应器容积和气流的曲折途径，使其有足够的停留时间进行反应，使排气中的 HC 和 CO 在反应器中再进行氧化和燃烧，进一步降低这两种成分的排放量。这里重点介绍汽油机燃油蒸发排放控制、三效催化转化器和曲轴箱强制通风等 3 种控制系统。

1. 燃油蒸发排放控制系统

燃油蒸发排放控制系统（EVAP）又称为汽油蒸气控制回收系统，其功能是收集燃油箱内蒸发的燃油蒸气，并将燃油蒸气导入气缸参加燃烧，从而防止燃油蒸气直接排入大气而造成污染。

现在基本上采用发动机 ECU 控制汽油蒸发系统。目前常见的比较简单的汽油蒸发控制系统主要由油箱、活性炭罐、炭罐控制电磁阀等组成（图 7-5）。

活性炭罐是蒸发系统中储存汽油蒸气的部件，活性炭罐的下部与大气相通，上部有接头与油箱相连，用于收集和清除汽油蒸气。

活性炭罐中间是活性炭粒，它具有极强的吸附作用。燃油箱内的汽油蒸气（HC），经油

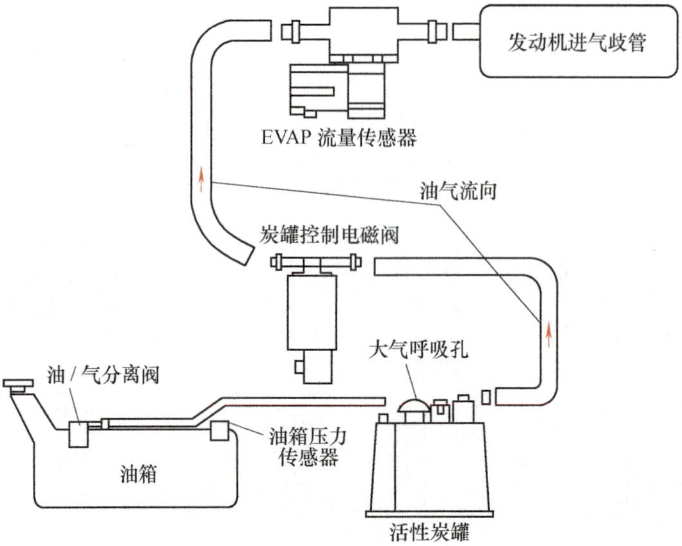

图 7-5 汽油蒸发控制系统

箱管道进入活性炭罐后，蒸气中的燃油分子被吸附在活性炭颗粒表面，活性炭罐有一个出口，由软管与发动机进气歧管相连。软管的中部设有一个炭罐控制电磁阀（常闭），以控制管路的通断。

油/气分离阀用来分离液态汽油和汽油蒸气，以防止液态汽油流入炭罐。分离器安装在油箱顶部，主要由一组出口朝上的管子组成，其中 3 根通气管分别接在油箱的中央和两侧。这样，不论汽车如何倾斜，至少会有 1 根通气管高于汽油液面，使汽油蒸气得以经汽油蒸气管进入炭罐。分离出来的液态汽油从回油管返回燃油箱。

2. 三效催化转化控制系统

三效催化转化器，也称作催化转化净化器，安装在排气管中部消声器内，其功能是利用含有铂（Pt）、钯（Pd）、铑（Rh）等贵重金属的催化剂在 300~900℃的温度下将发动机排气中的 NO_x、HC、CO 有害气体转化为无害气体，从而实现对排气的净化，其化学反应过程如图 7-6 所示。

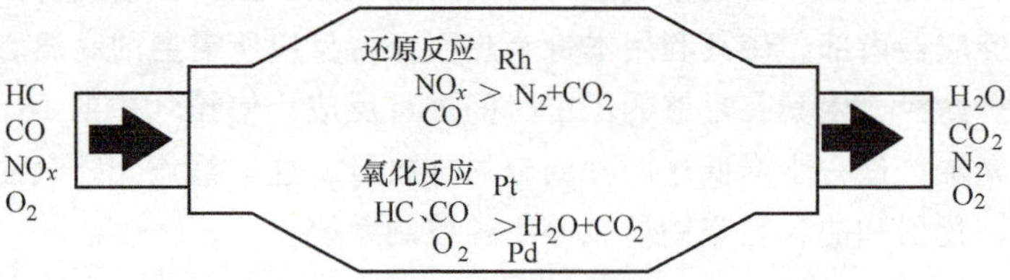

图 7-6 三效催化转化器的化学反应过程

如图 7-7 所示，三效催化转化器一般由金属外壳、隔热减振衬垫、催化剂载体和催化剂组成。载体一般由陶瓷（或金属）制造而成，可分为颗粒形和蜂巢形两种类型，三效催化剂涂附在很薄的孔壁上。颗粒形将催化剂沉积在颗粒状氧化铝载体表面；蜂巢形将催化剂沉积在蜂巢状氧化铝载体表面。作为催化剂载体的氧化铝表面形状都较为复杂，以增大催化剂与排气的实际接触面积。排气通过时，三效催化转化器利用铂（或钯）作催化剂使排气中的 CO、HC 氧化，同时又利用锗作催化剂使排气中的 NO_x 还原，生成 CO_2、H_2O、N_2 等无害气体。

三效催化转化器可将 90%的 HC 化合物和 CO 及 70%的 NO_x 同时净化，但催化转化器的使用条件相当严格。首先，装用催化转化器的发动机只能使用无铅汽油。如果使用加铅汽油，铅覆盖在催化剂表面将使催化剂失效。其次，仅当温度超过250℃时，催化转化器才起催化反应。温度较低时，转化器的转化效率急剧下降。因此，催化转化器都安装在温度较高的排气管后面。第三，催化剂与载体的容积必须与发动机的排量相匹配，具有足够的强度和抗热冲击性，才能保证对 CO、HC 和 NO_x 的净化率高。第四，催化转化器必须配有温度控制装置或旁通管道，避免载体过热烧毁堵塞排气管道。第五，采用催化转化器时只有当空燃比在化学当量比附近很窄的范围内，HC、CO 和 NO_x 排放浓度才很小。

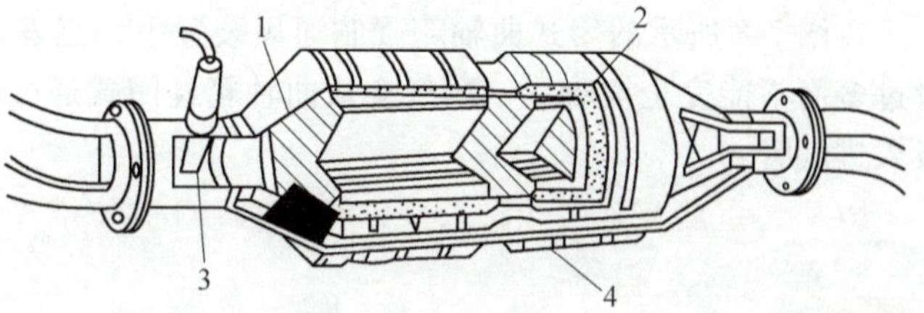

图 7-7　三效催化转化器的结构

1—载体（催化剂）　2—隔热减振衬垫　3—氧传感器　4—金属外壳

3. 曲轴箱强制通风装置

发动机工作时，有部分可燃混合气和燃烧产物会经气缸、活塞环窜入曲轴箱内，它们含有 HC 等有害气体，不能排向大气，应进行净化。曲轴箱强制通风装置的作用是将窜入曲轴箱内的混合气引入气缸内燃烧掉。它有开式、屏蔽式和闭式 3 种形式。目前多用闭式曲轴箱强制通风装置，此种装置也称为 PCV 装置（图 7-8），它由 PCV 阀及进、排气管路组成。发动机工作时，新鲜空气自空气滤清器 1 经管 C 和闭式通风口 6 进入曲轴箱，和曲轴箱内窜气混合，从气缸盖罩通入管 A，经 PCV 阀 3，被吸入进气管。因此有适量的窜气在气缸内再次燃烧。

PCV 阀可随发动机运转状况自动调节吸入气缸的窜气量，其结构和工作原理如图 7-9 所示。在怠速或小负荷时，窜气量较少。此时，由于进气管真空度较高，阀门被吸向右方（图 7-9a），气流通路关小，吸入气缸的窜气量较少。在加速或大负荷时，窜气量增多，进气管真空度变低，PCV 阀的气流通路开大（图 7-9b），因而有较多的窜气量进入气缸再燃烧。

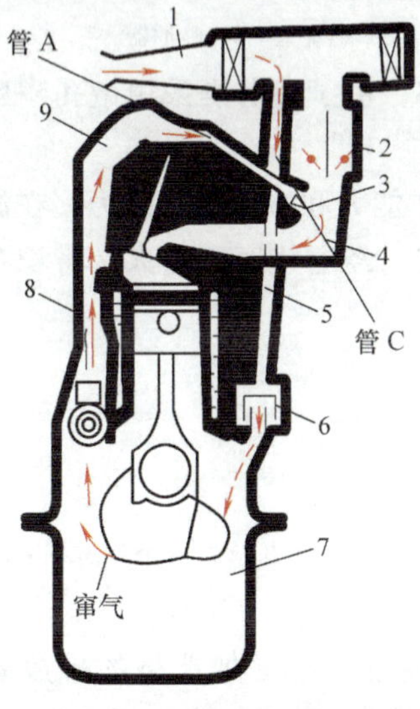

图 7-8　闭式曲轴箱强制通风装置

1—空气滤清器　2—节气门　3—PCV 阀　4—进气管
5—通风管　6—闭式通风口　7—曲轴箱
8—机体通气道　9—缸盖通气道

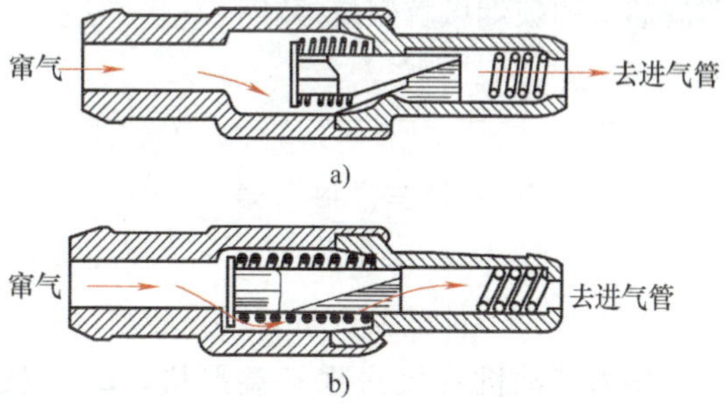

图 7-9　PCV 阀结构和工作原理

a）怠速时　b）加速时

在图 7-8 所示的闭式曲轴箱强制通风装置中，当发动机高速、大负荷运转时，一旦窜气量过多而不能完全被吸尽，窜气会从曲轴箱经闭式通气口倒流入空气滤清器，通过节气门被吸入进气管。

PCV 装置能完全防止窜入曲轴箱内的 HC 对外排放，现已得到广泛应用。

7.3 柴油机排气污染控制系统

柴油机排放的最突出问题是排气冒黑烟，这是燃料不完全燃烧的产物，排出的微粒物要比汽油机高 30~80 倍，其处理方法主要靠后处理技术解决。

知识点 1 柴油机微粒滤清器

柴油机微粒滤清器的基本结构如图 7-10 所示，主要由滤清器滤芯 4 和燃烧室 5 等组成。

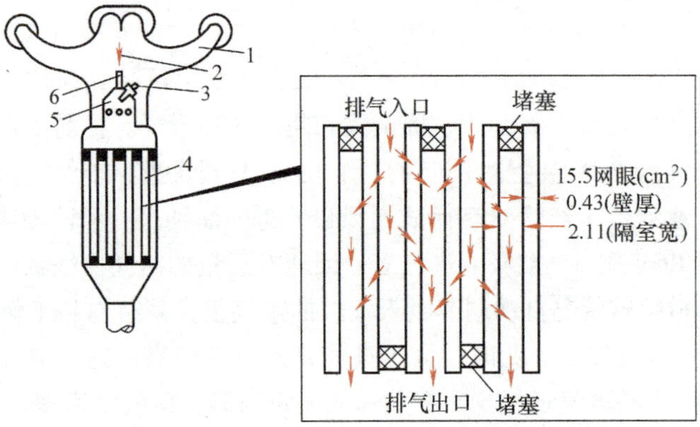

图 7-10 柴油机微粒滤清器的基本结构

1—排气歧管 2—燃油 3—电热塞 4—滤清器滤芯 5—燃烧室 6—喷油器

工作时，柴油机排气经排气歧管 1 流经滤清器滤芯 4，由于滤芯是采用微孔陶瓷材料制成的，能够有效过滤柴油机排气微粒，达到净化目的。

为了清除积存在滤清器滤芯上的微粒，以恢复其工作能力和减少排气阻力，在滤清器入口处设置了一个燃烧室 5，燃油 2 经喷油器 6 喷入燃烧室，经电热塞 3 点火，将积存在滤清器滤芯上的碳烟微粒燃烧掉。

知识点 2 SCR 技术

1. SCR 技术及其发展背景

SCR［Selective（选择性）、Catalytic（催化）、Reduction（还原）］全称叫选择性催化还原技术，是一种柴油机机外净化技术。

随着柴油机排放法规日益严格，EGR 技术难以适应柴油车更加严格的排放要求，而 SCR 则能满足欧Ⅳ~欧Ⅵ排放法规（相当于国Ⅳ及国Ⅴ排放标准），成为了市场发展主流，是目前世界大部分国家特别是欧盟各国普遍采用的控制柴油车尾气排放的一项成熟技术。目前，几乎所有的欧洲载货汽车制造商，包括梅赛德斯-奔驰、雷诺和沃尔沃等公司，均采用了 SCR 技术。

SCR 有很多优点，但也存在着一些亟待解决的问题：一是使用 SCR 技术需要在车上安装一套选择性催化还原系统，该系统不仅占用空间大、增加车重，还需要建设一套完整的尿素溶液加注基础设施；二是使用 SCR 技术对 OBD 监控系统提出了更高要求，发动机及零部件企业在电子系统的开发上难度有所增加；三是尿素的供应质量问题。

2. SCR 系统基本组成

SCR 系统基本组成如图 7-11 所示，主要由尿素罐、尿素泵、压缩空气罐、计量供给装置、SCR 控制器、尿素喷射装置、SCR 催化器和传感器等组成。

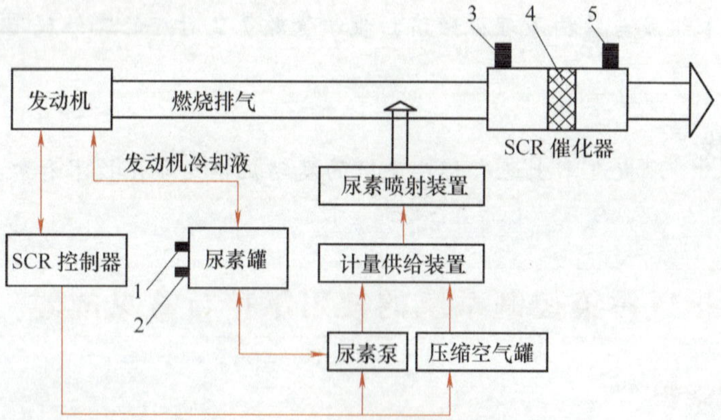

图 7-11　SCR 系统基本组成

1—液体传感器　2—温度传感器　3—催化器入口排气温度传感器　4—SCR 催化剂
5—催化器出口排气温度传感器

尿素罐用于尿素溶液的储存与供给，尿素箱上安装有液位及温度传感器。液位传感器用于系统诊断、尿素用量监控及低液位报警等，温度传感器则用于监测尿素溶液的温度，来确定是否需要起动或者关闭加热装置，防止溶液冻结或过热。对尿素溶液的加热多利用发动机冷却液实现。

尿素泵为尿素溶液输送到喷射装置提供动力。压缩空气罐用于给计量供给装置提供压缩空气，使得尿素液滴在计量供给装置内提前雾化，并可将管路中的尿素溶液吹除干净，防止尿素在管路中残留结晶阻塞管路。

SCR 控制器通过控制计量供给装置可控制发动机不同工况下的尿素喷射量，并有检测系统故障的功能；尿素喷射装置主要是将雾化溶液均匀地喷入发动机排气中，以提高催化剂的转化效率。SCR 催化器由载体、涂层、封装 3 部分组成，是进行净化反应的主要场所。其上安装的温度传感器可以检测催化剂是否达到要求的温度，来保证催化还原反应的正常进行，并据此确定需要喷入的尿素量。SCR 系统中的计量装置与喷射装置对喷射量的控制最为重要，二者的精度及响应速度直接影响尿素溶液的供给质量。

3. SCR 系统工作原理

SCR 工作时，尿素泵吸出尿素罐内的尿素溶液，尿素溶液在计量供给装置内与压缩空气提前雾化混合，计量供给装置根据 SCR 控制器传来的尿素喷射量控制信号将一定的尿素溶液通过喷射装置喷射到 SCR 催化器前的排气管内，尿素溶液中的水分在排气管内迅速汽化，尿素分解出的氨随排气一起进入催化器，再经过氨扩散器进一步混合后，在催化器表面与氮氧化合物经过充分的催化反应，将 NO_x 转化为无害的氮气和水并随排气排出发动机。

在 SCR 系统中发生的复杂的物理和化学反应，反应式如下：

$$NO+NO_2+2NH_3 \rightarrow 2N_2+3H_2O$$

$$4NO+O_2+4NH_3 \rightarrow 4N_2+6H_2O$$

$$2NO_2+O_2+4NH_3 \rightarrow 3N_2+6H_2O$$

【温馨提示】

SCR 系统基本组成与结构原理视频请扫教学资源 7.2 对应的二维码进行观看。

找一找

现代汽车上还有哪些先进的发动机排气净化技术和装置？

7.4 发动机排气污染控制系统的使用维护与常见故障

知识点 1 使用维护

汽车排气控制系统维护主要依靠发动机综合清洗养护项目，其主要作用是：高效清洁发动机内部积炭、胶质和其他有害物质；防止新旧机油混合，清除旧机油形成的油泥和油膜，以免降低新机油性能；提升发动机功效，降低噪声，减少燃油及机油损耗；增强机油流动性，降低发动机温度，提升润滑效能；避免发动机烧机油的现象。

发动机综合清洗养护项目包括：进气系统、燃烧系统和排气系统的三元清洗养护，空气流量计清洗养护，节气门体清洗养护，喷油器超声波清洗养护。由于受燃油油质以及道路拥堵等诸多因素影响，汽车行驶一段时间后必然会因为锰沉积物，氧传感器、三效催化转化器中毒失效，三效催化转化器堵塞和 EGR 阀沉积物阻塞卡滞造成发动机工作不正常，造成功率下降、转矩下降，同时在气缸盖、气门、氧传感器、三效催化转化器产生很多锰沉积物。三元清洗养护能同时清洗进气系统、燃烧系统和排气系统，能解决锰沉积物问题，氧传感器、三效催化转化器化学中毒问题，三效催化转化器堵塞问题和 EGR 阀沉积阻塞卡滞问题等，是汽车排气污染控制系统使用维护的主要方法。

知识点 2 常见故障

发动机排气污染控制系统的常见故障见表 7-1。

表 7-1 发动机排气污染控制系统的常见故障

故障名称	故障征象	故障原因
怠速不稳	怠速运转中，发动机发抖	EGR 系统故障；PCV 系统故障；发动机相关软管连接不良；怠速控制系统故障等
发动机暖机时频繁失速	汽车暖机中，转速频繁变化，甚至造成熄火	EGR 系统故障；燃油压力调节器故障；喷油器故障；怠速控制阀故障等

（续）

故障名称	故障征象	故障原因
排气排放超标	汽车排气排放超过国家标准	催化转化器不良；燃油蒸发控制系统故障；EGR 系统故障；氧传感器故障等
汽车动力不足	加速无力，爬坡动力不足	催化转化器不良；EGR 系统故障等

知识拓展

二次空气喷射控制系统

二次空气喷射是最早使用的减少污染物排放的办法，在采用催化转化器以后，这一方法仍然采用。

二次空气喷射有两种方法：一种是空气泵系统，即利用空气泵将压缩空气导入排气系统；另一种是脉冲空气系统，即利用排气压力将空气导入排气系统。

1. 空气泵系统

如图 7-12 所示为电子控制空气泵二次空气喷射系统，由空气泵、旁通线圈及旁通阀、分流线圈及分流阀、空气分配管、空气喷管和单向阀等组成。空气泵通常由发动机驱动，空气泵产生的低压空气称为二次空气。在分流阀与排气道之间以及分流阀与催化转化器之间均装有单向阀，以防止排气进入二次空气喷射系统。分流线圈及旁通线圈由 ECU 控制，接通发动机点火开关之后，电源电压便施加到两个线圈的绕组上，ECU 通过对每个绕组提供接地使线圈通电。

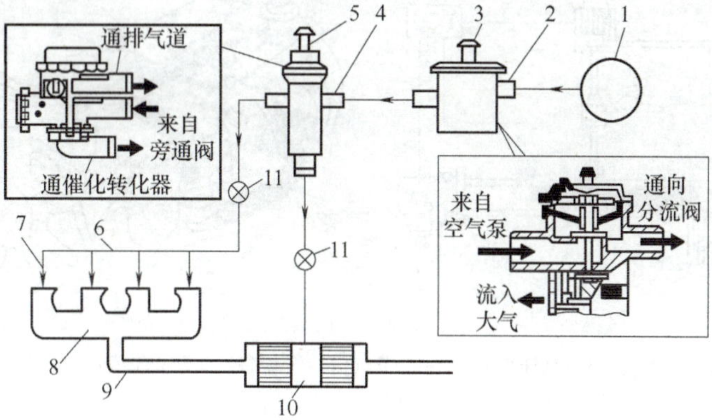

图 7-12　电子控制空气泵二次空气喷射系统

1—空气泵　2—旁通阀　3、5—真空管　4—分流阀　6—空气分配管　7—空气喷管　8—排气歧管　9—排气管　10—催化转化器　11—单向阀

当发动机起动之后，ECU 不使旁通线圈和分流线圈通电，于是这两个线圈同时把通向旁通阀 2 和分流阀 4 的真空隔断，这时空气泵 1 送出的空气经旁通阀 2 进入大气。这种状态称为起动工作状态，其持续时间的长短取决于发动机的温度。如果发动机温度很低，起动工作状态将持续较长时间。

发动机在预热期间，ECU 同时使旁通线圈和分流线圈通电。这时进气管真空度分别经旁通线圈和分流线圈传送到旁通阀 2 和分流阀 4。空气泵 1 送出的空气此时经旁通阀 2 流入分流阀 4，再由分流阀 4 流入空气分配管 6，最后由空气喷管 7 喷入排气道。

当发动机在正常的冷却液温度下工作时，ECU 只使旁通线圈通电而不使分流线圈通电，通向分流阀 4 的真空度被分流线圈隔断。这时，空气泵 1 送出的空气经旁通阀 2 进入分流阀 4，再经分流阀 4 进入催化转化器 10。

2. 脉冲空气系统

同空气泵系统相比，脉冲空气系统不需动力源注入空气，而是依靠大气压与排气真空度之间的压力差使空气进入排气歧管，因此，降低了成本及功率消耗。

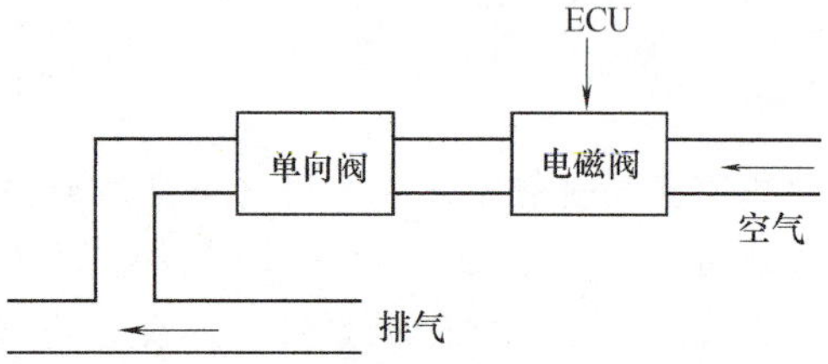

图 7-13　脉冲空气系统的工作原理

脉冲空气系统的工作原理和结构，如图 7-13 和图 7-14 所示。空气来自空气滤清器，发动机 ECU 控制电磁阀的打开及关闭，电磁阀与单向阀相连。排气中压力是正负交替的脉冲压力波。当发动机以较低转速运转时，ECU 控制电磁阀打开，进气歧管真空吸起脉冲空气喷射阀的膜片使阀开启，此时由于排气压力为负，空气由滤清器通过脉冲空气喷射阀进入排气口，与排出的 HC 进一步燃烧，故可降低 HC 的排放量；当排气压力为正时，脉冲空气喷射阀内的单向阀关闭，所以空气不会反向流动而返回进气管。由此可见，脉冲式二次空气喷射系统在发动机转速较低时，降低 HC 排放的效果更好。

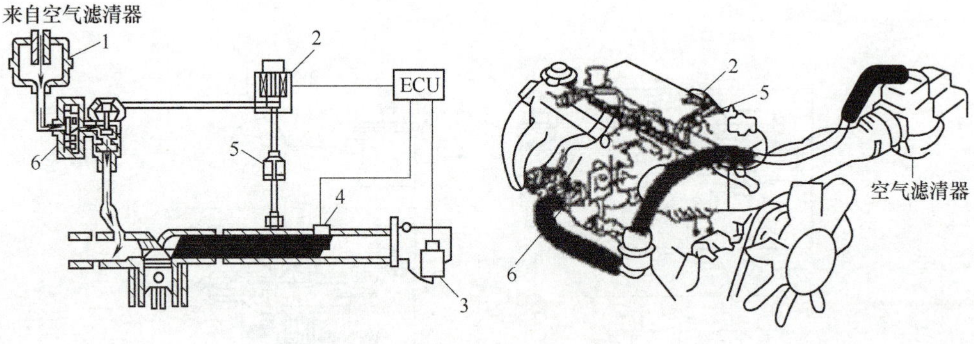

图 7-14　脉冲空气系统的结构

1—谐振室　2—电磁阀　3—空气流量计　4—节气门位置传感器　5—单向阀　6—脉冲空气喷射阀

本章小结

1. 发动机排放的 CO 主要是燃料不完全燃烧形成的；HC 除燃料不完全燃烧产生外，主要由于缸壁淬冷产生；NO_x 是发动机燃烧温度过高时，残留的氧气与氮气发生反应的产物，燃烧温度越高，生成的 NO_x 越多。

2. 发动机排气污染的控制方式分机内净化和机外净化。机内净化通过优化配气正时、点火提前角、燃烧室设计、进气管预热、废气再循环等方法达到。机外净化常采用催化转化器、曲轴箱强制通风装置、汽油蒸发控制系统等附加装置完成。

3. 废气再循环是将5%~20%的排气再引入进气管，与新鲜混合气一道进入燃烧室，使最高燃烧温度降低，从而减少 NO_x 的生成量。

4. 催化转化器是利用催化剂的作用，使排气中的有害成分CO、HC和 NO_x 尽量进行化学反应，转化为对人体无害的 CO_2、H_2O 和 N_2 的一种排气净化装置。

5. 汽油蒸发控制系统的功能是将燃油箱和浮子室内蒸发的汽油蒸气收集和储存在炭罐内，在发动机工作时再将其送入气缸燃烧。

6. 柴油机排放的黑烟主要通过微粒滤清器过滤或通过SCR技术处理。

思考题

1. 名词解释：机内净化、机外净化、废气再循环、催化转化器、SCR技术。
2. 试说明发动机各种排气污染的产生原因。
3. 控制发动机的排气污染可采取哪些措施?
4. 简述废气再循环装置的基本结构和工作原理。
5. 简述催化转化器的基本结构和工作原理。
6. 汽油蒸发控制系统是如何有效降低发动机排气污染的?
7. 简述柴油机尾气后处理系统（SCR）的基本结构与工作原理。

第8章　发动机冷却系统

【本章内容架构】

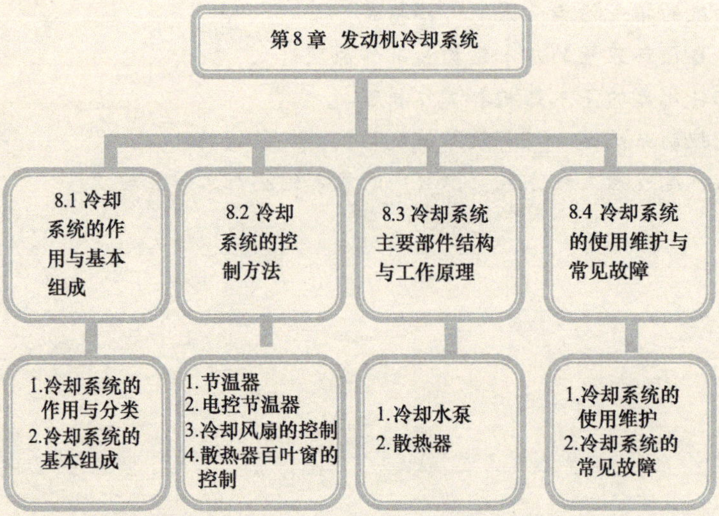

【学习目标要求、重点与难点】

序号	学习目标要求	学习重点	学习难点
1	掌握冷却系统的作用	√	
2	掌握冷却系统的总体组成与工作原理	√	
3	掌握冷却液的分类和选择	√	
4	掌握水泵的作用、结构与工作原理	√	
5	掌握散热器的作用、结构与工作原理	√	
6	掌握冷却风扇的作用、结构与工作原理	√	√
7	掌握节温器的作用、结构与工作原理	√	√
8	能够识别冷却系统主要部件并理解冷却液循环原理	√	

【引入案例】

一辆丰田凯美瑞轿车，行驶里程 5 万 km，最近出现大负荷低速行驶时水温过高，发动机出现爆燃异响。请分析故障可能的原因。

8.1 冷却系统的作用与基本组成

知识点 1　冷却系统的作用与分类

发动机工作温度是影响其性能的重要参数之一。发动机过热时，其中运动构件将因高温膨胀而破坏正常的配合间隙，或因润滑油在高温下失效而卡死；各构件因高温导致机械强度降低甚至损坏；发动机工作过程因高温导致吸气量减少甚至燃烧不正常而使发动机动力性、经济性下降等。发动机过冷时，散热损失增加，对柴油机而言，润滑油黏度增加，摩擦功率损失增加，导致发动机动力性、经济性降低；对汽油机而言，已汽化的燃油再次凝结并流到曲轴箱，会稀释润滑油从而影响润滑，也使发动机动力性、经济性下降，磨损加剧。

发动机冷却系统的作用是使发动机在所有工况下都保持在适当的温度范围内工作，防止发动机过热或过冷，并且在发动机冷起动后使发动机迅速升温，尽可能缩短暖机时间。

发动机冷却系统可根据冷却介质的不同可分为风冷系统与液冷系统。以空气为冷却介质的冷却系统称为风冷系统，以冷却液为冷却介质的冷却系统称为液冷系统。

发动机风冷系统具有不需要加冷却液也不必考虑冻结，故而在低温、缺冷却液环境下具有明显优势的特点。但风冷系统的冷却效率比液冷系统小，因此汽车发动机（尤其是乘用车发动机）大都采用液冷系统。发动机冷却介质为水时，液冷系统又称为水冷系统，本章只介绍水冷系统。

水冷系统的优点是冷却强度高、发动机内部和外部冷却较均匀、冷却水路设计自由度大等；缺点是容易漏水，需要经常维修。

想一想　发动机正常工作一段时间后停机，冷却系统的冷却液会发生什么现象？

知识点 2　冷却系统的基本组成

汽车发动机冷却系统一般采用强制循环水冷系统，即利用水泵提高冷却液的压力，强制冷却液在发动机中循环流动。汽车发动机强制循环水冷系统基本组成如图 8-1 所示。

【温馨提示】

发动机冷却系统拆装与检测视频请扫教学资源 8.1 对应的二维码进行观看。

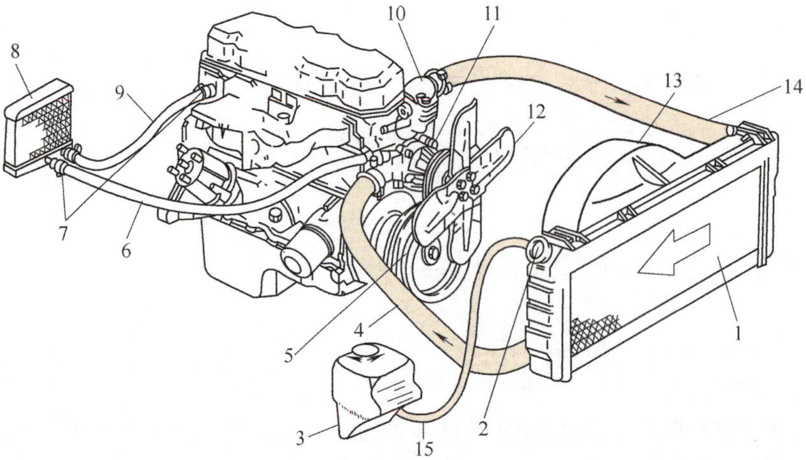

图 8-1 汽车发动机强制循环水冷系统基本组成

1—散热器 2—散热器盖 3—膨胀水箱 4—散热器出水软管 5—风扇传动带轮 6—暖风机出水软管 7—管箍 8—暖风散热器 9—暖风机进水软管 10—节温器 11—水泵 12—冷却风扇 13—护风圈 14—散热器进水软管 15—溢流管

发动机冷却液在强制循环水冷系统中的循环路径如图 8-2 所示。冷却液在水泵 5 中提高压力后，经分水管 10 进入发动机的机体水套 9，从水套壁周围流过并从水套壁吸热而升温，然后向上流入气缸盖水套 7，从气缸盖水套壁吸热之后经节温器 6 及散热器进水软管流入散热器 2，在散热器 2 中，冷却液向流过散热器 2 周围的空气散热而降温，最后冷却液经散热器出水软管返回水泵，完成一个循环。上述循环把发动机内部多余的热量通过冷却液带到散热器中，在汽车行驶或冷却风扇工作时，冷却空气从散热器周围高速流过，带走冷却液中的热量，保证发动机工作在正常工作温度范围内。

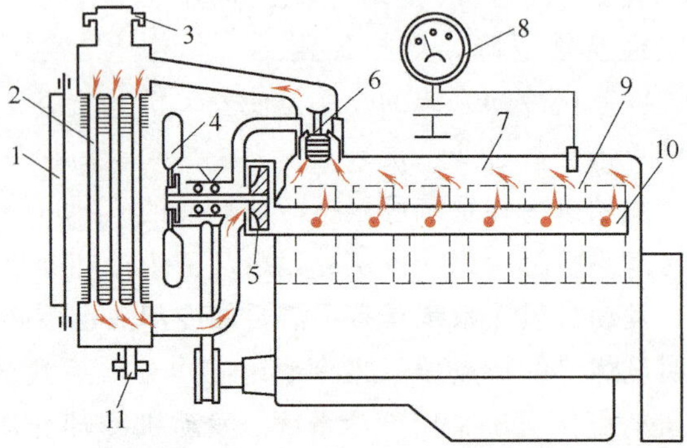

图 8-2 冷却液在强制循环水冷系统中的循环路径

1—百叶窗 2—散热器 3—散热器盖 4—风扇 5—水泵 6—节温器 7—气缸盖水套 8—冷却液温度表 9—机体水套 10—分水管 11—放水阀

8.2 冷却系统的控制方法

发动机并不是在任何时候都需要冷却，即使需要冷却，在不同工况、不同使用环境下所需要的冷却程度也各有不同。在不需要冷却的工况下，传统的发动机中水泵继续运转，消耗能量。在许多工况下，发动机的冷却可能还需要避免。例如在冷起动时，应当尽快地使发动机热起来，以便降低摩擦和油耗、改善排放，此时的冷却液循环会延缓发动机温度升到理想工作温度的进程，且此时冷却液带走的热量本身也是燃料燃烧产生的。

对冷却系统的控制，主要是通过调节冷却液的流动循环方式、风扇的运转以及百叶窗的角度等实现的。

现代汽车大多采用了发动机热管理系统，就如给发动机装一台“变频空调”。使发动机在工作循环时，保持在最佳温度（90℃）。发动机只有在最佳温度下工作才最省油。因此，为了保证发动机运转正常，给发动机装了一台“变频空调”，以达到控制发动机温度的目的。当发动机温度高时，风扇转速提高，从而控制发动机处在最佳温度。然而，未装热管理系统的发动机，它的风扇转速和发动机转速是保持不变的。发动机热管理技术的主要控制对象包括电控节温器阀门开度以及冷却风扇转速等。

知识点1　节温器

1. 节温器的功用

节温器是控制冷却液流动路径的阀门，能根据冷却液温度的高低，打开或关闭冷却液通向散热器的通道。当发动机冷起动时，节温器关闭冷却液流向散热器的通道，这时冷却液经水泵入口直接流回机体及气缸盖水套，使冷却液迅速升温。如果不装节温器，温度较低的冷却液经过散热器冷却后返回发动机，其温度将长时间不能升高，发动机也将长时间在低温下运转。同时，车厢内的暖风系统等在长时间内不能发挥作用。

2. 节温器结构及工作原理

蜡式节温器有单阀型与双阀型之分。单阀蜡式节温器的结构如图 8-3 所示。推杆 1 的一端紧固在上支架 2 上，而另一端则插入感温体 5 内的胶管 6 中。感温体 5 支承在下支架 3 及节温器阀 8 之间。在感温体外壳与胶管中间充满精制石蜡。

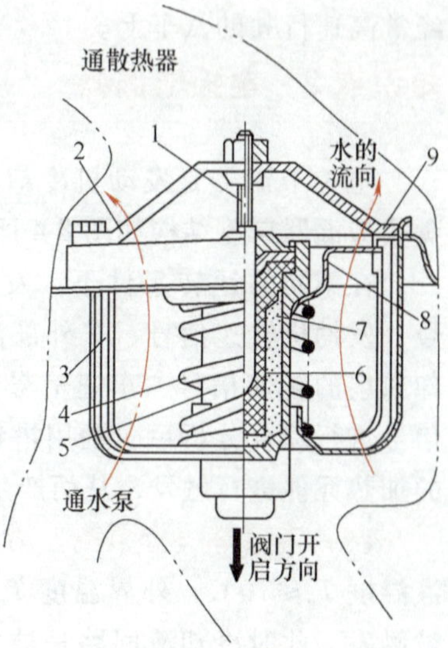

图 8-3　单阀蜡式节温器的结构

1—推杆　2—上支架　3—下支架　4—弹簧　5—感温体　6—胶管　7—石蜡　8—节温器阀　9—阀座

当冷却液温度低于规定值时，节温器感温体 5 内的石蜡呈固态，节温器阀 8 在弹簧 4 的作用下关闭冷却液流向散热器的通道，冷却液经旁通孔、水泵返回发动机，进行小循环。当冷却液温度达到规定值后，石蜡开始熔化而逐渐变成液体，体积随之增大并压迫胶管 6 使其收缩，在胶管 6 收缩的同时，对推杆 1 作用以向上的推力。由于推杆 1 上端固定，因此，推杆 1 对胶管 6 和感温体 5 产生向下的反推力使阀门开启。这时冷却液经节温器阀 8 进入散热器，并由散热器经水泵流回发动机，进行大循环（图 8-3）。

蜡式节温器的特性为当冷却液温度达到 85℃时，节温器阀开始打开；当温度达到 105℃时，节温器阀全开，其升程应超过 7mm。

想一想

如果蜡式节温器中的石蜡漏失，节温器将处于怎样的工作状态？发动机会出现什么故障？

3. 节温器的布置

一般水冷系统的冷却液都是由机体流进，从气缸盖流出。大多数节温器布置在气缸盖出水管路中。这种布置方式的优点是结构简单，容易排除水冷系统中的气泡；其缺点是节温器在工作时会产生振荡现象。例如，在冬季冷起动发动机时，由于冷却液温度低，节温器阀关闭，冷却液在进行小循环时，温度很快升高，节温器阀开启，与此同时，散热器内的低温冷却液流入机体，使冷却液又冷了下来，节温器阀重新关闭。等到冷却液温度再度升高，节温器阀又再次打开。直到全部冷却液的温度稳定之后，节温器阀才趋于稳定不再反复开闭。节温器阀在短时间内反复开闭的现象，称为节温器振荡。这种现象将增加汽车的燃油消耗量。

节温器也可以布置在散热器的出水管路中。这种布置方式可以减轻或消除节温器振荡现象，并能精确地控制冷却液温度，但其结构复杂，成本较高，多用于高性能的汽车及在冬季经常高速行驶的汽车上。

知识点 2　电控节温器

电控节温器是发动机冷却智能控制的核心组件，电控三盘式节温器典型结构如图 8-4 所示。

图 8-4　电控三盘式节温器

在不同的运转条件下，发动机 ECU 根据发动机负荷信号、发动机转速信号、车外部温度信号、进气温度信号、冷却风扇的转速信号、车速信号和驾驶风格（稳重或运动型）信号进行综合分析后，利用搭铁信号对电控三盘式节温器内的加热元件进行触发，从而产生图 8-5 所示的 4 种循环方式。

（1）不循环（全节流）方式　当发动机冷起动时（冷却液温度 $T_c \leqslant 70℃$，外界温度 $T_e \geqslant 12℃$），三盘式节温器没有被触发，此时冷却液回路是被关闭的，冷却液不循环，如图 8-5a 所示。静止的冷却液很快被加热，热量通过发动机前方的润滑油热交换器传给润滑油。此循环方式可使发动机快速预热。

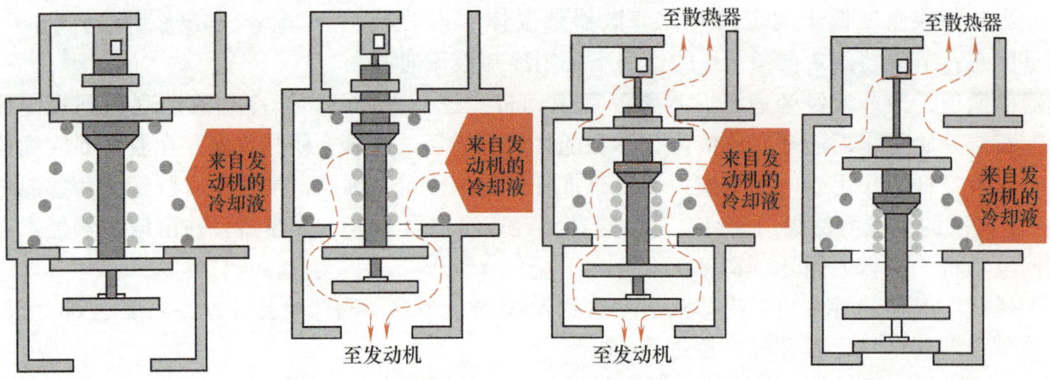

图 8-5　电控节温器工作方式（奔驰 M272 发动机）

a）不循环方式　b）小循环方式　c）综合循环方式　d）大循环方式

(2) 小循环(短回路工作)方式 当 $T_c \geqslant 70℃$,$T_e \geqslant 12℃$ 时,三盘式节温器循环方式从不循环切换至小循环,此时来自发动机的冷却液全部流回发动机,如图 8-5b 所示。在发动机升温阶段,连接冷却液泵的通路被逐渐打开,直到完全打开。此时发动机和热交换器的温度可以被调节。此循环方式的优点是加热器响应快,加热迅速。

(3) 综合循环方式 一旦发动机完成预热后(发动机起动后冷却液温度达到约 98℃),有以下 2 种循环方式:

1) 在部分负荷的情况下,三盘式节温器调节冷却液温度至约 100℃。

2) 为防止达到临界温度水平,在 4 种情况(发动机转速超过 3000 r/min;发动机负荷大于 30%;进气温度超过 38℃;驾驶人采用的是运动型驾驶风格)下,三盘式节温器使冷却液温度降至 90℃左右(外界温度低于 12℃)或降至 80℃左右(外界温度超过 12℃)。

综合循环方式原理如图 8-5c 所示,来自发动机的冷却液一部分流回发动机,另一部分流向散热器。其优点是:无论负荷高低,发动机都会在最佳的工作温度范围内工作。

(4) 大循环(散热器工作)方式 大循环方式下,三盘式节温器内的加热元件被持续触发。冷却液温度高于 105℃后,三盘式节温器始终处于全打开的位置,不再受触发控制,实现车辆的紧急散热功能。大循环方式原理如图 8-5d 所示。

找一找

冷却系统还有哪些智能控制装置。

知识点 3 冷却风扇的控制

1. 风扇的功用及结构

冷却风扇的功用是当风扇旋转时,提高流过散热器空气的风速和压力,以增强散热器的散热能力,加速冷却液的冷却。

汽车发动机水冷系统多采用低压头、大风量、高效率的轴流式风扇,即风扇旋转时,空气沿着风扇旋转轴的轴线方向流动。在风扇外围装设导风扇罩 3,其作用是使风扇 4 吸进的空气全部通过散热器 1,以提高风扇的散热效率,如图 8-6 所示。

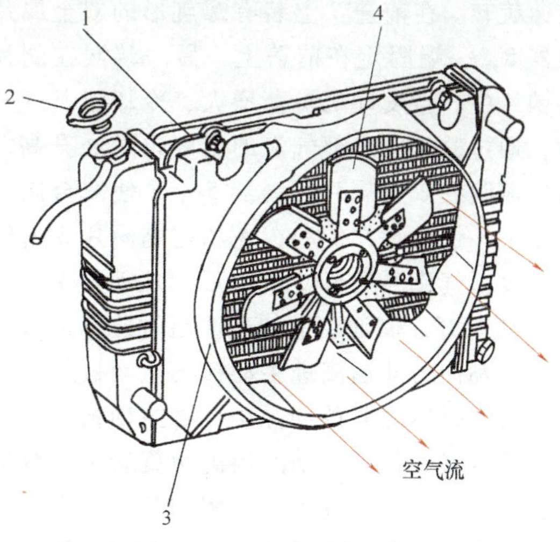

图 8-6 冷却风扇与风扇罩

1—散热器 2—散热器盖 3—风扇罩 4—风扇

风扇的扇风量主要与风扇直径、转速、叶片形状、叶片安装角及叶片数有关。叶片的断面形状有圆弧形和翼形两种,前者由薄钢板冲压而成,后者用塑料或铝合金铸造。翼形风扇效率高、消耗功率小,在乘用车上得到了广泛的应用。一般叶片与风扇旋转平面成 30°~45°角(叶片安装角),叶片数为 4~7 片。叶片之间的间隔角相等或不相等,间隔角不等的叶片可以减小叶片旋转时的振动和噪声。

冷却风扇可分为吹风式风扇和吸风式风扇，既可置于散热器前面也可以置于散热器后面，通常置于散热器后面的较多。

风扇的驱动方式较多，有机械式、离合器式、电动式等驱动方式。

当发动机在车架上纵向布置时，风扇一般安装在水泵轴上，并由驱动水泵和发电机的同一根 V 带传动。

2. 硅油风扇离合器

汽车在行驶过程中，由于环境条件和运行工况的变化，发动机的热状况也在改变，因此，必须随时调节发动机的冷却强度。例如，在炎热的夏季，发动机在低速、大负荷下工作，冷却液的温度很高时，风扇应该高速旋转以增加冷却空气流量，增强散热器的散热能力；在寒冷的冬天，冷却液的温度较低或在汽车高速行驶有强劲的迎面风吹过散热器时，风扇继续工作意义不大，不仅消耗发动机功率，还产生很大的噪声。试验证明，水冷系统只有25%的时间需要风扇工作，而在冬季需要风扇工作的时间更短。因此，根据发动机的热状况随时对其冷却强度加以调节就十分必要，在风扇带轮与冷却风扇之间安装硅油风扇离合器是实现调节的方法之一。

图 8-7 所示为硅油风扇离合器的结构，驱动轴 12 由发动机带动，在轴的左端装有主动板 9，它随驱动轴一起旋转。从动板 2 固定在离合器壳体 8 上，从动板与离合器壳体之间的空间为工作腔。前盖 7 与从动板 2 之间的空间为储油腔，在储油腔内装有高黏度的硅油。从动板上的进油孔 A 在常温时被控制阀片 3 所关闭，储油腔的硅油此时不能流入工作腔内。工作腔内没有硅油，主动板上的转矩不能传到从动板上，离合器处于分离状态。驱动轴旋转时，装有风扇叶片的离合器壳体在驱动轴的轴承 11 上打滑，在密封毛毡圈 10 和轴承 11 摩擦力作用下，以很低的转速旋转。在前盖 7 上装有螺旋形的双金属片感温器 5，一端固定在前盖上，另一端嵌在阀片传动销 4 中。当发动机负荷增大、冷却液温度升高时，通过散热器芯部气流的温度也随之升高。高温气流吹在双金属片感温器 5 上，使双金属片受热变形，带动阀片传动销 4 和控制阀片 3 偏转一个角度。气流温度超过 65℃后，从动板上的进油孔 A 被打开，储油腔中的硅油通过此孔进入工作腔中。黏性的硅油流进主动板与从动板及主动板与离合器壳体之间的间隙中，将主动板上的转矩传给离合器壳体，带动风扇高速旋转，离合器此时处于接合状态。进入工作腔的硅油在离心力的作用下甩向外缘，顶开单向阀 1 并通过从动板上的回油孔 B 流回储油腔，然后再进入工作腔，如

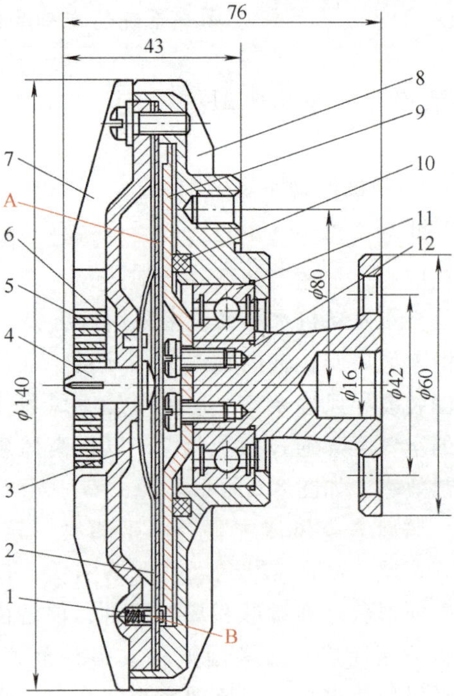

图 8-7　硅油风扇离合器的结构

1—单向阀　2—从动板　3—控制阀片　4—阀片传动销　5—双金属片感温器　6—阀片限位销钉　7—前盖　8—离合器壳体　9—主动板　10—密封毛毡圈　11—轴承　12—驱动轴　A—从动板上的进油孔　B—从动板上的回油孔

此反复，形成循环。硅油在循环时将热量传给铸有散热片的前盖 7 和离合器壳体 8 而得到冷却，以避免工作时硅油温度过高。

当发动机因负荷下降等原因，吹向双金属片感温器 5 的气流温度低于 35℃时，控制阀片 3 将进油孔 A 关闭，硅油不再进入工作腔，而原来在工作腔中的硅油仍不断地在离心力作用下返回储油腔，直至排空为止。离合器此时又处于分离状态，风扇空转打滑。

单向阀 1 可防止硅油在发动机不工作时从储油腔流入工作腔中。

硅油风扇离合器不但可使发动机经常在适宜的温度下工作，还可以减小驱动风扇所需的功率，降低风扇噪声。

3. 电动风扇

风扇是冷却系统中消耗发动机功率最大的部件，通常风扇通过 V 带等机械式连接方式与发动机曲轴保持固定比例转速运转，而且风扇通常是按发动机标定转矩或标定功率的冷却需求来设计和选型的，因此在大多数工况下，风扇提供的空气流量可能超过冷却系统的需求，造成大量的能量消耗。为了实现节能，出现了电动风扇和液压驱动风扇等可控式风扇，液压驱动风扇主要在一些大型豪华车辆上使用，本书主要介绍电动风扇。

捷达和桑塔纳等汽车均采用电动风扇（图 8-8），且风扇转速均为两档。风扇转速由温控热敏电阻开关控制。当冷却液流出散热器的温度为 92～97℃时，热敏开关接通风扇电动机的 1 档，风扇转速为 2300r/min；当冷却液温度升高到 99～105℃ 时，热敏开关接通风扇电动机的 2 档，这时风扇转速为 2800r/min；若冷却液温度降到 92～98℃ 时，风扇电动机恢复 1 档转速；当冷却液温度降到 84～91℃时，热敏开关切断电源，风扇停转。

电动风扇由风扇电动机驱动并由蓄电池供电，风扇转速与发动机转速无关。风扇的运转状态可以受到冷却液、空调离合器的工作状态、空调系统的压力等多重因素的影响，而且还可以根据发动机的工况以停转、低速、中速、高速等几个档位工作，甚至可以连续无级调速（图 8-9），使发动机获得更适宜的冷却强度。

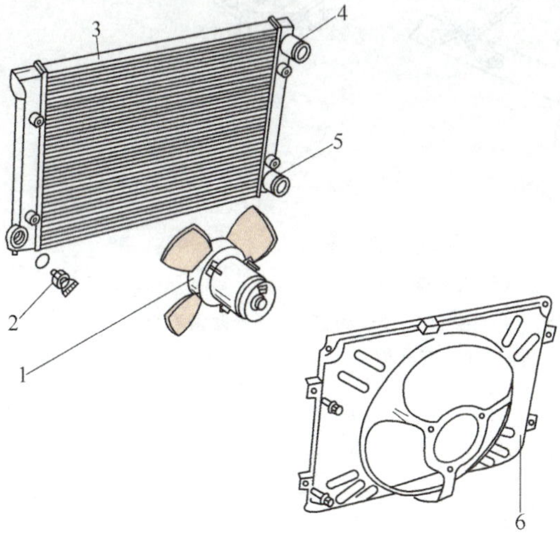

图 8-8　电动风扇、散热器及风扇罩（捷达汽车）

1—电动风扇　2—温控热敏电阻开关　3—散热器
4—散热器进水口　5—散热器出水口　6—风扇罩体

图 8-9　丰田 3GR-FE 发动机的无级控制电动风扇

1—电动风扇控制器　2—散热器
3—膨胀水箱　4—风扇电动机体

电动风扇可以受发动机ECU的控制，也可以通过独立的电路设计独立工作，不受发动机ECU的控制。不同车系，甚至不同车型发动机的电动风扇控制电路都存在较大差别。电动风扇的优点是结构简单、布置方便、不直接消耗发动机功率，使燃油经济性得到改善。此外，由于不需要检查、调整或更换风扇传动带而减少了维修维护的工作量。

知识点4 散热器百叶窗的控制

有些货车和大客车的发动机在散热器前面装有百叶窗，其作用是通过改变通过散热器的空气流量来调节发动机的冷却强度，以保证发动机经常在适当的温度范围内工作。发动机冷起动或暖车期间，冷却液的温度较低，这时将百叶窗部分或完全关闭，以减少通过散热器的空气流量，使冷却液的温度迅速升高。

百叶窗可由驾驶人通过驾驶室内的手柄来操纵其开闭，也可用感温器自动控制。图8-10所示为货车上使用的散热器百叶窗的自动控制系统。控制系统中的感温器2安装在散热器1的进水管上，用来测量来自发动机的冷却液温度。在发动机冷起动及暖车期间，百叶窗9关闭；当发动机感温器测得进水温度达到正常工作温度后，打开空气阀，使制动空气压缩机3产生的压缩空气进入空气缸4，并推动空气缸内的活塞连同调整杆5一起下移，带动杠杆7使百叶窗开启。

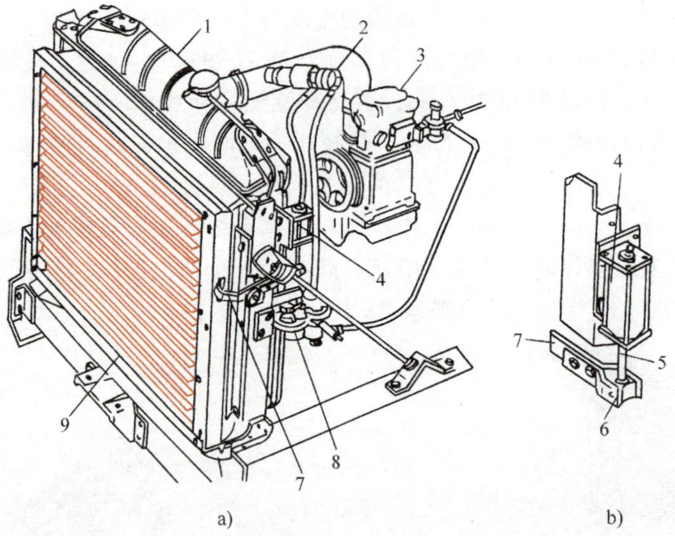

图8-10 货车上使用的散热器百叶窗的自动控制系统

a）整体图 b）空气缸放大图

1—散热器 2—感温器 3—制动空气压缩机 4—空气缸 5—调整杆 6—调整螺母 7—杠杆 8—空气滤清器 9—百叶窗

8.3 冷却系统主要部件结构与工作原理

知识点1 冷却水泵

1. 冷却水泵工作原理

冷却水泵的功用是对冷却液加压，使冷却液在冷却系统中循环流动。

发动机水泵一般采用离心式水泵（图 8-11），与冷却风扇同轴，并由风扇带轮带动旋转。当水泵叶轮旋转时，水泵中的冷却液被叶轮带动一起旋转，并在离心力的作用下被甩向水泵壳体的边缘，同时产生一定的压力，然后从出水管流出。在叶轮的中心处，由于冷却液被甩出而压力下降，散热器中的冷却液在水泵进口与叶轮中心的压差作用下，经进水管流入叶轮中心。

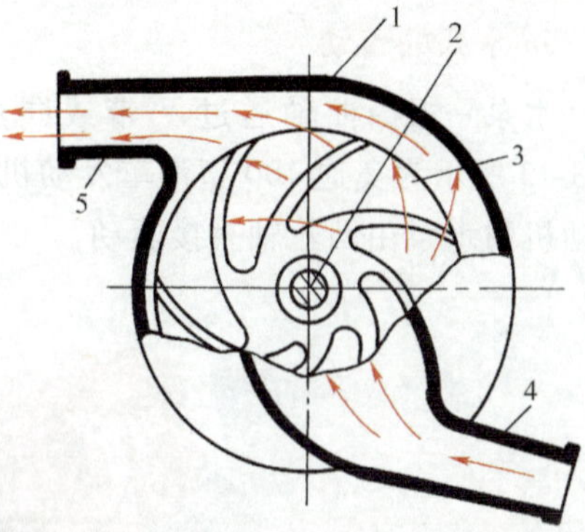

图 8-11　离心式水泵的工作原理

1—水泵壳体　2—水泵轴　3—叶轮　4—进水管　5—出水管

2. 水泵的典型结构

如图 8-12 所示为发动机所采用的离心式水泵典型结构。

水泵壳体上的泄水孔 C 位于水封环之前，有冷却液漏过水封环时，可从泄水孔泄出，以防止冷却液进入轴承而破坏轴承的润滑。如果发动机停机后仍有冷却液渗漏，则表明水封环已经损坏。

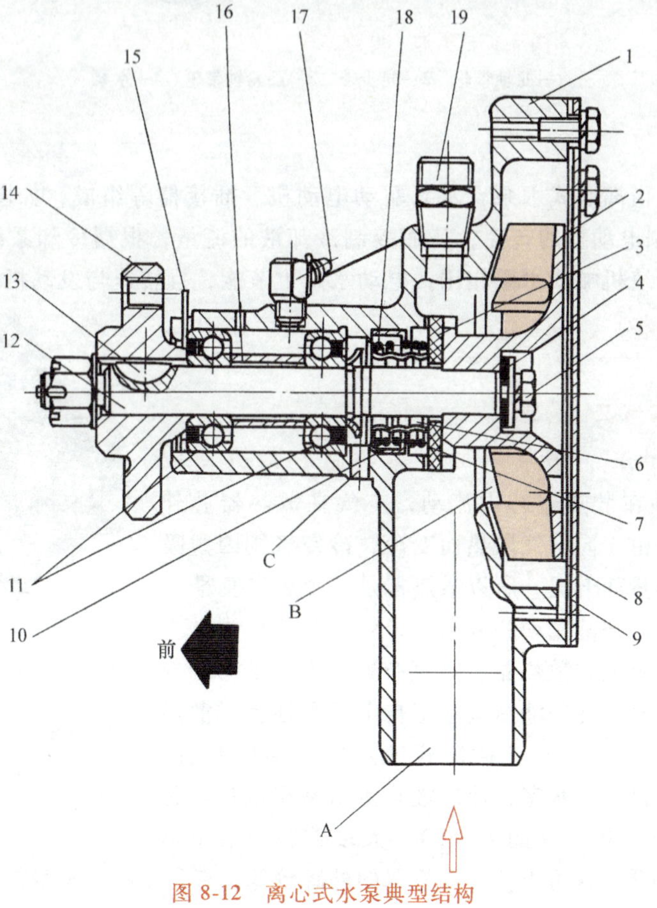

图 8-12　离心式水泵典型结构

1—水泵壳体　2—叶轮　3—密封垫圈　4、8—衬垫　5—螺栓　6—水封皮碗　7—弹簧　9—水泵盖　10—水封座圈　11—轴承　12—水泵轴　13—半圆键　14—凸缘盘　15—轴承卡环　16—隔离套　17—润滑脂嘴　18—水封环　19—管接头　A—进水口　B—水泵内腔　C—泄水孔

3. 水泵的传动

水泵一般由曲轴通过 V 带或同步带传动，因此水泵转速与发动机曲轴转速成比例。图 8-13 所示为奥迪 100 型汽车发动机的水泵传动，其水泵转速为曲轴转速的 1.6 倍。有些发动机的水泵由凸轮轴直接驱动。

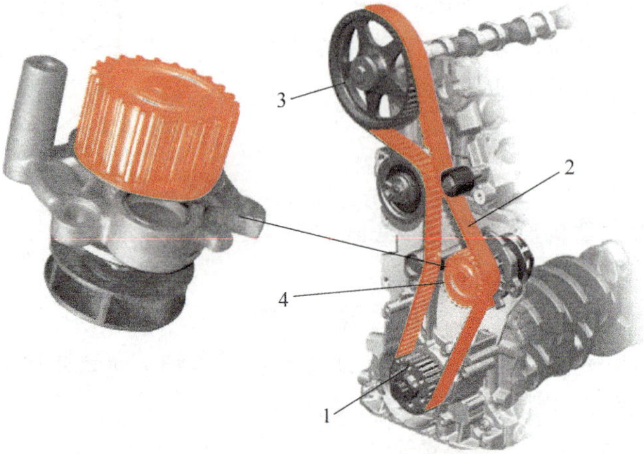

图 8-13　奥迪 100 型汽车发动机的水泵传动

1—曲轴带轮　2—同步带　3—凸轮轴带轮　4—水泵

4. 电动水泵

电动水泵通常由离心式水泵、水泵驱动电动机、插接器等组成，如图 8-14 所示。它通过发动机 ECU 控制电动机的转速，从而控制冷却液的流量，根据冷却系统的需要进行冷却强度的调节。与传统机械式水泵相比，电动水泵更节能，且转速与发动机曲轴转速不相关。

知识点 2　散热器

1. 散热器结构与工作原理

散热器由进水室、出水室和散热器芯三部分构成（图 8-15）。冷却液在散热器芯内流动，空气在散热器芯外通过，热的冷却液由于向空气散热而变冷，冷空气则因为吸收冷却液散出的热量而升温，所以散热器是一个热交换器。

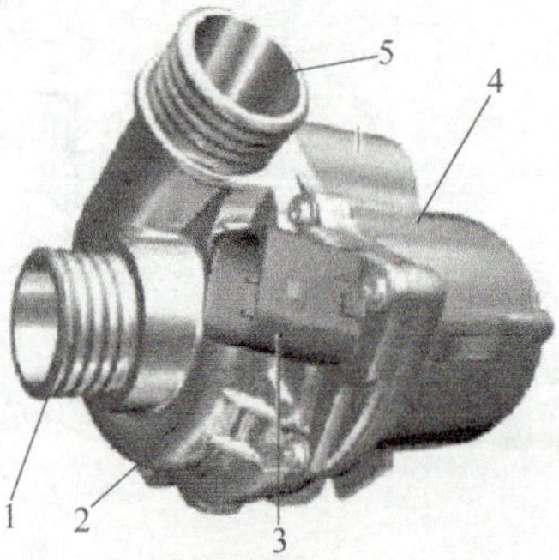

图 8-14　电动水泵（BMWN55 发动机）

1—水泵进水口　2—离心式水泵　3—插接器　4—水泵驱动电动机　5—水泵出水口

按照散热器中冷却液流动的方向，可将散热器分为纵流式和横流式两种。纵流式散热器芯竖直布置，上、下两端分别接进水室和出水室，冷却液由进水室自上而下地流过散热器芯进入出水室（图 8-15a）。横流式散热器芯横向布置，左、右两端分别接进、出水室，冷却液自进水室经散热器芯到出水室横向流过散热器（图 8-15b）。大多数新型乘用车均采用横流式散热器，这可以使发动机罩的外廓较低，有利于改善车身前端的空气动力性。

2. 散热器芯

散热器芯有管片式、管带式和板式等多种结构形式（图 8-16）。

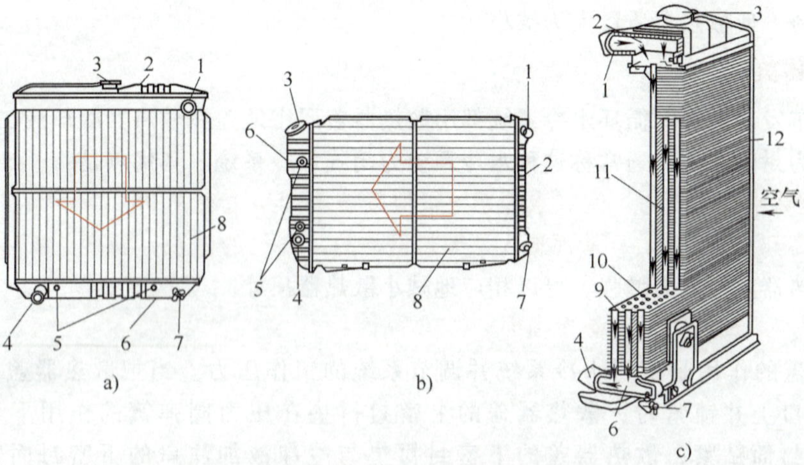

图 8-15 散热器结构

a）纵流式散热器 b）横流式散热器 c）散热器局部剖切轴测图

1—进水口 2—进水室 3—散热器盖 4—出水口 5—自动变速器油冷却器进、出口

6—出水室 7—放水阀 8—散热器芯 9—内部水道 10—横隔板 11—芯部 12—散热片

管片式散热器芯由散热管和散热片组成。散热管是焊在进、出水室之间的直管，作为冷却液的通道，有扁管也有圆管（图 8-16a、b）。扁管与圆管相比，在容积相同的情况下有较大的散热表面。在散热管的外表面焊有散热片，以增加散热面积、增强散热能力，同时增大散热器的刚度和强度。管片式散热器的优点是气流阻力小、结构刚度高及承压能力强等。

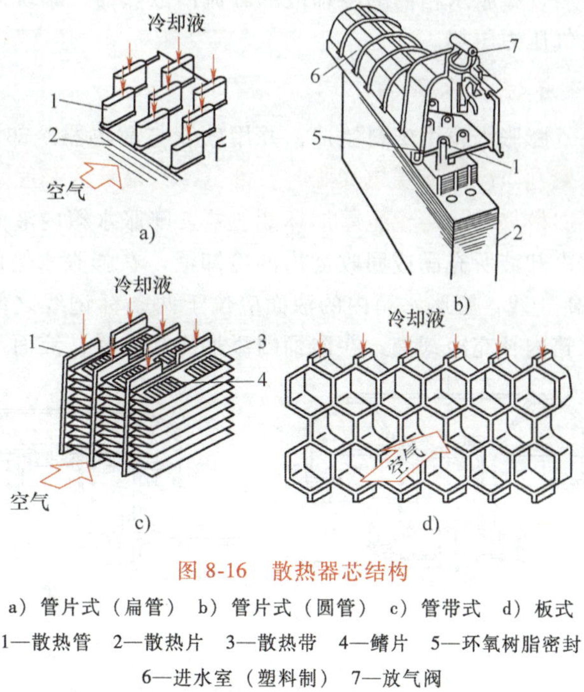

图 8-16 散热器芯结构

a）管片式（扁管） b）管片式（圆管） c）管带式 d）板式

1—散热管 2—散热片 3—散热带 4—鳍片 5—环氧树脂密封

6—进水室（塑料制） 7—放气阀

管带式散热器芯（图 8-16c）由散热管及波形散热带组成。散热管为扁管，与波形散热带相间焊接。为增强散热能力，在波形散热带上加工有鳍片。与管片式散热器芯相比，管带式散热器芯的散热能力强、制造简单、质量小、成本低，但结构刚度较差。

板式散热器芯（图 8-16d）的冷却液通道由成对的金属薄板焊合而成。这种散热器芯散热效果好、制造简单，但焊缝多、不坚固、容易沉积水垢且不易维修。

管片式及管带式散热器芯有单列、双列和三列散热管之分。实践证明，双列散热管散热器能在有限的空间内获得更好的散热效果，因此在乘用车上广泛应用。

传统的散热器芯由黄铜制造，但近年来更多用铝合金，而且有些散热器的进、出水室采用了复合塑料，使散热器质量大为减小。

3. 散热器盖

现代汽车发动机强制循环水冷系统都用散热器盖严密地盖在散热器冷却液加注口上，使水冷系统成为封闭系统，通常称这种水冷系统为闭式水冷系统。其优点是：

1）可提高系统内压力。闭式水冷系统可使系统内的压力提高 98~196kPa，冷却液的沸点相应地提高到 120℃左右，从而增大了散热器与冷却空气的温差，提高了散热器的换热效率。由于散热器散热能力增强，可以相应地减小散热器尺寸。

2）可减少冷却液外溢及蒸发损失。

散热器盖的作用是密封水冷系统并调节系统的工作压力。当把散热器盖盖在散热器冷却液加注口上并锁紧时，散热器盖的上密封衬垫在压力阀弹簧的作用下与冷却液加注口的上密封面贴紧，散热器盖的下密封衬垫与冷却液加注口的下密封面贴紧，这时水冷系统被封闭。

散热器盖的结构及工作原理如图 8-17 所示。当发动机工作时，冷却液的温度逐渐升高，冷却液容积膨胀，使水冷系统内的压力增高。当压力超过预定值时，压力阀 6 开启，一部分冷却液经溢流管 10 流入膨胀水箱，以防止冷却液胀裂散热器。当发动机停机后，冷却液的温度下降，水冷系统内的压力也随之降低。当压力降到大气压力以下出现真空时，真空阀 5 开启，膨胀水箱内的冷却液部分流回散热器，系统内压力恢复正常水平，可以避免散热器被大气压力压坏。

4. 膨胀水箱

膨胀水箱由塑料制造，并用软管与散热器冷却液加注口上的溢流管连接（图 8-1）。其作用是当冷却液受热膨胀时，部分冷却液流入膨胀水箱；当冷却液降温时，部分冷却液又被吸回散热器，避免压差损坏散热器。膨胀水箱内液面的升高或降低，是为了保证散热器总是被冷却液所充满或回收溢出的冷却液。在膨胀水箱的外表面上刻有两条标记线：“低”线和“高”线，膨胀水箱内的液面应位于两条标记线之间。若液面低于低线（MIN），应向膨胀水箱内补充冷却液；在向桶内添加冷却液时，液面不应超过高线（MAX）。

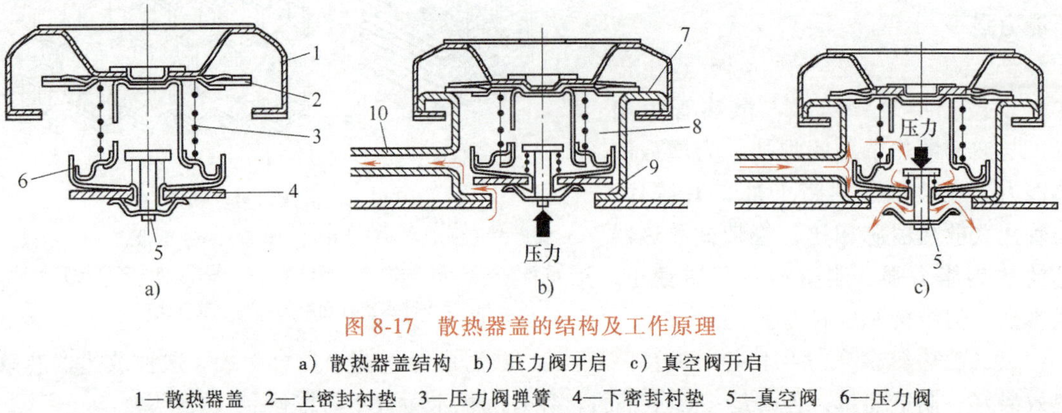

图 8-17　散热器盖的结构及工作原理

a）散热器盖结构　b）压力阀开启　c）真空阀开启

1—散热器盖　2—上密封衬垫　3—压力阀弹簧　4—下密封衬垫　5—真空阀　6—压力阀
7—冷却液加注口上密封面　8—冷却液加注口　9—冷却液加注口下密封面　10—溢流管

膨胀水箱还可消除水冷系统中的气泡。空气泡或蒸汽泡都会降低传热效果，空气泡还会增加金属的腐蚀。

8.4 冷却系统的使用维护与常见故障

知识点 1　冷却系统的使用维护

发动机冷却系统的维护项目主要包括冷却液液位的检查与加注、冷却液更换、节温器检查等。

冷却液液位的检查与加注。如果冷却液泄漏，不仅会导致发动机过热，还会损害发动机本身，严重的直接冲击气缸垫，所以应该定期检查发动机冷却液液位。可根据实际情况适量添加冷却液。需要注意的是，添加冷却液应关闭发动机，而且必须要等发动机完全达到室外温度。向冷却系统加注符合要求的冷却液，根据地区不同要求会不同，按照标注加注到膨胀水箱液位标志线 MAX 与 MIN 之间，注意不能加满，必须留有水蒸气的膨胀空间。冷却液加好以后起动发动机，使发动机温度达到 90℃，散热器开始工作，然后关闭发动机使温度自然降下以后再检查冷却液液位是否正常。

节温器的检查应首先确认节温器阀的开启温度，一般节温器上面都会有标注。把节温器放在水中，然后慢慢提高水温，检查节温器阀开启的温度。节温器阀的开启温度一般在 80~84℃的范围内，如果节温器阀开启不在该温度范围内就需要更换节温器。还需检查节温器阀的开启升程，如果不在规定范围内同样需要更换节温器。一般地，低温型温度在 80~84℃时，阀门开始开启，在 95℃时，升程应大于 8mm；高温型在 86~90℃时开启，阀门在 100℃时升程为 8mm。当温度在 77℃的时候需要检查节温器是否完全关闭，如果没有完全关闭也需要更换节温器。

【温馨提示】

节温器的检查视频请扫教学资源 8.2 对应的二维码进行观看。

知识点 2　冷却系统的常见故障

冷却系统常见故障见表 8-1。

表 8-1　冷却系统常见故障

故障名称	故障征象	故障原因
冷却液温度过高	冷却水箱“开锅”，发动机无力	冷却液不足；风扇传动带过松；水泵故障；冷却液温度传感器故障；节温器失灵；百叶窗操纵不良；散热器堵塞；润滑不良；发动机超负荷工作等
漏液	冷却液消耗过快，发动机过热	胶管老化、破裂或金属管受腐蚀损坏；散热器芯管破裂或下水室腐蚀；水泵水封、缸套阻水圈损坏；气缸垫烧蚀；气缸盖或缸体水套破裂等

知识拓展

汽车发动机冷却液有水和加有防冻剂的防冻液等种类。

水冷却液来源广泛，成本很低，但最好使用软水（矿物含量低），以防产生水垢使传热受阻，造成发动机过热。但是水在0℃时会结冰，导致冷却液停止循环而引起发动机过热。更严重的是水结冰时体积膨胀，可能将机体、缸盖和散热器胀裂。

为了适应冬季行车的需要，现在普遍使用在水中加入了防冻剂的防冻液作为冷却液。目前最常用的防冻剂是乙二醇。冷却液中水与乙二醇的比例不同，其冰点也不同（表8-2）。

表8-2　冷却液的冰点与乙二醇质量分数的关系

冷却液冰点/℃	乙二醇的质量分数(%)	水的质量分数(%)	密度/(kg·m⁻³)
-10	26.4	73.6	1.0340
-20	36.2	63.8	1.0506
-30	45.6	54.4	1.0627
-40	52.3	47.7	1.0713
-50	58.0	42.0	1.0780
-60	63.1	36.9	1.0833

防冻液中通常含有防锈剂，防锈剂可延缓或阻止发动机水套壁及散热器的锈蚀或腐蚀。发动机冷却系统中含有多种金属和非金属材料，金属材料有铸铁、铝合金、钢、铜及散热器焊接时用的焊锡等，非金属材料有橡胶等。冷却液长时间与这些材料相接触，容易发生锈蚀或者腐蚀。因此有防腐蚀功能的、优质的防冻液，与水相比能更好地保护散热器，延长发动机的使用寿命。

防冻液中通常含有泡沫抑制剂。冷却液中的空气在水泵叶轮的搅动下会产生很多泡沫，这些泡沫将妨碍水套壁的散热。泡沫抑制剂能有效地抑制泡沫的产生。

在冷却液中加入防冻剂还同时提高了冷却液的沸点。例如，含50%乙二醇的冷却液在大气压力下的沸点是103℃。因此，防冻剂能防止冷却液过早沸腾，减少损耗。

在防冻液中，一般还要加入着色剂，以便识别。

本章小结

1. 发动机冷却系统用于保持发动机处在合适的温度下工作。冷却方式有水冷式和风冷式两种。

2. 发动机水冷系统主要由散热器、风扇、水泵、节温器和冷却水道组成。

3. 节温器是根据发动机冷却液温度的高低，打开或关闭冷却液通向散热器的通道，使冷却液在散热器和水套之间进行大循环或小循环，调节冷却强度，保证发动机在最适宜的温度下工作。

4. 硅油风扇离合器利用流经散热器的空气温度来控制风扇转动。

5. 冷却系统的工作原理是：当发动机工作温度较低时，节温器主阀门关闭、副阀门打开，冷却液经节温器返回发动机机体水套，进行小循环；当发动机工作温度高于一定值时，节温器主阀门开启、副阀门关闭，冷却液经节温器及散热器进水软管流入散热器，在散热器中，冷却液向流过散热器周围的空气散热而降温，最后冷却液经散热器出水软管返回水泵，进行大循环；当发动机冷却液温度处于大、小循环的温度范围内时，节温器主阀门和副阀门都部分开启，冷却液大、小循环同时存在，以保证发动机温度基本稳定。

6. 现代乘用车中已经采用智能节温器、冷却水泵和风扇等装置来控制冷却系统。

思考题

1. 名词解释：风冷系统、水冷系统、强制循环水冷系统、离心式水泵、大循环、小循环。

2. 发动机为什么要冷却？最佳冷却液温度范围一般是多少？

3. 简述冷却系统的总体组成与工作原理。

4. 发动机的冷却强度为什么要调节？如何调节？

5. 现代乘用车中采用什么智能装置来控制冷却系统？简述其工作原理。

第9章　发动机润滑系统

【本章内容架构】

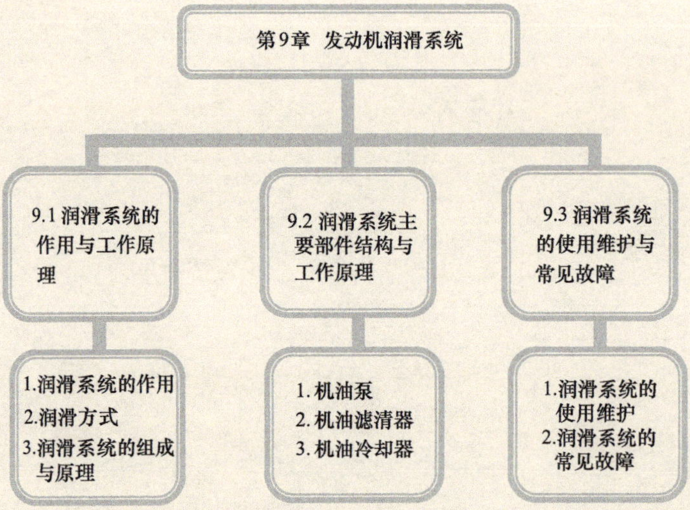

【学习目标要求、重点与难点】

序号	学习目标要求	学习重点	学习难点
1	掌握润滑系统的作用	√	
2	掌握润滑系统的基本组成与工作原理	√	
3	掌握机油的作用和分类，理解机油的性能，能够正确选择机油	√	
4	掌握机油泵的作用、结构与工作原理	√	√
5	掌握机油滤清器的作用、结构与工作原理	√	√
6	掌握机油冷却器的作用、结构与工作原理	√	
7	能够识别润滑系统主要部件及润滑油循环原理	√	√

【引入案例】

一款帕萨特B5电喷汽车，白天运行时车况正常，在车库停车一夜后，第二天早上发现发动机无法起动。经初步检查，排除了蓄电池、起动机故障。请进一步分析故障可能的原因。

9.1 润滑系统的作用与工作原理

知识点1　润滑系统的作用

发动机工作时，部分零件在间隙很小的情况下做高速相对运动，如曲轴主轴颈与主轴承、连杆轴颈与连杆轴承、凸轮轴颈与凸轮轴承、各运动副以及齿轮传动副等。虽然这些零部件的表面经过了精加工，但其表面依旧是凹凸不平的。如果发动机正常工作时，不对这些零部件的表面及时进行润滑，那么它们的接触面之间将会发生强烈的干摩擦，这会使得零件的温度升高、局部磨损加剧、黏合等，同时还会增加发动机的功率损耗，降低发动机输出功率，严重时还将导致发动机无法正常工作。

润滑系统的作用可以归结为以下五点：

(1) 润滑　发动机工作时，润滑系统将足够数量的润滑油传输到全部运动件的表面，实现干摩擦到液体摩擦的转换，从而达到减小摩擦阻力、降低功率消耗、减轻机件磨损的效果。

(2) 冷却　由于发动机正常工作时，会产生大量的热量，润滑油在润滑系统内循环的过程中，会带走部分热量，以避免发动机局部温度过高而引起故障。

(3) 清洁　润滑油在润滑系统内不断循环的过程中，能够把摩擦产生的微小颗粒和其他异物给带走。

(4) 密封　润滑油在摩擦面形成的油膜能够增加零件之间的密封度，防止窜气等情况的发生。

(5) 防腐蚀　润滑油在零件表面形成的油膜可以对零件起到保护作用，可以防止零件腐蚀。

除此外，在换气系统中的液压挺柱和可变气门升程控制中的润滑油还起到传力和控制的作用。

知识点2　润滑方式

根据发动机各零件的工作条件、负荷、相对运动速度以及对润滑强度要求的不同，主要采取以下三种方式对发动机进行润滑：

(1) 压力润滑　压力润滑是以一定的压力把润滑油供入摩擦表面的润滑方式。主要是用于曲轴主轴承、连杆轴承及凸轮轴轴承等负荷较大的零部件的润滑。

(2) 飞溅润滑　飞溅润滑主要是利用零件运转时，与润滑油液面撞击飞溅起来的润滑油油滴或油雾对零部件的摩擦面进行润滑的方式。其主要用于负荷较小的零部件，如气缸壁、凸轮、挺柱等。

(3) 润滑脂润滑 润滑脂润滑也称为定期润滑，是一种需要定期向润滑脂嘴加注润滑脂，借助负载使稠化剂将油液释放出来的润滑方式，主要用于水泵、发动机轴承等零部件。

知识点 3 润滑系统的组成与原理

润滑系统一般由油底壳、机油集滤器、机油泵、机油滤清器、机油冷却器及安全阀等组成（图 9-1）。

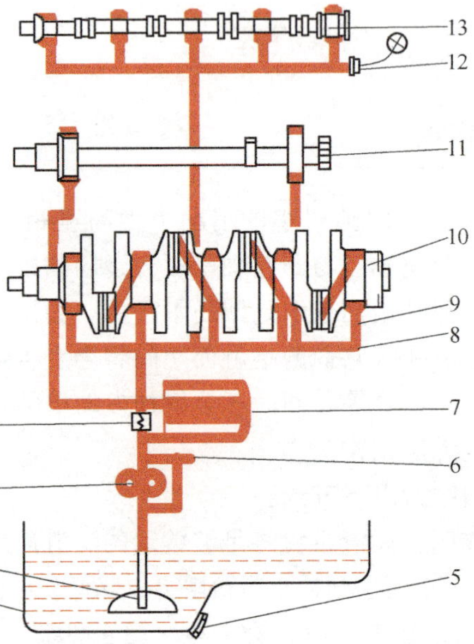

图 9-1 汽车发动机润滑系统示意图（上海桑塔纳汽车）

1—旁通阀 2—机油泵 3—集滤器 4—油底壳 5—放油塞 6—溢流阀 7—机油滤清器 8—主油道 9—分油道 10—曲轴 11—中间轴 12—限压阀 13—凸轮轴

【温馨提示】

润滑系统的结构组成与折装视频请扫教学资源 9.1 对应的二维码进行观看。

在此系统中，曲轴的主轴颈、连杆轴颈、凸轮轴轴颈及中间轴（分电器和机油泵的传动轴）轴颈均采用压力润滑，其余部分则采用飞溅润滑或润滑脂润滑。

当发动机工作时，润滑油从油底壳 4 经集滤器 3 被机油泵 2 泵入机油滤清器 7。当机油泵的泵油压力过大时，为避免造成不良影响，润滑油经机油泵上的溢流阀 6 返回机油泵入口。润滑油经滤清器滤清之后进入发动机主油道 8。机油滤清器盖上设有旁通阀 1，当滤清器堵塞时，润滑油不经过滤清器滤清，而由旁通阀 1 直接进入主油道。润滑油经主油道进入分油道 9 的其中五条，分别润滑五个主轴承。然后，润滑油经曲轴上的斜油道，从主轴承流向连杆轴承润滑连杆轴颈。主油道中的部分润滑油经第六条分油道供入中间轴 11 的后轴承。中间轴的前轴承由机油滤清器出油口的一条油道供油润滑。主油道的另一条分油道直通凸轮轴轴承润滑油道，此油道也有五个分油道，分别向五个凸轮轴轴承供油。

在凸轮轴轴承润滑油道的后端，也就是整个压力润滑油路的终端，装有最低润滑油压力报警开关。当发动机起动之后，润滑油压力较低，最低润滑油压报警开关触点闭合，油压指示灯亮。当润滑油压力超过 31kPa 时，最低油压报警开关触点断开，指示灯熄灭。另外，在机油滤清器上也装有润滑油压力开关。当发动机转速超过 2150r/min 时，润滑油压力若低于 180kPa，则开关触点闭合，警告灯闪亮，同时蜂鸣器也鸣响报警。

9.2 润滑系统主要部件结构与工作原理

知识点 1 机油泵

机油泵的作用是将润滑油的压力强制提升到一定程度后，输送到发动机各个相对运动的零部件的表面。机油泵按结构形式可分为齿轮式和转子式两类。齿轮式机油泵又分内接齿轮式和外接齿轮式。

1. 外接齿轮式机油泵

外接齿轮式机油泵是指机油泵的主动齿轮与从动齿轮以外啮合的方式进行啮合。如图 9-2 所示，在机油泵体 6 内装有一对外啮合齿轮（机油泵主动齿轮 2 和机油泵从动齿轮 5），齿轮的端面由机油泵盖封闭，泵体、泵盖和齿轮的各个齿槽组成工作腔。

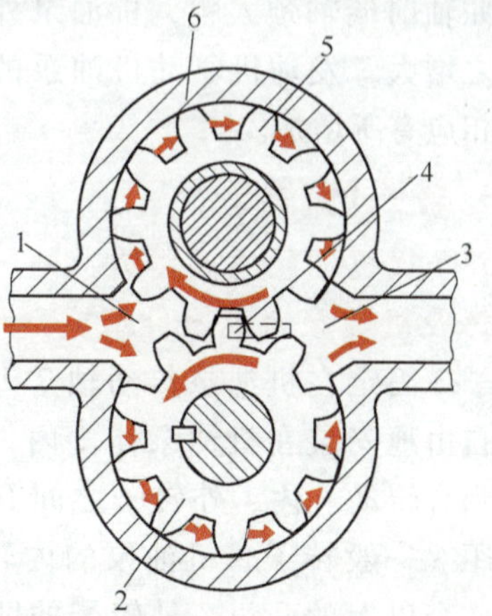

图 9-2 外接齿轮式机油泵工作原理

1—进油腔 2—机油泵主动齿轮 3—出油腔 4—卸压槽 5—机油泵从动齿轮 6—机油泵体

外接齿轮式机油泵工作时，主动齿轮和从动齿轮按图 9-2 所示方向旋转，进油腔 1 的容积由于轮齿逐渐脱离啮合而增大，腔内产生一定的真空，润滑油从油底壳经进油口被吸入进油腔，随后又被轮齿带到出油腔 3。出油腔的容积由于轮齿逐渐进入啮合而减小，使润滑油压力升高，润滑油经出油口被压入发动机机体上的润滑油道。在发动机工作时，机油泵齿轮不停地旋转，润滑油便连续不断地流入润滑油道，经过滤清之后被送到各润滑部位。

当轮齿进入啮合时，封闭在轮齿径向间隙内的润滑油压力急剧升高，使齿轮受到很大的推力，加剧机油泵轴衬套的磨损。为了减轻机油泵轴衬套的磨损，则需要将径向间隙内的润滑油及时引出，以降低油压。为此，泵盖上加工有一道卸压槽 4，使轮齿径向间隙内被挤压的润滑油通过卸压槽流入出油腔 3。

外接齿轮式机油泵的典型结构如图 9-3 所示。机油泵的使用性能取决于齿轮与泵体的配合间隙。齿轮与泵体的径向间隙一般不超过 0.2mm，齿轮端面间隙可控制在 0.05~0.2mm。间隙过大，润滑油压力降低，泵油量就会减少。在泵体与泵盖之间有衬垫，既可以防止漏油，又可以用来调整齿轮的端面间隙。

外接齿轮式机油泵的优点是效率高，功率损失小，工作可靠；缺点是需要中间传动机构，制造成本相应较高。

2. 内接齿轮式机油泵

内接齿轮式机油泵也称为内啮合齿轮式机油泵，是指机油泵的主动齿轮与从动齿轮是以内啮合的方式进行啮合，其工作原理与外接齿轮泵相同。

内接齿轮式机油泵的结构如图 9-4 所示。其主动外齿轮 5 套在曲轴前端，通过花键套 8 由曲轴直接驱动。从动内齿轮 6 装在机油泵体 4 内，泵体固定在机体前端。

因为内接齿轮泵由曲轴直接驱动，无须中间传动机构，所以零件数量少，制造成本低，占用空间小，使用范围广。但是这种机油泵在内、外齿轮之间有一处无用的空间，使机油泵的泵油效率降低。另外，如果曲轴前端轴颈太粗，机油泵外形尺寸将随之增大，发动机驱动机油泵的功率损失也相应有所增加。

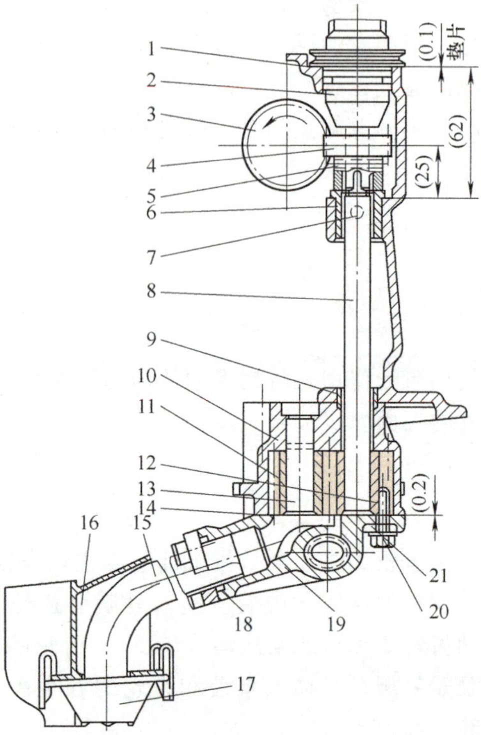

图 9-3　外接齿轮式机油泵的典型结构（上海桑塔纳汽车）

1—密封衬垫　2—分电器轴　3—中间轴齿轮　4—分电器轴从动齿轮　5—定位销　6—机油泵主动轴衬套　7—定位销孔　8—机油泵主动轴　9—定位套　10—机油泵体　11—机油泵从动齿轮　12—机油泵主动齿轮　13—从动齿轮轴　14—衬垫　15—进油管　16—支架　17—集滤器　18—O 形圈　19—机油泵盖　20—螺栓　21—垫圈

3. 转子式机油泵

转子式机油泵主要由内、外转子、机油泵体及机油泵盖等零件组成（图 9-5）。内转子 3 固定在机油泵传动轴 7 上，外转子 2 自由地安装在机油泵体 1 内，并与内转子啮合转动。内、外转子之间有一定的偏心距。一般转子式机油泵的内转子有 4 个或 4 个以上的凸齿，外转子的凹齿数比内转子的凸齿数多 1 个。转子的外廓形状曲线为次摆线。

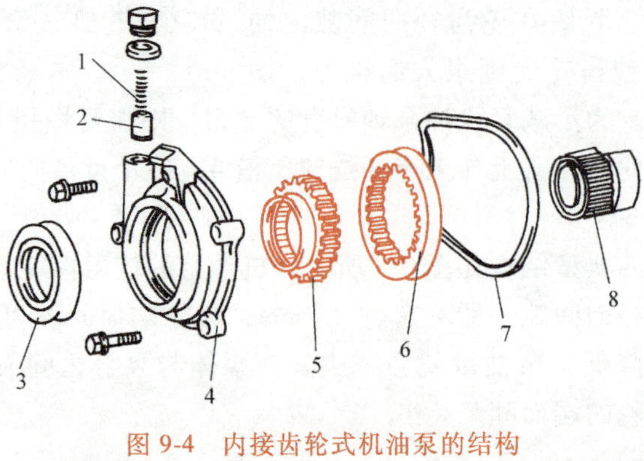

图 9-4　内接齿轮式机油泵的结构

1—溢流阀弹簧　2—溢流阀柱塞　3—曲轴前油封　4—机油泵体　5—主动外齿轮　6—从动内齿轮　7—O 形圈　8—花键套

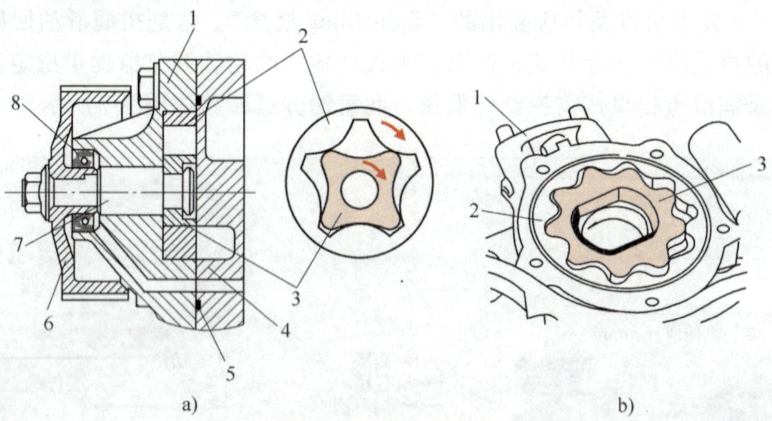

图 9-5　转子式机油泵

a）克莱斯勒汽车　b）本田汽车

1—机油泵体　2—外转子　3—内转子　4—机油泵盖　5—密封圈　6—传动带轮　7—机油泵传动轴　8—油封

【温馨提示】

机油泵拆装与检查视频请扫教学资源 9.2 对应的二维码进行观看。

转子式机油泵的工作原理如图 9-6 所示。当机油泵工作时，机油泵轴传动带动内转子旋转，内转子则带动外转子朝同一方向转动。由于内、外转子工作面的轮廓是一对共轭曲线，因此可以保证两个转子相互啮合时既不干涉也不脱离。内、外转子间的接触点将外转子的内腔分成 4 个工作腔。当某一工作腔转过进油口时，容积增大，产生真空，润滑油经进油口被吸入工作腔内。当该工作腔转过出油口时，容积减小，油压升高，润滑油经出油口被压出。

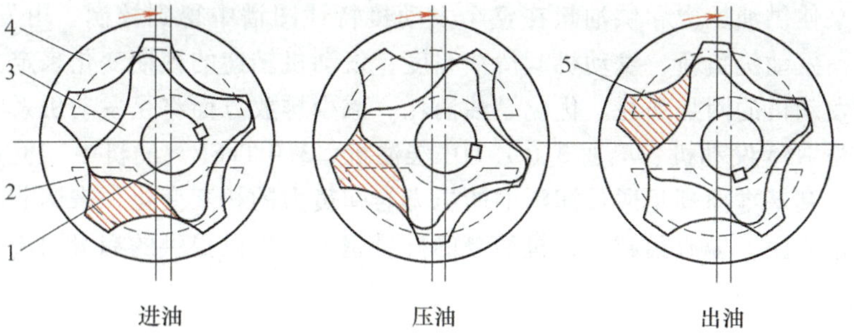

图 9-6　转子式机油泵的工作原理

1—机油泵传动轴　2—进油口　3—内转子　4—外转子　5—出油口

转子式机油泵的优点是结构紧凑，供油量大，供油均匀，噪声小，吸油真空度较高。因此，当机油泵安装在曲轴箱以外或安装位置较高时，采用转子式机油泵比较合适。其缺点是内、外转子啮合表面的滑动阻力比齿轮式机油泵大，因此功率消耗较大。

4. 变量式机油泵

现代高端汽车发动机系统开始大量采用按需控制的机油泵系统。比如梅赛德斯-奔驰推出的 M256 直列式发动机以及相应提出的“SplitOiling 概念”。这是指润滑油回路中使用一个可变容积流量的机油泵——叶片式机油泵，永久性地为凸轮轴调节器提供稳定液压控制的高压，以及为剩余润滑点提供按需控制的低压，润滑油分区回路如图 9-7 所示。

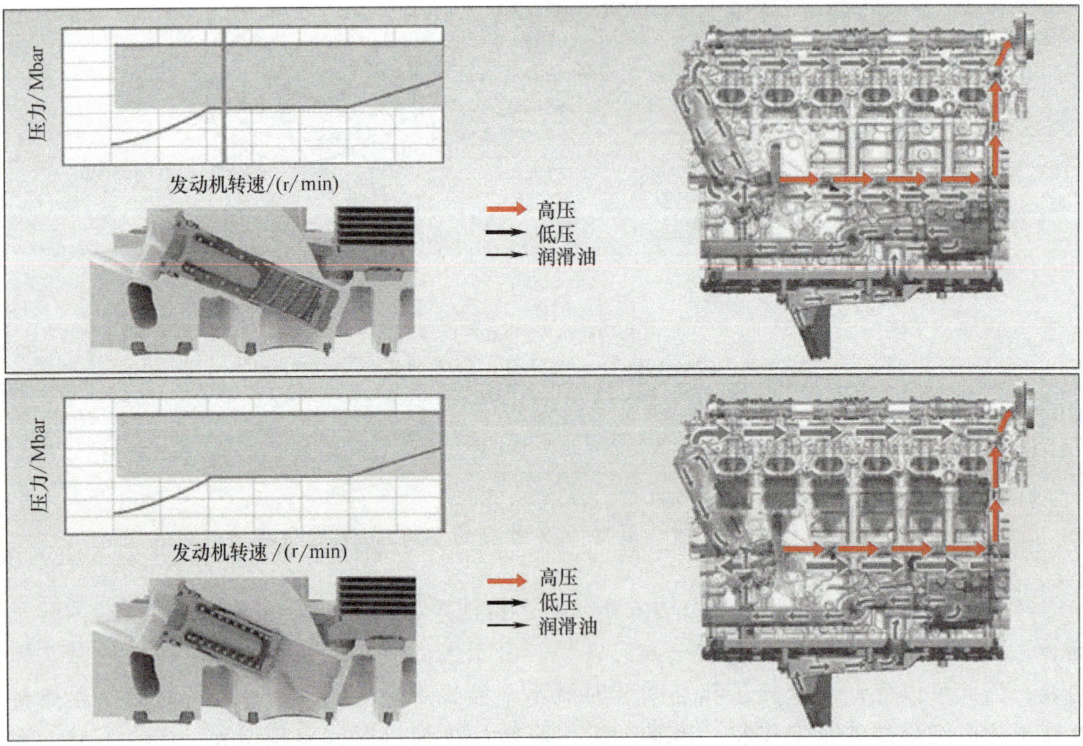

图 9-7　润滑油分区回路

注：1bar = 1.01×10^{5}Pa

变量机油泵使供油压力和供油量在整个发动机特性图谱中得到控制。由发动机 ECU 根据发动机转速、发动机负荷、发动机润滑油温度、发动机转速的预期变化来定义需要的润滑油量，在减少发动机的附加功耗、优化燃油消耗、减少排放方面将是发动机系统技术升级的一项革新。宝马 N55 发动机、奥迪 3.0 L TDI 柴油机、3.0 TFSI 汽油机中，也采用了类似的叶片式机油泵。其基本原理是通过润滑油的压力与弹簧力的相互变化，来调节叶片泵的转子与泵壳之间的偏心距，偏心距越大，机油泵的排量越大，可以提供的润滑油流量越大。

5. 溢流阀

机油泵必须在发动机各种转速下都能供给足够数量的润滑油，以维持足够的润滑油压力，保证发动机的润滑。机油泵的供油量与其转速有关，而机油泵的转速又与发动机转速成正比。因此，在设计机油泵时，都要求其在低速时有足够大的供油量。但是，在高速时机油泵的供油量明显偏大，润滑油压力也显著偏高。另外，在发动机冷起动时，润滑油黏度大，流动性差，润滑油压力也会大幅度升高。为防止油压过高，在润滑油路中设置了溢流阀或限压阀。一般溢流阀装在机油泵或机体的主油道上。若溢流阀安装在机油泵上（图 9-1），则当油压达到规定值时，多余的润滑油经过溢流阀返回机油泵进口。若溢流阀安装在主油道上，则当油压达到规定值时，多余的润滑油经过溢流阀流回油底壳。

想一想 比较各种机油泵的特点。

知识点 2 机油滤清器

机油滤清器又称机油格，位于机油泵到发动机各个需要润滑的零部件的油路之间。机油滤清器的作用是滤除润滑油中的灰尘、金属颗粒、积炭和煤烟颗粒等杂质，以避免这些杂质损害曲轴、连杆、凸轮轴等零部件的表面，以此对发动机起到保护作用。

机油滤清器可分为全流式与分流式。全流式滤清器串联于机油泵和主油道之间，因此能滤清进入主油道的全部润滑油。分流式滤清器与主油道并联，仅过滤机油泵送出的部分润滑油。

目前，在乘用车上普遍采用全流式滤清器，而在货车特别是重型货车上普遍采用双滤清器，分流式滤清器一般作细滤器用，全流式滤清器作粗滤器用。粗滤器滤除润滑油中直径为 0.05mm 以上的较大粒度的杂质，而细滤器则用来滤除直径为 0.001mm 以上的细小杂质。经过粗滤器的润滑油进入主油道，经过细滤器的润滑油直接返回油底壳。

1. 全流式滤清器

现代汽车发动机所采用的全流式滤清器构造如图 9-8 所示。纸质滤芯 2 装在滤清器外壳 3 内。润滑油从进油口 A 经纸质滤芯 2 的外围进入滤清器中心，然后经出油口 B 流进机体主油道。润滑油流过滤芯时，杂质被截留在滤芯上。

如果滤清器使用的时间达到了更换周期，应及时更换。滤清器在使用期内滤芯被杂质严重堵塞，润滑油不能通过滤芯时，则滤清器进油口油压升高，当油压达到规定值时，滤清器中的旁通阀 12 开启，润滑油经旁通阀直接进入机体主油道（润滑油不经过滤芯）。虽然这时润滑油未经滤清便输送到各润滑表面，但是避免了发动机断油不能润滑的恶劣工况。

有些发动机的机油滤清器除设置旁通阀之外，还加装单向阀。当发动机停机后，单向阀将滤清器的进油口关闭，防止润滑油从滤清器流回油底壳。在这种情况下，当重新起动发动机时，润滑系统能迅速建立起油压，从而可以减轻由于起动时供油不足而引起的零件磨损。

褶纸滤芯是机油滤清器滤芯的一种。褶纸滤芯由微孔滤纸制造，微孔滤纸经酚醛树脂处理后，具有较高的强度、抗腐蚀性和抗水湿性。褶纸滤芯有质量小、体积小、结构简单、滤清效果好、阻力小和成本低等优点，因此得到了广泛的应用。

2. 分流式滤清器

分流式滤清器有过滤式和离心式两种。过滤式存在着滤清与通过能力之间的矛盾，而离心式具有滤清能力高、通过能力大且不受沉淀物影响等优点。因此，车用发动机分流式机油滤清器多采用离心式。

分流式机油滤清器（离心式）的构造如图 9-9 所示。发动机工作时，从机油泵送来的润滑油进入滤清器进油孔 D，若油压低于 0.147MPa，则进油限压阀 1 不开启，润滑油全部进入主油道，保证发动机可靠润滑；若油压超过 0.147MPa，则进油限压阀 1 开启，润滑油沿转子轴 9 的中心油孔，经转子轴油孔 B、转子体进油孔 C 和导流罩油孔 A 流入转子罩 7 的内腔，再经导流罩 8 的引导从两个喷嘴 3 向着完全相反的方向喷出，转子体在喷射反作用力的推动下高速旋转。当油压为 0.3MPa 时，转子体的转速可高达 5000~6000r/min。润滑油中的

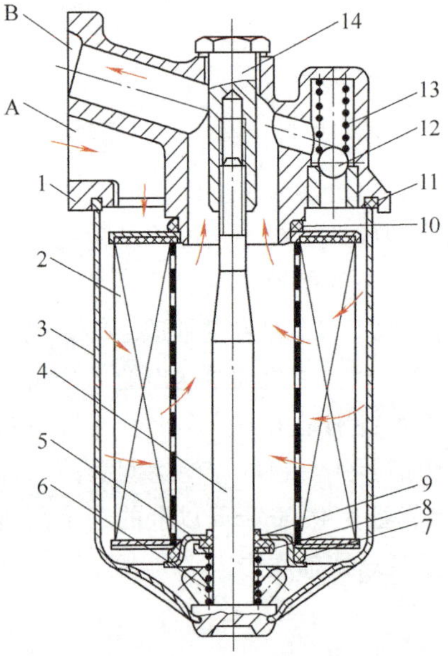

图 9-8 全流式滤清器

1—滤清器上盖 2—纸质滤芯 3—滤清器外壳 4—拉杆 5—托板 6—滤芯压紧弹簧 7、10—滤芯密封圈 8—压紧弹簧垫圈 9—拉杆密封圈 11—外壳密封圈 12—旁通阀 13—旁通阀弹簧 14—螺栓

A—进油口 B—出油口

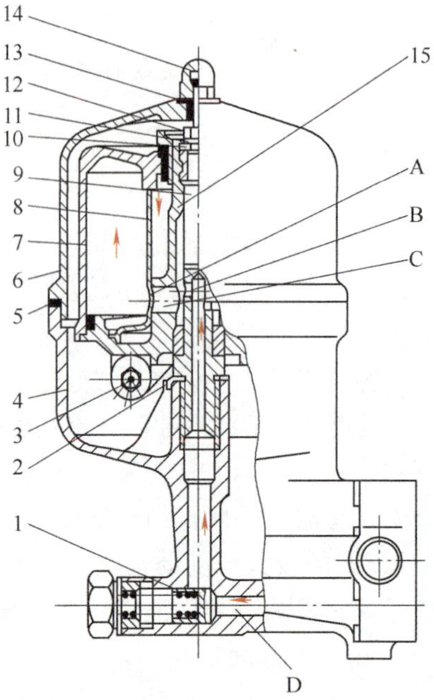

图 9-9 分流式机油滤清器（离心式）

1—进油限压阀 2—转子轴止推片 3—喷嘴 4—底座 5—密封圈 6—外罩 7—转子罩 8—导流罩 9—转子轴 10—止推垫片 11、13—垫圈 12—紧固螺母 14—冕形螺母 15—转子体

A—导流罩油孔 B—转子轴油孔 C—转子体进油孔 D—滤清器进油孔

杂质在离心力的作用下被甩向转子罩的内壁，洁净的润滑油不断从喷嘴喷出，并经出油口流回油底壳。

3. 集滤器

集滤器一般为滤网式，装在机油泵之前。目前，汽车发动机所用的集滤器分为浮筒式和固定式两种。浮筒式集滤器（图 9-10）由浮筒 3、滤网 2 等构成，空心的浮筒不论油底壳内的油面如何波动，始终浮在润滑油表面上，以保证机油泵从含杂质较少的上层油面吸入润滑油。滤网有弹性，中央有环口，环口在一般情况下借助滤网的弹性，压紧在浮筒罩上。浮筒罩的边缘有缺口，当浮筒罩与浮筒装合后形成进油狭缝。

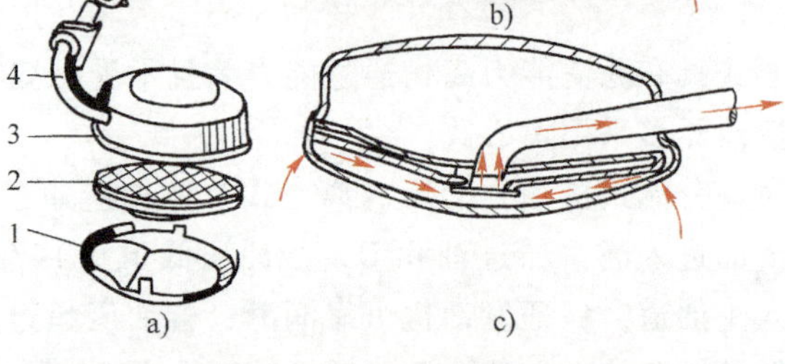

图 9-10 浮筒式集滤器结构及工作情况

a）结构 b）环口压紧 c）环口上升

1—浮筒罩 2—滤网 3—浮筒 4—吸油管 5—固定油管

当机油泵工作时，润滑油从油底壳经进油狭缝、滤网、吸油管进入机油泵（图 9-10b）。润滑油流过滤网时，其中粗大的杂质被滤

除。当滤网被杂质堵塞后，滤网上方的真空度增大，于是克服滤网的弹力，使环口上升，离开浮筒罩，这时润滑油经进油狭缝和环口进入吸油管和机油泵（图 9-10c），以保证润滑油的供给不致中断。

固定式集滤器如图 9-3 所示，其置于润滑油面以下，与浮筒式集滤器相比，固定式集滤器虽然吸入润滑油的清洁度稍差，但结构简单，并可防止油面上的泡沫被吸入润滑系统，所以应用广泛。

知识点 3 机油冷却器

机油冷却器是一种加速润滑油散热，使润滑系统保持在规定温度范围内的装置。在高性能、大功率的强化发动机上，由于热负荷大，润滑油温度高，因此必须安装机油冷却器。机油冷却器布置在润滑油路中，其工作原理与发动机水冷系统中的散热器相同。

发动机机油冷却器分为风冷式和水冷式两类。

风冷式机油冷却器（图 9-11）通常装配在汽车前端，一般放置在水冷系统散热器前面。它利用汽车行驶时的迎面风对润滑油进行冷却，原理与发动机水冷系统中的散热器相同。与水冷式机油冷却器相比，风冷式的冷却效率相对较低，体积利用系数较低，但由于冷却风和润滑油的温差比较大，风速较高，且允许的安装空间较大，通过增大散热面积的方式可以获得较大的散热能力（通常为 1～15kW），多用于赛车及热负荷大的带增压发动机的汽车上。但是风冷式机油冷却器在发动机起动后需要较长的暖机时间才能使润滑油达到正常的工作温度，所以普通乘用车上很少采用。

水冷式机油冷却器外形尺寸小，布置方便，且不会使润滑油冷却过度，因而在乘用车上应用较广。图 9-12 所示为布置在机油滤清器上的水冷式机油冷却器。机油冷却器由铝合金铸成的壳体、前盖、后盖和铜芯管组成。为了加强冷却，管外又套装了散热片。冷却液在管外流动，润滑油在管内流动，两者进行热量交换。也有使润滑油在管外流动，而冷却液在管内流动的结构。

图 9-11 风冷式机油冷却器

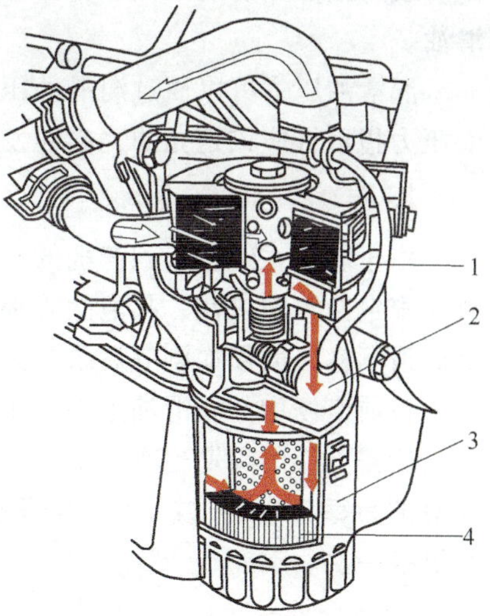

图 9-12 水冷式机油冷却器

1—机油冷却器 2—机油压力开关

3—机油滤清器 4—机油滤清器滤芯

润滑油经滤清器滤清之后直接进入冷却器，在冷却器芯内流动，从散热器出水管引来的冷却液在冷却器芯外流过。两种流体在冷却器内进行热交换，使高温润滑油得以冷却降温。

机油冷却器芯的材质都要求有较强的耐腐蚀性和散热性，一般有铜和不锈钢两种，铜质的机油冷却器芯是首选，其具有较强的散热性和耐腐蚀性，不锈钢的散热性没有铜质材料好，但是耐腐蚀性要强于铜质材料。

机油冷却器置于冷却水路中，利用冷却液的温度来控制润滑油的温度。当润滑油温度高时，靠冷却液降温，发动机起动时，则从冷却液吸收热量使润滑油迅速提高温度。

9.3 润滑系统的使用维护与常见故障

知识点 1 润滑系统的使用维护

汽车发动机润滑油也称机油，为避免在发动机正常工作过程中，因润滑系统而造成发动机功率下降、磨损加剧等后果，需定期对发动机润滑系统进行维护，主要有以下三个方面：

1. 定期检查润滑油

发动机润滑系统在工作一段时间后，可能会出现润滑油液面过高或过低的情况。当润滑油液面过高时，会增加发动机工作阻力，增大功率消耗，甚至会导致发动机出现烧润滑油的现象；而润滑油液面过低时，会使得润滑系统供油不足，破坏摩擦面之间的油膜，加剧零部件之间的磨损。因此，每三个月或 3000km，需对发动机润滑系统的润滑油进行检查。检查主要包括润滑油品质、润滑油油量和润滑油压力三个方面。

润滑油品质可以通过颜色、气味进行检查。未使用过的润滑油气味较淡，颜色较浅，且没有杂质。当润滑油为黑褐色，且有较大的黑色颗粒时，则说明需要更换润滑油了。

润滑油油量的检查需要起动发动机，预热后，再利用机油尺进行检查，油面应该在最高刻度线与最低刻度线之间，如果油面接近或低于最低刻度线时，则需要加入符合要求的润滑油。

润滑油压力可以通过润滑油压力指示灯进行检查，当起动发动机前打开点火开关，润滑油压力指示灯应该是亮的，起动发动机后，润滑油指示灯熄灭，否则需要停车检查。

2. 及时更换润滑油

由于润滑系统还起到清洗的作用，因此发动机润滑油使用一段时间后，其性能如黏度、氧化安定性、防腐性、起泡性等都会有所下降，而且油液中还会有金属颗粒，容易造成发动机润滑不良、磨损加剧等后果，因此需要对润滑油进行定期检查和更换。

目前市场中的润滑油主要有矿物润滑油、半合成润滑油和全合成润滑油三种。其性能不同，所需更换的周期也有所不同，矿物润滑油每 5000km 或 6 个月时间就需更换；而半合成润滑油为每 7500km 或 6 个月需更换；全合成润滑油的性能最好，可以每 10000km 或 12 个月更换一次。

3. 合理选用润滑油

有数据显示，合理地选择发动机的润滑油能够降低发动机零部件约 6% 的磨损，减少约 50% 的发动机故障，但如果不能根据发动机的工作情况合理选用和更换润滑油，将会缩短发动机 20%的使用寿命。

在使用过程中，如果选用的润滑油黏度过低，则润滑油油膜容易损坏而导致零件发生磨损的情况；当黏度过高时，则将导致发动机阻力增大，致使发动机起动困难，发动机功率损耗将会有所增加。因此更换润滑油时，应尽可能地参阅驾驶人手册上厂商建议使用的黏度，综合考虑以下两个情况进行更换：

(1) 温度　由于机油黏度、润滑油油膜的厚度以及强度都受到了发动机运行情况和温度的影响，因此在温度较高的地区，需要高速行驶以及重载的汽车应该选用黏度较高的润滑油，而频繁起动的汽车则应选用黏度较低的润滑油；在温度较低的地区时，重载长途汽车应该选用黏度较高润滑油，而频繁起动的汽车还是应该选用黏度较低的润滑油。但总体而言，温度较高时，应该选择黏度相对更高的润滑油，而温度偏低时，应该选择黏度更低的润滑油，按当地环境选择润滑油可参考图 9-13。

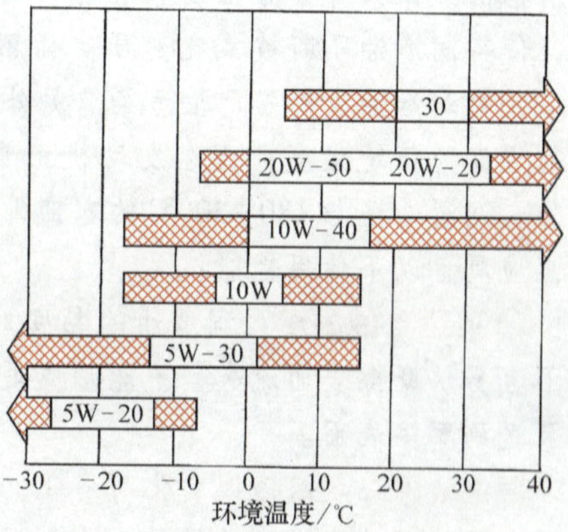

图 9-13　按当地环境温度选择润滑油

注：图中 5W-20 等为润滑油的等级。

(2) 车况　车况较好的发动机，配合间隙较小，可选用黏度较小的润滑油；车况较差的发动机，配合间隙较大，可选用黏度较大的润滑油。

知识点 2　润滑系统的常见故障

润滑系统的常见故障见表 9-1。

表 9-1　润滑系统的常见故障

故障名称	故障征象	故障原因
润滑油压力过高	润滑油压力超出规定值，或发动机在运转过程中机油压力出现突然增大	所选用的润滑油黏度过大；润滑油泵内限压阀发生故障；气缸体润滑油油道堵塞，阻碍了润滑油的正常流动；主轴承或连杆轴承间隙过小，影响润滑油的流通；润滑油滤清器滤芯堵塞且旁通阀无法正常开启；润滑油压力表或传感器故障等
润滑油消耗过快	润滑油消耗过快，发动机润滑油指示灯在行驶过程中频繁报警，或者是发动机在工作时，排气管冒蓝烟	润滑系统油路渗漏；润滑油黏度过低，油膜薄；活塞环损坏，或安装不当；气门导管或汽油油封磨损过度；曲轴箱通风装置损坏或涡轮增压处泄漏等
润滑油变质	润滑油颜色发黑、黏性降低、含有黑色金属颗粒，或者是出现含水分的呈乳浊状的润滑油，并有泡沫产生	润滑油使用时间过长，没有定期对其进行检查及更换；发动机缸体有裂纹，冷却液渗漏进入了油底壳

知识拓展

汽车发动机润滑剂包括润滑油和润滑脂两种。

1. 润滑油使用特性及其添加剂

目前，汽车发动机广泛使用的润滑油，一是合成润滑油，一是矿物油基润滑油。合成润滑油是利用化学合成方法制成的润滑剂。其主要特点是有良好的黏度-温度特性，可以满足大温差的使用要求，有优良的热氧化安定性，换油周期长。使用合成润滑油，发动机的燃油经济性会有稍微改善，并可降低发动机冷起动的转速。矿物油基润滑油是以从石油中提炼出来的润滑油为基础，再加入各种添加剂混合制备而成的润滑剂。

由于汽车发动机润滑油在润滑系统内循环流动，循环次数可达每小时100次。除此外，润滑油的工作条件十分恶劣，在循环过程中，由于润滑油与高温的金属壁面、空气频繁接触，使得润滑油不断被氧化变质。而窜入曲轴箱内的燃油蒸气、废气、金属磨屑以及积炭等，使得润滑油受到了严重污染。另外，润滑油的工作温度范围很大，当发动机起动时，润滑油温度为环境温度；而在发动机正常工作时，曲轴箱内的润滑油的平均温度高达95℃；此外，润滑油还与180~300℃的零部件接触，受到了强加热。因此，作为汽车发动机的润滑油，应具备以下使用性能：

(1) 适当的黏度 润滑油的黏度对发动机的工作有很大影响。黏度过小，在高温、高压下容易从摩擦表面流失，不能形成足够厚度的油膜；黏度过大，冷起动困难，润滑油不能被泵送到摩擦表面。

润滑油的黏度随温度变化而变化。温度升高，黏度减小；温度降低，黏度增大。这种因为温度升降而改变黏度的性质叫作黏温性。为了使润滑油在较宽的温度范围内都有适当的黏度，必须在基础油中加入增稠剂。添加增稠剂之后，可以使润滑油在高温时保持足够的黏度，而在低温时黏度增加不多。

(2) 优异的氧化安定性 氧化安定性是指润滑油抵抗氧化作用不使其性质发生永久变化的能力。当润滑油在使用与储存过程中与空气中的氧气接触而发生氧化作用时，润滑油的颜色变暗，黏度增加，酸性增大，并产生胶状沉积物。氧化变质的润滑油将腐蚀发动机零件，甚至破坏发动机的工作。

汽车发动机（尤其是高性能发动机）的润滑油经常在高温下与氧气接触，这就要求润滑油具有优异的热氧化安定性。为此，要在润滑油中添加氧化抑制剂。

(3) 良好的防腐性 润滑油在使用过程中不可避免地被氧化而生成各种有机酸。这类酸性物质对金属零件有腐蚀作用，可能使铜铅和镉镍一类的轴承表面出现斑点、麻坑或使合金层剥落。

为提高润滑油的防腐性，除加深润滑油的精制程度外，还要在润滑油中加入防腐添加剂。

(4) 较低的起泡性 由于润滑油在润滑系统中快速循环和飞溅，必然会产生泡沫。如果泡沫太多或泡沫不能迅速消除，将造成摩擦表面供油不足。控制泡沫生成的方法是在润滑油中添加泡沫抑制剂。

(5) 强烈的清净分散性 润滑油的清净分散性是指润滑油分散、疏松和移走附着在零件表面上的积炭和污垢的能力。为使润滑油具有清净分散性，必须加入清净分散添加剂。

(6) 高度的极压性 在摩擦表面之间的油膜厚度小于0.3~0.4μm的润滑状态，称为边界润滑。习惯上，把高温、高压下的边界润滑称为极压润滑。润滑油在极压条件下的抗摩性称为极压性。现代汽车发动机的轴承及配气机构等零件的润滑，即为极压润滑。为了提高润滑油的极压性，避免在极压润滑的条件下润滑油被挤出摩擦表面，必须在润滑油中加入极压添加剂。极压添加剂与金属表面起化学反应，形成强韧的油膜，以提供对零件的极压保护。

2. 发动机润滑油分类

国际上广泛采用国际自动机工程师学会（SAE）黏度分类法和美国石油学会（API）使用分类法，而且它们已被国际标准化组织ISO确认。

SAE按照润滑油的黏度等级，把润滑油分为冬季用润滑油和非冬季用润滑油。冬季用润滑油有SAE0W、SAE5W、SAE10W、SAE15W、SAE20W、SAE25W 6种牌号；非冬季润滑油有SAE20、SAE30、SAE40、SAE50 4种牌号。号数较大的润滑油黏度较大，适于在较高的环境温度下使用。

上述牌号的润滑油只有单一的黏度等级，当使用这种润滑油时，汽车驾驶人需根据季节和气温的变化随时更换润滑油。目前使用的润滑油大多数具有多黏度等级，其牌号有SAE5W-20、SAE10W-30、SAE15W-40、SAE20W-40等。例如，SAE10W-30在低温下使用时，其黏度与SAE10W一样；而在高温下，其黏度又与SAE30相同。因此，一种润滑油可以冬夏通用。

API根据润滑油的性能及其最适合的使用场合，把润滑油分为S系列（汽油机用润滑油）和C系列（柴油机用润滑油）两类。

我国的润滑油分类法参照ISO分类方法。GB 11121—2006《汽油机油》、GB 11122—2006《柴油机油》规定，按润滑油的质量等级和黏度等级划分如下。

汽油润滑油：参考API和ILSAC（International Lubricant Standardization and Approval Committee，国际润滑剂标准化及认证委员会）（API标准与ILSAC标准对应关系见图9-14）规定的质量等级，分为SE、SF、SG、SH、GF-1、SJ、GF-2、SL和GF-3共9个汽油润滑油品种。GB 11121—2006废除了1995年标准中的SC、SD级汽油润滑油规格，但是没有包括美国最新规格SM、GF-4、SN、GF-5等级，S后的字母越往后或者GF后的数字越往后，油品的使用性能越好。GF-3、GF-4、GF-5除了分别满足API中SL、SM、SN的所有要求外，还要通过ILSAC规定的EC节能要求。简单地说GF规格就是API中的S规格加节能要求，目前通用的基本是SL、SM、SN或GF-3、GF-4、GF-5。SA、SB、SC等级别的润滑油已经不再使用。根据黏度等级分为0W-20、0W-30；5W-20、5W-30、5W-40、5W-50；10W-30、10W-40、10W-50；15W-30、15W-40、15W-50；20W-40、20W-50；30、40、50、60共18个等级。每一种使用级别又有若干种单一黏度等级和多黏度等级的润滑油牌号。

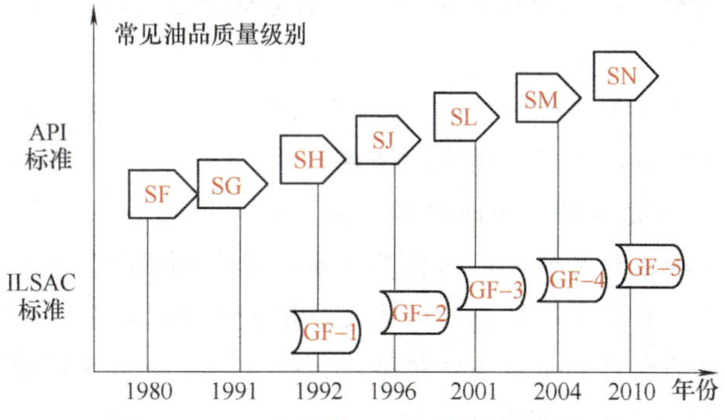

图9-14　API标准与ILSAC标准对应关系

柴油润滑油：根据 API 质量等级分为 CC、CD、CF、CF-4、CH-4、CI-4 6 个质量等级，其中因为与国内柴油质量不匹配，没有考虑 CE 和 CG-4 等级，也没有包括美国规格 CJ-4，CJ-4 用于符合美国 EPA2007、EPA2010 排放标准的高性能柴油机。C 后的字母越靠后，使用性能越好，适用的机型越新或强化程度越高。数字“4”代表四冲程发动机用。根据 SAE 黏度等级分为 0W-20、0W-30、0W-40；5W-20、5W-30、5W-40、5W-50；10W-30、10W-40、10W-50；15W-30、15W-40、15W-50；20W-40、20W-50、20W-60；30、40、50、60 共 20 个等级。

3. 润滑脂

润滑脂是将稠化剂掺入液体润滑剂中所制成的一种稳定的固体或半固体润滑产品，其中可以加入旨在改善润滑脂某种特性的添加剂。

润滑脂在常温下可附着于垂直表面而不流淌，并能在敞开或密封不良的摩擦部位工作，具有液体润滑剂所不能代替的特点。因此，在汽车的许多部位都使用润滑脂润滑，比如汽车轮毂轴承、底盘和水泵等摩擦部位的润滑。

目前，进口汽车和国产新车普遍推荐使用汽车通用锂基润滑脂（GB/T 5671—2014）。这种润滑脂具有良好的高低温适应性，可在-30~120℃的宽温度范围内使用；具有良好的抗水性和防锈性能，可用于潮湿和与水接触的摩擦部位；具有良好的安定性和润滑性，在高速运转的机械部位使用，不变质、不流失，保证良好润滑。它能够满足我国从哈尔滨到海南岛广大地区汽车的使用要求，与使用钙基或复合钙基的润滑脂比较，可以延长换油期 2 倍，使润滑和维护费用下降 40% 以上。

本章小结

1. 发动机润滑系统具有减轻机件磨损、减小摩擦损失、降低功率损耗的作用，此外，还具有密封、冷却、清洁和防腐蚀等作用。

2. 发动机润滑有压力润滑、飞溅润滑和润滑脂润滑 3 种方式。曲轴主轴承、连杆轴承及凸轮轴承等负荷较大的摩擦表面采用压力润滑；负荷较轻的气缸壁面和配气机构的凸轮、挺柱、气门杆、摇臂等采用飞溅润滑；水泵及发电机轴承采用润滑脂润滑。

3. 发动机润滑系统一般由油底壳、机油集滤器、机油泵、机油滤清器和机油冷却器等组成。为了保证可靠润滑，在机油泵和机油滤清器等部件上安装有相应的安全阀门和旁通阀门。

4. 在发动机润滑系统的使用过程中，需要定期检查发动机润滑油质量、油量以及根据发动机工况、载荷和气候温度合理选择发动机润滑油。

5. 汽车发动机润滑剂有润滑油和润滑脂两类。润滑油的黏度、黏温性、氧化安定性等对使用性能影响较大。我国润滑油分汽油机润滑油、柴油机润滑油和二冲程汽油机润滑油 3 大类，每类又分若干级别和牌号。润滑油的选用应根据发动机类型、强化程度和气温等条件确定。润滑脂主要应用于水泵轴承及发电机轴承，一般推荐使用通用锂基润滑脂。

6. 注意对润滑系统的正确使用和定期维护。

思考题

1. 名词解释：压力润滑、飞溅润滑、全流式滤清器、分流式滤清器、润滑油的黏度、黏温性、氧化安定性。

2. 润滑系统的作用有哪些？车用发动机有哪几种润滑方式？

3. 润滑系统一般由哪些零部件组成？溢流阀、旁通阀和单向阀各有什么功用？

4. 润滑油有哪些功用？润滑油 SAE5W-30 和 SAE10W-40 有什么不同？

5. 为什么在润滑油中加入各种添加剂？

6. 转子式机油泵有何利弊？

7. 采用双机油滤清器时，它们是并联还是串联在润滑油路中？为什么？

第10章　发动机起动系统

【本章内容架构】

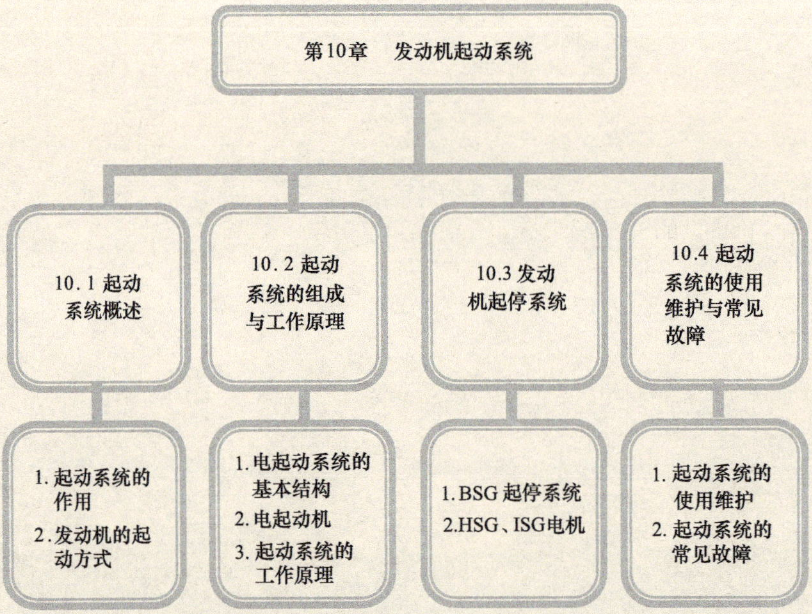

【学习目标要求、重点与难点】

序号	学习目标要求	学习重点	学习难点
1	掌握起动系统的作用与起动方式	√	
2	掌握电起动系统的基本组成与工作过程	√	
3	掌握电起动机的基本结构与工作原理	√	√
4	掌握 BSG 起停系统基本组成与工作原理	√	√
5	能够识别不同类型的起动装置及其零部件	√	

【引入案例】

一款本田雅阁轿车，配备直列水冷四缸多点喷射发动机，车辆突然熄火后无法起动。请分析故障可能的原因。

10.1 起动系统概述

知识点1　起动系统的作用

要使发动机由静止状态过渡到工作状态，必须借助外力带动曲轴旋转，使活塞在气缸内做往复运动，发动机才能自行运转。通常把汽车发动机曲轴在外力作用下，从开始转动到怠速运转的全过程称为发动机的起动。而使发动机由静止到怠速过程的装置称之为发动机起动系统。

要使发动机顺利起动，必须克服运转阻力，尤其是压缩行程的压缩气体阻力和各运动件的摩擦阻力。克服这些阻力所需的转矩称为起动转矩。柴油机压缩比比同排量的汽油机大得多，起动更困难，需要的起动转矩也更大。

起动发动机时，还要求有一定的曲轴转速，称为起动转速。汽油机要求起动转速为50~70r/min，柴油机要求起动转速为150~300r/min。

起动性能是发动机的一个重要指标，衡量发动机起动性能的好坏一般用起动时间。我国标准规定，不采用特殊的低温起动措施，汽油机在-10℃、柴油机在-5℃以下的气温条件下起动时，能在15s以内达到自行运转。

起动系统的作用就是按发动机要求，提供一定的起动转矩，使发动机达到规定的起动转速，顺利完成起动过程。起动后起动系统立即停止工作。

知识点2　发动机的起动方式

发动机常用的起动方式有手起动、辅助汽油机起动、压缩空气起动、电起动以及拖动等几种方式。

1. 手起动

手起动是用手摇动发动机曲轴的起动方式。其结构简单，但起动转矩小、转速低，增加劳动强度，一般只用于小功率发动机。

2. 辅助汽油机起动

辅助汽油机起动是利用小型汽油机带动曲轴旋转的起动方式。其结构复杂，起动繁琐，一般是先用手起动小型汽油机，再带动主发动机起动。它一般用于大功率柴油机起动。

3. 压缩空气起动

压缩空气起动是将压缩空气按一定次序充入气缸，强制发动机曲轴旋转的起动方式。它结构庞大、复杂，一般用于大型柴油机组（如船舶柴油机、电站柴油机组等）。

4. 电起动

电起动是利用电动机带动发动机曲轴旋转的起动方式。它具有起动快捷方便、省力等优点，但需要一套电起动系统。现代车用发动机均采用电起动方式。

除上述方式外，还有拖动起动方式，即利用旋转动力机构，拖动内燃机曲轴旋转的起动方式。目前车用发动机均采用电起动的方式，因此，本章主要介绍电起动系统。

10.2 起动系统的组成与工作原理

知识点 1 电起动系统的基本结构

电起动系统主要由蓄电池、电起动机、起动继电器、点火开关等组成（图 10-1）。

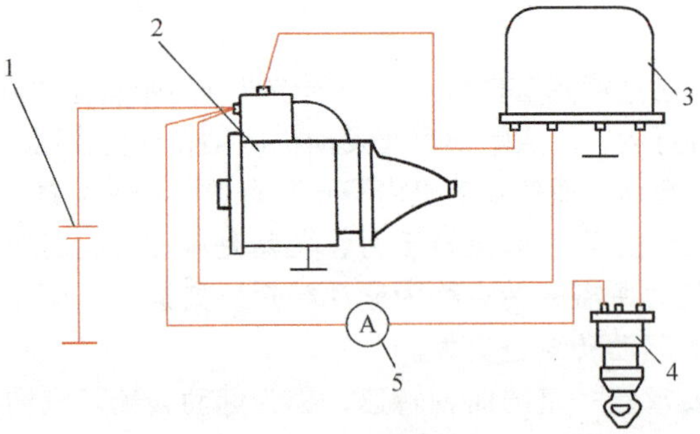

图 10-1 电起动系统

1—蓄电池 2—电起动机 3—起动继电器 4—点火开关 5—电流表

知识点 2 电起动机

电起动机的作用是将蓄电池的电能转换成机械能以起动发动机。它一般由直流电动机、传动机构和控制装置 3 部分组成（图 10-2）。

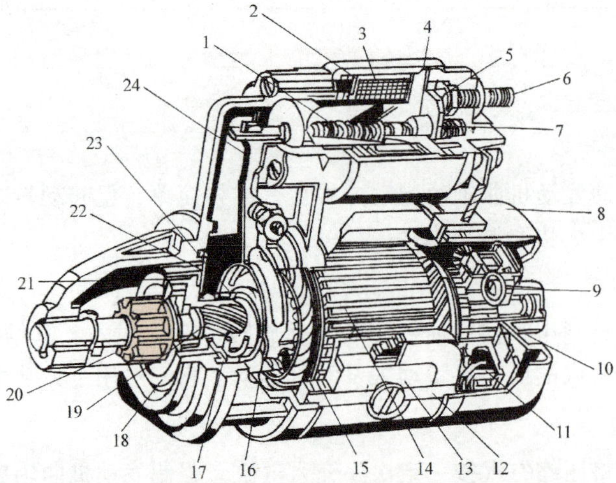

图 10-2 电起动机结构

1—回位弹簧 2—保持线圈 3—吸引线圈 4—电磁开关壳体 5—主触点 6—接线柱 7—接触盘 8—后端盖 9—电刷弹簧 10—换向器 11—电刷 12—磁极 13—磁极铁心 14—电枢 15—磁场绕组 16—移动衬套 17—缓冲弹簧 18—单向离合器 19—电枢轴花键 20—驱动齿轮 21—罩盖 22—制动盘 23—传动套筒 24—拨叉

【温馨提示】

汽车电起动机结构认识视频请扫教学资源10.1对应的二维码进行观看。

1. 直流电动机

（1）直流电动机基本工作原理　直流电动机是将电能转变为机械能的装备，它是根据通电导体在磁场中受到电磁力作用而产生运动的原理进行工作的。

以单匝电枢绕组的直流电动机为例说明其工作原理。将通电线圈置于磁场中，磁场方向如图10-3所示，直流电通过电刷和换向器铜片引入。如图10-3a所示，当电流 I_s 从正电刷经 *a-b-c-d* 到负电刷时，根据左手定则判定，匝边 *ab* 和 *cd* 受到的磁场力 *F* 方向如图10-3a所示，这个电磁力将形成力矩，使线圈逆时针转动。如图10-3b所示，当线圈转到换向片 *A* 与负电刷接触，换向片 *B* 与正电刷接触时，电流方向改变为 *d-c-b-a*，同时匝边 *ab* 和 *cd* 的位置也改变，电磁转矩的方向保持不变，使线圈继续逆时针旋转。

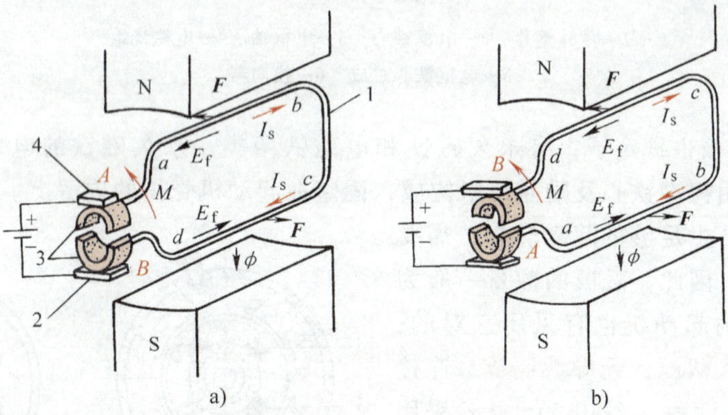

图10-3　直流电动机工作原理

a）电流从A至B　b）电流从B至A

1—电枢绕组　2—正电刷　3—换向片　4—负电刷

直流电动机的电磁转矩 *M* 可用下式表示：

$$M = C_m \Phi I_s \tag{10-1}$$

式中　Φ——磁极磁通；

I_s——电枢电流；

C_m——电动机结构常数；

$$C_m = PN/2\pi a \tag{10-2}$$

其中　*P*——磁极对数；

N——电枢绕组总匝数；

a——电枢绕组的并联支路对数。

由上式可知，直流电动机能通过增加磁极对数、增多电枢绕组总匝数和电枢绕组的并联支路对数、增大电枢电流来增大电磁转矩。实际的直流电动机电枢都用多匝绕组并联绕成，电枢电流和磁场电流很大（起动电流达600A以上），起动机有足够转矩起动发动机。

（2）直流电动机的构造　直流电动机一般由电枢总成、磁极、电刷与电刷架及其他附件组成。

1）电枢总成（图 10-4）。电枢也称转子，它由电枢轴、电枢铁心、电枢绕组及换向器组成。在电枢轴 3 上压有电枢铁心 2，铁心的作用是增加磁力，它是由互相绝缘的薄硅钢片 1 叠成的，采用叠片是为了减小铁心内感应的涡流电流的损失。每片叠片有槽，叠在一起形成沟槽，电枢绕组分多条支路嵌在铁心的沟槽内，并分别接到固定在电枢轴上互相绝缘的换向器各铜片上。为了获得较大起动转矩，电枢绕组采用大截面的铜导线制成，以便几百安培的起动电流通过。

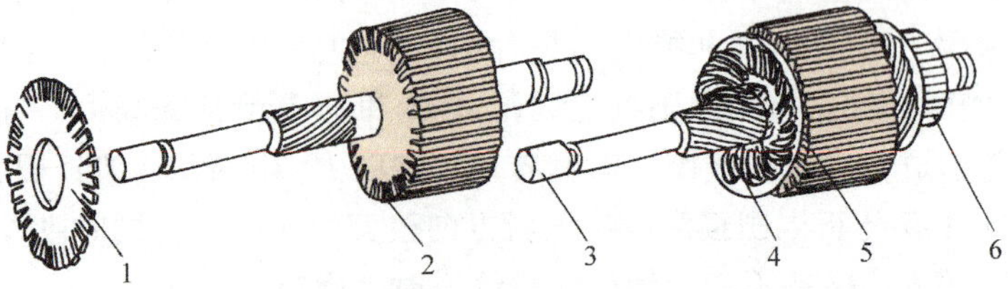

图 10-4 电枢总成

1—薄硅钢片 2—电枢铁心 3—电枢轴 4—电枢绕组 5—电枢铁心总成 6—换向器

2）磁极。磁极也称定子，有永久磁铁和电磁铁两类，永久磁铁的电动机将在后续介绍。电磁铁磁极由铸钢铁心及励磁绕组构成，固定在起动机壳体的内壁上。

为了使电枢产生足够的起动转矩，需要有足够强的磁场，因此，磁极的数量一般为两对，功率较大的起动机也有采用三对的；励磁绕组也采用大截面的铜导线制成，连接方法有串联和并联两种（图 10-5），无论采用何种连接方法，其产生的磁极须相互交错。

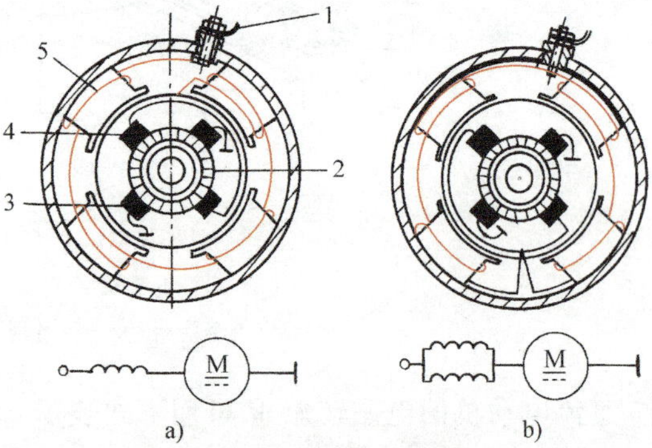

图 10-5 励磁绕组的连接

a）串联连接 b）并联连接

1—绝缘接线柱 2—换向器 3—搭铁电刷 4—绝缘电刷 5—励磁绕组

3）电刷与电刷架。由于起动机电流较大，其所用电刷是用铜与石墨粉压制而成的。电刷置于电刷架中，由盘形弹簧压紧到换向器上，电极引线接电源或搭铁。

4）壳体及轴承。壳体主要起支承和保护作用。起动机轴承由于结构限制一般采用滑动轴承，用于支承电枢轴。

（3）直流电动机电枢与励磁绕组连接 励磁绕组与电枢绕组的接法有串联、并联及混联 3 种。相应的电动机称为串励电动机、并励电动机和复励电动机，如图 10-6 所示。目前大多数电动机采用串励，大功率的起动机也有采用复励的。

串励电动机与并励电动机相比，主要有以下特点：

1）电枢绕组和励磁绕组串联，电枢电流与励磁电流相等。

2）$M=KI_s^2$，其中 K 为结构常数，电磁转矩 M 与励磁电流 I_s 的二次方成正比，因此供给同样的励磁电流，串励电动机可比并励电动机获得更大的电磁转矩。

3）轻载时，电枢电流与励磁电流小，转速高；而重载时，电枢电流与励磁电流大，转

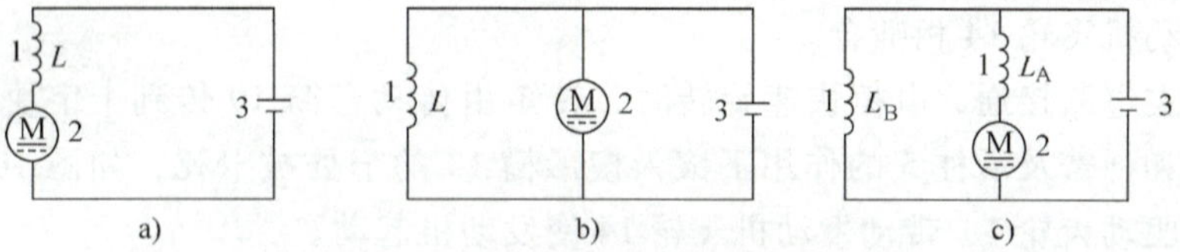

图 10-6 电动机的串励、并励与复励

a）串励 b）并励 c）复励

1—励磁绕组 2—电枢绕组 3—蓄电池

速低。这种“软”机械特性能保证起动的安全可靠。

想一想

直流起动机与直流发电机有什么不同？汽车能否采用交流起动机？

2. 传动机构

普通起动机的传动机构主要是单向离合器。其作用是将电动机的动力传递给发动机飞轮以起动发动机，而发动机起动后则断开发动机对起动机的逆向驱动，以防止发动机带动起动机高速旋转而使起动机“飞散”。起动机中常见的单向离合器有滚柱式、摩擦片式和扭簧式。

（1）滚柱式单向离合器 它是目前国内外汽车起动机中使用最多的一种单向离合器，结构如图 10-7 所示。单向离合器滚柱式外壳 2 与驱动齿轮 1 连为一体，十字块 3 与传动套筒 10 经滑动花键与电枢轴相接，外壳 2 与十字块 3 之间的间隙是宽窄不等的楔形槽 13。

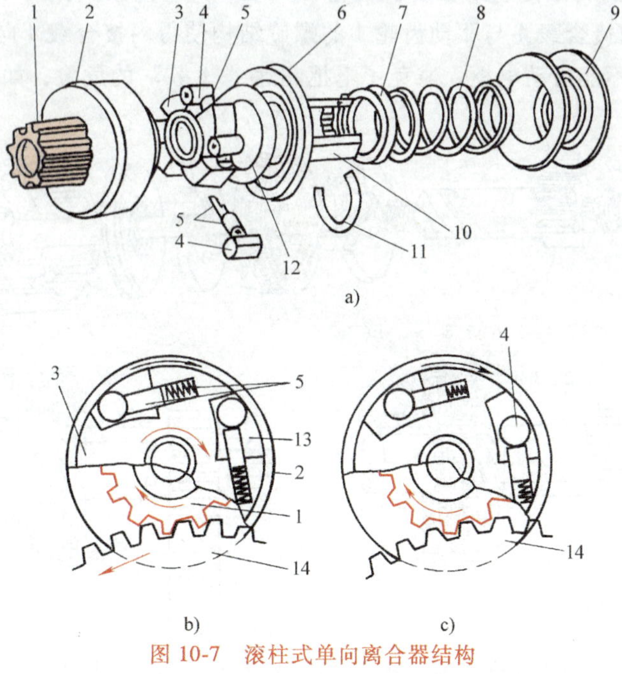

图 10-7 滚柱式单向离合器结构

a）结构 b）工作原理（起动中） c）工作原理（起动后）

1—驱动齿轮 2—外壳 3—十字块 4—滚柱 5—弹簧及活柱 6—护盖 7—弹簧座 8—缓冲弹簧

9—移动衬套 10—传动套筒 11—卡簧 12—垫圈 13—楔形槽 14—发动机飞轮

起动时，电枢缓慢旋转，电磁开关通过拨叉推动移动衬套 9、缓冲弹簧 8 等部件，使驱动齿轮 1 与发动机飞轮 14 相啮合。

当起动机主电路接通，电枢快速旋转时，转矩由传动套筒 10 传到十字块 3，滚柱 4 在外壳 2 的摩擦和弹簧及活柱 5 的作用下滚入楔形槽 13 的窄处被卡死，如图 10-7b 所示，于是将转矩传给驱动齿轮 1，带动发动机飞轮 14 使发动机起动。

当发动机起动后，曲轴转速高于起动机电枢转速，发动机飞轮 14 带动驱动齿轮 1 旋转，在外壳 2 摩擦作用下，滚柱 4 克服弹簧弹力，滚入楔形槽 13 的宽处而打滑，如图 10-7c 所示，防止发动机的转矩传给小齿轮，从而避免电枢超速“飞散”的危险。起动后，由于拨叉回位弹簧的作用使离合器退回，驱动齿轮 1 退出飞轮齿圈。缓冲弹簧 8 具有缓和驱动齿轮与飞轮间的冲击，保护驱动齿轮的作用。

滚柱式单向离合器传递较大转矩时，滚柱容易卡住，不能满足大功率起动机的要求，但结构简单，因此在现代汽车上广泛应用。

（2）摩擦片式单向离合器 摩擦片式单向离合器结构如图 10-8a 所示，离合器的外接合毂 10 固定在起动机轴上，内接合毂 4 具有螺孔，并旋在起动机驱动齿轮柄 2 的螺纹上，驱动齿轮柄 2 则自由套在起动机轴上，用螺母锁住防止脱落。两个弹性圈 9 和压环 8 依次装进外接合毂 10 中，主动片 7 外凸齿装入外接合毂 10 的切槽中，钢制从动片 6 内齿插入内接合毂 4 的切槽中。内接合毂上的两个小弹簧 5 轻压摩擦片，使摩擦片具有传力作用（力较小）。

起动时，经外接合毂 10 摩擦片带动内接合毂 4 转动，驱动齿轮 1 与发动机飞轮 11 啮合后，由于内接合毂 4 和驱动齿轮柄 2 之间的螺旋结构，使得内接合毂 4 向右移动，压紧摩擦片（力较大），电枢的转矩传递给发动机飞轮 11（图 10-8b）。起动后，发动机飞轮 11 带动驱动齿轮 1 转动，内接合毂 4 与驱动齿轮 1 的螺旋结构使得内接合毂 4 向左移动，摩擦片松开，发动机飞轮 11 不能带动电枢，避免了电枢超速“飞散”的危险，如图 10-8c 所示。

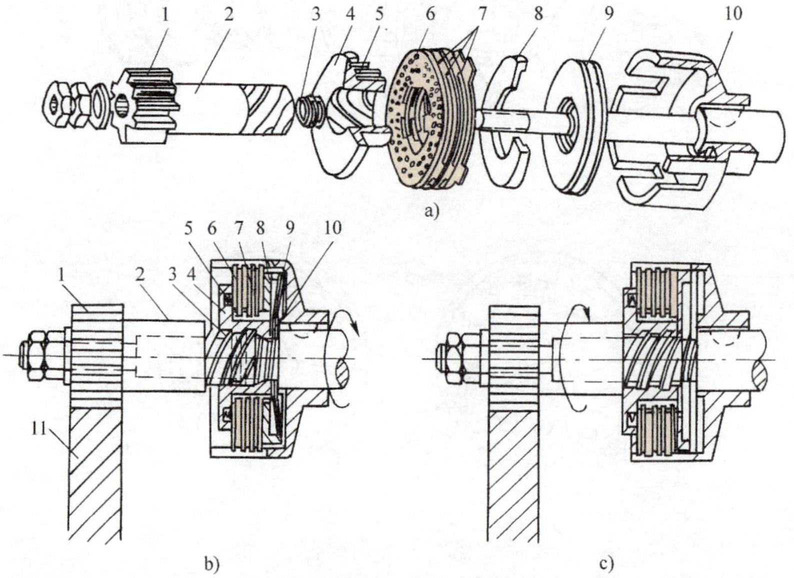

图 10-8 摩擦片式单向离合器

a）结构 b）压紧 c）放松

1—驱动齿轮 2—驱动齿轮柄 3—减振弹簧 4—内接合毂 5—小弹簧 6—钢制从动片 7—主动片 8—压环 9—弹性圈 10—外接合毂 11—发动机飞轮

摩擦片式单向离合器可以传递较大的转矩，但结构复杂，摩擦片磨损后，需经常检修调整，常用在电枢移动式起动机上。

(3) 扭簧式单向离合器　扭簧式单向离合器结构如图10-9所示。驱动齿轮1空套在电枢轴前端的光滑部分，连接套筒6套在电枢轴的花键部分，扭力弹簧4两端各有1/4圈内径较小的部分箍紧驱动齿轮1与连接套筒6。

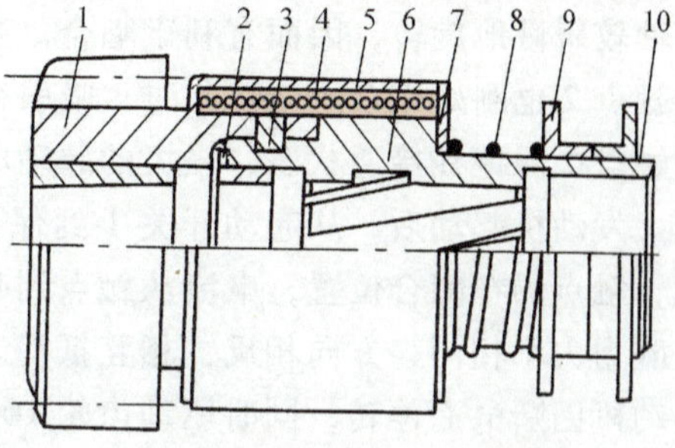

图10-9　扭簧式单向离合器结构

1—驱动齿轮　2—挡圈　3—月形圈　4—扭力弹簧　5—护圈　6—连接套筒　7—垫圈　8—缓冲弹簧　9—拨环　10—卡簧

起动时，电磁开关铁心经拨叉移动拨环9，由缓冲弹簧8推动离合器使驱动齿轮1与发动机飞轮啮合。电枢旋转时，通过花键带动连接套筒6，在弹簧与驱动齿轮1和主动套筒之间摩擦力作用下，将连接套筒和齿轮柄抱死，电枢转矩便由此传给飞轮。

起动后，发动机飞轮带动驱动齿轮1，扭力弹簧4被放松而打滑，保护电枢不致被发动机飞轮带动而“飞散”，同时拨叉在回位弹簧作用下，经拨环9使驱动齿轮1回位。

扭簧式单向离合器结构简单，使用寿命长，但轴向尺寸较大，故在小型机上的应用受到限制。

3. 控制装置

起动机的控制装置一般包括电磁开关、起动继电器及起动机驱动保护电路等。

(1) 电磁开关　电磁开关安装于直流电动机壳体上方（图10-10），用于控制起动机驱动齿轮与发动机飞轮的啮合与分离及电动机电路的通断。吸引线圈5与保持线圈4的匝数相同，绕向也相同，都绕在套筒外侧。吸引线圈5与电动机串联，保持线圈4与电动机并联。

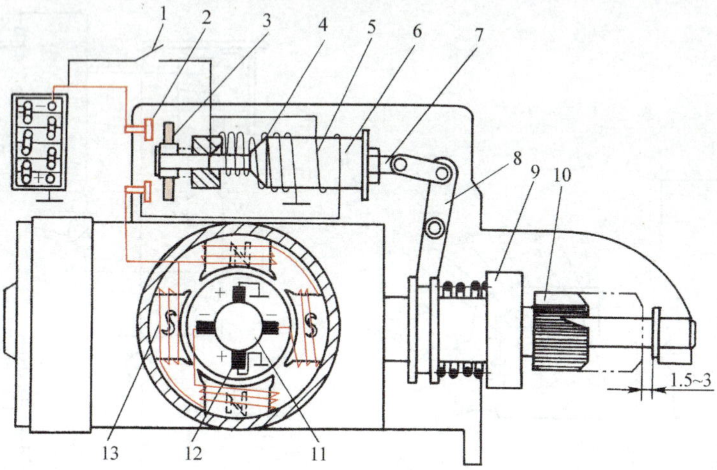

图10-10　电磁开关

1—起动开关　2—定触点　3—动触点　4—保持线圈　5—吸引线圈　6—动铁心　7—拉杆　8—拨叉　9—单向离合器　10—驱动齿轮　11—电枢　12—电刷　13—磁极

当接通起动开关1时，吸引线圈5中的电流经起动机的励磁绕组和电枢绕组后搭铁，保持线圈4则直接搭铁。此时两个线圈产生较强的相同方向的电磁吸力，吸引动铁心6向左移动。

动铁心6的移动通过拨叉8将驱动齿轮10推向飞轮，同时通过电枢中的较小电流使电枢轴较缓慢地旋转，因而有利于啮合。当驱动齿轮10与飞轮齿圈完全啮合时，动触点3与定触点2也刚好完全闭合。此时，吸引线圈5被短路，只靠保持线圈4的吸力将动触点3与定触点2保持在接通状态，强大的起动电流通过励磁绕组和电枢绕组使电动机快速旋转。

发动机起动后，从起动开关1到保持线圈4的电流被切断，但在断开起动开关1的瞬间，触点仍在闭合位置，电流从触点到吸引线圈，再经保持线圈搭铁。这时，两线圈产生的电磁力大小相同，方向相反，相互抵消。在回位弹簧的作用下，铁心返回原位，触点断开，起动机因断电而停转，同时驱动齿轮10退回。

(2) 起动继电器 为了产生足够的吸力，起动机电磁开关的电流较大（一般为35~40A），如此大的电流会影响起动开关的寿命，同时也不安全。为此，有些汽车在控制电路中装有起动继电器，由起动继电器触点的开闭控制电磁开关的通断，而起动开关（或点火开关）只控制起动继电器线圈电路的通断，因而减小了起动开关（或点火开关）通过电流的大小。控制电路如图10-11所示。

起动时，接通起动开关，起动继电器线圈13通电，起动继电器触点12闭合，起动机电磁开关11被接通，起动机工作。

(3) 起动机驱动保护电路 发动机起动后，若驾驶人未及时断开起动开关，就会造成单向离合器的磨损；若发动机进入正常工作状态，驾驶人误将起动开关接通，就会造成起动机驱动齿轮与旋转着的飞轮齿圈撞击，从而加速齿圈及起动机驱动齿轮的损坏。有些汽车的起动系统中采用了起动保护电路，其作用就是防止上述情况的发生，发动机起动后，起动机能自动停止工作；发动机正常工作时，即使误将起动开关接通，起动机也不会工作。

不同车型的起动保护电路可能不同，但大多采用汽车发电机中点电压来进行控制。如图10-12所示为汽车起动机保护电路，组合继电器1是由起动继电器和充电指示控制继电器组

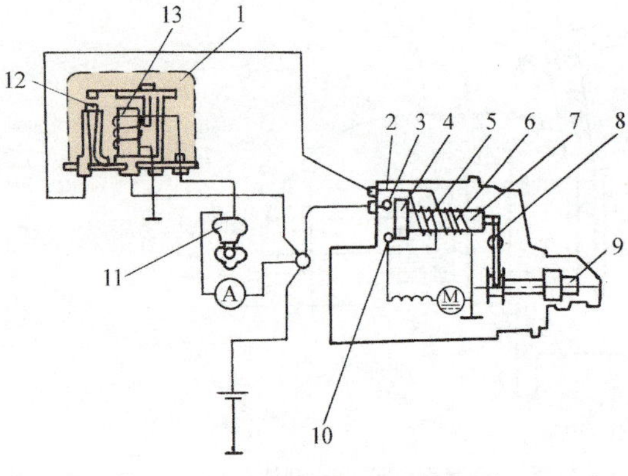

图10-11 起动机起动继电器控制电路

1—起动继电器 2—起动机 3—蓄电池接线柱 4—动触点 5—吸引线圈 6—保持线圈 7—铁心 8—拨叉 9—驱动齿轮 10—起动机接线柱 11—起动机电磁开关 12—起动继电器触点 13—起动继电器线圈

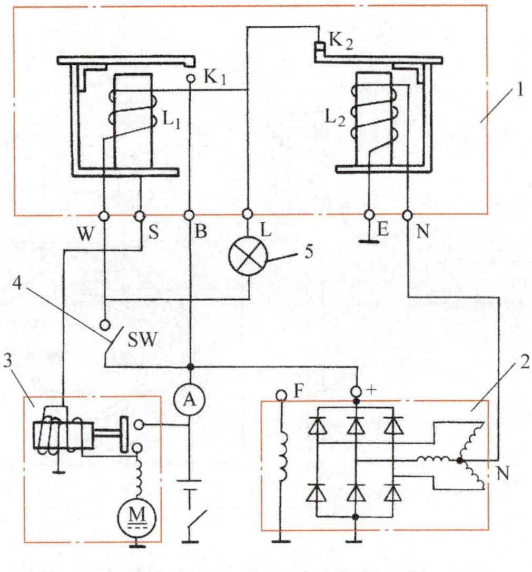

图10-12 汽车起动机保护电路

1—组合继电器 2—发电机 3—起动机 4—点火开关 5—充电指示灯

合而成的。起动继电器的线圈 L_1 通过充电指示灯继电器触点 K_2 搭铁，使之具有驱动保护作用。K_2 同时是充电指示灯 5 的搭铁通路，用于指示充电是否正常，其通断由发电机中点电压来控制。

起动时，点火开关置于起动档时，充电指示灯亮，组合继电器中的起动继电器线圈 L_1 通电，其电路为：蓄电池正极→起动机电源接线柱→电流表→点火开关 SW→线圈 L_1→触点 K_2→搭铁 E→蓄电池负极。起动继电器线圈 L_1 通电，使触点 K_1 闭合，接通起动机电磁开关电路，起动机通电工作。

起动后，发电机正常发电，其中点电压使 L_2 无电，K_2 断开，起动继电器线圈 L_1 断电，其触点 K_1 断开，起动机电磁开关断电，起动机停止工作。

(4) 装备有起动安全开关的起动控制　有些车型在起动控制电路中装有起动安全开关。如装备在自动变速器汽车上的安全开关用于防止变速器在挂档状态下起动发动机。常开式起动（空档或驻车档）安全开关串联在起动系统控制电路中，并由变速杆操纵，在空档或驻车档时，起动安全开关是闭合的，电流能流到起动机控制电路。如果变速器挂了档，开关是张开的，则电流不能流到起动机控制电路。许多装备手动变速器的汽车也采用了类似的安全开关，如用离合器踏板移动来开动的起动-离合器联锁开关，只有踩下离合器踏板时，开关才闭合，电流才能流到起动机控制电路。

知识点 3　起动系统的工作原理

当点火开关置于起动档“Start”时，首先接通起动控制电路，电磁开关闭合，蓄电池电流经电磁开关流入直流电动机，并使其转动。同时，电磁开关还将驱动齿轮向外推出与发动机飞轮相啮合，带动发动机转动。当发动机完成着火并加速运转后，飞轮有反过来带动起动齿轮运转的趋势时，起动机上的单向离合器使起动机的驱动齿轮相对于起动机电枢轴空转，以保护起动机。驾驶人及时将点火开关转到点火档“IG”，切断起动机控制电路，驱动齿轮退回，起动机停止运转。

10.3 发动机起停系统

发动机起停（Start/Stop 系统）系统，是指在车辆行驶过程中临时停车（如等红灯）的时候自动熄火，当需要继续前进的时候，又自动重起发动机的系统。

起停系统的工作原理是，当车辆因为拥堵或者路口停止行进，驾驶人踩下制动踏板，停车摘档。这时候，Start/Stop 系统自动检测：发动机空转且没有挂档；防锁定系统的车轮转速传感器显示为零；电子电池传感器显示有足够的能量进行下一次起动。满足这三个条件后，发动机自动停止转动。一般地，车辆行驶中只要直接踩制动踏板，车辆完全停止大概两秒钟后发动机就会自动熄火，一直踩着制动踏板，发动机就会保持关闭。只要一松开制动踏板，或者转动转向盘，发动机又会马上自动点火，立即又可以踩加速踏板起步，整个过程都处于 D 位状态。为了解决一直踩住制动踏板过于疲劳的问题，只要把 AUTO HOLD 电子驻车制动也一并开启，那么发动机只会在轻踩加速踏板之后才起动，就不需要一直踩住制动踏板了。

Start/Stop 技术对于传统汽车的发动机前端轮系不进行改动，只是更改原有车辆的起动机，提高起动机的起停次数并提高其功率，保证车辆能够快速起动及在理想使用工况下的寿命。

发动机起停系统有多种技术方案，越来越多的燃油车集成起停技术，实现不插电的轻混方案。使用较多的主要有 BSG（Belt-Driven Starter Generator，传动带驱动起动-发电一体）电机、ISG（Integrated Starter Gengrator，集成起动-发电一体）电机以及 HSG（Hybrid Starter Gengrator，混合动力起动-发电一体）电机。

知识点 1　BSG 起停系统

BSG 电机是集成在发动机传动带上，通过带动传动带转动来让发动机转动起来。车辆起动时 BSG 电机可以迅速地拉升发动机的转速，使其越过低速抖动区间再点火，一般 48V 轻混就是 BSG 电机方案。但 BSG 电机一般输出功率都极小，所以只能帮助发动机变得更加省油、平顺、安静，但是对增加动力输出没有什么帮助。

1. BSG 起停系统的组成与工作原理

BSG 起停系统由机械装置和电控装置组成，其机械装置结构如图 10-13 所示，BSG 通过传动带传动，具有起动机和发电机的双重功能。

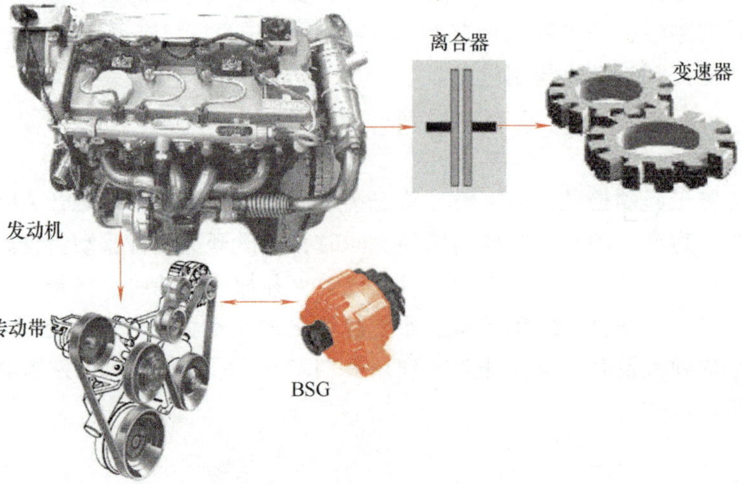

图 10-13　BSG 起停系统机械装置结构

BSG 起停系统的电控装置一般是由起停系统总开关、档位传感器、踏板传感器、车速传感器、转速传感器和蓄电池电量传感器等组成。档位传感器检测变速器所处档位，踏板传感器检测离合器踏板是否踩下，车速传感器判断车辆是否处于停止状态，蓄电池电量传感器检测蓄电池的电量是否足够带动起动机来起动发动机。

【温馨提示】

汽车 BSG 起停系统结构认识视频请扫教学资源 10.2 对应的二维码进行观看。

BSG 电信号控制示意图如图 10-14 所示。怠速停止起动控制器接收总开关信号、车速信号、发动机转速信号、档位信号、离合器信号、蓄电池电量信号并进行处理，将是否执行发动机的怠速停止命令发送至发动机 ECU，ECU 再执行发动机的怠速停止。逆变器的功能是在发动机正常运转状态时，将起动-发电机产生的交流电转变为直流电来为车载电器或蓄电池供电。当起动发动机时，逆变器将蓄电池的直流电转换为交流电为起动-发电机供电来起动发动机。

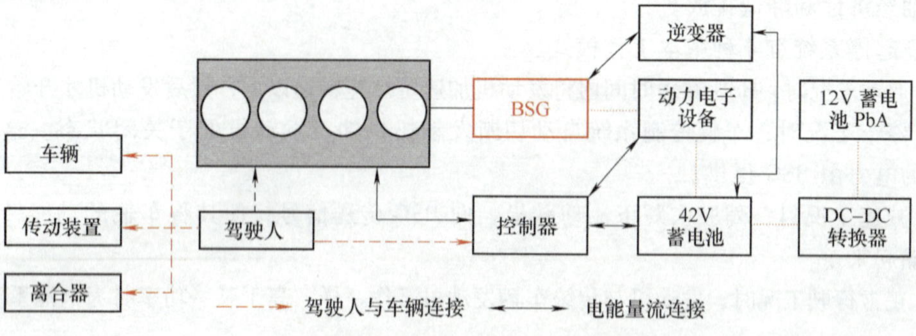

图 10-14　BSG 电信号控制示意图

BSG 系统组成、能量流及信号流如图 10-15 所示。

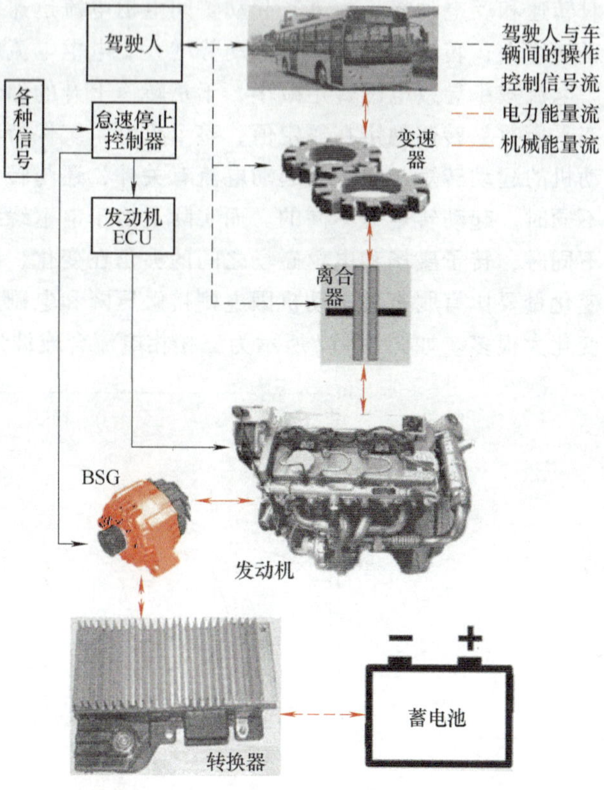

图 10-15　BSG 系统组成、能量流及信号流

当 BSG 起停系统判断车辆需要停车时，即判断变速杆位于空档时，如遇到堵车或红灯，系统自动将发动机关闭；当系统判断发动机需要重新起动时，系统控制 BSG，这时 BSG 作为电动机，BSG 转速达到发动机起动至怠速，然后将 BSG 关闭，之后汽车由发动机单独驱动，进入正常行驶状态；当系统判断汽车处于减速制动或下坡缓行时，BSG 作为发电机向电

池组充电，系统将制动时产生的机械能（动能）转化为电能，通过 DC-DC 转换器向锂离子蓄电池充电，这时 BSG 作为发电机。BSG 起停系统可以在保证汽车动力性能的前提下提高车辆燃油经济性和降低排放。

BSG 起停系统有 4 种基本工作模式：

1）起动工况时，BSG 在短时间内将发动机加速至怠速转速以上，然后发动机才开始工作。

2）停车工况时，车辆控制系统自动切断发动机供油，发动机处于关闭状态。这时附件所需要的电力由 BSG 提供。

3）减速工况时，驾驶人踩下制动踏板，向 BSG 传送信号，使其将车辆的动能转化为电能并存储起来。

4）正常行驶工况时，发动机与传统车辆发动机工作一样，高于某一功率时为电池系统充电。

2. BSG 工作模式

（1）起动模式 空载起动过程的电枢电流和转速的变化曲线如图 10-16 所示。线路压降和电枢绕组阻值一般较小，起动电流在短时间内会很大，可能达到正常电流的几倍至十几倍。在允许范围内，起动电流大有助于转子加速，满载时电动机也能很快起动。以额定工况为例，电动机刚起动时转速和反电动势均为零，起动瞬间电枢电流迅速增大，电磁转矩比负载转矩大很多，转速迅速增大；转速增大引起反电动势增大，电枢电流增大变缓直至达到极大值，然后开始减小。电流减小导致电磁转矩减小，于是转速上升的加速度变小。当电磁转矩和负载转矩达到动态平衡时，转速稳定在额定值，整个机电系统保持稳态运行。

永磁无刷直流电动机的起动转矩，除了与起动电流有关外，还与转子相对于电枢绕组的位置有关。转子位置不同时，起动转矩是不同的。而实际上由于电枢绕组产生的磁场是活跃的，当转子所处位置不同时，转子磁场和电枢磁场之间的夹角在变化，因此所产生的电磁转矩也是变化的。这个变化量要比有刷直流电动机因电刷接触压降和电刷所短路元件数的变化而造成的起动转矩的变化大很多。如图 10-17 所示为三相相电流合成波形。

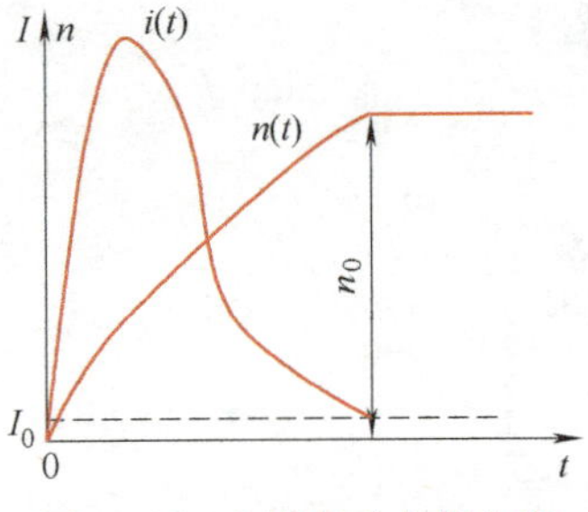

图 10-16 空载起动电枢电流和转速的变化曲线

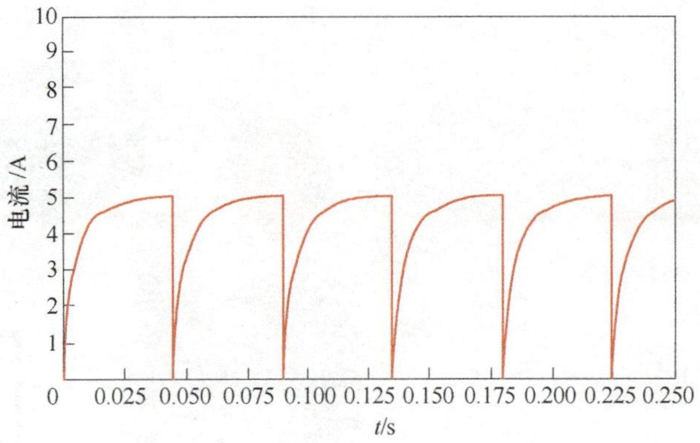

图 10-17 三相相电流合成波形

（2）发电模式 由于直流无刷起动发电机与发动机通过传动带相连接，为此以发动机的最高转速（3200r/min）来模拟发电机在发电工况时的运行情况。在发电机发电时，可以通过 PWM 调节不同相导通占空比来控制发电功率，对蓄电池进行充电。发电模式下的外加主电路如图 10-18 所示，其并联一个大电容作为蓄电池。

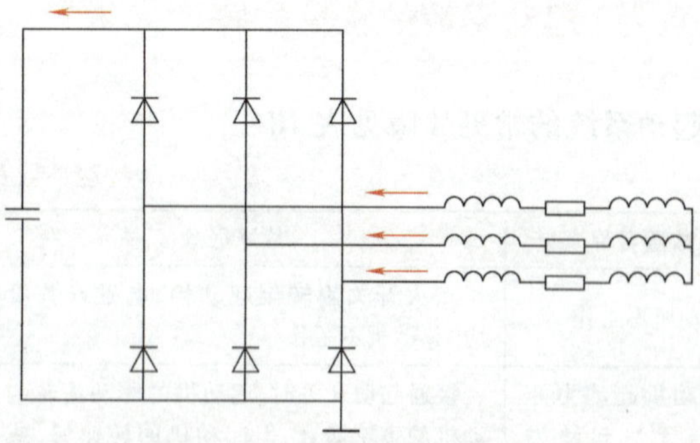

图 10-18 直流无刷电动机发电模式下的外加主电路

知识点 2 HSG、ISG 电机

HSG 电机和 BSG 大同小异，也是集成在发动机传动带上。HSG 电机起动，带动发动机传动带转动，进而带动发动机曲轴转动，发动机运转起来，到了负荷较高的工况时，发动机再点火起动，可以达到节油和静音的效果。和 BSG 电机不同的是，HSG 电机的功率和转矩比普通的 BSG 电机要更大。像途胜 L 混动上的 HSG 电机，可以最大输出 11.5 马力（1 马力=735W），转矩为 43.2N · m。它输出的电力通过发动机传动带，可以叠加到发动机曲轴端，和发动机的机械力一起输出，所以对动力有一定帮助。

ISG 电机和上述两者都不同，它的位置是放在发动机曲轴端，和曲轴集成在一起，即置于发动机和变速器之间，其动力系统结构示意图如图 10-19 所示。这种布置决定了它无须带动传动带，没有发动机机体本身带来的负荷，电机可以直接将力作用到发动机的曲轴输出端，不仅在起动时直接带动曲轴转动，保证起步和低速下发动机尽量不起动，并且在需要发力时，还能对动力有较大的提升和帮助。比如集成 ISG 的奔驰 C 系列车型，虽然用了 1.5T 的发动机，但得益于它的 ISG 电机有最大额定 200N · m、20 马力的输出，再加上电机有瞬间转矩和功率放大的特点，所以对其动力提升特别明显。如 C260L 百公里加速时间达到 7s 多，已经和宝马 3 和奥迪 A4L 的 2.0T 相当。

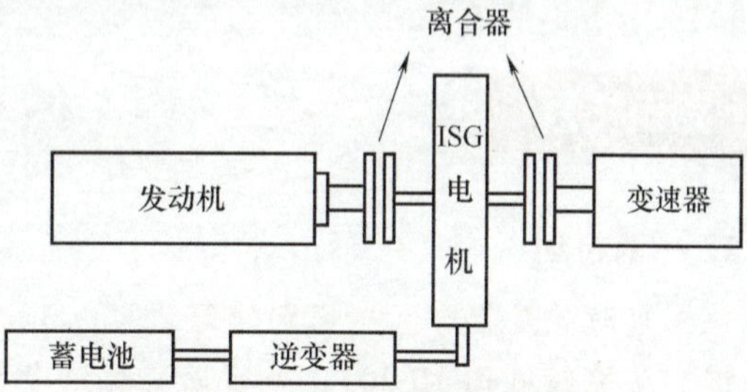

图 10-19 ISG 动力系统结构示意图

10.4 起动系统的使用维护与常见故障

知识点 1 起动系统的使用维护

起动机属于汽车中贵重部件，轻易不会损坏，但是为了延长起动机的使用寿命，恰当的使用方法也是必需的。起动时踩下离合器踏板，将变速器挂入空档或停车档；每次接通起动机的时间不得超过 5s，两次之间应间歇 15s；发动机起动后应马上松开起动开关；发现起动系统工作异常时，应及时诊断并排除故障后再起动。应尽可能使蓄电池处于充足电的状态，保证起动机正常工作时的电压和容量，减少起动机重复工作的时间；应定期对起动机进行全面的维护和检修。冬季容易出现起动困难的现象，多次起动时每次起动时间不宜过长，各次起动中也应留有适当间隔。

知识点 2　起动系统的常见故障

起动系统的常见故障见表 10-1。

表 10-1　起动系统的常见故障

故障名称	故障征象	故障原因
起动机不工作	点火开关旋转至起动档，电磁开关没反应，起动机不工作	起动系统线路故障；蓄电池电量不足或蓄电池损坏；点火开关或继电器有故障
起动机起动力矩不够，无法起动发动机	接通起动开关时，起动机的驱动齿轮与发动机的飞轮啮合，但起动机的转速慢，或不能连续性的运转，导致发动机无法起动	蓄电池亏电或线路中存在额外的电压降，使得起动电流未达到额定电流；起动机有故障，不能达到额定转矩
起动机空转	打开点火开关，起动机运转，但发动机不转	起动机内部的单向离合器打滑、起动机内部通电过早、起动机的电枢轴花键损坏、起动机内部的拨叉损坏
起动机异响	接通起动开关，起动机能工作，发动机转速缓慢或不转，同时从起动机部位传出异响声	起动机的驱动齿轮损坏，或是发动机的飞轮齿圈损坏；单向离合器打滑或是起动机的固定螺钉松动；起动机电磁开关故障

知识拓展

1. 一键起动

一键起动就是带有智能钥匙的驾驶人，无须操作点火钥匙或机械转动，仅按下中控台上的一键起动按钮（图 10-20），就可以实现汽车发动机的起动和关闭功能，简化了起动程序。

一键起动与智能钥匙配合使用，可以实现远程起动发动机，开启空调，有助于提高驾驶舒适性能，避免因“冷车”行驶（尤其是未过磨合期的新车）引起的机件磨损加剧，从而延长使用寿命。

图 10-20　一键起动按钮

智能钥匙的作用主要是通过安装在钥匙中的感应芯片进行感应和遥控，一键起动的按钮必须在感应到智能钥匙的存在时才能起动。具有一键起动功能的车辆一般不用插入钥匙，但都设有插入钥匙的位置，目的是当一键起动功能发生故障时可以利用钥匙进行起动。

2. 一键起动系统的基本结构原理

一键起动系统的基本结构原理如图 10-21 所示。

图中起动按钮用于起动和转换点火开关；钥匙锁孔用于传送脉冲转发器信息至电源分配模块（Power Distribution Module，PDM），以起动失效保护；电控转向管柱锁（Electronic Steering Column Lock，ESCL）用于控制转向盘的闭锁和开锁；PDM 用于接收来自智能钥匙的信号并控制继电器，通过串行通信和 PIC 锁孔接收脉冲转发器信息，控制搭铁和 ESCL 电源；仪表盘用于显示智能钥匙功能和钥匙防盗系统的状态；用于通过 CAN 传送发动机状态（OFF、起动、运转、失速）；行李舱开关控制行李舱的开锁和闭锁；保险杠天线用于检索行

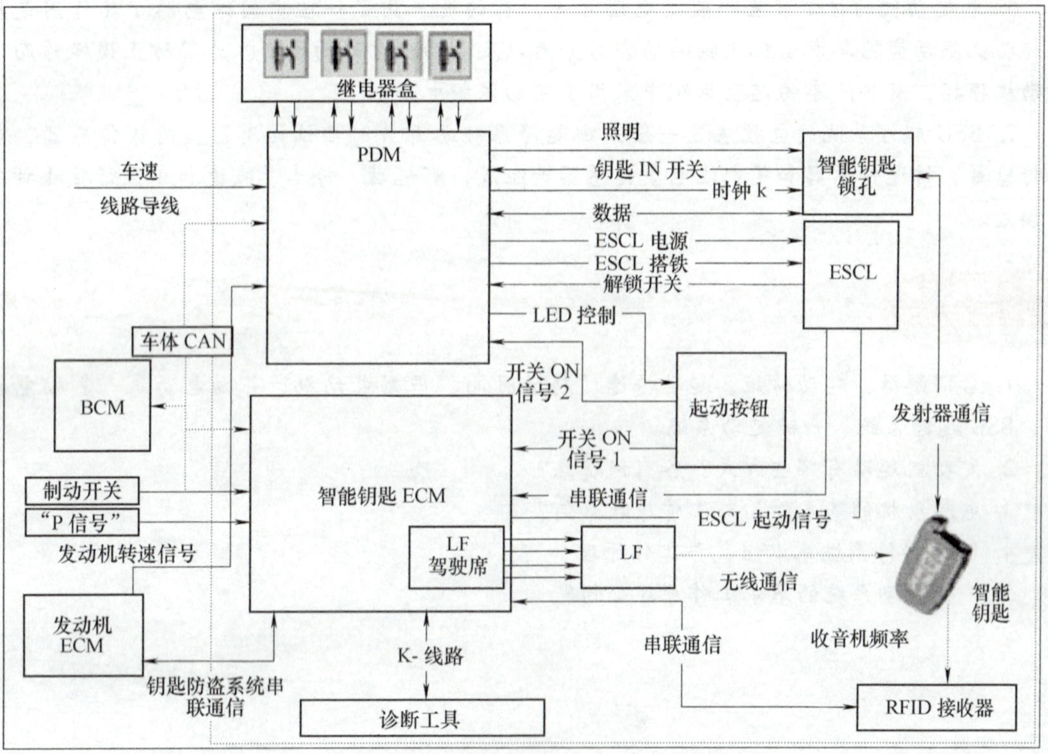

图 10-21　一键起动系统的基本结构原理

李舱外侧的智能钥匙。

一键起动系统采用了当今世界上最安全、最先进的无线射频识别（Radio Frequency Identification，RFID）技术，是一种非接触式的自动识别技术，每一个芯片都是全球唯一的，保密性能非常高，芯片不可复制。当车主随身携带智能钥匙（卡）走近汽车时，车辆就会自动解除防盗开锁，可以进入起动状态或远程起动状态；离开车辆时，车门锁会自动锁上并进入防盗状态。

本章小结

1. 起动系统主要包括蓄电池、电起动机、起动继电器、点火开关、安全开关（部分汽车采用）等。

2. 发动机起动方式有手起动、辅助汽油机起动、压缩空气起动、电起动以及拖动等方式。现代汽车用发动机均采用电起动方式。

3. 电起动机一般由直流电动机、控制装置和传动机构组成。

4. 直流电动机是将电能转变为机械能的设备，它由电枢总成、磁极、电刷与电刷架及其他附件组成。

5. 电起动机的传动机构主要组成部分是单向离合器。其作用是将电动机的动力传递给发动机飞轮以起动发动机，而发动机起动后则断开发动机对起动机的逆向驱动。常见的单向离合器有滚柱式、摩擦片式及扭簧式。

6. 电起动机的控制装置一般是电磁开关，有的还采用了一些中间继电器。其作用是控制起动机驱动齿轮与发动机飞轮的啮合与分离以及电动机电路的通断。为了防止误操作而使起动机损坏，有些汽车的起动系统中采用了起动保护电路。

7. BSG 起停系统的电控装置一般是由起停系统总开关、档位传感器、踏板传感器、车速传感器、转速传感器和蓄电池电量传感器等组成，有起动、停车、减速和正常行驶 4 种工作模式。

思考题

1. 名词解释：起动转矩、起动转速、起动时间、串励电动机、并励电动机、复励电动机、BSG 起停系统、一键起动系统。

2. 发动机起动有哪些方式？各有何特点？

3. 电起动机的基本结构与工作原理如何？

4. BSG 起停系统基本组成与工作原理如何？

5. 一键起动系统的基本工作原理如何？

第11章　发动机管理系统

【本章内容架构】

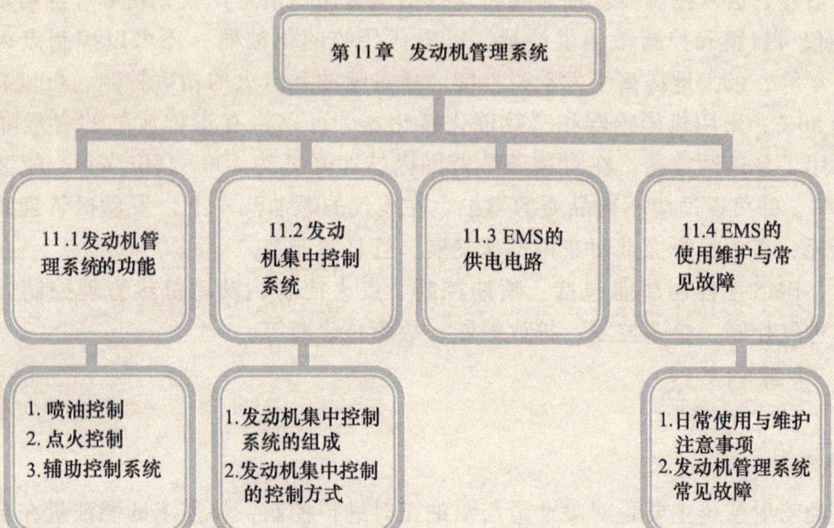

【学习目标要求、重点与难点】

序号	学习目标要求	学习重点	学习难点
1	掌握发动机管理系统的组成	√	
2	掌握发动机管理系统各子系统的结构及功能	√	
3	理解发动机集中控制系统	√	
4	了解发动机管理系统电路	√	√
5	了解发动机管理系统的日常使用与维护注意事项以及常见故障		√

【引入案例】

一台发动机出现失速故障，即发动机转速不稳，动力明显不足，且有回火现象，工作时，转速忽高忽低。请分析故障可能的原因。

11.1 发动机管理系统的功能

在以汽油机和柴油机为动力的现代汽车上，发动机管理系统（Engine Management System，EMS）是在发动机电子点火和电控汽油喷射系统基础上发展起来的集电子控制喷射、排放控制、电子点火、起动、防盗、诊断等功能于一体的集成电路系统。

EMS采用各种传感器，把发动机吸入空气量、冷却液温度、发动机转速与加减速等状况转换成电信号，送入控制器。控制器将这些信息与储存信息比较，精确计算后输出控制信号。EMS不仅可以精确控制燃油供给量，以取代传统的化油器，还可以控制点火提前角和怠速空气流量等，极大地提高了发动机性能。通过喷油和点火的精确控制，可以有效将污染物排放降低50%；采用氧传感器和三效催化转化器，可以将有毒排放物的含量降低90%以上。由于采用了怠速调节器，在怠速调节范围内转速降低约100～150r/min，使油耗进一步下降3%～5%，并可以适应不同品质的燃油。在现代的燃油汽车上，发动机管理系统以其低排放、低油耗、高功率等优点而获得迅速发展，且日益普及。

一般地，EMS主控制功能包括：喷油控制、点火控制、发动机热管理控制。辅助控制功能包括：进气控制、怠速控制、排放控制、故障自诊断等。

知识点1 主控制系统

1. 喷油控制

电控汽油喷射系统主要是对喷油量与喷油正时进行控制，将需求的燃油量在合适的时机喷射到进气歧管或气缸内，满足发动机在各种工况下的燃料需求。在高压喷油器下使汽油完全雾化，获得最佳空燃比（A/F）的可燃混合气，从而提高动力性、降低油耗、减少排气污染。

发动机正常工作时，汽油喷射持续时间控制主要分为两大类：一类是发动机起动后喷油量控制；另一类是起动时喷油量控制，两者的控制模型不完全相同。

（1）起动后喷油量控制 ECU首先根据发动机的进气量和转速信号确定基本喷油量，再根据冷却液温度传感器、节气门位置传感器、氧传感器等提供的信号进行修正，确定出最佳的喷油持续时间，并发出指令控制喷油器动作，从而实现发动机在最佳空燃比状态下工作。

1）基本喷油量控制。基本喷油量是指发动机在正常的工作温度下稳定运行时为获得最佳空燃比所需要的喷油量。由于喷油器的特征参数与喷油压力差相对恒定，喷油器的喷油量与喷油持续时间成正比，因此基本喷油量控制实质是基本喷油时间控制。

2）喷油量修正控制。喷油量修正控制的目的是使发动机在各种情况下都能获得最佳空燃比，使发动机始终工作在最佳状态。喷油量修正控制主要有以下几个方面：

① 起动后燃油加浓修正。发动机起动后，为了保证发动机在温度较低，燃油雾化不良的情况下能稳定运转，需进行起动后燃油加浓修正。在点火开关从“起动”位置转到“点火”位置的瞬间，ECU 做出起动后燃油加浓修正控制。ECU 根据冷却液温度信号确定起动后燃油加浓修正系数的初始值，再根据时间或发动机转数递减燃油加浓修正系数。

② 暖机时燃油加浓修正。发动机冷机起动后，即进入暖机阶段。暖机时燃油加浓修正也是燃油气化不足的一种补充措施，其与起动后燃油加浓修正同时进行。但是，起动后燃油加浓修正数十秒后即告结束，而暖机时燃油加浓修正则一直持续进行，直到冷却液温度达到规定值。暖机时燃油加浓修正随着冷却液温度的上升而减小。

③ 高温时燃油加浓修正。高温时燃油加浓修正的目的是提高发动机的热起动性能。当发动机温度过高时，燃油管内的汽油就会蒸发产生汽油蒸气，致使喷油器的实际喷油量减少，混合气变稀，发动机热机起动困难。因此，为了解决高温起动时混合气稀化问题，需要进行高温时燃油加浓修正，增加燃油喷射量。ECU 根据起动信号和冷却液温度做出燃油加浓修正控制。

④ 加速时燃油加浓修正。汽车在加速时，如果仍然使用基本喷油量，则混合气的空燃比相对于目标值会产生一定的偏差，使混合气变稀，因此在加速时应该进行加速时燃油加浓修正。ECU 根据节气门位置传感器信号做出加速时燃油加浓修正控制，根据空气流量计或进气歧管压力传感器、发动机转速传感器及冷却液温度传感器的信号确定加速喷油修正量。

⑤ 减速时燃油减量修正。与加速时相反，汽车减速时会使混合气变浓，为了降低燃油消耗和排放污染，需要进行减速时燃油减量修正。ECU 根据节气门位置传感器信号做出减速时燃油减量修正控制，根据空气流量计或进气压力传感器、发动机转速传感器及冷却液温度传感器的信号确定减速喷油修正量。修正系数与负荷变化率、冷却液温度的关系与加速时燃油加浓修正相似，只是一个是加浓修正，一个是减量修正。

⑥ 大负荷、高转速燃油加浓修正。当汽车在大负荷工作状态时，发动机需要供给较浓的功率混合气，因此需要进行大负荷燃油加浓修正。当节气门开度大于设定值时，ECU 根据节气门位置传感器信号做出大负荷燃油加浓修正控制；当节气门开度小于设定值时，大负荷燃油加浓修正立即取消。高转速燃油加浓修正的控制目的与大负荷燃油加浓修正相似。ECU 根据发动机转速传感器信号做出高转速燃油加浓修正控制。

⑦ 燃油停供修正。燃油停供修正的实质是 ECU 停止给喷油器发送喷油脉冲信号，喷油器停止供油。进行燃油停供修正的情况有两种：一种是汽车减速时停止供油，以降低燃油消耗和污染排放。ECU 根据节气门开度的变化情况确定是否为减速工况，再根据发动机转速和冷却液温度确定是否进行燃油停供修正控制。冷却液温度越低，燃油停供修正的转速越高，以防止低温时发动机因燃油停供而熄火。当因燃油停供而使转速下降到一定值或节气门被打开时，发动机立即恢复燃油供给。另一种是在发动机转速过高时停止供油，即超速燃油停供，以防止发动机损坏。ECU 根据发动机的实际转速与设定的最高转速进行比较，当实际转速达到设定转速时，ECU 立即进行燃油停供控制，使喷油器停止喷油。当实际转速下降至某一规定值时，再恢复燃油供给，如此循环，以避免发动机转速过高。

⑧ 蓄电池电压变化时燃油量修正。当蓄电池电压发生变化时，喷油器电磁线圈的电流值也会发生变化，从而使喷油器针阀的开启与关闭速率发生变化，且对前者的影响较大。因

此，当蓄电池电压降低时，喷油器的无效喷射时间增加，喷油量相对减小；相反，当蓄电池电压升高时，喷油器的无效喷射时间减少，喷油量相对增大。为了消除因蓄电池电压变化而导致的喷油量偏差现象，ECU根据蓄电池电压的变化对喷油器的通电时间进行修正。

⑨ 理论空燃比反馈修正。为了满足排放法规的要求，降低尾气中有害污染物的成分，现代汽车几乎都装有三效催化转化装置。由于三效催化转化装置只有在理论空燃比附近才能很好地起到净化废气中的氮氧化合物（NO_x）、HC和CO的作用，因此为了有效地利用三效催化转化装置，需要对空燃比进行精确控制，使其维持在理论空燃比附近。理论空燃比反馈修正就是根据氧传感器的反馈信号对喷油量进行修正控制，以保证三效催化转化装置的净化效果。当氧传感器的信号电压一直较高（大于0.45V）时，则说明此时混合气较浓，ECU会适当减少喷油时间；当氧传感器的信号电压一直较低（小于0.45V）时，则说明此时混合气较稀，ECU会适当增加喷油时间。通过这样的反馈修正，使发动机的空燃比始终保持在理论空燃比附近较窄的范围内。

但是，有些情况下是不适宜采用理论空燃比反馈修正的，如发动机低温起动时，由于发动机冷却液温度较低，需要提供较浓的混合气，若此时仍进行反馈修正，使空燃比在理论空燃比附近，则会使发动机起动困难；又如发动机在急加速时，也需要较浓的混合气，若仍进行反馈修正，则会使发动机加速不良。

⑩ 自适应燃油量修正。自适应燃油量修正也称为学习空燃比修正，目的是进一步提高空燃比控制精度。在实际运行过程中，发动机的性能变化，如空气供给系统、燃油供给系统的性能变化，可能会造成实际空燃比相对于目标空燃比的偏离不断增大，导致发动机不能正常工作。自适应燃油量修正就是通过计算实际空燃比与目标空燃比的偏离量，给出燃油量修正系数，并将符合当前情况的燃油修正量反映到喷射时间上，使空燃比的控制得以提高。燃油量修正系数被存储在ECU的RAM内，以便于以后使用过程中能将当前条件的修正系数及时反映在喷油时间上，提高了空燃比的控制精度。

（2）起动时喷油量控制 发动机起动时，进气量少、转速波动大，空气流量计和进气歧管压力传感器很难精确测出进气量，因此起动时基本喷油时间不用进气量来计算，而是根据发动机冷却液的温度确定基本喷油时间，再根据进气温度、蓄电池电压信号对基本喷油量进行修正，以此得到起动时的喷油持续时间。由于温度低时，喷入的燃油不易汽化，从而使附着在进气管和气缸壁上的燃油增加，实际进入气缸的燃油减少，因此为了使发动机能够顺利起动，温度越低喷油时间越长。

2. 点火控制

现代汽油发动机电控点火系统最大的成功之处在于实现了点火提前角的自适应性自动控制，即当发动机运行工况及使用环境变化时，可对点火提前角进行实时控制，最大限度地改善和提高发动机的各项性能。其具体特点如下：

1）在所有的工况及各种环境条件下，均可自动获得理想的最佳点火提前角，从而使发动机动力性、经济性、排放性及工作稳定性等特性均处于最佳匹配状态。

2）在整个工作范围内，均可提供足够高的点火能量，提高了点火的可靠性，有效地减少了能源消耗和排气中的有害成分。

3）配合稀薄燃烧技术，在整个工作范围内提供所需的恒定点火能量。

4）配合闭环反馈控制技术，与燃料供给系统实行综合控制，可使点火提前角控制在刚好不发生爆燃的临界状态。以此获得较高的燃烧效率，有利于发动机各种性能的提高。

电控点火系统的控制内容主要包括点火时刻控制（即点火提前角控制）、通电时间控制、电子配电控制及爆燃控制等。其中爆燃控制为点火时刻控制的反馈控制，详见本书第6章相关内容。这里主要介绍点火提前角的控制。

影响点火提前角的因素很多，而且关系复杂，难以找到精确的数学模型，所以实际中通常是采用试验的方法来确定发动机在各种工作状态下的最佳点火时刻。由于影响发动机点火提前角的主要因素是发动机的转速和负荷，因此试验时先将发动机的转速、负荷划分若干个小区，形成一个由转速与负荷构成的点阵，通过试验获得不同转速、负荷时所对应的点火提前角的最佳值，以此绘出点火提前角的三维控制脉谱（MAP）图，如图11-1所示。将该图转换成二维数据表如图11-2所示，并将这些数据作为最佳点火提前角标准参数存入存储器ROM中，以供实际的点火提前角控制所用。在存储器ROM中，还存储有根据试验确定的各种修正参数和控制程序，用于点火提前角的修正控制。修正点火提前角是ECU根据发动机转速和负荷信号以外的有关传感器信号对点火时刻进行修正的点火提前角，主要包括暖机修正、怠速稳定修正、过热修正、空燃比反馈修正等。

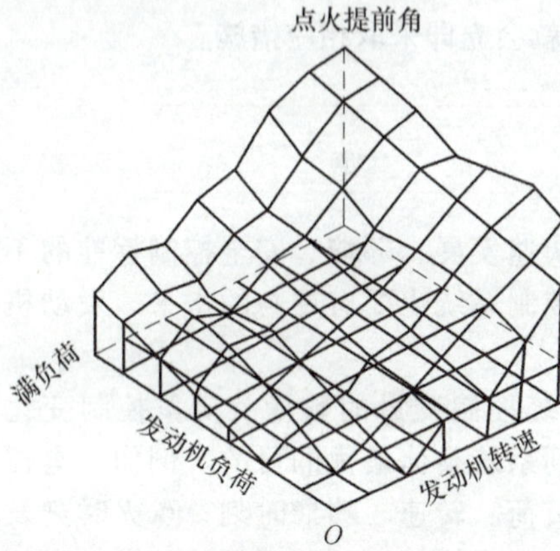

图11-1　点火提前角的三维控制脉谱（MAP）图

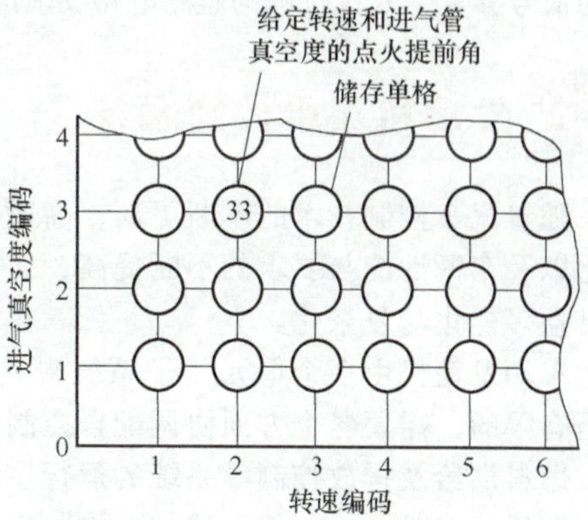

图11-2　点火提前角二维数据表

知识点2　辅助控制系统

1. 进气控制

在不改变发动机气缸容积的情况下，增加进入气缸的空气量及喷油量，可以增加可燃混合气的总量，提高发动机的输出转矩与功率。目前，提高进入气缸空气量的进气控制系统主要包括进气谐波增压控制系统、废气涡轮增压控制系统、可变气门控制系统及电子控制节气门系统等。

2. 怠速控制

怠速工况下，驾驶人无法控制发动机进气量。发动机怠速控制的目的是在保证发动机排放要求且运转稳定的前提下，由ECU自动控制怠速工况下的空气供给量，维持发动机以稳定怠速运转，以降低燃油消耗量，即实现对热机怠速工况进气量和空燃比的闭环反馈控制。

在怠速工况时，空气通过节气门缝隙或旁通节气门的怠速空气道进入发动机，并由空气流量计（或进气歧管绝对压力传感器）对进气量进行检测，ECU 根据各传感器信号控制喷油器，保证发动机的怠速运转。随着电控技术在汽车上的广泛应用，怠速控制已成为发动机管理系统的基本控制内容之一。

3. 排放控制

现代汽车采取了多种排放控制系统来减少汽车的排气污染，主要有燃油蒸发排放控制系统、废气再循环（EGR）控制系统、三效催化转化控制系统以及二次空气喷射控制系统等。本书第 7 章对发动机排气污染与防治有详细介绍。

4. 故障自诊断

故障自诊断就是电子控制系统监测自身的运转情况，自行及时地找出系统故障，并采取相应的控制措施。在汽车运行过程中，各种 ECU 根据不同传感器和控制开关输入的信号依照预先设定的控制程序进行数学计算和逻辑判断，并向各种执行器发出相应的控制指令完成不同的控制功能。如果某只传感器或控制开关发生故障，就不能向 ECU 输送正常信号，汽车性能就会变差甚至无法运行。如果执行机构发生故障，那么其监测电路反馈给 ECU 的信号就会出现异常，汽车性能也会变差甚至无法运行。因此，只要接通点火开关，自诊断电路就会投入工作，实时监测各种传感器、控制开关和执行器的工作状态。一旦发现某只传感器或控制开关输入的信号异常，或执行机构监测电路反馈的信号异常，就会立即采取相应措施。

11.2 发动机集中控制系统

随着汽车控制技术的不断更新，高速公路体系的快速发展，环境、安全控制标准的不断强化以及车辆性能与要求的不断提高，使得发动机的控制系统也要有更高的水平，发动机控制日益多样化与复杂化。

车辆发动机由多个单元（子系统）构成。各子系统控制变量的数量及变量控制变化范围是有限的，需要各个方面协调配合控制，才可能达到系统整体最优的目的。例如，电控点火、燃料供给及排放控制等系统的运行控制变量可为负荷、转速、喷油时刻、点火时刻及点火电压等，在某一时刻将上述某一控制变量相对于某一子系统而言控制到最佳状态，则相对于其他子系统而言，甚至相对于该系统的其他同步运行控制变量而言则并没有处于最佳，而是处于“次最佳”状态。随着汽车系统性能的提升和执行器的增加，由于各个子系统对同一变量的需求不同，采用高度并行的独立控制模式，不可避免地会出现控制功能相互影响甚至制约的矛盾。

发动机集中控制的基本原则是：统一监督和协调各个子系统的运行，在高度集中控制的框架下，把功能强大的 CPU 作为控制中心，对发动机实施整体决策。

在此原则下，每一个子系统中具体事件的控制（如对转速变化引起的点火时刻修正控制等）均必须从整体角度进行考虑；反映发动机工作环境及其变化的信息进行集中处理，实现信息共享，互为冗余；所有机构与分系统均执行中央控制系统指令，协调形成所谓“从传感器到动力输出”的整体式链式运行系统，以达到对车辆性能多元综合控制的要求。

知识点 1　发动机集中控制系统的组成

发动机集中控制系统可分为信息传感系统模块、中央处理模块、网络数据总线三大基本功能模块。

1. 信息传感系统模块

发动机集中控制系统信息传感系统模块将监控的系统信息分成若干大类分别进行采集、传输与监控，具体如下。

1）环境信息。大气温度、压力与湿度、海拔高度等。

2）发动机工况。工作温度、负荷、转速、排放状态等。

3）发动机运行变量状态。工作循环、进/排气温度与压力、点火电压、点火时刻、发电机工作电压与电流、机油压力及辅助系统（如空调、三效催化及进气谐振等）运行状态。

4）车辆工况。车辆速度与功率、传动系统工况、制动/驱动系统工况、操纵系统工况及辅助系统工况等。

发动机集中控制联合传感系统由大量传感器组成，适时按类别检测上述信息，通过网络通信系统向 ECU 传递并存储。传感信息不再是仅为某个单独子系统或某个独立控制功能服务，而是为发动机乃至整车集中控制决策提供服务。

例如，ECU 不仅依据点火系统的控制 MAP，根据发动机的负荷和转速对点火时刻进行修正，还利用综合信息系统提供的各类信息组成的信息流，在主控导向功能的前提下整体决策，确定相对于适时发动机（乃至车辆）整体的最佳点火时刻，且达到与 EFI、EGR、ABS/ASR/ESP、ECT、A-SUS（主动悬架）及 PAS（动力转向系统）等控制系统的匹配与协调，实现整车集中控制。

2. 中央处理模块

集成化 ECU 在集中控制的框架下对发动机实施整体决策。其预编程序 MAP 的形成方式、方法与传统控制系统有很大的区别。其中，最主要的区别是其采用更为先进的控制理论和算法建立数学模型，对台架与道路试验数据进行计算处理，形成的具有严格整体性质的预编程序 MAP，预存在 ECU 的 ROM 中，作为整体控制决策的理论基础参数。

为了体现控制的整体性，发动机集中控制 ECU 采用多种控制模式，包括分层控制、交叉控制、叠加控制及组合控制等新型模式。在现代车辆发动机上运用较为广泛的是分层控制与交叉控制模式，而在车辆底盘系统控制中其他几种控制模式均有较多使用。

（1）分层控制 分层控制是指将发动机的控制功能分为若干垂直层次，实施分层控制，如图 11-3 所示。

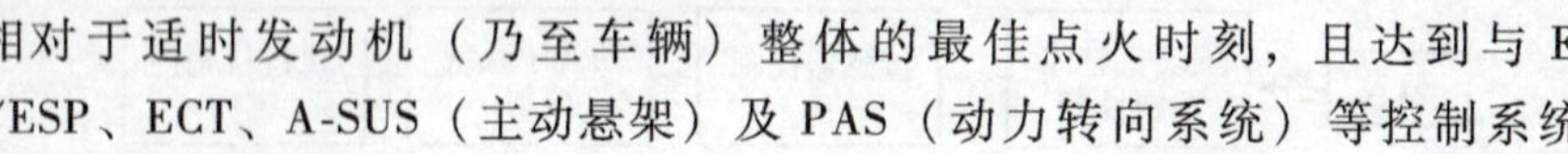

图 11-3 发动机分层控制系统

第一层为发动机整体控制目标。例如，追求动力性或经济性，追求稳定或非稳定工况最佳等。

第二层为传感系统控制。由于联合传感系统提供的服务，该决策层获得信息的方式不再是检测，而是读取。例如，当发动机要求获得最大动力性时，需要读取 ECU 内存的信息作为控制依据。

发动机集中控制系统基本传感信号可为某项独立控制过程（如空燃比）专用，也可为某功能模块（如点火控制模块）专用，或者二者兼而有之，更有可能是为总系统控制而采集的信息。

第三层为功能子系统控制，即在由最高层确定的发动机总控制目标框架下，确定子系统的控制目标。例如，在追求发动机动力性的上层目标框架下，对点火系统、燃油供给系统和辅助系统目标的确定。

第四层为执行机构控制，即对喷油器、点火模块、怠速旁通通道等执行机构的指令控制。

第五层为预期动力输出。

每一低层控制均在高一层控制被适时定义后才可运行。其基本特性为上层系统和基层执行装置之间的控制指令与信息流是垂直连接的，形成从传感器到动力输出的链式运行结构。

(2) 交叉控制 交叉控制是指在发动机控制总目标的框架下，子系统控制功能在时间与顺序上的交叉，其示意图如图 11-4 所示。

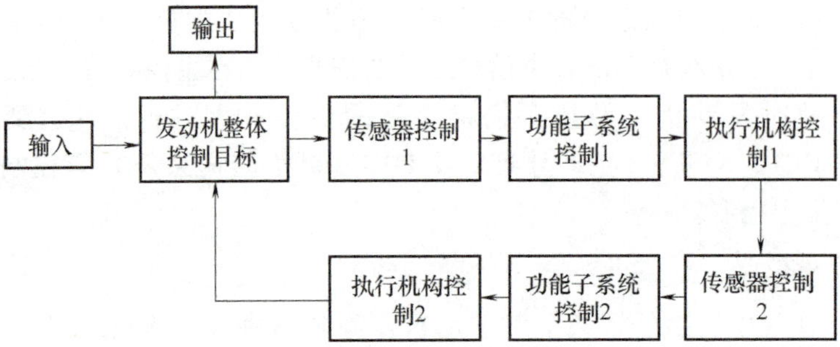

图 11-4 交叉控制系统示意图

传统子系统单目标独立控制过程中，其他子系统也会发生随动性变化。例如，当点火时刻处于自身实现最佳的非稳定过程中，由于点火能量和点火正时变化的影响，可能导致燃烧状况发生变化，则闭环反馈信号将使空燃比和 EGR 控制系统运行，而两个系统控制运行结果又影响 EFI 系统的运行。

因此，集中控制 ECU/MAP 预存模式会在信息集成的基础上，视情况采用并行或独立方式对点火与燃油供给系统实施交叉控制，直至二者控制结果反映的、由点火时刻和空燃比共同保证的当前发动机主控性能要求（如转矩输出或抑制某种有害排放物）处于某种最佳状态，即可实现在新的状况下达到新的协调与平衡。

3. 网络数据总线

集中控制系统必须获得网络数据总线的支持，这是实施集中控制的必要条件。

知识点 2 发动机集中控制系统的控制方式

发动机集中控制系统的控制方式可以概括为利用集成效应采取的整体、开放式动态控制，且遵循自上而下的控制原则，即先整体再局部、先宏观再微观的原则。

1. 汽油发动机集中控制系统的组成

汽油发动机集中控制系统的集成组合包括若干子系统的局部集成，基本结构如图

11-5所示。

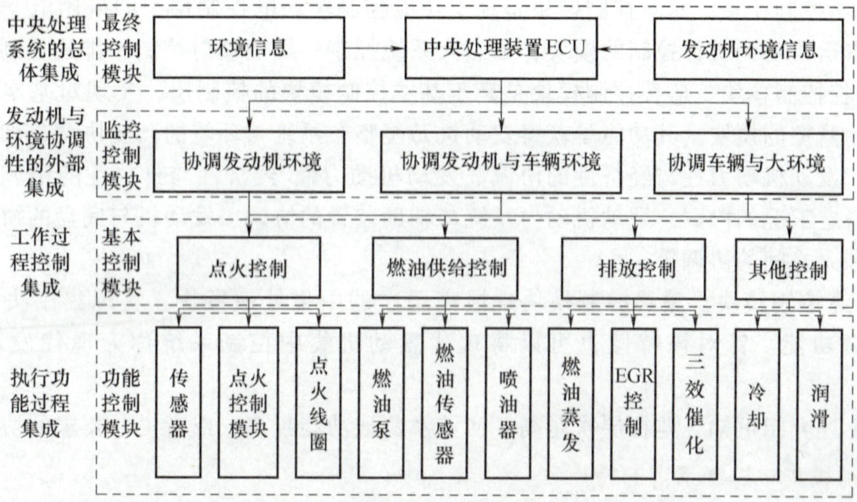

图11-5 发动机集中控制系统的集成

（1）执行功能过程集成 执行功能过程集成具体内容包括空气供给、燃油供给、可燃混合气形成、点火燃烧、工作循环完成及辅助系统（如冷却、润滑及废气再循环等）过程的控制功能。该类控制属于传统工程中的“全分布”功能控制，功能的具体实现可采用现有成熟的基层独立执行系统。

（2）工作过程控制集成 从系统工程角度出发分析，发动机工作过程变化是指外界环境的变化在系统内部产生的响应。该响应通过各项工作变量的变化向外界反应。

在发动机工作过程中，传感系统监测各方面信息，如环境、驾驶人操作期望、发动机/车辆适时工况、辅助系统工况和子系统工作参数适时变化等信息，对这些响应实施跟踪、集中及动态控制。例如，空燃比、点火时刻、排气成分和稳定与非稳定特殊工况控制等。

（3）发动机与环境协调性的外部集成 此处的环境是指发动机本身工作环境、发动机与车辆其他系统之间的环境影响以及车辆与外界大环境之间的协调。具体内容包括：

1）发动机动力、经济、排放性能以及稳定与非稳定工况之间的协调。

2）发动机与传动、操纵、安全和辅助等分系统之间的协调。

3）车辆与驾驶人、自然环境以及道路和交通环境之间的协调。

4）车辆本身需求与适时自然、与社会环境之间的协调。

（4）中央处理系统的总体集成 中央处理系统总体集成功能的实现方式为任何一个底层具体功能的实现与过程控制，必须置于中央处理功能的跟踪、监控与协调下，实现“全集中”控制。

可见，发动机工作过程与环境协调的实质是在最底层具体执行功能控制和整体控制层之间增加一个监控中间层，其监控内容为子系统之间、子系统与总系统之间、车辆系统与大环境之间的协调性，实际上是形成介于“全集中”和“全分布”控制之间的中间层监控结构。

从最底层向上进一步分析发动机集中控制系统，可将其分层分析如下：

1）功能控制模块。功能控制模块处于最底层的基本运行模块，即传统发动机各个机构，如曲柄连杆机构、配气机构、润滑系统、冷却系统、点火系统等，属于传统的机械、电气控制类型。

2）基本控制模块。基本控制模块是高于功能控制模块的控制层，即采用电子控制技术对上述基本运行功能实行控制的模块，如点火系统控制、燃油喷射控制和排放控制等。

3）监控控制模块。监控控制模块是高于基本控制模块的控制层，实现对基本控制模块进行协调、监控的模块。其功能是获得发动机乃至整车系统与环境的高度协调，即中间控制层。例如，发动机动力性与经济性的协调、发动机动力性/经济性与排放性的协调、发动机稳定与非稳定工况的协调、发动机动力系统与辅助装置的协调、发动机与底盘的协调以及车辆、环境和人之间的协调等。

4）最终控制模块。最终控制模块是最高层次的中央处理模块，实现集中决策、适时监控与协调功能。针对该特性也可以将现代发动机集中控制系统称为现代发动机管理系统。

通过上述介绍可知，监控层次越高，所涉及集成功能越多，或者说，要求的协调越多。

2. 发动机集中控制系统的特点

1）简化车辆设计。集中控制系统的采用，使得车辆在设计过程即可采用系统工程结构体系。抽象化“管理”的内涵本身就包含着规范化和程序化，实现一致界面和一致性功能设置的概念。因此，在设计阶段即可采用分层模式实现模块化和分布化的规划与设计，从而简化设计过程，缩短设计周期，可以不断地、迅速地推出新车型实现高速更新换代。这一点对于在汽车产业激烈的市场竞争中，提高企业的生存与发展能力是相当有利的。

2）功能扩展方便迅速。现代发动机管理系统可以实现“即插即用（Plug-And-Play）”的功能扩展方式，称为系统可扩展性，即系统本身可轻易地扩展到更多层次的架构。任何环境、法规和先进技术与装置一旦出现，就可以采用规范化和程序化的一致界面将其“插接”在现有系统中，在不同的层次迅速形成新的控制功能。采用集中控制技术可使车辆产品随动于汽车技术日新月异的发展，并迅速实现产业化与商品化。

3）系统可靠性强。发动机集中控制（管理）系统由于采用分层控制方式，并由高一层次进行故障诊断和工况监控，当某一层管理控制系统或部件失效时，其上下层即可直接沟通通信渠道，形成“越级”控制（管理），继续使系统受控运行，从而提高了系统的容错能力，也就提高了系统的可靠性。

4）发动机集中控制（管理）系统必须在新的控制理论与模型及网络计算机控制技术的支持下运行，因此增加了软件的复杂性。

可见，发动机集中控制的最大改变是在控制理论、方式及相应的软件方面。当前，新的综合控制理论与方法不断地成熟与完善，并在发动机乃至整车控制中应用日益广泛，体现出巨大的综合优势并代表了汽车技术的发展趋势。

11.3 EMS的供电电路

本节以东风雪铁龙C5轿车的EW12A发动机所采用MM6KPF发动机管理系统为案例，来介绍EMS的电路。

MM6KPF系统电气结构如图11-6所示，各部件通信信号类型见表11-1。

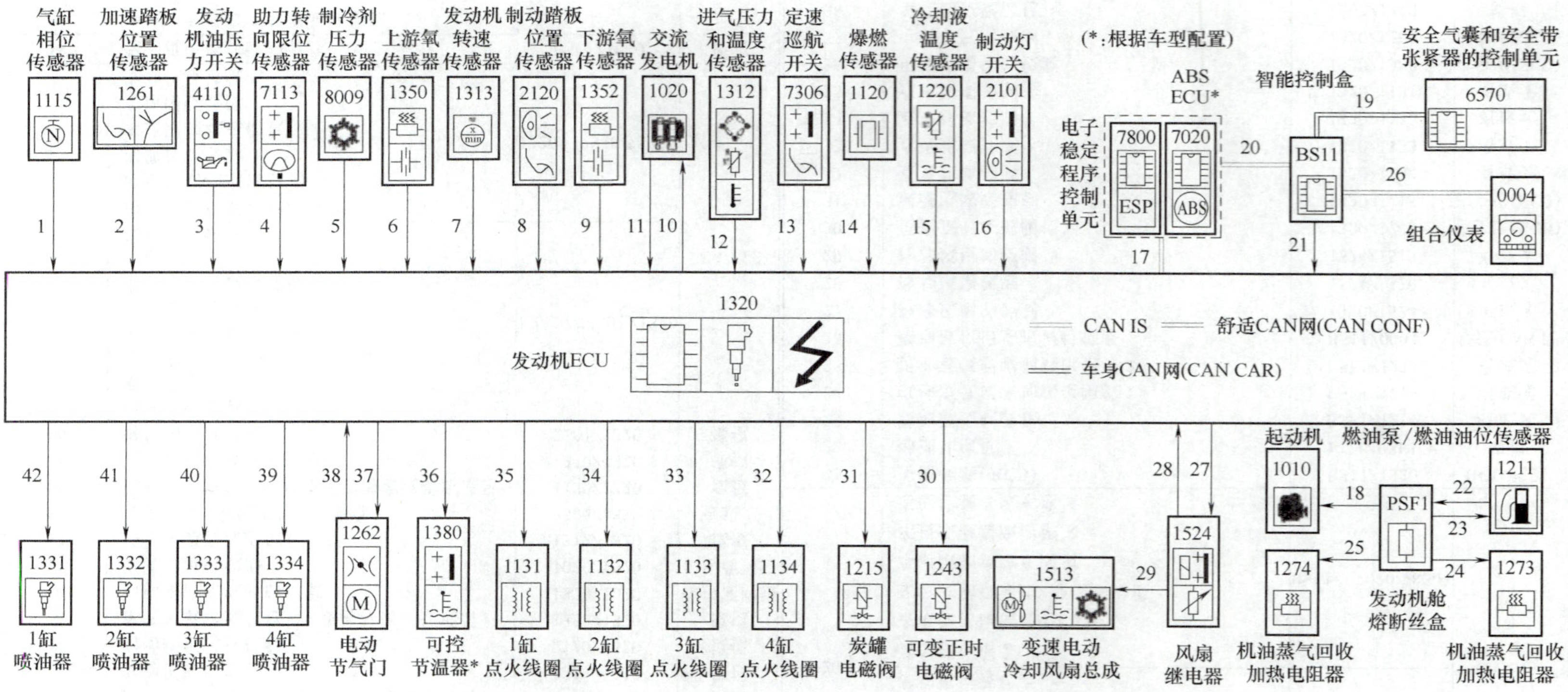

图 11-6　MM6KPF 系统电气结构图

表 11-1　MM6KPF 系统各部件通信信号类型

接线号码	信号	发送/接收	信号类型
1	凸轮轴位置信息	1115/1320	数字式
2	加速踏板位置信息	1261/1320	模拟
3	发动机机油压力信息	4110/1320	有或无
4	转向位置信息	7113/1320	数字式
5	空调回路压力信息	8009/1320	模拟
6	排气中氧含量信息(经催化转化器处理前)	1350/1320	模拟
7	发动机转速信息	1313/1320	模拟
8	制动踏板二次接触	2120/1320	模拟
9	排气中氧含量信息(经催化转化器处理后)	1352/1320	模拟
10	辅助交流发电机的控制	1320/1020	供应商网络
11	交流发电机状态	1020/1320	供应商网络
12	进气压力和温度信息	1312/1320	模拟
13	加速踏板“电阻点”开关信息	7306/1320	有或无
14	爆燃导致的有关气缸体振动的燃烧噪声信息	1120/1320	模拟
15	发动机冷却液温度信息	1220/1320	模拟
16	附加制动灯开关信息	2101/1320	模拟
17	燃油液位信息 蓄电池电压信息 交流发电机启用/停用参考值 车速限制参数车速值 车速限制器激活请求 巡航控制参数车速值 车速信息 ESP 管制状态	(7020-7800)/1320	CAN IS
	请求点亮仪表板中的报警灯 巡航控制状态信息 巡航控制故障 车速限制状态信息 车速限制故障 发动机运转状态	1320/(7020-7800)	
18	起动机电磁线圈控制	PSF1/1010	模拟
19	触发一个或多个起爆元件信息 切断油泵继电器的指令 电源切断指令 巡航控制切断指令	6570/BS11	车身 CAN 网
20	切断油泵继电器的指令	BS11/6570	
	请求点亮仪表板中的报警灯 巡航控制状态信息 巡航控制故障 车速限制状态信息 车速限制故障 发动机运转状态	(7020-7800)/BS11	CAN IS
	燃油液位信息 蓄电池电压信息 交流发动机起用/停用参考值 车速限制参数车速值 车速限制器激活请求 巡航控制参数车速值	BS11/(7020-7800)	
21	遥控唤醒(RCD)	BS11/1320	RCD 线路
22	燃油计信息	1211/PSF1	模拟
23	燃油泵控制装置	PSF1/1211	有或无
24	机油蒸气回收加热电阻器 1	PSF1/1273	有或无
25	机油蒸气回收加热电阻器 2	PSF1/1274	有或无
26	燃油液位信息报警灯信息	BS11/0004	舒适 CAN 网
27	冷却风扇的控制	1320/1524	有或无
28	冷却风扇状态	1524/1320	有或无
29	冷却风扇的控制	1524/1513	有或无
30	可变正时电磁阀控制	1320/1243	占空比(RCO)
31	炭罐电磁阀控制	1320/1215	占空比(RCO)
32	点火线圈控制	1320/1134	有或无
33	点火线圈控制	1320/1133	有或无
34	点火线圈控制	1320/1132	有或无
35	点火线圈控制	1320/1131	有或无
36	可控节温器的控制	1320/1380	占空比(RCO)
37	电动节气门控制	1320/1262	占空比(RCO)
38	节气门位置信息	1262/1320	模拟
39	喷油器的控制	1320/1334	有或无
40	喷油器的控制	1320/1333	有或无
41	喷油器的控制	1320/1332	有或无
42	喷油器的控制	1320/1331	有或无

MM6KPF 系统具有以下特点：①具备电子防盗功能 ADC2；②配置进气凸轮轴相位调节器 VTC；③顺序喷射；④单静态点火，四缸独立点火；⑤ECU 电源通过发动机舱熔断丝盒中安装的双继电器提供；⑥具备风扇冷却控制功能；⑦采用 CAN 网络通信；⑧将加速踏板位置传感器嵌入到踏板中；⑨配备电动节气门；⑩采用可控型交流发电机。

EW12A 发动机 MM6KPF 系统电路如图 11-7 所示。

1. 熔断丝双喷射继电器 R1 和 R2 控制电路

当点火开关接通时，智能控制盒 BSI1 通过 40 线插接器（40V NR）端子 10，经过导线 7842 向发动机 ECU 的 48 线插接器（48V NR）端子 K3 输送 12V 唤醒信号，发动机 ECU 被唤醒。

发动机 ECU 控制 48 线插接器（48V NR）端子 F4，经过导线 1229D 输出低电压（0V），以使发动机舱熔断丝盒 PSF1 中 R1 继电器线圈工作。R1 继电器线圈电流走向为：蓄电池 BB00→导线 BB02→R1 继电器线圈→发动机舱熔断丝盒 PSF1 的 28 线插接器（28V NR）端子 9→导线 1229D→发动机 ECU 的 48 线插接器（48V NR）端子 F4→搭铁。

R1 继电器线圈通电，使继电器开关接通，向发动机 ECU 供电，电流走向为：蓄电池 BB00→导线 BB02→发动机舱熔断丝盒 PSF1 熔断丝 F1→R1 继电器开关→发动机舱熔断丝盒 PSF1 的 28 线插接器（28V NR）端子 5→导线 1203D→发动机 ECU 的 48 线插接器（48V NR）端子 L4→发动机 ECU 供电。

R1 继电器向发动机 ECU 供电的同时，为发动机舱熔断丝盒 PSF1 中 R2 继电器线圈供电，并通过发动机舱熔断丝盒 PSF1 内部搭铁。R2 继电器开关接通，继续向发动机 ECU 内部提供电流。电流走向为：蓄电池 BB00→导线 BB02→R2 继电器开关→发动机舱熔断丝盒 PSF1 熔断丝 F10→发动机舱熔断丝盒 PSF1 的 28 线插接器（28V NR）端子 3→导线 8140→发动机 ECU 的 48 线插接器（48V NR）端子 M2/M3/M4→发动机 ECU 内部供电。

R2 继电器向发动机 ECU 供电的同时，也为燃油泵组件 1211、炭罐电磁阀 1215 和机油蒸气回收加热电阻 1273/1274 供电。

燃油泵组件 1211 安装在油箱内部，包括电动泵、燃油压力调节器、油位传感器等部件，其控制电路如图 11-8 所示。燃油泵工作电流走向为：蓄电池 BB00→导线 BB02→R2 继电器开关→发动机舱熔断丝盒 PSF1 熔断丝 F5→发动机舱熔断丝盒 PSF1 的 28 线插接器（28V GR）端子 5→导线 1235A→燃油泵组件 1211 的 6 线插接器（6V NR）端子 3→电动油泵→燃油泵组件 1211 的 6 线插接器（6V NR）端子 4→导线 M1235→搭铁。

图 11-7 所示发动机 ECU 控制炭罐电磁阀 1215 的 2 线插接器（2V MR）端子 1，使炭罐电磁阀通电工作，接通从活性炭罐通往发动机进气歧管的管路，使燃油蒸气重新燃烧，其控制信号为 RCO（占空比）类型。电流走向为：蓄电池 BB00→导线 BB02→R2 继电器开关→发动机舱熔断丝盒 PSF1 熔断丝 F10→发动机舱熔断丝盒 PSF1 的 28 线插接器（28V MR）端子 24→导线 1355A→炭罐电磁阀 1215 的 2 线插接器（2V MR）端子 2→炭罐电磁阀线圈→炭罐电磁阀 1215 的 2 线插接器（2V MR）端子 1→发动机 ECU 控制搭铁。

图 11-7 所示机油蒸气回收加热电阻（以 1273 为例，1274 相同）电流走向为：蓄电池 BB00→导线 BB02→R2 继电器开关→发动机舱熔断丝盒 PSF1 熔断丝 F9→发动机舱熔断丝盒 PSF1 的 28 线插接器（28V NR）端子 2→导线 1251→机油蒸气回收加热电阻 1273 的 2 线插接器（2V BE）端子 1→机油蒸气回收加热电阻器→机油蒸气回收加热电阻 1273 的 2 线插接器（2V BE）端子 2→导线 M1273→搭铁。

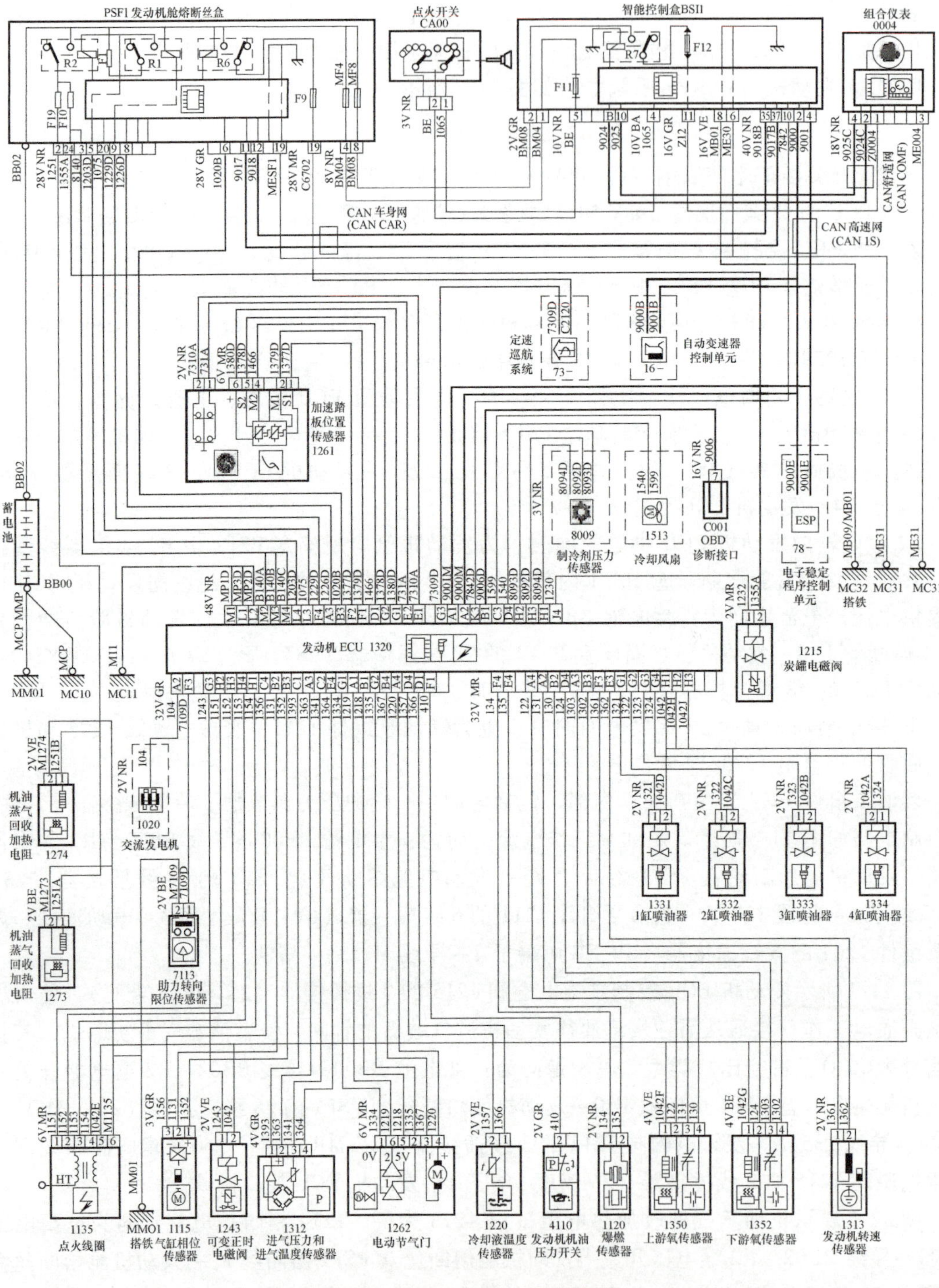

图 11-7 MM6KPF 系统电路图

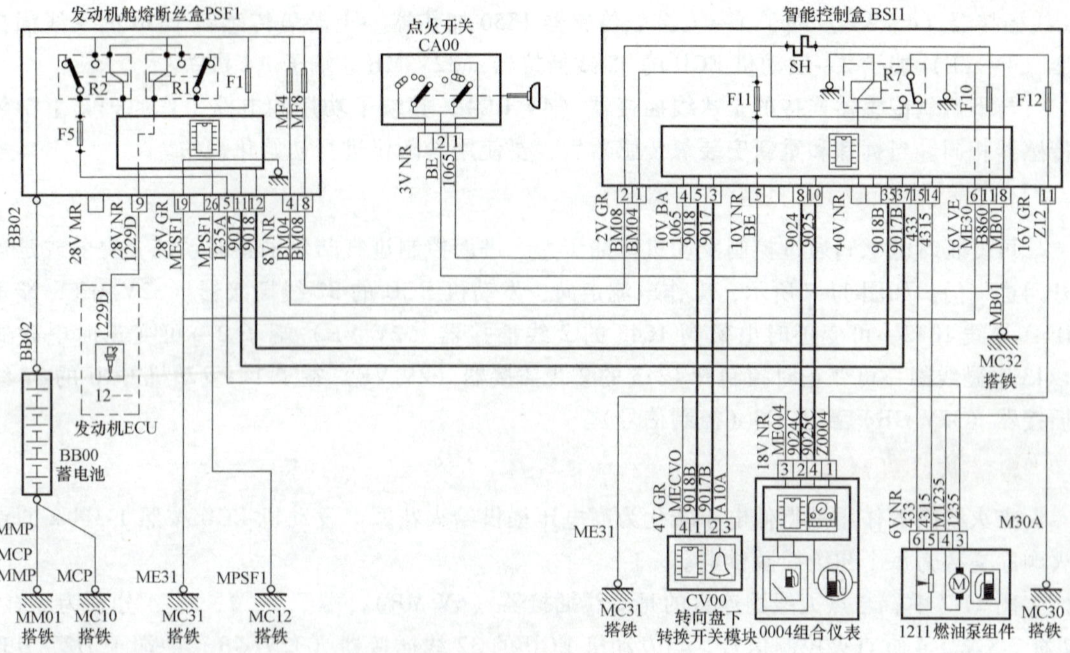

图 11-8 燃油泵控制电路

2. 喷油器（1331/1332/1333/1334）电路

每缸喷油器都连接在燃油管路中，由发动机 ECU 单独控制，以 1-3-4-2 的喷射顺序向进气门方向喷射。喷油器电气特性如下：工作电压为 12V，线圈电阻值为 12（1±5%）Ω，燃油压力为 0.35MPa（3.5bar，1bar=10^5Pa），静态流量为 173（1±3%）g/min，动态流量为 6.82（1±4.5%）mg/行程。

电流走向如下（以 1 缸喷油器 1331 为例，其余喷油器电路原理相同）：发动机 ECU 的 32 线插接器（32V MR）端子 H1→导线 1042D→喷油器 1331 的 2 线插接器（2V NR）端子 2→喷油器 1331 线圈→喷油器 1331 的 2 线插接器端子 1→导线 1321→发动机 ECU 的 32 线插接器（32V MR）端子 G1（脉冲控制信号）。

当拆卸和重新安装喷油器后，要使用诊断仪进行初始化操作。

3. 氧传感器电路

MM6KPF 系统采用上游和下游氧传感器来监测排气排放，并对燃油系统混合气浓度进行调节。上游氧传感器作用是确定排气中的氧含量，并对混合气浓度进行调节；下游氧传感器作用是确定经催化转化器后的排气中的氧含量，以检测催化转化器的工作是否正常，并调节混合气浓度。排气中所含的氧气与氧传感器（来自外界环境空气）所含的氧气进行比较，如果排气中所含的氧气与氧传感器所含的氧气差值大，混合气偏稀，氧传感器输出 0.7~0.8V 电压信号；如果差值小，混合气偏稀，氧传感器输出 0.1~0.3V 左右电压信号。

图 11-7 所示，与上游氧传感器连接的是 4 线插接器（4V VE），端子 4 与发动机 ECU 的 32 线插接器（32V MR）端子 B2 连接，为氧传感器信号线；端子 3 与发动机 ECU 的 32 线插接器（32V MR）端子 A2 连接，为搭铁线；端子 1、2 用于氧传感器加热装置，电流走向如下：发动机 ECU 的 32 线插接器（32V MR）端子 H1→导线 1042F→上游氧传感器 1350 的

4线插接器（4V VE）端子1→上游氧传感器1350加热器→上游氧传感器1350的4线插接器（4V VE）端子2→发动机ECU的32线插接器（32V MR）端子A4搭铁。

与下游氧传感器连接的是4线插接器（4V BE），其端子功用和电路工作原理与上游氧传感器相同。当拆卸和重新安装氧传感器后，要使用诊断仪进行初始化操作。

4. 可变正时电磁阀1243

可变正时电磁阀通过控制发动机机油压力，进而控制进气凸轮轴正时系统，提前或延迟开闭进气门。如图11-7所示，工作电流走向：发动机ECU的32线插接器（32V MR）端子H1→导线1042→可变正时电磁阀1243的2线插接器（2V VE）端子2→可变正时电磁阀1243电磁线圈→可变正时控制阀1243的2线插接器（2V VE）端子1→发动机ECU的32线插接器（32V GR）端子G3（控制信号）。

5. 点火线圈1135

点火线圈的作用是将低电压转化为高电压提供给火花塞。发动机ECU按照1-3-4-2的点火顺序交替为每个初级线圈供电。

图11-7中，与点火线圈连接的是6线插接器（6V MR），端子1、2、3、4分别为1缸、2缸、3缸、4缸点火控制信号，与发动机ECU的32线插接器（32V GR）中端子H2、H3、H4、H1连接；端子5为点火线圈模块供电线，端子6为搭铁线。供电电流走向：发动机ECU的32线插接器（32V MR）端子H1→导线1042E→点火线圈1135的6线插接器（6V MR）端子5→分别向初级线圈和点火模块供电。

6. 进气压力和进气温度传感器1312

发动机ECU根据进气压力传感器信号确定基本喷油量，根据进气温度计算空气密度，并修正喷油量。如图11-7所示，与进气压力和进气温度传感器连接的是4线插接器（4V GR），端子1通过导线1393连接发动机ECU的32线插接器（32V GR）端子C1，为进气压力信号线；端子2通过导线1363连接发动机ECU的32V GR插接器端子A3，为传感器+5V工作电源线；端子3通过导线1341连接发动机ECU的32V GR插接器端子C2，为进气温度信号线；端子4通过导线1364连接发动机ECU的32V GR插接器端子E4，为传感器搭铁线。

7. 加速踏板位置传感器1261

图11-7中，加速踏板位置传感器与外部电路连接的是6线插接器（6V MR），端子6通过导线1380D与发动机ECU的48线插接器（48V NR）端子G1连接，为+5V供电端子；端子1通过导线1377D与发动机ECU的48线插接器（48V NR）端子F2连接，为1路输出信号（S1），松开加速踏板时，信号电压为0.3~0.6V，加速踏板踩到底时信号电压为3.5~4V；端子2通过导线1379D与发动机ECU的48线插接器（48V NR）端子F1连接，为搭铁线（S1）；端子5通过导线1378D与发动机ECU的48线插接器（48V NR）端子G2连接，为2路输出信号（S2），松开加速踏板时，信号电压为0.15~0.3V，加速踏板踩到底时信号电压为1.75~2V；端子4通过导线1466与发动机ECU的48线插接器（48V NR）端子D1连接，为搭铁线（S2）。

加速踏板下方有一个“阻力点”开关，属于电磁型开关。当驾驶人急加速时，阻力点开关将向发动机 ECU 发送禁用限速功能的信号。与阻力点开关连接的是一个 2 线插接器（2V NR），端子 1 通过导线 731A 与发动机 ECU 的 48 线插接器（48V NR）端子 E2 连接，为开关信号输出线，端子 2 通过导线 7310A 与 ECU 的 48 线插接器（48V NR）端子 E1 连接，为搭铁线。

发动机 ECU 的 48 线插接器（48V NR）端子 G3 通过导线 7309D 与定速巡航系统连接，并通过 CAN 高速网（CAN IS），与智能控制盒 BSI1、电子稳定程序控制单元 ESP 交换信息，以确定开启或解除定速巡航功能。

8. 电动节气门 1262

图 11-7 中，与电动节气门连接的是 6 线插接器（6V MR），端子 1 通过导线 1334 与发动机 ECU 的 32 线插接器（32V GR）端子 G1 连接，为传感器+5V 工作电源线；端子 2、6 分别通过导线 1335、1219 与发动机 ECU 的 32 线插接器（32V GR）端子 G2、A1 连接，为节气门位置传感器 1 路和 2 路信号；节气门处于降级模式下端子 2、6 与搭铁线之间的电压范围分别为：0.66~1.23V，3.7~4.4V，端子 5 通过导线 1218 与发动机 ECU 的 32 线插接器（32V GR）端子 B1 连接，为传感器搭铁线；端子 3、4 分别通过导线 1367、1220 与 ECU 导线 1320 的 32 线插接器（32V GR）端子 B4、A4 连接，为节气门电动机控制线。

9. 冷却液温度传感器 1220

图 11-7 中，冷却液温度传感器 1220 通过 2 线插接器（2V VE）与电路连接，端子 2 通过导线 1357 与发动机 ECU 的 32 线插接器（32V GR）端子 D4 连接，为传感器信号线；端子 1 通过导线 1366 与发动机 ECU 的 32 线插接器（32V GR）端子 D1 连接，为传感器搭铁线。

10. 制冷剂压力传感器 8009

图 11-7 中，制冷剂压力传感器通过 3 线插接器（3V NR）与电路连接，端子 1 通过导线 8092D 与发动机 ECU 的 48 线插接器（48V NR）端子 H3 连接，为传感器+5V 供电线；端子 2 通过导线 8093D 与发动机 ECU 的 48 线插接器（48V NR）端子 H2 连接，为传感器信号线，端子 3 通过导线 8094D 与发动机 ECU 的 48 线插接器（48V NR）端子 H1 连接，为搭铁线。

11. 发动机转速传感器 1313

图 11-7 中，发动机转速传感器通过 2 线插接器（2V NR）与发动机 ECU 连接，端子 1 通过导线 1361 与发动机 ECU 的 32 线插接器（32V MR）端子 F3 连接，为传感器信号线；端子 2 通过导线 1362 与发动机 ECU 的 32 线插接器（32V MR）端子 E3 连接，为传感器搭铁线。

12. 气缸相位传感器 1115

图 11-7 中，气缸相位传感器通过 3 线插接器（3V GR）与发动机 ECU 连接，端子 1 通过导线 1352 与发动机 ECU 的 32 线插接器（32V GR）端子 B3 连接，为传感器+5V 电源线；端子 2 通过导线 1131 与发动机 ECU 的 32 线插接器（32V GR）端子 B2 连接，为传感器信号线；端子 3 通过导线 1356 与发动机 ECU 的 32 线插接器（32V GR）端子 C4 连接，为传感器搭铁线。

13. 爆燃传感器 1120

图 11-7 中，爆燃传感器通过 2 线插接器（2V NR）与发动机 ECU 连接，端子 1 通过导线 134 与发动机 ECU 的 32 线插接器（32V MR）端子 F4 连接，为传感器信号线；端子 2 通过导线 135 与发动机 ECU 的 32 线插接器（32V MR）端子 E4 连接，为传感器搭铁线。

14. 发动机机油压力开关 4110

图 11-7 中，发动机机油压力开关通过 2 线插接器（2V GR）与发动机 ECU 连接，端子 2 通过导线 410 与发动机 ECU 的 32 线插接器（32V GR）端子 F1 连接，为信号线。

15. 交流发电机 1020

根据发动机的运行状态，发动机 ECU 控制发电机输出电压，进而管理发电机提供的转矩，以此来降低燃油消耗。该系统采用主/从型控制系统。当车辆减速时，发电机将电压调到 14V，与一般发电机功能相同，以优先保证发动机制动；当车辆加速时，发电机将电压调低到约 13.2V，以减少对发动机的阻力矩，降低油耗；当车辆匀速行驶，发动机转速稳定时，发电机将电压调到中间约 13.5V。

图 11-7 中，发动机 ECU 的 32 线插接器（32V GR）端子 A2 通过导线 104 与交流发电机 1020 黑色 2 线插接器（2V NR）端子 2 连接，调节发电机输出电压。

11.4 EMS 的使用维护与常见故障

知识点 1　日常使用与维护注意事项

电控汽油喷射发动机，全部工况都在 ECU 的监控下运行，因此它的故障率较化油器式发动机少得多，特别是中途因发动机故障而停车的时间就更少。电控汽油喷射发动机出现的故障多数是由于使用不当所造成的。为减少故障发生，驾驶电控汽油喷射式发动机汽车除熟读汽车使用说明书、掌握电控汽油喷射和电控点火的基础知识外，还必须注意：

1）驾驶人应了解电控系统各主要元件所在位置，以便对其施行保护。尤其注意电子元件的防潮、防油污和防燃。

2）驾驶人应掌握仪表盘上各开关、显示灯、仪表等的作用和功能，并尽量弄清仪表盘上各英文缩写含义。

3）驾驶人应熟练掌握操作要领，避免误操作。

4）在汽车投入使用以后，另外加装音响电器等设备的天线时，应安装在距 ECU 较远的地方，以防对 ECU 产生干扰。禁止加装大功率的无线电发射设备（如 10W 以上的无线电对讲机）及仪器等。如必须加装，需采取防干扰屏蔽等设施。

5）电控系统常见故障多数是接线不良引起的，驾驶人应经常检查各线束插接器是否有油污、潮湿、松动，要保持线束插接器清洁、连接可靠。

6）蓄电池的极性不许接反，不准在无蓄电池（如蓄电池无电）的情况下，用外接电源起动发动机，以免因电压过高损坏电控系统元件。

7）电控汽油喷射发动机装有三效催化转化器和氧传感器等装置，对汽油质量要求较高，必须使用无铅汽油，并按规定定期更换燃油滤清器。

8）驾驶人必须知道所驾驶汽车电控系统“故障指示灯”的工作情况，打开点火开关后，“故障指示灯”点亮或均匀闪烁几秒钟后熄灭或发动机起动后熄灭为正常现象，在其他情况下“故障指示灯”点亮说明电控系统出现故障，应及时到专业维修厂（站）检修。

在检修时，为防止工作失误造成新的故障，应注意：

1）在点火开关接通时，不允许拆开任何12V电器装置（如蓄电池、怠速控制阀、喷油器、点火装置等）的连接线路，以防止电器装置中的线圈自感作用产生的瞬时电压损坏ECU或传感器。

2）发动机发生故障时，切忌盲目拆检，首先要确定是否是机械故障，如果机械部分确实无故障，再对电控系统进行检查。

3）在进行故障诊断时，应首先观察“故障指示灯”是否点亮。如果“故障指示灯”点亮，应按原车规定的程序调取故障码，并根据故障码提示检查相关元件和电路；如果“故障指示灯”没亮，应按基本程序进行检查。

4）线路连接不良是导致电控系统发生故障的常见原因，在故障诊断过程中，应注意检查线束插接器是否清洁、连接是否可靠。

5）在对燃油系统进行维修前，应拆开蓄电池负极电缆线，以免损坏电控系统元件。

6）在维修中，需拆开线束插接器时，应注意各车型线束插接器的锁扣形式，不可盲目用力硬拉。安装时应注意将插接器插接到位，并将锁扣锁住。

7）对电控系统电路或元件进行检查时，除特殊指明外，必须使用高阻抗数字万用表检查电压、电阻或电流。

8）电控汽油喷射式发动机即使熄火后，燃油供给系统也有较高的残余压力，为防止发生意外事故，在对燃油系统进行拆卸作业前，必须释放燃油系统残余压力。

知识点2　发动机管理系统常见故障

发动机管理系统的不同电控元件或其电路发生故障时，会产生不同的故障现象。除掌握电控系统元件的结构原理及检修方法外，掌握各元件与发动机故障现象之间的关系，对在故障诊断时开阔思路、迅速查明故障原因，具有十分重要的意义。EMS电控系统主要元件故障与发动机故障现象之间的对应关系见表11-2。

表11-2　EMS电控系统主要元件故障与发动机故障的关系

序号	元件名称	发动机故障现象
1	ECU	发动机不能起动，发动机性能失常
2	空气流量计	发动机起动困难，发动机性能失常，怠速不稳，加速时回火、放炮，油耗大，爆燃
3	进气管绝对压力传感器	发动机不能起动，发动机性能失常，怠速不稳，油耗大
4	大气压力传感器	发动机性能不良，怠速不稳
5	节气门位置传感器	发动机起动困难，怠速不稳；发动机性能不良易熄火
6	进气温度传感器	怠速不稳，发动机性能不良，易熄火，油耗大，混合气过浓
7	冷却液温度传感器	发动机起动困难，怠速不稳，发动机性能不良，易熄火
8	怠速控制阀	发动机起动困难，怠速不良，发动机失速

（续）

序号	元件名称	发动机故障现象
9	P/N、P/S、A/C 开关	发动机不能起动，怠速不稳，易熄火
10	曲轴位置传感器	发动机不能起动，加速不良，怠速不稳，间歇性熄火
11	喷油器	发动机起动困难，发动机工作不稳，易熄火，怠速不稳
12	冷起动正时开关	冷起动困难，混合气过浓，怠速不稳
13	冷起动喷油器	冷起动困难，怠速不良，混合气过浓，油耗大，排放污染增加，间歇性熄火
14	燃油泵	发动机不能起动，发动机运转中熄火
15	燃油压力调节器	发动机起动困难，发动机性能不良，怠速不稳易熄火
16	燃油滤清器	发动机不能起动；发动机运转不稳
17	节气门	发动机不能起动或起动困难，发动机性能不良
18	氧传感器	发动机性能不良，怠速不稳，油耗大，排放污染增加，空燃比失常
19	曲轴箱通风阀	发动机不能起动或起动困难，怠速不稳或无怠速，加速不良，油耗大
20	EGR 阀	发动机过热，发动机不能起动或起动困难，发动机动力不足，减速熄火，爆燃，油耗大
21	活性炭罐电磁阀	发动机性能不良，怠速不稳，空燃比失常
22	爆燃传感器	爆燃，点火正时失准，发动机工作不稳
23	点火线圈	发动机不能起动，无高压火花，二次电压过低
24	点火控制器	发动机不能起动，无高压火花，二次电压过低，怠速不良
25	点火信号发生器	发动机不能起动，发动机工作不稳，怠速不稳易熄火
26	可变配气相位电磁阀	发动机抖动，爆燃，怠速不稳，发动机动力不足，三效催化转化器损坏

【温馨提示】

汽车故障诊断仪使用及数据流读取视频请扫教学资源 11.1 对应的二维码进行观看。

知识拓展

CAN 总线技术

伴随汽车控制单元的增多，在实际运行过程中，众多控制单元之间需要进行大量的实时数据交换。同时汽车发动机集中控制采用智能型多路传感系统代替了传统的独立式传感器。其特点在于传感系统中的各个传感器均采用自适应标准化界面、接口，通过 CAN（控制器局域网络）总线实现通信 A/D 转换与数据传输，共享电源、信息处理软件及 CPU。

为管理好整个汽车控制系统以优化整车性能，车载各控制单元之间必须按一定的方式进行数据通信。这就要求汽车各电控单元，包括智能传感器和智能仪表等，需要通过专门的传输数据总线以及某种通信协议相互连接起来，构成汽车控制器局域网 CAN（Controller Area

Network)，并根据CAN通信协议按规定的信息传递方式通过网络主机的网络接口分布式进行通信。发动机管理系统与整车的网联也是通过CAN总线来实现的。

CAN总线系统由若干控制单元组成，每个控制单元包括CAN控制器、CAN收发器、CAN总线传输线和终端电阻*R*等部件，如图11-9所示。

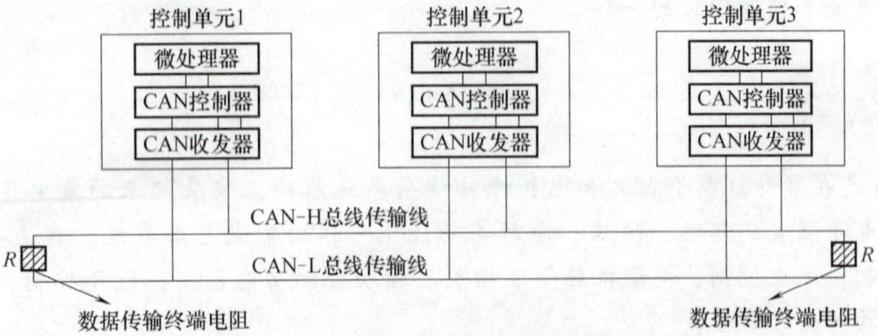

图11-9　CAN局域网基本组成

(1) 控制单元　控制单元即网络中需要进行信息交流的智能单元，在汽车电子网络中包括各控制系统的汽车计算机（ECU），另外还有一些智能化的传感器、执行机构等单元。

(2) CAN控制器　CAN控制器用于接收汽车电子模块发出的数据，经处理转化为CAN数据格式，然后通过CAN收发器发布到数据总线上；或通过CAN收发器接收来自数据总线上的本模块所需要的信息，并将这些CAN格式数据处理后转化为汽车电子模块能识别的电子信号，然后传给汽车电子模块。CAN控制器本身即是一个控制单元，内有微处理器、数据存储单元RAM和程序存储单元ROM。

(3) CAN收发器　CAN收发器是CAN接收器和发送器的组合，它将CAN控制器提供的数据转化成电信号并发送到数据总线上；同时接收总线上的信号，转化为数据后传给CAN控制器。

(4) CAN总线传输线　CAN总线传输线大部分车型用的是两条双向数据线，分为高位（CAN-H）和低位（CAN-L）数据线。为了防止外界电磁波干扰和向外辐射，两条数据线缠绕在一起。两条线上的电位是相反的，电压的和等于常值。一般在静态时CAN-H和CAN-L均是2.5V左右，而高电位时CAN-H=3.5V、CAN-L=1.5V左右。

(5) 终端电阻　CAN总线两端通过终端电阻*R*连接，终端电阻可以防止数据在到达线路终端后像回声一样返回而干扰原始数据，从而保证了数据的正确传送，终端电阻装在控制单元内。

CAN总线数据传输原理类似一个电话会议。一个电话用户（控制单元）将数据“讲入”网络中，其他用户通过网络“接听”这个数据，对于这个数据感兴趣的控制单元就会利用数据，而其他控制单元则选择忽略；并且该网络中的任一控制单元既可发送数据，又可接收数据。

当某一控制单元向CAN控制器提供需发送的数据后，CAN控制器转换数据格式后再将此数据发送给CAN收发器，CAN收发器接收由CAN控制器传来的数据，并转化为电信号通过数据传输线发出。此时，CAN系统中其他单元转化为接收器接收此信号，接收后检查判断所接收的信号是否是所需要的，如果接收的数据重要，它将被接受并进行处理，否则该数据将被忽略。

汽车 CAN 数据传输采用串行通信，在同一线路上同时传输多条信息，也称多路传输。多路传输是通过计算机和线路的分时工作实现的。计算机将工作时间分成很短的小段（比如千分之一秒甚至更短），数据信息在各个微小的时间段内依次传输，但由于速度非常快，对人来说就好像是同时传输的一样。

本章小结

1. EMS 是在发动机电子点火和电控汽油喷射系统基础上发展起来的集电子控制喷射、排放控制、电子点火、起动、防盗、诊断等功能于一体的集成电路系统。其主控制功能包括：喷油控制、点火控制、发动机热管理控制。辅助控制功能包括：进气控制、怠速控制、排放控制、故障自诊断等。

2. 系统对喷油量与喷油时刻进行控制，将需要的燃油量在合适的时机喷射到进气歧管或气缸内，满足发动机在各种工况下的燃油需求。

3. 点火时刻控制实现了点火提前角的自适应性自动控制，即当发动机运行工况及使用环境变化时，可对点火提前角进行实时控制，最大限度地改善和提高发动机的各项性能。

4. 发动机集中控制系统可分为信息传感系统模块、中央处理模块、网络数据总线三大基本功能模块。

5. 发动机系统集中控制的基本方式可以概括为利用集成效应采取的整体、开放式动态控制，且遵循自上而下的控制原则，即先整体再局部，先宏观再微观的原则。

思考题

1. 什么是发动机管理系统？
2. 发动机管理系统由哪些部件组成？各组成部件的作用是什么？
3. 发动机管理系统与整车控制系统的通信方式是什么？
4. 简述电控点火系统基本点火提前角的确定依据及修正点火提前角的主要内容。
5. 查询并分析丰田 TCCS 的工作原理。

参考文献

[1] 林学东. 车用发动机电子控制技术 [M]. 2版. 北京：机械工业出版社，2020.

[2] 黄艳玲，张西振. 汽车发动机电控技术 [M]. 4版. 北京：机械工业出版社，2019.

[3] 于万海. 汽油发动机管理系统故障诊断与修理 [M]. 2版. 北京：高等教育出版社，2019.

[4] 姚为民. 汽车构造 [M]. 7版. 北京：人民交通出版社，2019.

[5] 姜立标. 现代汽车新技术 [M]. 3版. 北京：北京大学出版社，2018.

[6] 颜伏伍. 汽车发动机原理 [M]. 4版. 北京：机械工业出版社，2018.

[7] 刘圣华，周龙宝. 内燃机学 [M]. 4版. 北京：机械工业出版社，2017.

[8] 刘宏新. 汽车构造与原理 [M]. 北京：机械工业出版社，2015.

[9] 余志生. 汽车理论 [M]. 6版. 北京：机械工业出版社，2009.

[10] 黄林火. 东风雪铁龙 C5 轿车发动机管理系统 MM6KPF 电路分析 [J]. 汽车电器，2016 (7)：16-24.